ALTDEUTSCHE TEXTBIBLIOTHEK

Begründet von Hermann Paul · Fortgeführt von G. Baesecke
Herausgegeben von Hugo Kuhn

Nr. 75

Die Werke Notkers des Deutschen

Neue Ausgabe

Begonnen von Edward H. Sehrt und Taylor Starck
Fortgesetzt von James C. King und Petrus W. Tax

Band 9 A

Notker latinus

Die Quellen zu den Psalmen. Psalm 51–100

Herausgegeben von Petrus W. Tax

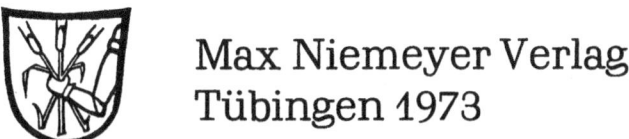

Max Niemeyer Verlag
Tübingen 1973

Taylor Starck, Lehrer und Freund, gewidmet

Geb. Ausgabe ISBN 3-484-20064-2
Kart. Ausgabe ISBN 3-484-20065-0

© Max Niemeyer Verlag Tübingen 1973
Alle Rechte vorbehalten. Ohne ausdrückliche Genehmigung des Verlages ist es auch nicht gestattet, dieses Buch oder Teile daraus auf photomechanischem Wege (Photokopie, Mikrokopie) zu vervielfältigen.

Notker latinus

Die Quellen

Abkürzungen und Zeichen im *Notker latinus* zu den Psalmen. (Für genaue Angaben zu den Ausgaben und Hss vergleiche man die Einleitung in Bd. 8A, § 3-5.)

A	= Augustin
Al	= Alkuin
Am	= Ambrosius
Br	= Ps-Hieronymus, *Breuiarium in psalmos*
C	= Cassiodor
CSg 27	= Randglosse in dieser Hs
Eglogae	= *Eglogae tractatorum in psalterium*
GS	= *Glossa(e) Salomonis*
HC	= Hieronymus, *Commentarioli in psalmos*
HT	= Hieronymus, *Tractatus in psalmos*
Hil	= Hilarius
Isidor, *Et.*	= Isidor von Sevilla, *Etymologiae*
Iul	= Iulianus von Eclanum
Pr	= Prosper
R	= Remigius
Theod	= Theodorus von Mopsuestia
WS	= Walahfrid Strabo
=	= (faktisch) identisch
~	= ähnlich (vgl. den Schlußparagraphen der Einleitung in Bd. 8A)

DIE PSALMEN

Psalm 51

180,8   C 472: Quae significatio uerborum Antichristi actibus non immerito deputatur. *D o e c h   I d u m a e u s* enim *D a u i d* aduersarius fuit, sicut Christo Antichristus erit. Iste sacerdotes exstinxit, ille facturus est martyres (vgl. I Reg. 22, 9-22); ... Et ut fidelium corda roboraret, in prima parte psalmi [propheta] facta in eum [Antichristum] inuectione consurgit;

180,15   A 627: Quamdiu ergo nunc [granum] permixtum est, audiamus hinc uocem nostram, id est, ciuium regni caelorum (hoc enim affectare debemus, tolerare hic malos, quam tolerari a bonis), ... Quod [628] si fecerimus, nos hic loquimur in his quae audimus. Dicatur ergo primo de corpore malo regni terreni. ... Quid facturus es, o *p o t e n s*, quid facturus es, multum te iactans? Occisurus es hominem; hoc et scorpius, hoc et una febris, hoc et fungus malus.

180,22   A 630 (zu v. 5): Porro si faciat[1] quod scriptum est: ... *Quae uultis ut faciant uobis homines bona, haec et uos facite illis* (Matth. 22,39), apud se habet unde nouerit, quia quod in se non uult fieri, non debet facere alteri.

180,26   A 628: Et quando non facis, *c o g i t a s*; ut quando aliquid mali abest a manibus, a corde non absit; aut facis malum, aut dum non potes facere, dicis malum, hoc est maledicis; aut quando nec hoc potes, uis et *c o g i t a s* malum.

181,2   C 473: *N o u a c u l a* est in [474] quadam subtilitate tensum latius ferrum, radendis pilis acutissimum praeparatum; quod licet barbae segetem metat impressum, corporis tamen substantiam relinquit illaesam. Conuenienter ergo saeuissimi hominis *d o l u m*

---
1 CSg: fiet *statt* si faciat

a c u t a e   n o u a c u l a e comparauit; quia sicut illa hominem non laedit, ita nec iste animam iusti sub quauis afflictione percellit. Potest enim radere omnia quae sunt forinsecus attributa, quasi pilos; sed animae interna tunc magis efficit pulchriora, quando ei nititur auferre mundana.

181,7 A 630: Ponere uis sub tenebris lucem; fugabuntur tenebrae, lux manebit[2].

181,9 Br 1035 A: ... ipsi se praecipitant in laqueum damnationis.

181,11 Isidor, *Et.* X, 76: Dolosus, insidiosus uel malignus, ab eo quod deludat. Vt enim decipiat, occultam malitiam blandis sermonibus ornat.

A 631: Quid est *l i n g u a   d o l o s a* ? Ministra fallaciae est *l i n g u a   d o l o s a*, aliud in corde gestantium, aliud ore promentium. Sed in his subuersio, in his *submersio*.

181,13 A 631: etsi non modo, certe in finem *d e s t r u e t*, quando illud uentilabrum uenerit, et aceruus paleae a massa separatus fuerit (vgl. Matth. 3,12; Luc. 3,17).

181,17 C 475: quia cum sanctis Domini nec diabolus, nec Antichristus, nec sequaces eorum habebunt aliquam portionem.[3]

181,18 A 632: Quamdiu enim sumus in hoc saeculo, nondum est *r i d e n d u m*, ne postea ploremus. ... Ergo *i u s t i* qui sunt modo, qui uiuunt ex fide (vgl. Rom. 1,17; Gal. 3,11; Hebr. 10,38), sic *u i d e n t* istum *Doech* quid illi euenturum sit, ut tamen *t i m e a n t* et sibi; quid enim sunt hodie, sciunt; quid cras futuri sint, nesciunt.

181,20 A 632: Quando autem *r i d e b u n t* ? Quando ... fugatae fuerint tenebrae huius saeculi, ... Cum autem uenerit dies noster, id est, manifestatio Christi, de qua idem dicit apostolus: *Cum Christus apparuerit uita uestra, tunc et uos apparebitis cum ipso in gloria* (Col. 3,4); tunc *i u s t i   r i d e b u n t* istum *Doech*.

C 475: Sed quoniam in futuro iudicio paenitentiae non erit locus, merito *s u p r a   e u m   i u s t i   r i d e b u n t*: ...
(∼ A 633)

---

2 Hil 103: Hunc propensae in malitiam dilectionis affectum Dominus in euangeliis condemnat, dicens: *Hoc est autem iudicium, quia lux uenit in hunc mundum et dilexerunt homines magis tenebras quam lumen* (Ioh. 3,19).

3 R 120va: *D e   t e r r a   u i u e n t i u m*, id est, de societate electorum.

181,22 C 475: *E c c e* cum dicitur extensa manu, peccatoris sors nefanda monstratur;[4]

182,1   A 636: Ille quid? *In*[5] *multitudine diuitiarum suarum*; ideo *radix eius euelletur de terra uiuentium. E g o   a u t e m* quia *s i c u t   o l i u a   f r u c t i f e r a   i n   d o m o   D e i*, cuius *radix* nutritur, non eradicatur, *s p e r a u i   i n   m i s e r i c o r d i a   D e i*. Sed forte modo? Nam et hinc errant homines aliquando. Deum quidem colunt, et non sunt iam similes isti *Doech*; sed quamuis de Deo praesumant, ad temporalia tamen; ut dicant sibi: Colo Deum meum, qui me facturus est diuitem in terra, ... Talia quidem non dat nisi Deus, sed non uult se propter talia diligi Deus.

C 476: Et merito se [propheta] *o l i u a e* comparat quia de eius germine Dominus Christus effloruit, qui spiritali oleo perunctus est prae consortibus suis (vgl. Ps 44,8). Sed haec *o l i u a* beatissima talem fructum intulit, qui omne genus humanum peccatis aridum, misericordiae suae faceret largitate pinguescere. ..."Sed ideo fructus ille mirabilis prouenit, quia iste *s p e r a u i t   i n   m i s e r i c o r d i a   D e i*; Antichristus enim *sperauit in multitudine diuitiarum suarum*.

182,5   C 476: Et ne putaretur ista confidentia ad tempus fuisse suscepta, subiunxit, *i n   a e t e r n u m*, quod est, *i n   s a e c u l u m   s a e c u l i*.

182,7   A 636: Quid *f e c i s t i* ? *Doech* damnasti, *Dauid* coronasti.

182,11 C 477: *a n t e   c o n s p e c t u m   s a n c t o r u m   t u o r u m*, quando iam gaudium generale iustorum est, et concordi exultatione laus Domini sine fine cantabitur.

P s a l m   52

182,13 C 478: *A m a l e c h* ... Huius nominis interpretatio talis est: pro parturiente siue dolente. Quod nunc ad Ecclesiam Domini competenter aptamus, quae tamquam dolens ac parturiens populum commonet perfidorum, ut a suis iniquitatibus conquiescat, ...

A 638: *P r o   M a e l e t h*[1], sicut in hebraeorum interpretatio-

---
4 R 120vb: *Q u i ... s u u m*, id est, qui non quaesiuit adiutorium Dei, ...
5 CSg: qui in *statt* quid? In
1 CSg: abimelech; der *titulus* bei A, CSg 163,20, hat aber AMALECH (rot).

nibus nominum inuenimus, uidetur dicere: pro parturiente siue dolente. Quis autem in hoc saeculo parturiat et doleat agnoscunt fideles, quia inde sunt. Christus hic parturit, Christus hic dolet; caput est sursum, membra deorsum. Neque enim non parturiens et[2] dolens diceret: *Saule, Saule, quid me persequeris*? (Act. 9,4). ... Pro membris igitur Christi, pro corpore eius quod est Ecclesia, ... psalmus iste cantatur.

182,17 A 639: Atqui si intellegas prudens quia *imprudens dixit in corde suo: Non est Deus*, si aduertas, si intellegas, si discutias; qui putat *D e o* placere facta mala, non eum putat Deum. Si enim *D e u s   e s t*, iustus est; si iustus est displicet ei iniustitia, displicet iniquitas. Tu autem cum putas ei placere iniquitatem, negas *D e u m*. Si enim *D e u s   e s t* cui displicet iniquitas, tibi autem non uidetur *D e u s* cui displicet iniquitas, non *e s t* autem *D e u s* nisi cui displicet iniquitas, cum dicis in corde tuo: Fauet *D e u s* iniquitatibus meis, nihil aliud dicis quam: *N o n   e s t   D e u s*. Referamus nos et ad illum intellectum qui et de ipso Christo Domino nostro, de ipso capite nostro occurrit. Ipse enim cum in forma serui appareret in terra, dixerunt qui eum crucifixerunt: *N o n   e s t   D e u s*. Quia Filius *D e i* erat, utique *D e u s   e r a t*. Sed illi qui corrupti sunt et abominabiles facti sunt, quid dixerunt? *N o n   e s t   D e u s*; occidamus eum (vgl. Matth. 21,38), *n o n   e s t   D e u s*.

182,21.23 C 479: Omnes haeretici uno uerbo notati sunt; nam Deo recte non credidisse corruptio est: quoniam a uitali sensu discedunt qui mortiferis persuasionibus implicantur. Hos subsequitur poena iustissima; ut *a b o m i n a l e s   i n   u o l u n t a t i b u s   s u i s   f i a n t*, qui *c o r r u p t i s*[3] sensibus obsecundant.

183,2 A 641: Si enim respicit *d e   c a e l o   D e u s , u t   u i d e a t   s i   e s t   i n t e l l e g e n s   a u t   r e q u i r e n s   D e u m*, subintrat cogitatio imprudenti, quia non omnia nouit Deus. ... Illa ergo sic soluitur quaestio, quia plerumque ita loquitur scriptura, ut quod dono Dei creatura facit, Deus facere dicatur; ... Ista dignoscentia nobis ex Spiritu Dei est; et eo

---

2 CSg: sed
3 CSg: corrupti (!)

quo uidemus hoc, Deus uidet; quia id Deus facit ut uideamus[4].
Hinc enim dictum est et illud: *Spiritus enim omnia scrutatur, etiam altitudinem Dei* (I. Cor. 2,10), non quia[5] ille scrutatur qui nouit omnia, sed quia[5] tibi donatus est Spiritus, qui[6] et[6] te scrutari facit; ... Ergo Deus facere dicitur, cum tu facis. ... [642] ... Quare autem *d e c a e l o*, si hoc homines faciunt? Quia dicit apostolus: *Nostra autem conuersatio in caelis est* (Phil. 3,20).

C 479: Cum Deus occultorum sit cognitor et sciat omnia antequam fiant, hic dictum est *u t u i d e a t*, id est, *u i d e - r e* faciat;

183,5 A 642: Quid est quod *prospiciens Deus* agnoscit? ... Audi quid: Quia *o m n e s ... u n u m*.

183,7 A 642: Expecta, inquit Dominus[7]; noli cito ferre sententiam; donaui hominibus bene facere, sed ex me, inquit, non ex se; ex se enim mali sunt; filii hominum sunt, quando male faciunt; quando bene, filii mei. ... Ergo tolle quod homines filii Dei sunt, remanet quod filii hominum sunt: *N o n e s t ... u n u m*.

C 480: *V s q u e a d u n u m* dum dicitur, omnes negantur.

183,10 A 643: Non enim non demonstraturus est Deus iniquis iniquitatem suam. Si non est demonstraturus, qui erunt qui dicturi sunt: *Quid nobis profuit superbia, et diuitiarum iactantia*[8] *quid contulit nobis?* (Sap. 5,8). Tunc ergo scient qui modo scire nolunt. - Vgl. Sap. 5,9: *Transierunt omnia illa tamquam umbra,* ...

183,15 A 643: Sine intermissione, sine cessatione deuorant, *q u i d e u o r a n t p o p u l u m m e u m i n c i b o p a n i s*.

183,16 A 643: Nonne quotidie tales rogant Deum? Non rogant Deum. ... Deus gratis se uult coli, gratis se uult diligi, hoc est, caste amari; non propterea se amari, quia dat aliquid praeter se, sed quia dat se. Qui ergo *i n u o c a t D e u m* ut diues fiat, *D e u m* non *i n u o c a t*; hoc enim *i n u o c a t* quod ad se uult uenire. Quid enim est *i n u o c a r e*, nisi uocare in se?

---

4 CSg: *Der Satz lautet:* quia hic Deus uidet ut faciamus.
5 CSg: qui
6 CSg: *fehlen.*
7 CSg: Dominum
8 CSg: iactatio (!)

In se ergo uocare, hoc dicitur *i n u o c a r e*. Nam cum dicis:
Deus, da mihi diuitias, non uis ut ipse Deus ad te ueniat, sed
uis ut diuitiae ueniant ad te. ... [644] ... Ergo isti qui prop‑
ter saecularia commoda, qui propter terrena bona, qui propter
uitam praesentem et terrenam felicitatem *i n u o c a n t D e u m*,
non *i n u o c a n t D e u m*.

C 481: Peccatores mundi istius ... in isto magis saeculo timent,
ne ... diuitiis minus perfruantur inuentis, ne acquisitis priuen‑
tur honoribus.

183,20 A 644: Numquid enim *t i m o r e s t*, si quis perdat diuitias?
Non *e s t* ibi *t i m o r*, et ibi timetur. Si quis autem perdat
sapientiam, uere *t i m o r e s t*; et ibi non timetur.

183,22 A 644: Illi uero qui Christum[9] dixerunt: *Non est Deus, ibi timu‑
erunt ubi non erat timor.* Dixerunt enim: *Si dimiserimus eum,
uenient Romani, et tollent nobis et locum et regnum* (Ioh. 11,48).
... Timendo occiderunt Christum; sed quare hoc? *Q u o n i a m
D e u s d i s s i p a u i t o s s a h o m i n i b u s p l a ‑
c e n t i u m*. Volentes *p l a c e r e h o m i n i b u s*, timu‑
erunt perdere *locum*. Christus autem ipse de quo dixerunt: *Non est
Deus*, maluit displicere *h o m i n i b u s* talibus, quales illi
erant; filiis hominum, non filiis Dei maluit displicere. Inde
d i s s i p a t a s u n t o s s a e o r u m, illius *o s s a*
nemo confregit.

C 482: Nam quamdiu fideles suos hinc liberat, ipse etiam hic *dat
ex Sion salutare Israel*, cum labores sanctorum suis beneficiis
consolatur.

183,26 C 481: Istos tales, qui sibi placent, necesse est *c o n f u n d i*,
quoniam illos certum est a regno Christi omnipotentis arceri.

A 645: *D e u s* ergo *s p r e u i t e o s*; et tamen *s p e r n e n ‑
d o*[10] admonuit illos ut conuertantur. Modo cognoscant Christum, et
dicant: *Deus est*, quem dixerunt: *Non est Deus*.

184,3 A 645: Nonne ipse quem dixistis: *Non est Deus?*

184,6 A 645: Vere Iacob et uere Israel, minor ille cui seruiuit maior
(vgl. Gen. 25,23; Rom. 9,13), ipse *e x u l t a b i t*, quia ipse
cognoscet.

---

9 CSg: de Christo
10 CSg: frangendo (= WS 239[a])

C 481: *E x S i o n*, illam dicit speculationem felicem, in qua
Dominus aspicitur, et Maiestas ipsa uero lumine cordis hauritur.
... [482] ... Et respice quod in resurrectione generali frequenter *I a c o b* patriarcha nominatur, propter illud: *Iacob dilexi, Esau autem odio habui* (Mal. 1,2-3). ... *I s r a e l* interpretari diximus, uir uidens Deum. Quod tunc Ecclesiae sine dubitatione conceditur, quando, sicut illi promissum est, in aeterna patria feliciter collocabitur.

Br 1038 B: Sed in die iudicii, quando inimica destruetur mors, tunc erit uera redemptio (vgl. I Cor. 15,26).

Psalm 53

184,11 A 649: *I n f i n e m, i n h y m n i s*; hoc est, in laudibus.
C 483: *I n f i n e m* Christum significari notissimum est.
I n c a r m i n i b u s, id est, in psalmi praesentis opere.
... Istud ergo *c a r m e n* Christi significat laudes.

184,12 A 645: Quod *S a u l* persecutor erat sancti uiri *D a u i d*, optime nouimus; quod figuram gerebat *S a u l* temporalis regni, non ad uitam, sed ad mortem pertinentis, et hoc uestrae Caritati nos commendasse meminimus (vgl. A 623f.). Itemque quod ipse *D a u i d* figuram gerebat Christi, uel corporis Christi, et nosse debetis, et recolere qui iam nostis. [646] Quid ergo *Z i p h a e i* ? Vicus quidam erat Ziph, cuius habitatores *Z i p h a e i*, in quorum regione se *a b s c o n d e r a t D a u i d*, cum eum uellet *S a u l* inuenire et occidere. Isti ergo *Z i p h a e i* cum hoc cognouissent, prodiderunt eum regi persecutori, dicentes: *N o n n e ... n o s ?* ... Si quaeramus ergo quid interpretentur *Z i p h a e i*, inuenimus florentes. ... Inueniamus hic primo *D a u i d* latentem, et inueniemus ei aduersarios florentes. Adtende *D a u i d* latentem: *Mortui enim estis*, dicit apostolus membris Christi, *et uita uestra abscondita est cum Christo in Deo* (Col. 3,3). Isti ergo latentes quando erunt florentes? *Cum Christus*, inquit, *apparuerit uita uestra, tunc et uos cum illo apparebitis in gloria* (ebda 3,4). Quando erunt isti florentes, tunc erunt illi *Z i p h a e i* arescentes. ... [647] ... Hi sunt *Z i p h a e i* inimici *D a u i d*,

florentes in saeculo. Hos aliquando adtendunt etiam filii lucis
infirmi, et mutant eis pedes, cum uiderint malos felicitate florere; ... Florent in saeculo, arescent in iudicio, ... At uero
dignitas saeculi quomodo alba est! ... Herba est hiemalis, usque
ad aestatem uiret.

C 483: *Z i p h a e i* significant florentes, quod in isto mundo
peccatoribus datum est. *D a u i d* autem figuram gerebat Domini
Saluatoris, per quem declaratur populus christianus. In hac ergo
similitudine decenter exprimitur, hic perfidos esse florentes ac
liberos, et fideles absconditos atque conclusos. Vnde nunc
propheta a talibus se liberari deprecatur, ...

184,17 Br 1038 C: *Z i p h a e i* interpretantur florentes, id est, peccatores, qui quasi florentes et uirides sunt in[1] praesenti uita, ...

184,22 A 649: Hoc dicat Ecclesia latens inter *Ziphaeos*. ... [650]
... Ne autem quondam ille infirmus [=Christus], cum uenerit fortis,
uentilabro illo ad sinistram nos mittat, saluet nos *i n   n o m i -
n e* suo, et *i u d i c e t* nos *i n   u i r t u t e* sua. Quis
enim hoc tam temerarius optauerit, ut dicat Deo: *I u d i c a   m e* ?
Nonne pro maledicto dici solet hominibus: *I u d i c e t* te
D e u s ? Ita plane est maledictum, si *i u d i c a t* te *i n
u i r t u t e* sua, sed si non te saluauerit *i n   n o m i n e*
suo; cum uero *i n   n o m i n e* praecedente saluauerit te, salubriter *i n   u i r t u t e* consequente *i u d i c a b i t*. Securus
esto: iudicium illud non tibi erit punitio, sed discretio. ...
Quid est: *I u d i c a   m e* ? Discerne me a *Ziphaeis* inter quos
lateo;

185,2 A 650: Perueniant ad aures tuas uerba oris mei, quia non florem
Ziphaeorum a te desidero.

185,3 A 650: tu *p e r c i p e*; nam *Ziphaeus* etsi sonet *oratio mea*,
non audiunt, quia non intellegunt. Temporalibus quippe gaudent, bona
aeterna desiderare non norunt. Ad te perueniat *oratio mea*, ex desiderio aeternorum tuorum beneficiorum excussa et iaculata; ad
a u r e s tuas emitto eam; adiuua eam ut perueniat, ne deficiat
in itinere medio, et quasi collapsa corruat.

185,6 A 651: Qui *a l i e n i* ? Nonne ipse Dauid Iudaeus erat de tribu

---

1 CSg: hic in (!)

Iuda? Ipse autem locus Ziph ad tribum Iuda pertinebat, Iudaeorum erat. Quomodo ergo *a l i e n i* ? Non ciuitate, non tribu, non cognatione, sed flore. Nam uis nosse *a l i e n o s* istos? In alio psalmo *filii alieni* dicti sunt: *quorum os locutum est uanitatem, et dextera eorum dextera iniquitatis* (143,7-8).

185,9   C 484: *F o r t e s* enim Saulem uult intellegi cum ministris, ...

185,11 C 484: Perditi autem ideo *n o n   p r o p o n u n t   D e u m   a n t e* oculos suos, quia ignorare illum credunt quae scelerata mente concipiunt. Haec est pia oratio quam desiderabat audiri, ne illi permitterentur suas uoluntates efficere, quos constabat *D e u m* ante oculos suos non habere².

185,13 A 652: Omnes enim sancti *a d i u u a n t u r   a   D e o*, sed intus ubi nemo uidet. ... *Nam gloria nostra haec est*, ait apostolus, *testimonium conscientiae nostrae* (II Cor. 1,12). In hac [653] gloriatur iste intus, non in flore *Ziphaeorum* foris, ...

185,14 A 653: Quomodo te *adiuuat? E t   D o m i n u s ... m e a e.*
        C 485: Sequitur etiam quod sit istud adiutorium; id est, *e t   D o m i n u s ... m e a e*³.

185,15 WS 242ᵃ: *A u e r t e ... i l l o s*. Prior uersiculus in hebraico sic legitur: *R e d d e   m a l a   i n s i d i a t o r i b u s   m e i s*. Dicuntur uero haec non optantis animo, sed praescientia prophetantis. Sic enim commouerentur inimici Ecclesiae, sic qui modo florent igni seruantur, ut intereant in saeculum saeculi.
        - Vgl. A 653: Sic quomodo uirent, sic quomodo florent, igni seruantur.

185,17 A 653: Puta quia florent modo, puta quia exoriuntur sicut fenum; ... Nam si tu fueris in corpore ipsius Dauid, in uirtute sua disperdet illos. Isti florent felicitate saeculi, pereunt in uirtute Dei. ... florent falsis bonis, pereunt ueris tormentis.

185,20 A 653: Quid faciam? Quid offeram, nisi quod ait: *Sacrificium laudis honorificabit me* (Ps 49,23)? Quare ergo: *u o l u n t a - r i e* ? Quia gratis amo quod laudo. ... [654] ... Quid est gratuitum? Ipse propter se, non propter aliud.

---

2 R 122ᵛᵇ: Ille *D e u m   p r o p o n i t   a n t e* se, qui peccare timet, ...
3 R 123ʳᵃ: *D o m i n u s ... m e a e*, quia semper in *a n i m a* diuinum consumatur [consummatur?] adiutorium.

185,22 A 654: *E t   c o n f i t e b o r . . .   e s t*: ob[4] nihil aliud, nisi quia *b o n u m* est. ... Melius nihil inuenio quam *n o m e n   t u u m*.

185,24 A 654: Ideo intellexi quia *bonum est nomen tuum*;

186,1 A 655: super illos *Ziphaeos* respexit oculus meus. Florem quippe illorum transii altitudine cordis, ad te perueni, et inde *r e s p e x i   s u p e r* illos, et uidi quia *omnis caro fenum, et omnis*[5] *claritas hominis sicut flos feni* (Isai. 40,6);

P s a l m   54

186,4 A 655: *Finis enim legis Christus* est, *ad iustitiam omni credenti* (Rom. 10,4). Intentio ergo dirigatur *i n   f i n e m*, dirigatur in Christum. ... *F i n i s* ergo noster perfectio nostra esse debet; perfectio nostra Christus. ... [656] ... *I n   h y m n i s*: in laudibus. ... Quid est ergo: *I n t e l l e c t u s   i p s i   D a u i d*? ... Quia ergo *D a u i d* in figura Christus est, Christus autem, ... et caput et corpus est, nec nos a Christo alienos dicere debemus, cuius membra sumus, nec nos quasi alterum computare; ... Quia ergo totus Christus caput et corpus est, cum audimus: *I n t e l l e c t u s   i p s i   D a u i d*, intellegamus et nos in *D a u i d*. Intellegant membra Christi, et in membris suis intellegat Christus, et membra Christi intellegant in Christo; quia caput [657] et membra unus Christus. ... Inter multas ergo tribulationes huius saeculi, plangit aliquid psalmus iste de *i n t e l l e c t u*. Ille cum isto non plorat, qui non habet *i n t e l l e c t u m*. Porro autem, carissimi, meminisse debemus ad imaginem Dei nos esse factos, nec alibi quam in ipso *i n t e l l e c t u*. ... In quo honore, nisi quia factus ad imaginem Dei? ... Agnoscamus ergo honorem nostrum, et intellegamus. Si intellegimus, uidemus non esse istam regionem gaudendi, sed gemendi; non iam exultandi, sed adhuc plangendi. Sed etsi exultatio quaedam habitat in cordibus nostris, nondum est in re, sed in spe.

186,14 A 657: Orat multa patiens, de malo liberari desiderans; ... Homines malos quos patitur [658] commemoraturus est, eamdemque passionem malorum hominum *e x e r c i t a t i o n e m* suam dixit. ... Tu ergo

---

4 CSg: *fehlt*. (!)
5 CSg: *fehlt*. (!)

inimico tuo, quem intolerabiliter [659] pateris, quid praestitisti?

186,16.18.22 A 659: Cum extendit dilectionem ut diligat inimicos, affectus est taedio, multorum inimicitiis, multorum rabie circumlatratus, et quadam humana infirmitate succubuit. Vidit se iam incipere penetrari mala persuasione diabolica, ut odium inducat aduersum inimicos; reluctans odio ut perficeret ipsam dilectionem, in ipsa pugna et lucta turbatus est. ... [660] ... Quid est ergo timendum quando pateris inimicum? Ne conturbetur tibi dilectio qua diligis inimicum. ... Sed cura in corde seruare inimici dilectionem, qua diabolum uincis.

186,24 A 659: Exerceri me quidem inter malos posuisti, sed nimis exsurrexerunt supra uires meas.

187,3 A 661: Vita nostra dilectio est; si uita dilectio, *m o r s* odium est. Cum coeperit homo timere ne oderit quem diligebat, *m o r t e m* timet;

187,5 A 661: Qui odit fratrem suum, in tenebris est usque adhuc (vgl. I Ioh. 2,9-11). Si dilectio lumen est, odium *t e n e b r a e*.

187,9 A 661: Aut mortem optabat, aut solitudinem desiderabat. Quamdiu, inquit, id mecum agitur, id mihi praecipitur ut inimicos diligam, conuicia istorum crebrescentia et adumbrantia me, commouent oculum meum, perturbant lumen meum, appetunt cor meum, interficiunt animam meam. Vellem ut abirem, sed infirmus sum, ne manendo augeam peccata peccatis; ... [662] ... *C o l u m b a* a molestiis quaerit auolationem, sed non amittit dilectionem. *C o l u m b a* enim pro signo dilectionis ponitur, et in ea gemitus amatur. ... [663] ... Etenim amissa dilectio, mors tua. ... Itaque ne amittam dilectionis uitam, *q u i s   d a b i t ... r e q u i e s c a m* ?

187,13 A 663: *I n* quo *d e s e r t o* ? Si forte in conscientia, quo nullus hominum intrat, ubi nemo tecum est, ubi tu et Deus es. ... [664] ... Sed illa dilectio conturbat eum; solus erat in conscientia, sed non solus in caritate; intus consolabatur conscientia, sed forinsecus tribulationes non relinquebant.

C 490: *m a n s i t   i n   s o l i t u d i n e*, ut imperturbati secreti puritate frueretur: tali facto nos commonens, ut quando iniquitatis alicuius fasce deprimimur, in secreto conscientiae quiescere debeamus.

187,15 A 664: Itaque ... cum conturbaretur adhuc, quid ait? ... Porrigat manum ille ... et dicat tibi: Me adtende, quid pertulerim; ... Forte nauis tua ideo turbatur, quia ille in te dormit. Saeuiebat mare, turbabatur nauicula in qua discipuli nauigabant; Christus autem dormiebat; tandem aliquando uisum est illis quia inter illos dormiebat uentorum imperator et creator; accesserunt et excitauerunt Christum; imperauit uentris, et facta est tranquillitas magna (vgl. Matth. 8, 23-26). Merito ergo forte turbatur cor tuum, quia excidit tibi in quem credideris; intolerabiliter pateris, quia non uenit tibi in mentem quid pro te pertulerit Christus. Si in mentem non tibi uenit Christus, dormit: excita Christum, recole fidem. Tunc enim in te dormit Christus, si oblitus es passiones Christi; tunc in te uigilat Christus, si meministi passionum Christi. Cum autem pleno corde intuitus fueris quid ille fuerit passus, nonne aequo animo et tu tolerabis, ...? Cum ergo ista cogitans consolari et gaudere coeperis, ille resurrexit, ... ideo facta est tranquillitas.

187,21 A 665: *S u b m e r g e*, quare? Quia se extulerunt.

187,22 A 665: *D i u i d e*, quare? Quia in malum conspirauerunt.

187,25 A 665: Turrem illam recordare superborum factum post diluuium (vgl. Gen. 11,4); ... Superbia[1] se munitos esse arbitrabantur, exstruxerunt altam turrem; et Dominus *diuisit linguas* ipsorum. ... Per superbos homines *diuisae sunt linguae*, per humiles apostolos congregatae sunt *linguae*: spiritus superbiae dispersit *linguas*, Spiritus sanctus congregauit *linguas*. ... Ergo si adhuc saeuiunt et gentiles sunt, expedit eis *diuisas* habere *linguas*. ... Merito iste *desertum* quaerebat, *q u o n i a m u i d i t i n i q u i t a t e m e t c o n t r a - d i c t i o n e m i n c i u i t a t e*. Est quaedam *c i u i t a s* turbulenta (vgl. Gen. 11,9); ipse erat quae turrem aedificauerat, ipsa confusa est, et appellata Babylonia, ipsa per innumerabiles gentes dispersa; inde congregatur Ecclesia in *desertum* bonae conscientiae. ... Si enim iustus est, qui ex fide uiuit (vgl. Rom. 1,17; Gal. 3,11; Hebr. 10,38), iniquus est qui non habet fidem. Quod ergo hic ait: *i n i q u i t a t e m*, perfidiam intellego. [666] ... Adhuc sane reliquiae saeuiunt illius *c i u i t a t i s*, adhuc contradicunt.

188,3 C 491: ut quantum murorum machina in altum potuit crescere, multo magis ibidem malitia se proterua distenderet[2].

---

1 CSg: Superbi
2 R 124ra: Excelsi erant *m u r i e i u s*, sed *i n i q u i t a s* eius *m u r o s* excellebat.

188,5   C 491: *Labor* respicit ad exercendas oppressiones, *iniustitia* pertinet
ad nefanda iudicia.

188,7   A 667: Verbum contumeliosum audisti: uis exigere damnationis supplicium. Vel tantum exige quantum dedisti[3], fenerator iniuriarum. Pugno[3]
percussus es, interfectionem quaeris. *V s u r a* mala.

WS 246[a]: Est et alia *u s u r a*   peior, quando quis uerbo contumeli-
oso audito uel pugno percussus, aut damnationis supplicium exigit,
aut interfectionem quaerit. *V s u r a* mala, uel tantum exige, quantum
dedisti feneratori.

Br 1042 A: *V s u r a*   est, plus accipere quam dare.

188,12 A 668: *e t s i i s ... f u i s s e t*, id est, per superbiam mihi
insultasset, magnificaret se super me, minaretur mihi quidquid posset,
a b s c o n d e r e m m e u t i q u e a b e o. ... Nunc autem
uide, si non nihil aliud restat, nisi ut solitudinem quaeras.

C 492: In isto uersu et duobus aliis qui sequuntur, Iudas perfidus
exprobratur, quia caueri potuisset, si publicus fuisset inimicus.

188,16 A 668: Forte aliquando bonum consilium dedisti, forte aliquando prae-
cessisti me, et salubre aliquid monuisti: in Ecclesia Dei simul
fuimus.

C 492: Hic et sequens uersus increpatiue quidem legendi sunt. Sed con-
sideremus sub qua patientia: adhuc *u n a n i m i s*, adhuc *d u x*,
adhuc *n o t u s* dicitur, qui futurus hostis et crudelissimus traditor per omnia noscebatur.

188,18 A 668: Vnde ergo dissensio? Qui intus erat, foris factus est. *A m b u -
l a u i t* mecum *i n d o m o D e i c u m c o n s e n s u*: aliam
d o m u m erexit contra *d o m u m D e i*. ... Fratres sumus, unum
Deum inuocamus, in unum Christum credimus, ... quid tu foris es, et
ego intus sum?

188,21 A 668: Quo modo replicauit et recolere nos fecit primum illud schis-
matis initium, quando in illo primo populo Iudaeorum quidam superbi
se separauerunt, et extra sacrificare uoluerunt (vgl. Num. 16,1-33; 47).
... Quid est: *u i u e n t e s* ? Scientes quia pereunt, et tamen pere-
untes. ... [669] ... Si mortuus descenderes, quid ageres ignorares;
cum uero scis malum esse quod facis, et tamen facis, nonne uiuus
d e s c e n d i s ad inferos? Et quare maxime ipsos duces terrae hiatus absorbuit uiuos, populum autem illis consentientem e caelo irruens

---

3 CSg: dedisti feneratori. Iniuriarum pugno

absumpsit? Propterea hanc poenam commemorans psalmus iste, a populo coepit, et ad duces conclusit. *V e n i a t   m o r s   s u p e r   e o s*, propter illos dixit, super quos uenit ignis de caelo; et statim adiunxit: *D e s c e n d a n t   a d   i n f e r n u m   u i u e n - t e s*, propter duces quos terrae hiatus absorbuit. ... Quid illi duces et principes? ... Ideo ad inferos *u i u e n t e s   d e s - c e n d u n t*, quia malum quod faciunt, malum esse nouerunt.

Br 1042 C: Factum fuit hoc de Dathan, et Core, et Abiron, et simul uenit ignis, et mortui fuerunt, et terra absorbuit eos uiuos (vgl. Num. 16,1-33).

C 493: Sed hoc magis spiritaliter accipiendum est;

189,1 A 669: *I n   h o s p i t i i s*, ubi peregrinantur et transeunt. Non enim hic semper futuri sunt; et tamen pro animositate temporali sic pugnant.

189,2 A 669: *i n   m e d i o   e o r u m* iniquitas; nullum tam *m e d i u m   e o r u m* quam cor eorum. (∼ C 493)

C 493: ... *h o s p i t i o*; ut ostenderet malitiam non esse naturalem, sed aduentitia quadam hospitalitate susceptam.

189,3 CSg 27, 229: *C l a m a u i t* igitur ex forma serui Christus, iugiter *a d   D e u m* pro populo christiano, ...

A 669: Corpus Christi et unitas Christi in angore[4], in taedio, in molestia, in conturbatione exercitationis suae;

189,6 A 670: *V e s p e r e* Dominus in cruce, *m a n e* in resurrectione, *m e r i d i e* in ascensione; *e n a r r o   u e s p e r e* patientiam[5] morientis, *a n n u n t i o   m a n e* uitam resurgentis, orabo ut *e x a u d i a t   m e r i d i e* sedens ad dexteram Patris; *e x a u - d i e t   u o c e m   m e a m* qui interpellat pro nobis (vgl. Rom. 8, 34).

189,10 A 670: Itaque, fratres mei, quos in ipsa congregatione parietum horum uidetis turbulentos, superbos, ... non habentes zelum Dei ... quietum, ... ipsa est palea dominicae areae (vgl. Matth. 3,12; Luc. 3,17). ... Quare dixi[6]: *a d p r o p i n q u a n t   m i h i* ?

189,12 A 671: Etenim per totum orbem terrarum pauca sunt grana, multae sunt paleae. Quid ergo ait? In palea mecum erant, in tritico non mecum erant;

---

4 CSg: labore
5 CSg: sapientiam
6 CSg: dixit

189,15 A 671: Illi enim praesumunt de nescio quo duce suo qui coepit heri: *h u m i l i a b i t   i l l o s   q u i   e s t   a n t e   s a e c u l a*. Quia etsi ex tempore Christus est de Maria uirgine, *a n t e   s a e - c u l a* tamen in principio Verbum, et Verbum apud Deum, et Deus Verbum (vgl. Ioh. 1,1).

189,17 A 671: *N o n   e s t   i l l i s   c o m m u t a t i o*, ... nec cum hic sunt, nec in resurrectione. *Omnes enim resurgemus, sed non omnes immutabimur* (I Cor. 15,51). Quare? Quia *n o n   e s t* ... [672] *D e u m*.

189,19 C 495: Ipsa nunc allegorice dicuntur, quae in futuro iudicio sunt agenda cum perfidis.

189,20 A 672: Lege *t e s t a m e n t u m* quod *p o l l u e r u n t*: *In semine tuo benedicentur omnes gentes* (Gen. 12,3; 26,4). *P o l l u e - r u n t   t e s t a m e n t u m   e i u s*. Tu contra ista uerba testatoris[7] quid dicis? Africa sola istam gratiam meruit sancti Donati, in ipso remansit Ecclesia Christi. Dic saltem: ecclesia Donati. Quare adiungis, Christi, de quo dictum est: *In semine ... gentes*? Post Donatum uis ire? Pone Christum, et sic recede. Videte ergo quid sequitur: *P o l l u e r u n t   t e s t a m e n t u m   e i u s*. Quod *t e s t a m e n t u m* ? *Abrahae dictae sunt promissiones et semini eius. ... Et semini tuo, quod est Christus* (Gal. 3,16). ... Tu qui dimisisti unitatem omnium gentium, et in parte remansisti, *p o l - l u i s t i   t e s t a m e n t u m   e i u s*. Quod tibi ergo contigit, ut exterminareris, ut ab hereditate separareris, de ira Dei est. WS 248[b]: *C o n t a m i n a n t* haeretici *t e s t a m e n t u m* Dei, prauo sensu interpretando scripturas, corrumpendo Ecclesiae fidem, diuidentes se ab unitate corporis Christi.

189,26 A 672: Quomodo *a d p r o p i n q u a u i t   c o r   i l l i u s* ? Vt intellegamus uoluntatem illius. Etenim ex haereticis asserta[8] est catholica, et ex his qui male sentiunt probati sunt qui bene sentiunt. Multa enim latebant in scripturis; et cum praecisi essent[9] haeretici, quaestionibus agitauerunt Eccle-[673]siam Dei: aperta sunt quae latebant, et intellecta est uoluntas Dei. ... Numquid enim perfecte de Trinitate tractatum est, antequam oblatrarent Ariani?

---

7 CSg: contestatoris
8 CSg: in haereticis exserta
9 CSg: praecissent *statt* praecisi essent (WS 249[a]: processissent)

190,5 A 673: Quaedam enim in scripturis dura uidebantur, cum obscura essent; exposita *mollita* sunt. ... [674] ... Ecce per diuisionem haereticorum multa dura *mollita* sunt; *sermones* illius duri *molliti sunt super oleum, et ipsi sunt iacula*. Armauerunt euangelizantes; et ipsi *sermones* diriguntur in pectora quorumque audientium ab instantibus opportune et importune; illis *sermonibus*, illis uerbis tamquam sagittis, corda hominum ad amorem pacis feriuntur. Duri erant, et molles facti sunt. *Molliti* non uirtutem amiserunt, sed in *iacula* conuersi sunt.

190,9 A 674: Modo autem uult paruulus *iactare curam* suam in Dominum, et occurrit nescio quis, et dicit: Ego excipio. Tamquam naui fluctuanti occurrit, et dicit: Ego excipio. Responde et tu: Portum quaero, non saxum.

190,10 A 674: Et uide quia portus te excipit: *Non dabit ... iusto*. ... Fluctuat nauis in anchoris, sed non longe a terra proicitur; nec in aeternum fluctuabit, etsi ad tempus fluctuat. Etenim ad *fluctuationem* pertinent uerba superiora: Contristatus sum in exerci-[675]tatione mea, et conturbatus sum (v. 3-4). ... Illis autem quid?

190,13 C 496: Quia dixit de *iustis*, nunc dicit de impiis, qui in gehennae profunditatem mergendi sunt. - Zu *stagnum ... ignis* vgl. Apoc. 20,15.

190,15 A 675: *Viros sanguinum* propter interfectiones dicit; atque utinam corporales, et non spiritales!

C 497: Hos tales implere non dicit *dies suos*, quando cum sibi longam uitam promittunt, exitum celerrimae mortis inueniunt. Nam omnium *dies* in praedestinatione noscuntur esse definiti: sed illis *dimidiabuntur dies sui*, quibus contra dispositum proprium prouenire monstratur occasus. Ideo enim additum est *suos*, ut uoluntarios intellegeres, non a Domino constitutos.

190,18 C 497: Illos tales quibus celerrimus euenit finis, in se *sperasse* non dubium est.

A 676: Merito autem illi *non dimidiabunt dies suos*, quia in homine *sperauerunt*. Ego autem a *diebus* temporalibus perueni ad *diem* aeternam. Quare? Quia *in te speraui, Domine*.

Psalm 55

190,22 A 677: Agnoscamus ergo populum *q u i   l o n g e   f a c t u s   e s t
a   s a n c t i s   i n   t i t u l i   i n s c r i p t i o n e m*. Pertinet
hoc enim ad *i p s u m   D a u i d*, quem iam nostis intellegere spiritaliter; neque enim commendatur nobis nisi ille de quo dictum est: *Finis
legis Christus ad iustitiam omni credenti* (Rom. 10,4). Ergo: *I n
f i n e m* cum audis, in Christum intende, ne in uia remanendo non
peruenias ad *f i n e m*. ... Scriptus est enim quidam *t i t u l u s*
in dominica passione, quando Dominus crucifixus est; erat ibi *t i t u -
l u s* inscriptus, hebraice, graece et latine: *Rex iudaeorum* (Ioh. 19,
19); ... Istum *t i t u l u m* cum legissent Iudaei, indignati sunt,
et dixerunt ad Pilatum: *Noli scribere: Rex Iudaeorum; sed quia ipse
dixit se regem esse Iudaeorum* (vgl. Ioh. 19, 21). ... *l o n g e
f i a n t   a   s a n c t i s* qui contradicentes *t i t u l o* respuerunt regem Deum, et elegerunt regem hominem. ... [678] ... *G e t h*
ciuitas quaedam erat *a l l o p h y l o r u m*, id est, alienigenarum,
utique *p o p u l i   l o n g e   a   s a n c t i s*. ... [679] ... Ergo
D a u i d nostrum Dominum Iesum Christum natum ex semine illius
D a u i d, non solum *t e n u e r u n t*, sed et *t e n e n t* adhuc
a l l o p h y l i   i n   G e t h. G e t h diximus quod ciuitas sit.
Interrogata autem interpretatio huius nominis, indicat torcular.
Christus, secundum quod caput Saluator corporis, ille natus ex uirgine crucifixus, ... est et hic, sed in corpore suo quod est Ecclesia.
Corpus coniunctum est capiti suo, ... Quomodo ergo hic *t e n e t u r
i n   G e t h? T e n e t u r* in torculari corpus eius, id est,
Ecclesia eius. Quid est, in torculari? In pressuris. Sed in torculari
fructuosa pressura est. Vua in uite pressuram non sentit, integra
uidetur, sed nihil inde manat; mittitur in torcular, calcatur, premitur;
iniuria uidetur fieri uuae, sed ista[1] iniuria sterilis non est; ...
Quicumque[2] ergo sancti pressuram[2] patiuntur ab eis qui *l o n g e
f a c t i   s u n t   a   s a n c t i s*, adtendant psalmum istum, agnoscant hic se, dicant quod hic dicitur, qui patiuntur quod hic dicitur.
... [680] ... et dicamus Deo: ...

C 499: ... in prima sectione psalmi mater orat Ecclesia, ...

---

1 CSg: in ista
2 CSg: Quicquid ... pressurarum (ru *zwischen* a *und* m *übergeschr.*)

191,8 A 680: Noli timere, quia *c o n c u l c a u i t* te *h o m o*; uinum habeto, uua factus es ut calceris.

191,11 A 680: *T o t a   d i e*, toto tempore. Nemo sibi dicat: Fuerunt tribulationes apud patres nostros, apud nos non sunt. Si putas te non habere tribulationes, nondum coepisti esse christianus. Et ubi est uox apostoli: *Sed et omnes qui uolunt in Christo pie uiuere, persecutiones patientur* (II Tim. 3, 12)? Si ergo non *pateris* ullam pro Christo *persecutionem*, uide ne nondum coeperis *in Christo pie uiuere*.

191,14 A 681: Est et alius intellectus: ... *A b   a l t i t u d i n e   d i e i*, hoc est, a superbia temporali. Quamdiu enim *conculcant*, alti sunt; humiles sunt qui *conculcantur*, alti sunt qui *conculcant*. Sed noli timere *a l t i t u d i n e m*[3] *conculcantium*; *d i e i   a l t i t u d o* est, temporalis est, non aeterna.

191,17 A 681: Cum uenerit ille dies iudicii, tunc lamentabuntur se omnes tribus terrae.

C 500: At contra infelicium sors omnino durissima est, hic sub breuitate gaudere et in illa perpetuitate cruciari.

191,19 A 681: Stupor autem non dolet; amisit sensum doloris, tanto insensibilior, quanto peior. ... [682] ... Et ipsi stupidi qui modo nihil *timent*, *timebunt* aliquando: ...

191,23 A 682: si *i n   D e o*, quare *m e o s*? Et *i n   D e o*, et *m e o s*. *I n   D e o*, quia ab ipso; [683] *m e o s*, quia accepi. Ipse uoluit *m e o s* esse qui dedit, amando eum cuius sunt; ... *I n   D e o* ergo *l a u d a b o   s e r m o n e s*, quia ibi ipse est fons *s e r m o n u m* uerorum;

C 501: *I n   D e o   l a u d a t   s e r m o n e s* suos, qui omne quod bene loquitur non sibi, sed diuinis cognoscitur muneribus applicare. Suos enim ita intellegendum est, non qui proprio proferuntur arbitrio, quoniam semper mali sunt; sed qui Domini largitate concessi sunt.

191,25 C 501: *n o n   t i m e b o   q u i d   f a c i a t   m i h i   h o m o*.[4]

A 683: Plane *conculcauit*, plane *tribulauit*; sed *q u i d   m i h i   f a c i e t* ? Vua eram, uinum ero: ...

192,1 A 683: Sed cum *u e r b a   m e a   a b o m i n a n t u r*, quem putamus *a b o m i n a n t u r*, nisi eum in quo *laudabo sermones meos*?

---

3 CSg: ab altitudine
4 Hil 164: *C a r n e m* autem pro significatione hominum, per quam in corpore continentur, frequenter accipimus;

192,3 A 683: Contemptus est Dominus tuus, et tu te honorari uis ab eis qui *longe facti sunt a sanctis*?

192,4 C 501: Isti ergo subdoli Christiani habitare publice uidentur Ecclesiam[5] et congregationes sequi, conuentusque populorum; sed uirus suae peruersitatis *a b s c o n d u n t*; nec palam ausi sunt pro- [502]dere, quod sciunt apostolicas regulas non habere.

192,5 A 685: Etenim sic *i n c o l e n t   e t   a b s c o n d e n t*, ut obseruent ubi homo labitur. Intenti sunt ad *c a l c a n e u n*, quando fiat lapsus, ut pedem teneant ad ruinam, aut pedem supponant ad offensionem, certe ut inueniant quod accusent. Et quis ita ambulet ut nusquam labatur? Certe quod cito fit uel in lingua. ... Ergo necesse est ut aliquis labatur in lingua. Illi autem qui *i n c o l e n t   e t   a b s c o n d e n t*, aucupantur uerba omnia, quaerentes[6] alicubi laqueos et nodosas facere calumnias, ...

192,7 C 502: Addidit *s i c u t   e x p e c t a u i t   a n i m a   m e a*, id est, sicut ante praeuidi, sicut instructus fui, sicut a Domino regulam praedicationis accepi.

A 686: Hoc dico quod sustinui. Loquebatur expertus: *S i c u t   s u s t i n u i t   a n i m a   m e a .   I n c o l e n t   e t   a b s c o n d e n t .*

192,9 A 686: tu ora pro eis, et noli dicere: Numquid et talem hominem Deus correcturus est, tam malum, tam peruersum? ... Est alius sensus in hoc uersu: *P r o   n i h i l o ... e o s*: nullis eorum meritis praecedentibus *s a l u o s   f a c i e s   e o s*. *Qui prius fui blasphemus*, inquit, *et persecutor et iniuriosus* (I Tim. 1, 13). ... [687] ... et cum illi ad te nihil afferant unde saluentur, *P r o   n i h i l o   s a l u o s   f a c i e s   e o s,* id est, gratis data gratia tua.

192,12 A 687: Irasceris et *d e d u c i s*, saeuis et saluas, terres et uocas. Quid est enim: *I n   i r a   p o p u l o s   d e d u c e s* ? Imples tribulationibus omnia, ut in tribulationibus positi homines[7] recurrant ad te, ne deliciis et securitate peruersa seducantur. A te *i r a* uidetur, sed paterna. Irascitur pater filio ...; iratus ei eum colaphizat, caedit, ... ad scholam ducit.

192,14 A 687: Vt uiuam enim tu fecisti, et ad hoc *e n u n t i o   u i t a m   m e a m* tibi. ... *E n u n t i a u i* Deo *u i t a m   m e a m*, quia

---

5 CSg: in Ecclesia
6 CSg: uerbo; omnia quaerunt *statt* uerba omnia, quaerentes
7 CSg: omnes

uiuere me fecit Deus. Quomodo⁸ *e n u n t i a u i t   u i t a m* suam
Paulus apostolus, dicens: *Qui prius fui blasphemus et persecutor et
iniuriosus! E n u n t i e t*⁹ *u i t a m* suam: *Sed misericordiam
consecutus sum* (I Tim. 1, 13).

192,20 C 503: Pollicitatio quippe Domini est, ut pias lacrimas non refutet,
sicut in alio psalmo dicit: *Inuoca me in die tribulationis tuae et eri-
piam te et magnificabis me* (49,15).

192,22 A 688: Praecedendo ergo non corrigitur; bonum est illi ut *c o n u e r-
t a t u r   r e t r o r s u m*, et quem praecedere uolebat sequatur. ...
[689] ... Ideo *c o n u e r t a n t u r   r e t r o r s u m*, ne praecedant; sed ut sequantur, non ut remaneant.

192,25 A 689: Tuus est enim, cum tibi subuenit; tuus est, cum tu ab illo
alienus non es. ... Omnium quidem *D e u s* est; sed eorum *D e u s*
proprie dicitur, qui eum diligunt, qui eum tenent, qui illum possident,
qui illum colunt¹⁰; tamquam de domo ipsius, magna sunt familia eius,
redempti magno sanguine unici Filii. Quantum dedit nobis *D e u s*,
ut ipsius essemus et ipse sit noster! ... [690] ... Aliquando ista
bonis dat, aliquando non dat; et malis aliquando dat, aliquando non
dat; bonis tamen seruat seipsum, ...

193,3 A 691: Iam ipse est sensus qui superius est repetitus (vgl. v. 5).

193,5 C 505: Venit ad tertium membrum, ubi iam liberata de malis huius saeculi, laudaturam se Dominum profitetur Ecclesia. Dicit enim in se esse
u o t a   l a u d a t i o n i s, Dei tamen munere contributa, quae in illa
perpetuitate reddenda sunt, quando iam sancti indefessis uocibus persol-
uent laudis obsequium. ... Sed haec tria in futuro saeculo praestabun-
tur, ... Nam hic cui beatorum aufert *l a c r i m a s*, cum ipse dicat:
Beati qui lugent, quoniam ipsi consolabuntur (Matth. 5, 5)?

193,10 A 692: Merito non *p l a c e t* filiis alienis (vgl. Ps. 17,46; II Reg.
22,45f.) *longe factis a sanctis*, quia non habent *l u m e n   u i u e n-
t i u m*, unde uideant quod *D e o   p l a c e t*.

---

8 CSg: Quomodo enim
9 CSg: enuntiat (a *auf Rasur*)
10 SCg: incolunt

Psalm 56

193,13 A 695: Quia ergo passionem Domini cantat iste psalmus, uide quem titulum habeat: *In finem. Finis* Christus est. ... Inuenimus ergo illo tempore, quando *Saul Dauid* persequebatur (vgl. I Reg. 24, 1-4), regem futurum et praedestinatum rex iam reprobatus, quod *fugerit a facie Saul in speluncam ipse Dauid*. Quid ergo hoc ad Christum? Si omnia quae tunc agebantur, figurae erant futurorum, inuenimus ibi Christum, et multo maxime. Nam illud: *Ne corrumpas in tituli inscriptionem*, non uideo quomodo pertineat ad illum *Dauid*. Non enim aliquis *titulus* inscriptus erat *ipsi Dauid*, quem uoluit *corrum-* [696] *pere Saul*. Videmus autem in passione Domini scriptum fuisse *titulum*: *Rex Iudaeorum* (Ioh. 19, 19), ut ille *titulus* exprobraret frontem ipsorum, quod a rege suo manus non abstinuerunt. ... *Saul*, ut diximus, populus Iudaeorum erat; *Dauid* Christus erat; ... Cum ergo [Iudaei] indignarentur ex illo *titulo*, adierunt Pilatum iudicem, cui obtulerant occidendum Christum, et dixerunt ad eum: *Noli scribere sic: Rex Iudaeorum*; *sed scribe quia ipse dixit se regem esse Iudaeorum* (vgl. Ioh. 19, 21). Et quia iam cantatum erat per Spiritum sanctum: *In finem, ... inscriptionem*, respondit eis Pilatus: *Quod scripsi scripsi* (ebda 22); quid mihi suggeritis falsitatem? Ego non corrumpo ueritatem. ... Figurabat enim aliquid illa *spelunca*, qua se texit Dauid. ... Qui enim *fugit in speluncam*, terra contegitur, ne uideatur. Portabat autem terram Iesus, carnem quam acceperat de terra; et in ea se occultabat, ne a Iudaeis inueniretur Deus. ... *Fugit* ergo secundum [697] carnem *in speluncam a facie Saul*. Quod si et hoc uelis accipere, ita Dominum *fugisse in speluncam a facie Saul*, quia passus est; usque adeo se occultauit Iudaeis, ut et moreretur. ... Sed quare[1] usque ad mortem uoluit esse patiens? Vt *fugeret a facie Saul in speluncam*. Etenim *spelunca*, inferior pars terrae potest accipi. Et certe ... corpus eius in monumento positum est, ... Hoc ergo monumentum *spelunca* erat; illuc *fugit*

---

1 CSg: quare? quia

a facie Saul. ... Resurrexit ergo Dominus ex illa *spelunca* illaesus, incorruptus, quo *fugerat a facie Saul*; ... Audiamus ergo iam psalmum, ... (~ C 506f.)

C 506: *Ne disperdas Dauid*. Prohibetur *Dauid a Saule disperdi*, qui ad regnum fuerat uoluntate Domini praeparatus, ... [507] ... Sic singula quae de *Dauid* et Christo prouenerunt facta, illis sunt sub hac allusione communia. Quae imagines rerum in hoc titulo ideo praeludunt, quia totus psalmus de Domini passione dicturus est. ... Oportet igitur meminisse psalmum hunc quintum esse illorum qui passionem et resurrectionem Domini sub breuitate commemorant.

193,26 A 697: Christus in passione dicit: *Miserere mei, Deus*. ... Caro ipsa clamat: *Miserere mei, Deus, miserere mei*, homo ipse, anima et caro. ... [698] ... Audis magistrum orantem, disce orare. Ad hoc enim orauit, ut doceret orare;

194,4 C 508: *Alarum* etenim *umbra* tecta materna sunt, quae pullos teneros et blandimento quodam fouent, et ab irruente tempestate custodiunt.

A 698: Hoc plane iam totus Christus dixit; hic est uox nostra. Non enim iam *transit iniquitas*, adhuc feruet *iniquitas*. ... Quis autem perseuerabit usque in finem, quoadusque *transeat iniquitas*? Qui fuerit in Christi corpore, qui fuerit in membris Christi, et a capite didicerit patientiam perseuerandi.

194,8 A 699: *Bene* enim nobis *fecit* Dominus Deus mittendo nobis Saluatorem nostrum Iesum Christum, ut moreretur propter delicta nostra, et resurgeret propter iustificationem nostram.

194,10 A 699: *misit de caelo* et resuscitauit eum;

194,12 A 699: Saeuierunt Iudaei in Christum, superbierunt in Christum; ... post passionem Domini eradicati inde sunt, et perdiderunt regnum, in quo regem Christum agnoscere noluerunt. Quemadmodum *dati sunt in opprobrium*, uidete: dispersi sunt per omnes gentes, nusquam habentes stabilitatem, nusquam certam sedem.

194,14 A 700: Ad quam rem?

194,16 A 700: Qui sunt *catuli leonum*? Populus ille minutus, male deceptus, male seductus a principibus Iudae-[701]orum: ut illi *leones*, illi *catuli leonum*. Omnes fremuerunt, omnes occiderunt.

194,18 A 701: Videmus perturbationem ipsius; non illo turbato, sed illis turbantibus. ... Tam placatus erat iste turbatus, ut quando uellet, *dormiret*. ... Turbauerunt illi, et *dormiuit* ipse. ... [702] ... Interrogemus eum, et dicamus: Quoniam *d o r m i s t i* turbatus, qui te persecuti sunt? qui te occiderunt? ... Audite qui: *F i l i i h o m i n u m*.

C 509: Mors Domini mirabili proprietate describitur, qui *c o n t u r - b a t u s* fremitu Iudaeorum, quiete altissima *d o r m i e b a t*: ostendens tam nihil fuisse persecutionem impiorum, ut occisus perduceretur ad somnum.

194,21 C 509: Ipse enim exponit qui sunt isti *filii hominum*, quorum *d e n - t e s* fuerunt *a r m a e t s a g i t t a e*; eorum scilicet qui (sicut legitur) super eum *d e n t i b u s* stridebant.

194,23 A 702: Quando ergo percusserunt, nisi quando clamauerunt: *Crucifige, crucifige* (Luc. 23, 21; Ioh. 19, 6)? (∼ C 509)

194,25 C 510: ... exclamat a forma serui, ...

A 703: Homo in cruce, et *s u p e r c a e l o s D e u s*. Remaneant in terra saeuientes, tu in caelo esto iudicans. Vbi sunt qui furebant?

C 509: *F i l i i h o m i n u m ... a c u t u s*. Haec de illis dicit qui in nece Domini impia uoluntate grassati sunt.

195,2 C 510: glorificatus est *s u p e r o m n e m t e r r a m*, quando totum mundum catholica replet Ecclesia: in qua laudes Domino iugiter concinuntur, ...

195,4 C 510: Iudaeos significat insidiatores, qui praedicationibus rectis dolos se adnectere crediderunt, ... *P e d e s* autem Christi sunt increpationes malorum promissionesque fidelium, quibus ille in hoc mundo euangelizans, quasi quibusdam *p e d i b u s* incedebat.

195,6 C 510: Hic pietas Domini sanctitasque describitur. *I n c u r u a u e - r u n t* enim *a n i m a m* Christi, quando scelerati Iudaei credere noluerunt. Ipsis enim condolendo (sicut et alibi dicit) ieiunus et sterilis reddebatur. *A n i m a* enim eius in suis actibus curuari non poterat, quae peccati maculam non habebat.

195,9 A 704: Quod enim persecuti sunt Christum, Christo non obfuit, sed ipsis obfuit. Et nolite putare, fratres, ipsis solis hoc accidisse. Omnis qui parat *f o u e a m* fratri suo, necesse est ut ipse *i n c i d a t i n e a m*.

C 511: et ideo dicti sunt *f o u e a m f o d e r e*, quia eum neci uisi sunt tradidisse.

195,12 A 705: Bonorum autem patientia praeparatione cordis excipit uoluntatem Dei, et gloriatur in tribulationibus, ... Ille parauit *foueam* ad opprimendum, ego *c o r* non *p a r a b o* ad tolerandum? Propterea ille *incidet in eam*, ego autem *c a n t a b o e t p s a l l a m*.

195,14 A 705: glorificetur[2] Iesus post passionem. ... Quod uocat, ut surgat? Duo organa uideo, corpus autem Christi unum uideo: una caro resurrexit, et duo organa resurrexerunt. - Vgl. 408, 12f.

195,16 A 705: *P s a l t e r i u m* est organum, quod quidem manibus fertur percutientis, et chordas distentas habet; sed illum lo-[706]cum unde sonum accipiunt chordae, illud concauum lignum quod pendet et tactum resonat, quia concipit aerem, *p s a l t e r i u m* in superiore parte habet. *C i t h a r a* autem hoc genus ligni concauum et resonans in inferiore parte habet. ... Sed quid est *p s a l t e r i u m* ? Per carnem suam Dominus duo genera factorum operatus est, miracula et passiones: miracula desuper fuerunt, passiones de inferiore fuerunt. Illa enim quae fecit miracula, diuina erant; sed per corpus fecit, per carnem fecit. Caro ergo diuina operans, *p s a l t e r i u m* est; caro humana patiens, *c i t h a r a* est. Sonet *p s a l t e r i u m*; illuinentur caeci, audiant surdi, stringantur paralytici, ambulent claudi, surgant aegroti, resurgant mortui: iste est sonus *p s a l t e r i i*. Sonet et *c i t h a r a*; esuriat, sitiat, dormiat, teneatur, flagelletur, irrideatur, crucifigatur, sepeliatur.

195,23 A 706: Quid ergo duo haec organa nobis figurant? Excitat enim Christus Dominus Deus noster *psalterium* suum et *citharam* suam, et dicit: *E x s u r g a m   d i l i c u l o*. Puto quia hic iam agnoscitis Dominum resurgentem. ... una caro resurrexit, et in una carne agnoscimus et *psalterium* et *citharam*.

195,26 C 512: *p s a l m u m ... i n t e r   g e n t e s*, caelestem significat actum uniuersalis Ecclesiae, quae per omnes *g e n t e s* linguis uariis psalmodiam Domino deuota mente persoluit.

196,2 A 706: *q u i a   m a g n i f i c a t a   e s t   u s q u e   a d   c a e l o s   m i s e r i c o r d i a   t u a ,   e t   u s q u e   a d   n u b e s   u e r i - t a s   t u a. C a e l i* supra *n u b e s*, et *n u b e s* infra *c a e - l o s*: et tamen ad hoc *c a e l u m* proximum pertinent *n u b e s*. ... *C a e l u m* autem sursum est, habitationes Angelorum, Sedium, Dominationum, Principatuum, Potestatum. Illud ergo forte uideatur fuisse dicendum: *M a g n i f i c a t a   e s t   u s q u e   a d   c a e l o s   u e r i t a s   t u a ,   e t   u s q u e   a d   n u b e s   m i s e r i c o r - d i a   t u a*. Etenim in *c a e l o* angeli laudant Deum, uidentes ipsam

---

2 CSg: glorificatus

speciem *u e r i t a t i s*, ... Ibi *u e r i t a s*; hic autem in nostra
miseria utique *m i s e r i c o r d i a*. ... [707] ... Hoc propterea
dixi, quia uidetur congruentius dici potuisse: *M a g n i f i c a t a
e s t   u s q u e   a d   c a e l o s   u e r i t a s   t u a,   e t   u s q u e
a d   n u b e s   m i s e r i c o r d i a   t u a.   N u b e s* enim intellegimus praedicatores *u e r i t a t i s*, homines portantes istam carnem
caliginosam quodammodo, unde Deus et coruscat miraculis, et tonat praeceptis; ... *V e r i t a s* praepollet in angelis; sed dedisti illam et
hominibus, et deduxisti illam *u s q u e   a d   n u b e s*.

196,7 A 707: Agentes ergo illi gratias, dicamus cum ipso psalmo ultimos uersus,
quos iamdudum etiam dixit: *E x a l t a r e ... t u a*. (∿ C 512)
- Vgl. v. 6.

P s a l m 57

196,9 Vgl. Ps. 56, 1.

196,11 C 513: Christus Dominus Iudaeos inuehitur de his quae longa post erant
aetate facturi.

A 707: Cui enim iniquo non facile est *l o q u i   i u s t i t i a m*?
aut quis de *i u s t i t i a* interroga-[708]tus, quando non habet causam, non facile respondeat quid sit iustum? ... [709] ... Non sit
i u s t i t i a labiorum, sed et factorum. Si enim aliter agis quam
l o q u e r i s, bona *l o q u e r i s*, et male iudicas. Si enim agis
quomodo iudicas? Interrogatus quid sit melius, aurum an fides, non usque
adeo peruersus et deuius es ab omni ueritate, ut aurum melius esse re-
spondeas; praeponis ergo interrogatus auro fidem; *l o c u t u s   e s
i u s t i t i a m*. ... [710] ... Ecce *l o c u t u s   e s* mihi meliorem esse fidem, et in iudicio tuo melius duxisti aurum. Non sic iudica-
sti ut *l o c u t u s   e s*; uera *l o c u t u s   e s*, et falsa iudica-
sti.

196,19 A 711: *I n i q u i t a t e s* forte *i n   c o r d e* solo? Audi quid
sequitur, et *c o r* suum sequuntur *manus*, et *c o r d i* suo famulan-
tur *manus*, cogitatur et fit;

CSg 27, 239: *E t e n i m   i n   c o r d e*; ac si diceret: Quomodo po-
tuistis de me iudicare, qui *i n   c o r d e* uestro *i n i q u i t a t e s
o p e r a m i n i*, ubi peractum crimen est antequam fiat perpetratum.
(∿ C 514)

196,21 C 514: Et uide quia supra *cordis* posuit *iniquitates*: nunc etiam per
m a n u s   res significat actuales, ut non solum cogitatum scelus, sed
etiam completum esse doceatur. C o n c i n n a n t   enim ad   i n i -
q u i t a t e s   bene positum est. Concinnatio autem significat, quando
ex multis partibus sibi conuenit adunata peruersitas.

196,24 A 712: Quid est hoc? Quaeramus diligentius; fortassis enim illud dicit
quia Deus praecognouit homines peccatores etiam in [713] u t e r i s
matrum. ... Vnde   a l i e n a t i ? A ueritate. Vnde   a l i e n a t i ?
A patria beata, a uita beata. ... Forte ergo a quadam milua   a l i -
e n a t i   sunt peccatores, in qua dolores patiebatur caritas, per
apostolum dicens: *Quos iterum parturio, donec Christus formetur in
uobis* (Gal. 4, 19). ... Ergo nascuntur intra uiscera Ecclesiae quidam
paruuli; et bonum est ut formati exeant, ne abortu labantur. Generet te
mater, non abortiat.

C 514: Merito peccatores tamquam abortiuos, ab   u t e r o   proiectos
dicit Ecclesiae, qui nulla doctrinae confirmatione perfecti sunt;

197,3 A 713: An potius ideo   l o c u t i   s u n t   f a l s a, quia   e r r a u e -
r u n t   a   u e n t r e ? In   u e n t r e   quippe Ecclesiae, ueritas manet.
Quisquis ab hoc   u e n t r e   Ecclesiae separatus fuerit, necesse est
f a l s a[1]   l o q u a t u r; necesse est, inquam,   f a l s a[1]   l o q u a -
t u r, qui aut concipi noluit, aut quem conceptum mater excussit. Inde
haeretici clamant contra euangelium, ut de his potius loquamur quos dolemus
excussos.

197,5 C 515: I r a   Iudaeorum per similitudinem nimis aptissimam definitur.

197,7.13 A 714: Vnde   s u r d a e ? ... Ideo   s u r d a e, quia   o b t u r a t
a u r e s   s u a s. ... A s p i s   cum coeperit pati incantatorem Mar-
sum, quia eam quibusdam carminibus propriis euocat, ... audite quid facit.
... [715] ... utique [Marsus] in lucem uult educere; illa autem amando
tenebras suas quibus se inuolutans occultat, dicitur quod cum exire noluerit, recusans tamen audire illas   u o c e s   quibus se cogi sentit, allidit
unam   a u r e m   terrae, et de cauda   o b t u r a t   alteram, atque ita
u o c e s   illas quantum potest euitans, non exit ad   i n c a n t a n t e m.
Huic similes dixit Spiritus Dei quosdam non audientes uerbum Dei, et non
solum non facientes, sed omnino ne faciant audire nolentes. (∿ C 515)
Factum est hoc et in primis temporibus fidei. Stephanus martyr praedicabat

---

1 CSg: falso

ueritatem, et tamquam tenebrosis mentibus ut eas in lucem educeret, *i n - c a n t a b a t*; ubi uenit ad commemorationem Christi, quem illi omnino audire noluerunt, quid de eis scriptura dicit? quid de illis narrat? *Clauserunt*, inquit, *aures suas* (vgl. Act. 7, 57).

Isidor, *Et.* XII, 4, 12: Fertur autem aspis, cum coeperit pati incantatorem, qui eam quibusdam carminibus propriis euocat ut eam de cauerna producat: illa, cum exire noluerit, unam aurem in terram premit, alteram cauda obturat et operit, atque [ita] uoces illas magicas non audiens non exit ad incantantem. (= GS 106^b; am Rande mit ISID bezeichnet.)

197,13 C 515: *S a p i e n t e m* uero hunc dicimus mundanae artis operatorem, qui propositam rem, Domino se iuuante, astuta complet industria.

197,16 A 718: Quid est: *i n   o r e   i p s o r u m*? Vt *o r e* suo contra se pronuntiarent: coegit illos *o r e* suo in se sententiam dicere. Calumniari uolebant ei propter tributum; non dixit ille: Licet reddere tributum, aut^2, non licet reddere. Et uolebat *d e n t e s   e o r u m*, quibus inhiabant ut morderent, *c o n t e r e r e*: sed *i n   o r e   i p s o r u m* uolebat. ... Iam nunc Dominus *c o n t e r e t   d e n -* [719] *t e s   e o r u m   i n   o r e   i p s o r u m*. Iam respondistis, iam *c o n t r i t i   s u n t   d e n t e s* uestri *i n   o r e* uestro. *Reddite Caesari quae Caesaris sunt, et Deo quae Dei sunt* (vgl. Matth. 22, 21). ... Et illi non inuenerunt quid responderent. Missi enim erant ut calumniarentur ei; et redierunt dicentes quod nemo possit ei respondere. Vnde? Quia *c o n t r i t i   e r a n t   d e n t e s   e o r u m   i n   o r e   i p s o r u m*.

197,23 A 720: Non tantum *aspidum*. Quid de *aspidibus*? *Aspides* insidiose uolunt uenena inmittere, et spargere, et insibilare. Apertissime saeuierunt gentes, et fremuerunt sicut *l e o n e s*. *Quare fremuerunt gentes, et populi meditati sunt inania?* (Ps 2, 1) Quando insidiabantur Domino: *Licet dare tributum Caesari, an non licet* (vgl. Matth. 22, 17), *aspides* erant: *contriti sunt dentes eorum in ore ipsorum*. Postea clamauerunt: *Crucifige, crucifige* (Luc. 23, 21; Ioh. 19, 6): iam non est lingua aspidis, sed fremitus leonis. Sed et *m o l a s   l e o n u m   c o n f r e - g i t   D o m i n u s*. ... Tamen et eorum *m o l a e* contritae sunt: crucifixus resurrexit, ascendit in caelum, glorificatus est Christus, adoratur ab omnibus gentibus, adoratur ab omnibus regibus. Saeuiant modo Iudaei, si possunt. Non saeuiunt. *M o l a s   l e o n u m*

---

2 CSg: an (!)

c o n f r e g i t   D o m i n u s. (∿ C 515f.)

198,4   A 721: Non uos terreant, fratres, quidam fluuii qui dicuntur torrentes; hiemalibus aquis implentur; nolite timere; post paululum transit, *d e c u r r i t   a q u a*, ad tempus perstrepit, mox cessabit; diu stare non possunt. (∿ C 516)

198,5   C 516: Deus enim contra malos arma suae potestatis *i n t e n d i t*, et tamdiu terret *d o n e c   i n f i r m a t i* cedant et ad confessionis salutem meliorata se mente conuertant.

Br 1050 C: *A r c u m   s u u m* uibrauit, sicut Paulus audiuit: *Saule, Saule, quid me persequeris?* (Act. 9, 4)

A 722: *I n t e n d i t u r   a r c u s*, nondum ferit. ... Et multi *i n f i r m a t i   s u n t* ipsius intentione *a r c u s* territi. Nam hinc *i n f i r m a t u s   e s t* illi qui dixit: *Quid me iubes facere? Ego sum*, inquit, *Iesus Nazarenus, quem tu persequeris* (Act. 9, 6. 5). Qui³ clamabat de caelo, *a r c u m* tendebat. ... Nam sic *i n f i r m a t u s   e s t* et ille qui ait, ne timeamus *i n f i r - m a r i*: *Quando infirmor, tunc potens sum.* Et cum oraret a se tolli stimulum carnis, quid ei responsum est? *Virtus in infirmitate perficitur* (II Cor. 12, 10.9).

198,9   A 722: Minae Dei non cessant: *arcus* Dei, minae Dei. ... Multi ergo qui fuerunt inimici, *infirmati sunt*, et conuersi noluerunt erigere diu ceruices suas aduersus perseuerantiam extenti *arcus*. ... Dicturus enim eras: Non omnes sic *infirmantur*, quomodo ego, ut credant; perseuerant multi in malo suo et in malitia sua. Et de ipsis nihil timeas: *S i - c u t   c e r a   l i q u e f a c t a   a u f e r e n t u r*. Non contra te stabunt, non perdurabunt: *igne* quodam concupiscentiarum suarum peribunt. ... [723] ... Concupiscentia mala, quasi ardor est et *ignis*. *Ignis* consumit uestem, libido adulterii non consumit animam? ... [725] ... Ergo, fratres, *ignem* malae concupiscentiae timete, si non uultis *l i - q u e f i e r i   s i c u t   c e r a*, et perire a facie Dei. *Supercadit* enim *ignis* iste, et *solem non uidebitis*.

C 516: *A u f e r e n t u r*, dicit, a conspectu Domini, quando in gehennae tormenta mittendi sunt. ... Illum enim *solem* conspicere nequeunt, nisi qui eum mundis et sanctis mentibus intuentur.

198,13 A 725: *I g n i s   s u p e r c e c i d i t*: *i g n i s* superbiae, *i g n i s* fumosus, *i g n i s* concupiscentiae, *i g n i s* iracundiae.

---

3 CSg: Quid

198,14 C 516: Talis enim *ignis* super impios cadit, ut s o l e m uerum, id
est, Dominum Saluatorem u i d e r e non possint;
198,17 A 725: Quid est r h a m n u s ? S p i n a r u m genus est, densissimae quaedam s p i n a e esse dicuntur. Primo herba est; et cum
herba est, mollis et pulchra est; ibi sunt tamen s p i n a e postea processurae. Modo ergo delectant peccata, et quasi non compungunt.
Herba est r h a m n u s, et modo tamen est s p i n a⁴. ... [727] ...
Quare autem non dixit, u i u e n t e s, sed, t a m q u a m u i u e n -
t e s, nisi quia falsa est haec uita impiorum? Neque enim u i u u n t,
sed u i u e r e sibi uidentur. Et quare non, i n i r a, sed,
t a m q u a m i n i r a, nisi tranquillus hoc facit Deus? Nam et hoc
scriptum est: *Tu autem, Domine uirtutum, cum tranquillitate iudicas*
(Sap. 12, 18). Ille ergo et cum minatur, non irascitur.
     C 517: Bene dixit: s i c u t u i u e n t e s, quia u i u e r e uiden-
tur et mortui sunt.
198,25 A 725: Vicit illos concupiscentia carnis. Et ista concupiscentia unde
uenit? ... Delectatio enim carnis, fratres, cum homine nascitur. ...
[727] ... Et qui corrigi nolunt, *tamquam uiuunt*, sed non *uiuunt*.
V i n d i c t a enim primi peccati, et eorum quae addiderunt, manet
super eos;
     C 517: Omne enim malum suam portat, dum committitur, ultionem, quia
torquente conscientia ipse in se probatur implere u i n d i c t a m.
Contra i u s t u s laetus est, quamuis molestiarum fasce deprimatur;
199,2 C 517: Sed hoc, si diligentius intuemur, correctionis potius quam
saeuitiae praestabit exemplum. Nam cum s a n g u i s p e c c a t o -
r i s effunditur, m a n u s, id est, actus iustissimi corriguntur.
Impio enim pereunte, commonetur innoxius cautius se diligentiusque
tractare. Ita fit ut m a n u s i u s t i non crudeliter, sed pie
s a n g u i s [518] p e c c a t o r i s emundet, sicut Salomon dicit:
Stulto pereunte, sapiens astutior fit (Prou. 21, 11 nach LXX).
199,6 A 728: Ecce antequam ueniat quod promittitur, antequam detur uita aeterna, antequam impii proiciantur in ignem aeternum, hic in hac uita est
f r u c t u s i u s t o. Qui f r u c t u s ? *Spe gaudentes, in tri-*
bulatione patientes (Rom. 12, 12). Qui f r u c t u s i u s t o ?
Gloriamur in tribulationibus; ... *quia caritas Dei diffusa est in cordi-*
bus nostris per Spiritum sanctum, qui datus est nobis (Rom. 5, 3-5).

---

4 CSg: poena

Gaudet ebriosus, et non gaudet *i u s t u s* ? In caritate est *f r u c - t u s   i u s t o*.

C 518: Cum ista fiunt, quae superius dicta sunt, tunc fidelis intellegit atque dicit: si *i u s t i* etiam hic bonorum suorum praemia consequuntur, manifestum est et in hac terra de eis iudicare Dominum, qui eos degere infructuosa sanctitate non patitur.

P s a l m 58

199,13 A 730: Nec iste solus psalmus habet huiusmodi *i n s c r i p t i o n e m*, ut *t i t u l u s* non *c o r r u m p a t u r*. Aliquot psalmi sic praenotati sunt (Ps 56-58), ... [731] ... Hoc non ad crucem Domini, sed tamen ad passionem Domini pertinet. Crucifixus enim Christus, et mortuus, et sepultus est. Erat ergo illa sepultura tamquam *d o m u s*; ad quam custodiendam misit regnum Iudaeorum, quando custodes adhibiti sunt sepulchro Christi. Est quidem historia in scriptura Regnorum (vgl. I Reg. 19, 11), *q u a n d o   m i s i t   S a u l   a d   c u s t o d i e n - d a m   d o m u m,   u t   i n t e r f i c e r e t   D a u i d*; sed quantum inde sumpsit qui psalmum scripsit, tantum debemus discutere cum titulum psalmi tractamus. ... Quomodo ergo ad hoc *c u s t o d i t a   e s t d o m u s*, si *D a u i d* figurabat Christum, ut Christus *i n t e r - f i c e r e t u r*; quando in sepultura Christus positus non est, nisi in cruce *i n t e r f e c t u s* ? Refer hoc ergo ad corpus Christi; quia *i n t e r f i c e r e* Christum erat, tollere nomen Christi ne crederetur in Christum, ... Hoc est uere Christum uelle *i n t e r f i c e r e*, nomen resurrectionis exstinguere, ut mendacium euangelio praeferretur. ... Quid enim edocti sunt custodes ut dicerent? Damus uobis, inquiunt, quantum uultis pecuniae, et dicite quia cum dormiretis, uenerunt discipuli eius, et abstulerunt eum. Ecce quales testes mendacii contra ueritatem et resurrectionem Christi inimici eius per *S a u l* figurati produxerunt. C 520: Primo ingressu psalmi orat Dominus Christus, ... ne ei inimici ipsius nocere praeualeant;[1]

199,22 A 732: Erant illi quidem *u i r i   s a n g u i n u m*, qui iustum occiderunt, in quo nullam culpam inuenerunt; (∽ C 520f.)

---

[1] R 128[rb]: *S a u l*, ut crebro diximus, populum designat iudaicum qui *D a u i d*, id est, Christum interficere quaerens, *c u s t o d i u i t   d o m u m   e i u s*;

199,23 C 521: *Anima* hic uita dicitur corporalis. ... Sed cum dicitur *anima* occupata, tempus ostenditur passionis.

199,26 C 521: *Fortes* diabolum significat cum ministris;

200,3 C 522: Christus enim mundanam uitam recto tramite transcucurrit; ... Hoc enim erat *dirigi*, unde uenerat, ut rediret.

A 735: Illi ergo *fortes currentem* sequi non potuerunt;

200,4 A 735: Accipere quidem et hoc possumus: *Exsurge in occursum mihi*, adiuua me.

C 522: Hic iam tropicis allusionibus potentia resurrectionis exprimitur, ut petat Patrem sibi occurrere, ad se scilicet uenientem;

200,5 A 735: *Et uide*, intellegendum est, fac *uideri* quod *curro*, fac *uideri* quod *dirigo*, ... [736] ... Quid est: *et uide*? Et adiuua me, id est, in illis, ut *uideant* cursum meum, sequantur me, non eis uideatur prauum esse quod rectum est, ... [737] ... Hoc uolebat praestari a Patre fidelibus suis, qui dicebat: *Exsurge in occursum mihi, et uide*; innotesce quod tibi aequalis sim. *Et uide*; quid est: *Et uide*? Fac *uideri* quod tibi aequalis sim.

200,8 A 738: *Tu Deus Israel*, qui non putaris nisi *Deus Israel* solius, qui non putaris nisi *Deus* unius gentis quae te colit, ... (∼ C 522)

200,9 C 522: *intende nunc ad uisitandas omnes gentes*, ut tibi credentium copia crescat ex *gentibus*, quia sterilitatem fidei in iudaico populo comperisti².

200,11 A 739: *Iniquitas* omnis, parua magnaue sit, puniatur necesse est, aut ab ipso homine paenitente, aut a Deo uindicante. Nam et quem paenitet, punit seipsum. ... [740] ... Est quaedam *iniquitas*, quam qui *operatur*, non potest fieri ut *misereatur* eius Deus. Quaeritis forte quaenam illa sit? Ipsa defensio peccatorum. ... Sed quomodo ea defendunt? Si Deus noluisset, non id fecissem. ... Ergo ad hoc peccatum tuum defendis, ut Deum accuses. Ideo excusatur reus, ut culpetur iudex.

200,16 C 523: Ventum est ad psalmi ianuam secundam, in qua iudaici populi futura conuersio declaratur. Significat ergo in fine mundi ex eis innumeros Domino esse credituros; ... et ideo ad similitudinem diei³,

---

2 R 128vb: *Intende ... gentes*, quia de omnibus *gentibus* uocantur ad fidem.
3 CSg: fidei (ei *auf Rasur*)

finis mundi *u e s p e r a* competenter edicitur. Sequitur *et famem patientur ut canes.* Illius temporis Iudaeorum
significat uoluntatem, quia sicut nunc crudelissima obstinatione du-
rati sunt, ita et tunc fidei auidissima desideria patientur.
A 741: *C a n e s* gentes Iudaei dixerunt, tamquam immundos. ... Gentes
ergo *c a n e s* appellauit, propter immunditiam. ... Ergo gentes
c a n e s, et ideo esurientes. Bonum est et Iudaeis, ut agnoscant se
peccatores; et licet *ad uesperam, conuertantur,
et famem patiantur ut canes.* – Zu *helias* und
enoch: Für diese aus apokryphen Schriften stammende Vorstellung gibt
es mehrere Quellen, so etwa die *Reuelationes* des Ps-Methodius in CSg
225, 8./9. Jh., 384-439, hier 438. Näher liegt für Notker wohl C 477
(*Conclusio* des Ps 51): Meminisse quoque nos congruit secundum hunc
esse psalmum, qui Antichristi prophetauit aduentum, mirabili sibi dispositione coniunctum. Nam sicut per Eliam et Enoch, duobus est uiris
sanctissimis in fine saeculi destruendus, ita et per hos geminos psalmos, ne occultus terreat Antichristus, indicatur.

200,20 A 741: Quam *c i u i t a t e m* ? Mundum istum, quem quibusdam locis uocat
scriptura *c i u i t a t e m* circumstantiae; ... [742] ... Istam
c i u i t a t e m c i r c u m i b u n t illi iam *c a n e s* facti
esurientes. Quomodo⁴ *c i r c u m i b u n t* ? Euangelizando. Saulus
ex lupo *c a n i s* factus est *ad uesperam*, id est, sero
conuersus, ...

200,23 C 523: *L o q u e n t u r* plane tunc *i n o r e s u o*, quod nunc
habere non merentur in [524] corde, ...
A 742: Iam ille *g l a d i u s* bis acutus (vgl. Apoc. 1, 16), de quo
apostolus dicit: *Et gladium spiritus, quod est uerbum Dei* (Eph. 6,
17). (∼ C 524)

200,24 A 742: *Loquentur in ore suo: Q u i s a u d i u i t* ? id est, stoma-
chabuntur aduersus⁵ pigros ad fidem. Qui paulo ante et ipsi credere
nolebant, taedium de non credentibus patiuntur. Et uere, fratres, contingit. Vides hominem pigrum antequam sit Christianus; clamas ad illum
quotidie, uix *conuertitur; conuertatur*, et iam uult omnes esse Christi-
anos⁶, et miratur quia nondum sunt. Excidit illi quod *ad uesperam
conuersus est*; sed quia factus est esuriens sicut *canis*, habet etiam
in labiis gladium;

---
4 CSg: Quare
5 Csg: ad uesperum
6 CSg: *Der Satz lautet:* conuertere etiam uult omnes Christianos

201,2   C 524: Irridendos eos pronuntiat, qui praedicationes rectas audire
        noluerint, ...
201,3   C 524: Restat ergo ut hic *o m n e s   g e n t e s* eos intellegas qui
        perfidia faciente damnandi sunt[7].
        A 742: nihil ante te erit; quia facillimum erit ut credant in te
        o m n e s   g e n t e s.
201,6   A 742: Ego autem *f o r t i t u d i n e m   m e a m   a d   t e   c u s t o -
        d i a m*; quia si recedo, cado; si accedo, fortior fio. ... [743] ...
        non a te recedam, non de me praesumam. ... [745] ... *F o r t i t u -
        d i n e m   ...   c u s t o d i a m*, quoniam quidquid possumus, receden-
        do amittimus;
201,8   A 743: Vbi enim eram, et ubi sum? unde me suscepisti? quas iniquitates
        meas dimisisti? ubi iacebam? quo erectus sum? Ergo haec meminisse debeo,
        quod in alio psalmo dicitur: *Quoniam pater meus et mater mea derelique-
        runt me; Dominus autem assumpsit me* (26, 10).
201,10 A 743: Non ego prior ad te exsurrexi, sed tu ad me excitandum uenisti;
        ... Antequam aliquid boni ego faciam, *m i s e r c o r d i a   e i u s
        p r a e u e n i e t   m e*.
201,12 A 743: Quid ait? Quantam circa me exhibuerat *misericordiam*, ...
        C 525: Secundum dicit munus beneficii, ut etiam *i n t e r   i n i m i -
        c o s* ipsius uirtus maiestatis eius possit *o s t e n d i*; scilicet
        ut de blasphemis fiant religiosi et de iniqua conuersatione iustissimi.
201,15.18 A 744: Quid est autem *o c c i d i* ? *O b l i u i s c i   l e g i s
        D o m i n i*. Ipsa est uera mors, in profundum ire peccati; potest qui-
        dem hoc et de Iudaeis intellegi. ... Maneat gens Iudaeorum: certe uicta
        est a Romanis, ... et tamen Iudaei sunt. ... Iudaei tamen manent cum
        signo; nec sic uicti sunt, ut a uictoribus absorberentur. ... [746] ...
        N e   o c c i d e r i s   ...   t u a e, ut gens Iudaeorum maneret, et ea
        manente cresceret multitudo Christianorum. ... quia multi eorum conuersi
        ad eum quem *o c c i d e r u n t*, et in eum credendo, ueniam et de effuso
        ipsius sanguine meruerunt, ...
        C 525: Precatur ergo ne gens Iudaeorum funditus pereat, sed magis erras-
        se se gloriosa satisfactione cognoscat[8]. -- Zu *unz ze ábende* vgl. 200,
        15f.

---

[7] R 129ra: ... *o m n e s   g e n t e s*, qui in infidelitate sunt permansuri.
[8] R 129rb: Orat Christus pro Iudaeis ne penitus deleantur et non supersint
    qui in die iudicii conuerti possint.

201,18 C 525: De Iudaeis hoc dictum testatur eorum facta [526] dispersio, ut paene per totum mundum diuisi *d i s p e r s i* que declarentur. Nam quamuis iuri romano sint subditi, suo tamen more uiuunt ubique *d i - s p e r s i*.

201,19 A 744: Iam factum est: per omnes gentes *d i s p e r s i   s u n t* Iudaei, testes iniquitatis suae et ueritatis nostrae.

C 526: Adhuc in hisdem supplicationibus perseuerat, ut *d e s t r u c - t i* Iudaei in melius construantur sitque salutaris eleuatio post ruinam.

201,20 A 747: hoc est, illum [*s e r m o n e m*] *occide*, non ipsos[9]. Non ergo *occideris eos*, ... Quid in illis *occides*? *Crucifige, crucifige* (Luc. 23, 21; Ioh. 19,6); quod claumauerunt, non qui clamauerunt. Illi enim Christum delere, interimere, perdere uoluerunt, tu autem resuscitando Christum quem perdere uoluerunt, *occidis d e l i c t a o r i s e o - r u m, s e r m o n e m l a b i o r u m e o r u m*. Quippe quem perdendum clamauerunt, uiuere expauescunt;

201,24 A 747: Quia frustra *irruerunt fortes*, et quasi cessit illis ut aliquid sibi fecisse uiderentur, et praeualuerunt Domino. Potuerunt hominem crucifigere, ... et uisi sibi sunt aliquid, uelut *fortes*, uelut potentes, ... Quid au-[748]tem fecerunt in Christo? Non uitam, sed mortem occiderunt.

201,26 Vgl. 202,4-7.

202,1 A 748: Quae sunt *c o n s u m m a t i o n e s* ? Perfectiones; consummari enim perfici est. ... [749] ... dictum est homini: Vidisti quid sis, sensisti quid sis, errasti, ... supplica medico, noli tibi uideri sanus.

C 526: *I r a* Domini duobus dicitur modis: siue quando uindicat ad salutem, ... siue quando mittit in ignem aeternum, ... [527] ... *C o n - s u m m a t i o n e m* uero illam dicit, quam unusquisque patitur, quando memor peccatorum suorum interna se castigatione discruciat.

202,3 C 527: *N o n   e r u n t* utique superbi, dum eos constat ad humilitatis paenitentiam esse uenturos.

A 748: Restabat ergo ut confiterentur peccatum, ... [750] ... *e t n o n   e r u n t*, utique in superbia, in qua comprehensi sunt. - Vgl. A 740 (zu v. 7): ... expauerunt crucifixores Christi, compuncti sunt de conscientia sua, consilium salutis ab apostolis petiuerunt;

---

9 CSg: occides. (WS 270[b]: ipsos.)

audierunt: *Agite paenitentiam, et baptizetur unusquisque uestrum ...* (Act. 2, 38).

202,8   A 751: Non tantum Iudaeorum d o m i n a b i t u r[10], sed et f i n i -
u m   t e r r a e;

C 527: E t   f i n i u m   t e r r a e, id est, catholicae Ecclesiae, quae toto orbe diffusa est, ...

202,9   A 751: Quid ergo et de ipsis? ... C o n u e r t e n t u r   a d   u e s -
p e r a m, id est, etsi sero, id est, post interfectionem Domini nostri Iesu Christi.

202,11 Vgl. C und A zu 200, 16.20.

A 751: Iam et hesterno die exposuimus c i u i t a t e m, id est, circumstantiae c i u i t a t e m, omnes gentes.

C 527: Ille [uersus] enim primus pertinet ad finem saeculi, iste ad Domini passionem; ... C a n i s, uoracissimum animal atque importunum, consueuit illas domos latratibus defendere in quibus edacitatem suam nouit accepto pane satiari. His merito comparantur Iudaei, qui christianae fidei munere saginati, Ecclesiam Dei clamosa praedicatione defendere festinabunt; sicut Paulo apostolo contigit, ...

202,16 C 528: a d   m a n d u c a n d u m   d i s p e r g u n t u r, cibum scilicet spiritalem; ut conuertantur gentes ad fidem catholicam uenientes: sicut Petro apostolo in uisione dictum est: *Macta, et manduca* (Act. 10, 13).

202,19 A 752: Quia et superius murmur eorum dixerat, dicentium: *Quoniam*[11] *quis audiuit?* (v. 8).

202,21.23 C 528: Ipse enim c a n t a b i t in sanctis suis, dum eius membra gaudebunt. Et quale est illud gaudium de Domini semper contemplatione gaudere! Nam sicut u i r t u s diuina numquam deficit, ita nec gaudium quod de ipsius inspectione prouenerit.

A 752: M a n e transactis temptationibus, m a n e cum nox huius saeculi transierit, ... ipsum Dei Verbum tamquam solem contemplamur. (∿ C 528)

202,23.25 C 528: Exposuit quare in Christo Domino e x u l t a u i t humanitas, q u i a   f a c t u s ...   m e u s. Ipse enim suscipitur, quando Ecclesia cuncta saluatur; quale est illud: *Si quis fecit uni ex minimis istis, mihi fecit* (Matth. 25,40).

---

10 CSg: dominator
11 CSg: *fehlt.*(!)

203,1 A 753: si dicas: *R e f u g i u m   m e u m*, intellego quia confugis ad eum;

203,4 A 753: *M i s e r i c o r d i a   m e a*, quid est? Totum quidquid sum, de *m i s e r i c o r d i a* tua est.

P s a l m 59

203,10 A 755: *I n   f i n e m*, quid sit nostis: *Finis enim legis Christus est* (Rom. 10, 4). ... Nostis *t i t u l i   i n s c r i p t i o n e m*. *T i t u l u s* infixus est super crucem Domini scriptus: *Hic est rex Iudaeorum* (Matth. 27, 37); mutantur in huius *t i t u l i   i n - s c r i p t i o n e m* qui in regnum Christi transeunt a regno diaboli. ... Mutantur autem, sicut sequitur: *i n   d o c t r i n a m*. ... Ergo *i n* eius *d o c t r i n a m* transeamus, si uolumus in conscriptionem *t i t u l i   c o m m u t a r i*, non nobis, sed *i p s i   D a u i d*, ut qui uiuunt, iam non sibi uiuant, sed ei qui pro ipsis mortuus est et resurrexit. Quando ergo nos mutaret Christus, nisi fecisset quod dixit: *Ignem ueni mittere in mundum* (Luc. 12, 49)? Si ergo Christus *uenit mittere in mundum ignem*, utique salubriter atque utiliter; non quomodo *missurus est mundum in ignem*. Sed quomodo *ignem in mundum*? Quoniam ergo *uenit ignem mittere in mundum*, quaeramus iam quid sit Mesopotamia quae succensa est, quid sit *S y r i a   S o b a l*. Interpretationes ergo nominum interrogemus secundum hebraeum eloquium, quo primum haec scriptura locuta est. *M e s o p o t a m i a m* dicunt interpretari eleuatam uocationem. Iam totus mundus uocatione eleuatus est. *S y r i a* interpretatur sublimis. Sed illa quae erat sublimis, incensa est et humiliata; et quemadmodum humiliata est quae fuerat exaltata, sic exaltetur quae fuerat humiliata. *S o b a l* interpretatur uana uetustas. Gratias Christo qui eam succendit. Quando uetera uirgulta succenduntur, uirecta succedunt; et alacrius et uberius et uiridius noua nascuntur, cum ea ignis in uetustorum successione praecesserit. Non ergo timeatur *ignis* Christi; fenum consumit. Omnis enim caro fenum, et omnis claritas hominis sicut flos feni (vgl. Isai. 40, 6). Succendit ergo ista illo *igne*. *E t   c o n u e r t i t   I o a b*. *I o a b* interpretatur inimicus. *C o n u e r s u s   e s t* inimicus; quod uis intellege. ... [756] ... *C o n u e r s u s* autem ad

Dominum Christianus, quare inimicus *c o n u e r s u s*? Quia fidelis factus, qui fuerat inimicus. *P e r c u s s i t E d o m*. Interpretatur *E d o m* terrenus. Debuit percuti terrenus iste. Vtquid enim uiueret terrenus, qui caelestis debet uiuere? ... Cum autem *p e r c u s s i s s e t E d o m, p e r c u s s i t d u o d e c i m m i l i a i n u a l l e S a l i n a r u m. D u o d e c i m m i l i a* perfectus est numerus, cui perfecto numero etiam duodenarius apostolorum numerus deputatur; non enim frustra, nisi quia per totum mundum mittendum erat uerbum. Verbum autem Dei quod est Christus, in nubibus, hoc est in praedicatoribus ueritatis. Mundus autem quattuor partibus constat. Quattuor eius partes ... qui etiam quattuor uenti dicti sunt: oriens, occidens, aquilo et meridies. Ad omnes istas quattuor partes missum est uerbum, ut in Trinitate omnes uocarentur. Duodenarium numerum ter quaterni faciunt. Merito ergo *d u o d e c i m m i l i a* terrena *p e r c u s s a s u n t*; totus mundus *p e r c u s s u s e s t*: de toto enim mundo electa est Ecclesia, mortificata a terrena uita. Quare, *i n u a l l e S a l i n a r u m? V a l l i s* humilitas est; *s a l i n a e* saporem significant. Multi enim humiliantur, sed uane et fatue: in uana uetustate humiliantur. ... Bonum est ergo sapienter humiliari.

c 530: *T i t u l i i n s c r i p t i o*, Iesum Christum significat Regem. Sic ergo mutentur, ut deserentes diabolum, Regem sibi Christum esse cognoscant. ... *I n d o c t r i n a m*, adde scilicet christianam, quia non sufficit cuiquam illum Regem suum dicere, nisi et eius qui studeat praeceptis oboedire.

203,24 C 530: Populus ille qui erat priscis erroribus illigatus, *r e p u l s u m s e e t d e s t r u c t u m* sub gratiarum actione commemorat; ... Nam cum dicunt, *r e p u l i s t i*, ostendunt diuino munere a studio scelerum se fuisse reuocatos, ne in prauis dogmatibus eorum uita finiretur. ... [531] ... *Apprehendite disciplinam, nequando irascatur Dominus et pereatis de uia iusta* (Ps. 2, 12).

A 757: *D e s t r u x i s t i n o s*, ut aedificares nos; *d e s t r u x i s t i n o s* male aedificatos, *d e s t r u x i s t i* uanam uetustatem, ut sit aedificatio in nouum hominem, aedificatio mansura in aeternum[1].

204,2 A 757: *Destruxisti nos in ira tua*; sed ira tua in uetustatem nostram fuit, ut *destrueretur* uetustas.

---

1 R 130[va]: Vox *commutatorum* est. (rot)

C 531: *I r a t u s*, aduersatos debemus aduertere, quorum superstitiones et uitia iustitiae suae uirtute prostrauit.

204,3 A 757: Sed *m i s e r t u s   e s   n o s t r i* propter nouitatem, propter eos *qui immutantur in tituli inscriptionem*; quia et si exterior homo noster corrumpitur, sed interior renouatur de die in diem (vgl. II Cor. 4, 16).

C 531: *m i s e r t u s*, quando eos ad cultum uerae religionis adduxit.

204,4.5.7 A 757: Quomodo *c o n t u r b a t a   e s t   t e r r a* ? Conscientia peccatorum. Quo imus? quo fugimus, quando ille gladius uibratus est: *Agite paenitentiam*; ... (Matth. 3, 2), ... Non digna est *s a n a r i*, si *m o t a* non *e s t*; ... et qui audit, si non timet, si non *m o u e t u r*, non est dignus *s a n a r i*. Audit alius: *m o u e t u r*, stimulatur, pectus tundit, lacrimas fundit: ...

C 531: *T e r r a m*, uniuersum peccatorem² debemus intellegere, qui aduentu Domini *c o m m o t u s   e s t*; ... *C o m m o t i   s u n t* ergo peccatores, quando culturas suas Deo cognouerunt abominabiles exstitisse, ...

204,7 C 531: Caelesti Medico produntur uulnera, ut contritis aegris competens medicina succurrat. ... Et ut misericordiam clementissimi Iudicis impetraret, addidit, *q u i a   m o t a   e s t*, id est, a pristino errore translata est;

204,9 A 758: In quibus? In persecutionibus quas pertulit Ecclesia Christi, ...

C 532: Non enim iubet uacare famulos suos, nec de latitudine se otiosa tractare: sed ut, *d u r i s* laboribus exercitati, ad palmam eius misericordiae mereantur adduci.

204,11 A 758: Quare hoc? *D e d i s t i   ...   a r c u s*. Per tribulationes, inquit, temporales, significasti tuis fugere ab ira ignis sempiterni.

C 532: *D e d i t* timentibus *s i g n i f i c a t i o n e m*, quando per scripturas suas edocuit in hoc mundo passiones multiplices suos fidelissimos sustinere, ...

204,14 C 532: Agamus ergo Domino gratias, qui per *s i g n i f i c a t i o n e s* praedicationum timeri fecit hunc *a r c u m*, per quem in iudicio Domini omnis percutitur indeuotus.

A 758: Et uidete quid sit in *a r c u*. Nonne sagitta in priora mittenda est? Neruus tamen retro tenditur in contrarium qua illa mittenda est; et quanto plus ierit eius extensio retrorsum, tanto maiore impetu illa

---

1 CSg: peccatorum coetum

currit in priora. Quid est quod dixi? Quanto magis differtur[3] iudicium, tanto maiore impetu uenturum est.

204,17 Vgl. 204, 8.13.

204,20 A 758: sed *saluum me fac dextera tua*, ut etsi in tempore isto tribulationes aliquas patiar, transacta nocte omnium tribulationum ad dexteram inueniar inter oues, non ad sinistram inter haedos (vgl. Matth. 25, 32-33).

204,21 C 533: Poterat enim [populus iste] supplicare ut *saluus fieret* et in hoc saeculo, sicut in languoribus petitur, sicut in tribulationibus postulatur; sed *dextera* Domini *saluum* se *fieri* deprecatur, ubi aeterna salus est et sine fine laetitia. (∾ A 759)

204,23 A 759: Quid times ne non fiat[4] quod *Deus locutus est?* ... In quo *sancto suo*? *Deus erat in Christo, mundum reconcilians sibi* (II Cor. 5, 19). ... Quia *Deus* hoc *locutus est*, fiet[5];

C 533: *Deus* Pater *locutus est in sancto suo*, id est, in Christo, quando Verbum caro factum est et mundi Saluator apparuit. ... Iuste laetabatur populus, cui prospere *locutus fuerat* Dominus[6].

204,24 A 759: *Sichima* humeri interpretantur. Secundum historiam uero, Iacob rediens a Laban socero suo cum omnibus [760] suis, abscondit idola in *Sichima* quae habebat de Syria, ubi diu peregrinatus, tandem aliquando inde ueniebat (vgl. Gen. 35,4). ... Quid est hoc: *diuidam Sichimam*? Si ad historiam ubi abscondita sunt idola referatur, gentes significat. ... Quomodo *diuidit* humeros, secundum nominis interpretationem? *Diuiduntur* humeri, ut alios grauent peccata sua, alii tollant sarcinam Christi (vgl. Matth. 11, 30). C 533: *Sichima* interpretatur humeri; et quoniam ad onus portandum diuinum humeri decenter aptantur, hic dixit: *diuidam Sichimam*, id est, onus deuotionis diuinae, quod unicuique caelesti distributione conceditur. Vgl. C 989 zum gleichlautenden Versikel, Ps. 107, 8: Hanc ergo humilitatem *metitus est* Dominus, quando uni-

---

[3] CSg: differt
[4] CSg: faciat
[5] CSg: fiat
[6] R 130 vb: *Deus ... sancto*, id est, Pater doctrinam euangelicam in Filio.

cuique fidelium, prout uoluit, charismatum dona distribuit, ...⁷

205,2 A 760: *T a b e r n a c u l a* autem fecit [Iacob] ibi propter oues suas et armenta, ... (∼ C 533) Forte propter oues Iacob, *c o n - u a l l i s   t a b e r n a c u l o r u m* intellegitur gens Iudaeorum, et ipsa *diuiditur*; nam transierunt inde qui crediderunt; foris reliqui remanserunt.

C 533: et quia oues Iacob hic iudaicae plebi conuenienter aptantur, populum qui typum sanctae tenet Ecclesiae dicit: *M e t i b o r   e t c o n u a l l e m   t a b e r n a c u l o r u m*, id est, de iudaica collectione habebo non minimam portionem. Constat enim de uariis nationibus Ecclesiam Domini, quasi ex diuersis floribus, in una coronae specie esse formatam. *Conuallis* enim dicta est quasi cauata uallis.

205,5 A 760: *G a l a a d* ... interpretatur enim aceruus testimonii. Quantus aceruus testimonii in martyribus? *M e u s   e s t   G a l a a d*: meus est aceruus testimonii, mei sunt martyres ueri. ... [761] ... et per aceruum testimonii dilatata est caritas Christi; et per dilatationem caritatis Christi occupatae sunt gentes.

C 534: *G a l a a d* interpretatur aceruus testimonii, quod ad martyres referri posse non dubium est. ... Ergo aceruus ille testimonii, qui caelestium granorum numerositate collectus est, magnam significat esse martyrum congregationem. ... Hunc ergo aceruum merito suum fidelis populus dicit, ex quo constat effectus.⁸

205,7 A 761: *E t   m e u s   e s t   M a n a s s e s*, quod interpretatur oblitus.

C 534: *M a n a s s e s* interpretatur oblitus. Inter illas enim persecutiones fidelium, magnum opprobrium uidebatur Ecclesia sustinere, quando quicumque Christianus inuentus fuisset, praecepto principum paganorum capitali crimine damnabatur. Hoc ergo opprobrium iam probatur abolitum et felici obliuione consumptum, quando Christianum esse in orbe romano nunc gloria est.

205,8 A 761: *E p h r a e m* fructificatio interpretatur. ... Caput enim

---

7 R 130^(vb): *S i c i m a* humerus interpretatur. Significat gentilitatem quae humerum deuotae subiectionis et oboedientiae Christo obtulit. Quam ipse *p a r t i t u s   e s t* quia ex gentilitate conuersa alios dedit esse apostolos, alios pastores et doctores, distribuens singulis dona spiritalium charismatum.

8 R 131^(ra): ... *G a l a a d*, id est, multitudo martyrum.

meum Christus est. Et unde fructificatio *f o r t i t u d o* eius? Quia
nisi granum caderet in terram, mon multiplicaretur, solum remaneret (vgl.
Ioh. 12, 24f.). Cecidit ergo in terram Christus in passione, et secuta
est fructificatio in resurrectione. (∼ C 534)

C 534: sicut in euangelio Dominus dicit: *Nisi granum tritici cadens in*
terra mortuum fuerit, ipsum solum manet; si autem mortuum fuerit, mul-
tum fructum affert (Ioh. 12, 24f.).

205,12 C 534: *I u d a* Christus significatur, qui secundum carnem de *I u d a e*
stirpe descendit. Iste ergo populus a *tituli* illa *inscriptione* non dis-
crepat, qui regem sibi *I u d a m*, id est, Saluatorem esse testatur. Et
cum exultatione dicendum est: *I u d a   r e x   m e u s*, quoniam haec
est fidelium gloriosa confessio.

205,13 A 761: Quare: *o l l a* ? Quia tribulatio. ... [762] ... *M o a b* intellegitur in gentibus. Nata est enim ista gens de peccato, nata est
ista gens filiabus Lot quae cum patre inebriato concubuerunt, male
utentes patre (vgl. Gen. 19, 31-38). ... Proinde male utentes patre,
hoc est male utentes lege, generauerunt Moabitas; per quos significantur opera mala. Inde tribulatio Ecclesiae, inde *o l l a* ebulliens. ...
Ardet *o l l a* iniquitatis, sed maior est flamma caritatis. ... Nescis Iudaeos male utendo lege, Christum occidisse? Ergo spera, et qua
praecessit rex tuus sequere. Dic: *I u d a   r e x   m e u s*. Et ex eo
quia *I u d a   r e x   m e u s*, *M o a b* quid factus est? *O l l a*
s p e i   m e a e, non consumptionis meae. Vide in tribulationibus
o l l a m   s p e i; ...*O l l a* est iam; sed uide istum, si explicat
o l l a m   s p e i. Scientes quia tribulatio patientiam operatur, pa-
tientia autem probationem, probatio spem (Rom. 5, 3f.). Si *tribulatio pa-*
[763]*tientiam, patientia probationem, probatio spem*, *o l l a* est autem
tribulatio quae operatur spem; merito *M o a b   o l l a   s p e i   m e a e*.
Isidor, *Et*. XX, 8, 2: Olla dicta pro eo quod ebulliat in ea aqua igni
subiecto, ut altius uapor emittitur. (=GS 655[b])

C 534: *M o a b* pro gentibus ponitur, unde congregandam praedicebat
Ecclesiam. *O l l a   s p e i* tribulatio significatur, sed illa quam
in hoc mundo sanctissimi sustinent Christiani, quae ad [535] spem uitae
aeternae, Domino praestante, porrigitur, ...[9]

---

[9] Vgl.R 131[rb]: Satis [131[va]] autem congrue malorum persecutio *o l l a* uocatur. Sicut carnes in *o l l a* decoctae omnem cruditatem deponunt, sic
sancti persecutorum feruore excocuntur et purgantur.

205,17 A 763: usque ad eos ipsos qui terrenam uitam degunt (quoniam *I d u - m a e a* interpretatur terrena); usque ad ipsos, *u s q u e i n I d u m a e a m e x t e n d a m c a l c e a m e n t u m m e u m.* Cuius rei *c a l c e a m e n t u m*, nisi euangelii? *Quam speciosi pedes eorum qui annuntiant pacem, qui annuntiant bona!* (Rom. 10,15) et: *Calceati pedes in praeparationem[10] euangelii pacis* (Eph. 6, 15).

205,20 A 763: *A l l o p h y l i*, qui sunt? Alienigenae, non pertinentes ad genus meum. *S u b d i t i s u n t*, quia multi adorant Christum, et non sunt regnaturi cum Christo (vgl. Apoc. 20, 4.6). (∿ C 535)

205,22 A 763: Quae est *c i u i t a s c i r c u m s t a n t i a e* ? ... *C i r c u m s t a n t i a e* enim *c i u i t a s*, gentium circumfusio est; quae circumfusio gentium in medio habebat unam gentem Iudaeorum, colentem unum Deum; cetera circumfusio gentium idolis supplicabat, daemonibus seruiebat. ... *Q u i s* ... *c i r c u m s t a n t i a e* ? *Q u i s*, [764] nisi Deus? Hoc uult dicere, quomodo *d e d u c e t* per illas nubes, de quibus dictum est: *Vox tonitrui tui in rota* (Ps 76, 19). *Rota* ipsa est *c i u i t a s c i r c u m s t a n t i a e*, quae dicta est *rota*, id est, orbis terrarum.

205,25 A 764: Id est, ut regnem etiam terrenis, ut me uenerentur etiam qui de me non sunt, qui de me nolunt proficere.

206,1 C 536: *R e p u l i t* enim Dominus a regione peruersa, quem dignatur perducere ad dogmata christiana, sicut et in primo uersu huius psalmi dictum est: ...

206,2 A 764: non contra eos [paganos saeuientes] apparebis, non ostendes potentiam tuam, qualem ostendisti in Dauid, in Moyse, in Iesu Naue, quando eorum fortitudini gentes cesserunt, et strage facta, magnaque reddita uastitate, in terram quam promisisti, plebem tuam induxisti. Hoc tunc non facies: *n o n e g r e d i e r i s, D e u s, i n u i r t u t i b u s n o s t r i s*, sed intus operaberis. ... Quomodo Deus operabatur intus? quomodo intus consolabatur? ... Si enim bellare uellet Ecclesia et gladio uti, uideretur pro uita praesenti pugnare; quia uero contemnebat uitam praesentem, ideo factus est **acer**uus testimonii de uita futura.

206,8 C 536: ... uenit ad consolatoriam orationem, ut *d e t r i b u l a - t i o n e* mundi istius, quam iugiter sustinebat, Domini proueniret *a u x i l i u m*: sciens tanto unumquemque illic consolandum, quanto

---

10 CSg: praeparatione (!)

hic pro eius nomine fuerit uehementer afflictus, ...

A 765: *D a   n o b i s   a u x i l i u m*: inde da unde putabaris deserere, inde subueni.

206,10 A 765: Eant nunc qui salem[11] non habent (vgl. Marc. 9,49), et optent *s a l u t e m* temporalem suis, quae est *u a n a* uetustas.

C 536: *S a l u t e m* praestare non potest indigus *s a l u t i s*, ideoque sperare in homine non debet, qui propriis uiribus probatur infirmus. - Vgl. 410, 1-3.

206,11 A 765: Non *f a c i e m u s   u i r t u t e m* in gladio, non in equis, non in loricis, non in scutis, non in potentatu exercitus, non foris. Sed ubi? Intus, ubi latemus. Vbi intus? ... Conculcati sunt martyres: patiendo, perferendo, usque in finem perseuerando, *i n   D e o   f e c e - r u n t   u i r t u t e m*.

206,14 A 765: Denique factum est hoc de inimicis nostris[12]. ... Vbi sunt modo inimici martyrum, nisi forte quia modo eos ebriosi calcibus persequuntur, quos tunc furiosi lapidibus persequebantur?

P s a l m   60

206,15 A 765: *I n   h y m n i s*, utique in laudibus. *I n   f i n e m*, utique in Christum. *Finis enim legis Christus est, ad iustitiam omni credenti* (Rom. 10, 4). Et *i p s i   D a u i d*, non alium quam ipsum accipere debemus, qui uenit ex semine *D a u i d*, ut esset homo inter homines, et aequales angelis faceret homines. (∼ C 537)

206,19.21 A 766: In Christo autem nos omnes unus homo; ... Quis dicit? Quasi unus. Vide si unus: *A   f i n i b u s   ...   c o r   m e u m*. Iam ergo non unus; sed ideo unus, quia Christus unus, cuius omnes membra sumus. Nam quis unus homo *c l a m a t   a   f i n i b u s   t e r r a e*? Non *c l a m a t   a   f i n i b u s   t e r r a e*, nisi hereditas illa, de qua dictum est ipsi Filio: *Postula a me, et dabo tibi gentes hereditatem tuam, et possessionem tuam terminos terrae* (Ps. 2, 8). Haec ergo Christi possessio, haec Christi hereditas, hoc Christi corpus, haec una Christi Ecclesia, haec unitas quae nos sumus, *c l a m a t   a   f i n i b u s   t e r r a e*.

C 538: Fidelis populus, qui tamen membra sunt Domini, sancta caritate succensus, petit ut eius audiatur *o r a t i o*. ... *C l a m a t* enim

---

11 CSg: salutem
12 CSg: de *bis* nostris *fehlen*.

a f i n i b u s   t e r r a e, id est, ab uniuerso orbe terrarum, in quo est omnipotentis Domini Ecclesia constituta.¹

206,24-25 A 766: Namque uita nostra in hac peregrinatione non potest esse sine temptatione; ... Prorsus Christus temptabatur a diabolo. In Christo enim tu temptabaris, quia Christus de te sibi habebat carnem, de se tibi salutem; de te sibi mortem, de se tibi uitam; de te sibi contumelias, de se tibi honores; ergo de te sibi temptationem, de se tibi uictoriam. ... [767] ... Vt autem aedificaretur Ecclesia super *p e t r a m*, quis factus est *p e t r a* ? Paulum audi dicentem: *Petra autem erat Christus* (I Cor. 10, 4). In illo ergo aedificati sumus. Propterea *p e t r a* illa in qua aedificati sumus, prior percussa est uentis, flumine, pluuia, quando Christus a diabolo temptabatur. Ecce in qua firmitate te uoluit stabilire. Merito non uacat uox nostra, sed exauditur; in magna enim spe positi sumus: *I n   p e t r a   e x a l t a s t i   m e*. ... [768] ... Angitur cor meum, inquit ista unitas *a finibus terrae*, et laboro inter temptationes et scandala; ... Sed non me deserit ipse qui *m e   e x a l t a u i t* super *p e t r a m*, ut deducat me usque ad se; C 538: Congregatio sancta iustorum ... *clamat* ad Dominum, quae et carnis necessitatibus subiacebat et ab eius uitiis toto mentis desiderio desinere festinabat.

207,2 A 767: *D e d u c i t* tamquam dux, et in se ducit tamquam uia, et ad se ducit tamquam patria. ... Habemus enim duas uitas; sed unam in qua sumus, alteram quam speramus.

C 538: ... *d e d u x i s t i   m e*; in illam scilicet futuram requiem quam beatis suis Dominus pollicetur.

207,5 A 768: quia etsi laboro, diabolo insidiante aduersus me, hic est mihi *t u r r i s   f o r t i t u d i n i s*; quo cum confugero, non solum uitabo tela *i n i m i c i*, sed etiam in illum quae uoluero securus ipse iaculabor. Ipse enim Christus est *t u r r i s*; ... Fuge ad *t u r r e m*: numquam te ad illam *t u r r e m* diabolica iacula secutura sunt; ibi stabis munitus et fixus.

207,7 C 539: Ita enim fidelium populus decursa sibi aetate succedens, *i n   t a b e r n a c u l o* Domini per *s a e c u l a* continetur.

A 769: Hic tamen, fratres, quia non modico tempore futura erat Ecclesia in hac terra, sed hic erit Ecclesia usque in finem *s a e c u l i*; ... Non uincetur Ecclesia, non eradicabitur, nec cedet quibuslibet temp-

---

1 R 131vb: Vniuersalis Ecclesiae uox est, per uniuersum mundum dilatae usque ad ultimos *f i n e s   t e r r a e*.

tationibus, donec ueniat huius *s a e c u l i* finis, et nos ab ista temporali aeterna illa habitatio suscipiat, ad quam nos *deducet* qui *factus est spes* nostra.

207,9 A 769: Ecce quare securi sumus inter tantas temptationes, donec ueniat finis *saeculi*, et suscipiant nos *saecula* aeterna, quia cooperimur *i n u e l a m e n t o a l a r u m* ipsius.

207,12 A 769: Quam? a qua coepit² : *Exaudi, Deus, deprecationem meam*, ... (v.2). ... Admonemur ergo, fratres, non cessare orando, quamdiu tempus est temptationum.

207,14 A 770: Nos non laboramus accipere *h e r e d i t a t e m* ab illo Patre, cui non morienti succedamus, sed cum illo in ipsa *h e r e d i - t a t e* in aeternum uiuamus!

C 540: *H e r e d i t a t e m* significat futuri saeculi regnum, quod beatis famulis pollicetur.³

207,15 A 770: Hic est ergo *r e x* cuius membra sumus. *R e x* Christus est, caput nostrum, *r e x* noster. *D e d i s t i* illi *d i e s s u p e r d i e s*; non solum istos *d i e s* in isto tempore cum fine, sed *d i e s s u p e r* istos *d i e s* sine fine. ... Quomodo anni, sic *d i e s*, sic unus *d i e s*: Quidquid uis dicis de aeternitate. (∿ C 540)

207,16 A 770: *G e n e r a t i o n i s* huius *e t g e n e r a t i o n i s futurae*: ... - Vgl. A zu 207,15.

207,20 C 540: Dicit enim: *P e r m a n e b i t i n a e t e r n u m i n c o n s p e c t u D e i*; quod de populo fideli magis congruenter aduertitur;

207,22 A 771: Quid est: *E i* ? Sufficeret: *q u i s r e q u i r e t*; quare addidit: *e i*, nisi quia multi quaerunt *m i s e r i c o r d i a m e t u e r i t a t e m* discere in libris eius; et cum didicerint, sibi uiuunt, non illi: sua quaerunt, non quae Iesus Christi; praedicant *m i s e r i c o r d i a m e t u e r i t a t e m*, et non faciunt *m i s e r i c o r d i a m e t u e r i t a t e m* ?

C 540: Quare [541] enim quaeratur⁴ *m i s e r i c o r d i a*, ubi nullus est miser? Quare *u e r i t a s*, ubi cuncti Deum uidebunt?

---

2 CSg: a *bis* coepit *fehlen*.
3 R 132 ʳᵇ: *hereditatem*, id est, caelestem beatitudinem, ...
4 CSg: quaeritur

208,2 A 772: uis in aeternum *p s a l l e r e* ? ... Quid est: *r e d d e
e i u o t a t u a d e d i e i n d i e m ? D e d i e* isto *i n*
illum *d i e m*. Perseuera *r e d d e r e u o t a i n* isto *d i e*,
donec uenias⁵ ad illum *d i e m*;

P s a l m 61

208,4 A 772: ... latine dicitur *I d i t h u n* transiliens eos. Transilit ergo iste qui cantat quosdam, quos desuper despicit. Videamus quousque transilierit, et quos transilierit, et ubi quamuis transilierit positus sit; de quo spiritali quodam et securo loco intueatur ima; non ita respiciens ut cadat, sed ut moueat qui transiliuit pigros ut sequantur, et laudet locum quo transiliendo peruenit. Ita enim iste transiliens super aliquid est, ut sub aliquo sit; unde prius nobis insinuare uoluit sub quo tutus sit, ut illud quod transiliuit, non sit superbiae sed prouectus¹.

C 542: ... *I d i t h u n* ... Est enim eius interpretatio, transiliens eos, id est, amatores huius saeculi, quos miles Christi contempta mundi uoluptate transcendit. ... introducitur quidam sanctus, qui et mundi desideria reliquerat et in Domino spe firmissima permanebat. ... Coniungitur etiam *D a u i d*, ut uita laudabilis ad Dominum Christum tendere uideatur, ubi est salutaris et absoluta perfectio².

208,12 A 772: et trepidus ne transiliendo superbiret, non elatus ex his quae infra essent, sed humilis ex eo qui supra esset, tamquam minantibus³ ei ruinam inuidis qui eum transiliuisse doluerant, respondit: *N o n n e D e o s u b i c i e t u r a n i m a m e a* ?

208,14 A 543: Sequitur causa iustissima, quare *D e o* Patri *s u b d i t a s i t a n i m a* beati; dicit autem, *a b i p s o e n i m s a l u - t a r e m e u m*; id est, unigenitus Filius, qui recte credentibus *s a l u t a r i s* exsistit. *A b i p s o e n i m* cum dicitur, Filius significatur.

208,18 A 773: Ad illud enim quod ibi dictum est: *Nec manus peccatorum dimoueat me* (Ps 35, 12), respondet hic: *n o n m o u e b o r a m p l i u s*;

---

1 CSg: profectus
2 Vgl. R 132ʳᵇ: *I d i t u n* interpretatur transiliens. Significat sanctos qui terrena omnia despiciunt et toto nisu caelestia capescere contendunt, mirabili quodam saltu homines mundi amatores superantes et transcendentes. (rot)
3 CSg: in manibus

208,19 A 773: Ergo de superiore loco munitus et tutus, ... respicit ad eos
quos transiliuit, ... adtendit ergo ad eos, et dicit: *Q u o u s q u e
a p p o n i t i s s u p e r h o m i n e m* ? Insultando, opprobria
iaciendo, insidiando, persequendo, *a p p o n i t i s s u p e r h o -
m i n e m* onera, ... [781] ... quamuis insidientur ubi possunt, calumnientur ubi possunt: *Verumtamen Deo subicietur anima mea* (v.6).

208,21 C 544: ... ad persecutores Christianorum uerba conuertit. Dicit enim:
quamdiu agmine facto supra *h o m i n e s* innocentes *i r r u i t i s* ?
Non uos reuocat timor diuinus, ut inde magis saeuiatis, quia culturas
daemonum contemptas esse cognoscitis. ... *V n i u e r s o s* autem,
deuotos intellegere debemus.

208,23 C 544: *T a m q u a m p a r i e t i i n c l i n a t o*, qui etsi non
impellatur occumbit: quia in casum uergit quidquid a soliditate sua
fuerit *i n c l i n a t u m*. ... Putatis insecutores sacrilegi christianum populum defensorem firmissimum non habere, quem sic passim impia
uoluntate trucidatis?

208,25; 209,1 C 544: Superior uersus respicit ad paganos, iste autem ad Iudaeos et fictos pertinet Christianos. Duobus enim modis laborat Ecclesia,
siue quando eam gentilis error insequitur, siue quando haeretici praua
contentione dilacerant. *H o n o r* erat sancti uiri catholica et fidelis Ecclesia, Christus ipse qui membris suis et caput et dignitas est.
Hunc infideles *r e p e l l e r e c o g i t a b a n t*, quando, ne puro
corde coleretur, sacrilegis dogmatibus obuiabant.

209,4-5 A 780: Retribuebant enim⁴ mala pro bonis. Illi *interficiebant*, illi
repellebant; ego eos sitiebam; illi *honorem meum cogitauerunt repellere*;
ego eos in corpus meum sitiebam traicere.

209,7 C 545: ... uenit *Idithun* ad secundum membrum psalmi, similia repetens
quae superius dixit: *a n i m a m* suam *D e o e s s e s u b i e c -
t a m*;
A 781: Verumtamen quamuis haec faciant, ... quamuis *ore suo benedicant
et corde suo maledicant*; quamuis insidientur ubi possunt, calumnientur
ubi possunt: *V e r u m t a m e n D e o s u b i c i e t u r a n i m a
m e a*.

209,9 A 781: quis tanta toleret? Numquid homo? et si homo, numquid a seipso
homo? Non sic transiliui ut extollar et cadam: *D e o ... m e a*;

---

⁴ CSg: *fehlt*.

quoniam ab ipso est patientia mea.

209,10 A 782: *Quoniam ipse est Deus meus*: ergo uocat me; *et salutaris meus*: ergo iustificat me; *et susceptor meus*: ergo glorificat me. Hic enim uocor et iustificor, ibi autem glorificor; et inde ubi glorificor, *non emigrabo*. Neque enim in peregrinatione mea remanebo; est hic unde *emigrem*, sed ueniam unde *non emigrabo*. Nam inquilinus ego sum apud te in terra, sicut omnes patres mei (vgl. Ps 38, 13). Ergo ab inquilinatu migrabo, de domo caelesti *non emigrabo*.

209,16 A 782: Saluus ero in Deo; gloriosus ero in Deo; non enim tantum saluus, sed et gloriosus; ... [783] ... Donec ueniam ad illam glorificationem, ubi iusti fulgebunt in regno Patris sui tamquam sol (vgl. Matth. 13,43).

209,18 A 783: Hoc tunc; modo quid? *Deus auxilii mei, et spes mea in Deo*, donec perueniam ad perfectam iustificationem et salutem. ... Interim nunc inter temptationes, inter iniquitates, inter scandala, inter apertas oppugnationes et subdolas locutiones, inter eos qui *ore suo benedicunt et corde suo maledicunt*, inter eos qui *honorem meum cogitant repellere*, quid hic? *Deus auxilii mei*: dat enim *auxilium* certantibus. ... *Spes*, quamdiu nondum est quod promissum est, et creditur quod nondum uidetur; cum autem uenerit, erit saluatio et glorificatio: ...

209,23 C 546: *Sperate in eum, omnis conuentus plebis*; ... conuersus ad *plebem*, quae uaria superstitionum uanitate laborabat, commonet ut spem suam debeant in Domini uirtute reponere.

209,24 A 783: *Effundite ... uestra*, deprecando, confitendo, sperando. ... Non perit quod effunditis.

C 546: *Effundit* ante Dominum *cor* suum, qui peccata sua uberrimis lacrimis confitetur.

209,26 A 784: An aemulantur Deum? Numquid fortiores illo sunt?

210,2 C 546: ... uenit ad tertium membrum, exprobrans[5] hominibus nequitias suas; ... Dicit enim sententiam frequenter iteratam: *Verumtamen uani filii hominum*, ut uitium suum cognoscens humanitas, ad auctorem salutis atque ueritatis celerrima supplicatione festinet.[6]

---

5 CSg: et probans
6 Zu 210, 2.5 vgl. Hil 213: *Vani* homines, quia aut ipsi uana sperent aut in eos sperare sit *uanum*; *mendaces* quoque, quia impietatis suae sensu aut falluntur aut fallunt: et in eo *mendaces, ut decipiant in stateris*, sub iustitiae scilicet nomine iniusta peragentes.

210,5   A 785: *D e c i p e r e* uultis, fraudem uultis facere; quid affertis
        ut *d e c i p i a t i s* ? *S t a t e r a s* dolosas.
        C 547: siue illos tangit, qui ponderibus iniquis ementium *d e c i p i -*
        u n t simplicitatem; siue quod homines sibi placentes, iusti atque
        immobiles uideri uolunt, cum sint deceptrici mutabilitate fallaces.

210,7   A 784: ... *u t   d e c i p i a n t   i p s i   d e   u a n i t a t e   i n*
        u n u m. Certe multi sunt: ... Diuersi quidem errores et multiformes,
        ... sed similis omnibus uoluntas uana et mendax, ...

210,10 A 784: Vos qui non uultis accedere et transilire, *n o l i t e   s p e -*
        r a r e   s u p e r   i n i q u i t a t e m. Ego enim qui transiliui,
        spes mea in Deo; et numquid *i n i q u i t a s* est apud Deum? ... [785]
        ... *Decipere* uultis, fraudem uultis facere; quid affertis ut *decipiatis* ?
        Stateras dolosas. ... Ergo non fraudem, [786] non *r a p i n a m   c o n -*
        c u p i s c a t i s;

210,14 A 785: Dictum est hoc pauperi, fortassis aliquid de necessitate rapturo.
        (~ C 547)

210,15 A 785: *D i u i t i a e   s i   f l u a n t*, id est, si exundent, tam-
        quam de fonte currant.

210,16 C 547: Non damnat largas diuitias quibus dispensatio modificata prae-
        statur; nam si *c o r* eis non *a p p o n i t u r*, ut in ipsis singula-
        ris felicitas iudicetur, profecto necessariae· sunt.

210,17 A 786: Ecce etiam uni [=Moyses] non *s e m e l*, sed saepius *l o c u -*
        t u s   e s t   D e u s. Deinde *l o c u t u s   e s t* ad Filium hic
        positum: *Tu es Filius meus dilectus·* (Matth. 3, 17). ... Hic inter ho-
        mines, hominibus saepe, multis modis, multis partibus, per multifor-
        mem creaturam *l o c u t u s   e s t   D e u s*; apud se *s e m e l   D e -*
        u s   l o c u t u s   e s t, quia unum Verbum genuit Deus. ... [787] ...
        uidit Verbum per facta sunt omnia, et in quo simul sunt omnia, non di-
        uersa, non separata, non inaequalia. ... Quis hoc explicet? Conari pos-
        sumus: ite cum *Idithun*, et uidete.
        C 548: sed *s e m e l* atque specialiter [*D e u s*] *l o c u t u s*
        e s t Filio suo, sicut ait secundus psalmus: *Dominus dixit ad me:*
        Filius meus es tu, ego hodie genui te (v. 7). Hoc enim nulli alteri
        locutum Patrem fuisse manifestum est. Et ut quidam sentire uoluerunt,
        l o c u t u s   e s t   s e m e l   D e u s: quoniam unum Verbum ante tem-
        pora genuit consubstantiale sibi, immensum, coaeternum et coaequaliter
        potens.

210,20 C 548: Discutiamus etiam quae sunt ista *d u o* quae se *Idithun* dicit *a u d i i s s e*;

A 788: Noli contemnere auditorem dicentem tibi quaedam *d u o* tibi necessaria, eum qui transiliendo uniuersam creaturam peruenit ad Verbum unigenitum Dei, ubi sciret quia *semel locutus est Deus.*

210,22 A 788: Ista sunt *duo*: *p o t e s t a s* et *m i s e r i c o r d i a* ? Ista plane: intellegite *p o t e s t a t e m   D e i*, intellegite *m i s e r i c o r d i a m* Dei. His *duobus* continentur prope omnes scripturae.

210,24 A 788: Apud illum *potestas*; apud illum *misericordia*. Hunc humiliat, et hunc exaltat: hunc humiliat *potestate*; illum exaltat *misericordia*. ... Pertinet ergo ad eius *potestatem* damnare iniquos.

P s a l m   62

210,26 C 549: Quapropter Ecclesiae, quae in hoc psalmo locutura est, merito proposita sunt uerba, quae significant Dominum Saluatorem. Haec igitur *i n   d e s e r t o   I d u m a e a e* habitat, id est, in huius saeculi ariditate, ubi sitit, ubi desiderat, ubi misericordiam Domini expetit ambienter, donec ad illam aeternam gloriam uenire mereatur. (∿ A 794f.)

211,2 C 550: Ad ipsum uigilatur, quoties in mundi ambitione dormitur; nam illa sic consequimur, si ista deserere festinemus. Bene autem adiecit, *d i l i c u l o*, quando tempus dominicae resurrectionis eluxit, ... A 795: Somnus autem animae est obliuisci Deum suum. ... Ideo dicit apostolus quibusdam oblitis Deum suum, et tamquam in somno agentibus deliramenta culturae idolorum. ... [796] ... Dicit ergo quibusdam apostolus: *Surge qui dormis, et exsurge a mortuis; et illuminabit te Christus* (Eph. 5, 14). Numquid corpore dormientem excitabat apostolus? Sed excitabat animam *dormientem*, quando ad hoc eam excitabat ut *illuminaretur* a *Christo*. Ergo secundum ipsas uigilias dicit iste: *D e u s ... u i g i l o*. Non enim *u i g i l a r e s* in te, nisi orietur lux tua, quae te de somno excitaret. *Illuminat* enim animas *Christus*, et facit eas *u i g i l a r e*; ... Quomodo et corpore *qui dormit* inter diem, iam ortus est sol, iam dies calet, et ille tamquam in nocte est, quia non *u i g i l a t* ut uideat iam ortum diem, sic quibusdam iam praesente *Christo*, iam praedicata ueritate, inest adhuc somnus animae.

211,7 C 550: *S i t i t* ergo *a n i m a* fidelium Deum, quando mandata eius

et uirtutes eximias concupiscit, quando ipsum desiderat uidere, a quo
bonorum omnia fluenta constat emanare.

211,8 A 798: In ista *Idumaea*, in isto *deserto*, quam multipliciter laborat,
tam multipliciter sitit;

211,10 C 550: sed iterum innumerabilia sunt quae c a r o sibi a Deo cognoscitur
postulare. Vtraque enim indigent saluari; sed c a r o plus eget cibo,
potu, uestitu, uehiculo, somno, temperie humorum, salubritate aeris,
sumptu, ceterisque quibus a n i m a non indiget; sed haec necessitas
corporis expetere declaratur.

A 797: Modo ergo s i t i a t a n i m a nostra; unde et c a r o
nostra s i t i t, et hoc m u l t i p l i c i t e r ? M u l t i p l i -
c i t e r t i b i, inquit, e t c a r o m e a. Quia et c a r n i
nostrae promittitur resurrectio. Quomodo a n i m a e nostrae promittitur
beatitudo, sic et c a r n i nostrae promittitur resurrectio.

211,13 A 798: ubi s i t i t ? ... Saeculum istud diximus: ipsa est *Idumaea*,
unde titulum psalmus accepit. ... Malum [799] *desertum*, horribile et
timendum! Et tamen Deus misertus est nostri, et fecit nobis u i a m
i n d e s e r t o, ipsum Dominum nostrum Iesum Christum; et fecit
nobis consolationem *in deserto*, mittendo ad nos praedicatores uerbi
sui, et dedit nobis a q u a m i n d e s e r t o, implens Spiritu sancto
praedicatores suos, ut fieret in eis fons a q u a e salientis in
uitam aeternam (vgl. Ioh. 4, 14).

211,17 A 800: Ergo i n s a n c t o a p p a r e a m u s Deo, ut a p p a -
r e a t nobis; a p p a r e a m u s illi i n s a n c t o desiderio, ut a p p a r e a t nobis in potentia et gloria Filii Dei. ...
Ergo multi nescio quid minimum putant a p p a r u i s s e in terra
Filium Dei; quia non sunt i n s a n c t o[1], non eis a p p a r e t
potentia ipsius, et gloria ipsius; id est, quia nondum sanctificatum
habent cor, unde intellegant eminentiam uirtutis illius, et gratias
agant Deo quia propter ipsos tantus quo uenit, ad quam natiuitatem,
ad quam passionem, non possunt uidere gloriam ipsius et potentiam
ipsius.

C 551: tunc se a p p a r u i s s e dicit Ecclesia i n s a n c t o
fidelique proposito, quando Christum uerum Deum esse cognouit.

211,22 A 801: Multae sunt u i t a e humanae, sed Deus unam u i t a m promittit; et non illam dat nobis quasi propter merita nostra, sed pro-

---

1 CSg: hoc sancto

pter *misericordiam* suam. ... Ergo *misericordia* ipsius *melior super uitas*. Quas *uitas*? Quas sibi homines elegerunt. Alius elegit sibi *uitam* negotiandi, alius *uitam* rusticandi, alius *uitam* fenerandi, alius *uitam* militandi; alius illam, alius illam. Diuersae sunt *uitae*, ... *Melius est* quod das correctis, quam quod eligunt peruersi. Vnam *uitam* donas, quae praeponatur omnibus nostris, quascumque in mundo eligere potuerimus.

C 551: *Misericordiam* dicit Domini praemia, quae sanctis suis larga pietate promittit, quae longe potior est a *uita* praesenti. Istam enim innumerabiles aerumnae possident, illam tranquillitas aeterna comitatur;

211,24 A 801: Non *te laudarent labia mea*, nisi me praecederet *misericordia* tua. Dono tuo *te laudo*, per *misericordiam tuam te laudo*.

211,26 A 801: Iam *in uita mea* quam mihi donasti; ... Quid est: *sic*? Vt *misericordiae tuae* tribuam *uitam meam in* qua *te laudo*: non meritis meis.

C 551: *Sic* ad superiora respicit, quae dixerat: *Melior est misericordia tua super uitam.* - Vgl. 211, 23f.

212,2 A 801: Ideo extensae sunt *manus* eius in cruce, ut *manus* nostrae extendantur in bona opera, quia crux ipsius misericordiam nobis praebuit. ... *Leuemus* et nos *manus* nostras ad Deum in prece; ...[802] ... Istae preces nostrae sunt *in* hac *Idumaea*, *in* hoc *deserto*, *in terra sine aqua*, *et sine uia*, ubi nobis Christus est *uia*; sed non *uia* de hac *terra*.

212,6 A 802: Est quaedam saturitas pin-[803]guis sapientiae. ... Pinguis *anima* unde esset pinguis, nisi a Domino saturaretur? Et tamen quantumlibet hic sit pinguis, quid erit in illo futuro saeculo, quo nos pascet Deus?

C 552: Scripturas diuinas nouimus per similitudines terrenas plerumque caelestia sacramenta monstrare. ... Qua similitudine petit Ecclesia *animam* suam uirtutum *pinguedine* saginari, ut digna Domino possit offerri. Pinguis enim *anima* esse non potest, nisi a Domino pasta nituerit. Sed *pinguedo animae* diuinarum rerum scientia est, recta fides, inconcussa patientia et cetera, unde saeculi istius macies ieiunia superatur. - Vgl. 212, 4.

212,10 A 803: In hac eremo, *in nomine tuo leuabo manus meas*: *i m p l e a -
t u r ... t u u m*. Modo enim oratio, quamdiu sitis; cum sitis transierit,
transit oratio, et succedit laudatio: ...

212,14 A 803: *S t r a t u m* suum quietem suam dicit. ... *D i l i c u -
l u m* enim dixit actiones, quia omnis homo *d i l i c u l o* incipit
aliquid agere. ... [804] ... Qui autem *m e m o r* eius *e s t* quando quietus est, in ipso *m e d i t a t u r* cum agit, ne in actione
deficiat. ... Nemo ergo *i n d i l i c u l o* operatur, nisi qui in
Christo operatur. Sed qui otiosus *m e m o r e s t* Christi, in ipso
m e d i t a t u r in omnibus actionibus suis; et est illi *a d i u -
t o r* in bono opere, ne per infirmitatem suam deficiat.

C 552: Nam cum dicit [Ecclesia]: *S i   m e m o r   f u i*, ostendit se
recordationem Domini [553] semper habuisse, nec in rebus prosperis
oblitam fuisse, quando solent humana corda collata beneficia in memoria non habere. Per *s t r a t u m* enim significat quietem, ...

212,20 Vgl. Ps 16, 8: *Sub umbra alarum tuarum protege me*, ...

A 804: Si me non *protegas* quia pullus sum, miluus me rapiet[2]. ...
Paruuli sumus: ergo *protegat* nos Deus sub umbraculo *alarum* suarum.

212,23 A 805: Vbi est ipsum gluten? Ipsum gluten caritas est. Caritatem
habe, quo glutine *a d g l u t i n e t u r   a n i m a* tua *p o s t*
Deum. Non cum Deo, sed *p o s t* Deum; ut ille praecedat, tu sequaris.
Qui enim uoluerit Deum antecedere, consilio suo uult uiuere, et non
uult sequi praecepta Dei. Propterea et Petrus repulsus est, quando
uoluit consilium dare Christo passuro pro nobis. Adhuc enim infirmus
erat Petrus, et quanta utilitas esset generis humani in sanguine
Christi non nouerat; Dominus autem qui uenerat redimere nos, et dare
pretium pro nobis sanguinem suum, coepit praedicare passionem suam.
Expauit Petrus quasi moriturum Dominum, quem uolebat hic semper uiuere
quomodo illum uidebat, quia carnalibus oculis deditus, carnali affectu
circa Dominum tenebatur; et ait illi: *Absit a te, Domine; propitius
esto tibi*[3]. Et Dominus: *Redi post me, satanas*; *non enim sapis quae Dei
sunt, sed quae sunt hominum* (Matth. 16, 22.23).

213,4 C 553: *D e x t e r a* Patris Christus est Dominus, qui *s u s c e -
p i t* Ecclesiam *alarum* suarum uelamine *protegendam*. (~ A 805)

213,7 A 805: Vtinam *q u a e r e r e n t   a n i m a m   m e a m*, ut crede-

---
2 CSg: rapiat
3 CSg: tibi esto

rent [806] mecum! Sed *q u a e s i e r u n t   a n i m a m   m e a m
u t   p e r d e r e n t   m e.* ... **maxime** hoc tamen accipiamus de Iudaeis, qui
q u a e s i e r u n t   a n i m a m Christi perdere, et in ipso capite nostro quod crucifixerunt, et in discipulis eius quos postea
persecuti sunt.

Br 1062 A: *I p s i   u e r o,* hoc est, inimici. (= CSg 27, 258)

213,9 A 806: Terram perdere noluerunt, ut crucifigerent Christum; *i n
i n f e r i o r a   t e r r a e* ierunt. Quae sunt *i n f e r i o r a
t e r r a e* ? Terrenae cupiditates. ... Illi ergo timentes *t e r -
r a m* perdere, quid dixerunt de Domino Iesu Christo, cum uiderent
multas turbas ire post illum, quia mirabilia faciebat? *Si illum dimiserimus uiuum, uenient Romani, et tollent nobis et locum et gentem* (Ioh. 11, 48). Timuerunt perdere *t e r r a m,* et ierunt sub
t e r r a m; accidit eis et quod timuerunt. Nam ideo uoluerunt Christum occidere, ne *t e r r a m* perderent; et ideo *t e r r a m* perdiderunt, quia Christum occiderunt. ... Vicerunt illos imperatores
Romani, et reges gentium: exclusi sunt de ipso loco ubi crucifixerunt
Christum; - Zum zweiten Bibelzitat vgl. Prou. 10,24.

213,15 A 806: expugnati sunt irruentibus hostibus.

C 554: *T r a d i t a   e s t   i n   m a n u s   g l a d i i* **gens iudaea**,
quando eam principes Romanorum Vespasianus et Titus caede incen-
dioque uastauerunt.

213,16 A 806: *V u l p e s* dicit reges saeculi, qui tunc fuerunt quando
debellata est Iudaea. Audite ut noueritis et intellegatis quia ipsos
dicit *u u l p e s.* **Herodem regem** ipse Dominus *u u l p e m* appellauit: *Ite,* inquit, *et dicite uulpi illi* (Luc. 13, 32).

C 554: *V u l p i s* enim inter feras animal est omnino subdolum,
... His merito dolosi homines comparantur, qui simulata uersutia iniquitates suas efficere moliuntur. ... Iudaei enim caelestia credere
noluerunt et *p a r t e s   u u l p i u m* facti sunt, id est, in sub-
dolorum malitiam transierunt. Siue *p a r t e s   u u l p i u m
e r u n t,* illud significat, quando in illa Ierosolymitana uastatione
cadauera Iudaeorum escae fuerunt *u u l p i u m* ferarumque reliqua-
rum[4].

213,19 A 807: *R e x   u e r o,* id est, uerus *r e x,* cui titulus inscriptus
est, quando passus est. ... Quem sibi uisi sunt quasi superasse cum

---

[4] R 135[ra]: *p a r t e s   u u l p i u m   e r u n t,* quia interfecti a Romanis
u u l p e s et lupi eos comederunt, ...

crucifigerent, tunc crucifixus fudit pretium quo emit orbem terrarum.
... tunc dedit ille unde redimeremur⁵.

C 554: *R e g e m* dicit Dominum Saluatorem; ... Dicit etiam, *l a e - t a b i t u r   i n   D o m i n o*, id est, in Patre;

213,22 A 807: Quis *i u r a t   i n   e o* ? Qui pollicetur ei uitam suam, qui uouet illi et reddit, qui fit Christianus;

213,25 A 807: Quanta *i n i q u a   l o c u t i   s u n t* Iudae? Quanta mala dixerunt, non solum Iudaei, sed et omnes qui propter idola Christianos persecuti sunt? ... Vicit Leo de tribu Iuda (vgl. Apoc. 5, 5), et siluerunt *uulpes*: ...

P s a l m   63

214,2 A 807: Passionis sanctorum martyrum diem hodie festum habentes, in eorum recordatione gaudeamus, recolentes quid [808] patiebantur, et intellegentes quid intuebantur. ... Et nemo dicat quod hodie in tribulatione passionum non sumus. ... Saeuierunt inimici in martyres; quid orabat ista uox corporis Christi? ... et deseruit Deus contritos corde seruos suos, et sperantes in se despexit? Absit.

214,5 A 808: Alii tementes consentiebant, et uiuebant; et tamen ipsi ab inimicis absorbebantur. Occisi *e r u e b a n t u r*, uiuentes absorbebantur. ... Multi absorpti, et uiui absorpti; multi mortui absorpti. Qui putauerunt inanem esse fidem christianam, mortui absorpti sunt; qui autem scientes ueri- [809]tatem esse praedicationem euangelii, Christum esse Filium Dei scientes, et hoc credentes, ... cesserunt tamen doloribus, et idolis sacrificauerunt, uiui absorpti sunt. Illi absorpti sunt, quia mortui; illi autem quia absorpti, mortui. Non enim absorpti uiuere potuerunt, quamuis uiui absorberentur.

214,9 A 809: Iam ipsum caput nostrum intueamur. ... Nostis qui *c o n u e n - t u s* erat *m a l i g n a n t i u m* Iudaeorum, et quae *m u l t i - t u d o* erat *o p e r a n t i u m   i n i q u i t a t e m*.

C 556: *P r o t e c t u s   e s t* plane *a   c o n u e n t u   m a l i g - n a n t i u m*, quia dum illi eum crederent communiter mori, resurrectionis eius gloria probantur esse confusi. *P r o t e c t u s   e s t*

---

5 Hil 223: Sed inter haec laetitiam eius, qui ob humanae salutis gaudium frequenter ad Patrem exultauit, ostendit: ...

denique uirtute diuinitatis suae, quia filius erat hominis et idem
Filius Dei in duabus naturis una sine aliqua dubitatione persona:
Habens in potestate ponendi animam suam et iterum sumendi eam (Ioh.
10, 18).

214,13 A 810: Vnde occidistis? *G l a d i o   l i n g u a e*: acuistis enim
l i n g u a s uestras. Et quando percussistis[1], nisi quando clamastis: *Crucifige, crucifige* (Luc. 23, 21; Ioh. 19, 6)?

214,16 A 811: *A r c u m* dicit insidias. ... Quod dixit: *I n t e n d e -
r u n t   a r c u m*, hoc est, *i n   a b s c o n d i t o*: quasi fallentes insidiis. Nostis enim quibus dolis id egerint; quemadmodum discipulum ei cohaerentem pecunia corruperint, ut sibi traderetur; (∾
C 557)

214,19 A 811: Agnus quippe *i m m a c u l a t u s*, totus *i m m a c u l a -
t u s*, semper *i m m a c u l a t u s*;

214,21 C 557: *S u b i t o*, et hic ita accipiendum est, sicut Iudaei dementissimi putauerunt.

A 812: *R e p e n t e*, id est, insidiose, quasi inopinate, quasi non
praeuise. Similis enim nescienti erat inter ipsos Dominus ignorantes
quid nesciret, et quid sciret, immo ignorantes eum nihil nescire, et
omnia scire, et ad hoc uenisse ut illi facerent quod se potestate facere arbitrabantur.

214,23 A 812: Traditus est ille iudici; trepidat iudex, et non trepidant qui
iudici tradiderunt; ... Quanta egit Pilatus? quanta ut refrenarentur?
quae dixit? quid egit? Sed *f i r m a u e r u n t   s i b i   s e r -
m o n e m   m a l i g n u m*: *Crucifige, crucifige!* (Luc. 23, 21; Ioh.
19, 6) ... *Non inuenio aliquid in isto homine*, ait iudex, *quo dignis
sit morte* (Luc. 23, 14.22). Et illi qui *f i r m a u e r u n t   s e r -
m o n e m   m a l i g n u m*, dixerunt[2]: *Sanguis eius*[3] *super nos, et
super filios nostros!* (Matth. 27, 25)

C 558: *V e r b u m   m a l u m   f i r m a u e r u n t   s i b i*, quando
dixerunt: *Reus est mortis* (Matth. 26, 66);

215,6 A 813: Latere putabant eum quem occidebant, latere Deum. Ecce puta,
homo erat Christus, sicut ceteri homines; nesciebat quid de illo cogitaretur[4]: numquid et Deus nescit? O cor humanum, quare tibi *d i x i s -*

---

1 CSg: o iudei Christum *übergeschr.*
2 CSg: *fehlt*
3 CSg: huius
4 CSg: cogitarentur (ur *durchgestrichen und durch Punkte darunter getilgt*)

t i: *Q u i s   u i d e t* me, cum ille *u i d e a t* qui te fecit?
(~ C 558)

215,8 A 813: *P e r s c r u t a t i   s u n t   i n i q u i t a t e m*; *d e -
f e c e r u n t   s c r u t a n t e s   s c r u t a t i o n e s*, id est,
acerba et acuta consilia. Non tradatur per nos, sed per discipulum
suum; non occidatur a nobis, sed a iudice; totum nos faciamus, et
nihil fecisse [814] uideamur. ... Simulata innocentia non est innocentia; simulata aequitas non est aequitas, sed duplex iniquitas, quia
et iniquitas est et simulatio. ... Quanto acutius sibi excogitare uidebantur, tanto magis *d e f i c i e b a n t*, ...

215,16 A 815: *A c c e s s i t   h o m o , e t*[5] *c o r   a l t u m*, id est,
c o r secretum, obiciens aspectibus humanis hominem, seruans intus
Deum, celans formam Dei, in qua aequalis est Patri, et offerens formam serui, qua minor est Patre. ... Occiditur homo, et *e x a l t a -
t u r   D e u s*. Quod enim occisus est, ex infirmitate humana fuit;
quod resurrexit et ascendit, ex potestate diuina. *A c c e d e t
h o m o , e t*[5] *c o r   a l t u m*, *c o r* secretum, *c o r* abditum,
non ostendens quid nosset, non ostendens quid esset. Illi putantes
hoc totum esse quod uidebatur, occidunt hominem in *c o r d e   a l t o*,
e t   e x a l t a t u r   D e u s in *c o r d e* diuino; potentia enim
maiestatis suae *e x a l t a t u s   e s t*. Et quo iuit *e x a l t a -
t u s* ? Vnde non recessit humiliatus.

215,21 A 816: Nostis quemadmodum sibi faciunt de cannitiis[6] *s a g i t t a s
i n f a n t e s*. Quid feriunt, aut unde feriunt? quae manus, aut quod
telum? quae arma, aut quae membra?

215,23 A 816: *Mentita est*, inquit, *iniquitas sibi* (Ps 26, 12): ... Ecce resurrexit Dominus qui occisus erat. Transibant ante crucem, uel sta-
bant et intuebantur illum, ... Tunc caput agitabant dicentes: *Si
Filius Dei est, descendat de cruce* (Matth. 27, 40). ... Quid tibi
uidetur qui de cruce non descendit, et de sepulcro surrexit? Quid ergo profecerunt? ... Quo perduxerunt illas *scrutationes* suas, quas *per-
scrutantes defecerunt*, ut etiam mortuo Domino et sepulto, custodes po-
nerent ad supulcrum? ... [817] ... Concussa terra Dominus resurrexit;
miracula facta sunt talia circa sepulcrum, ut et ipsi milites qui custodes aduenerant, testes fierent, si uellent uera nuntiare; sed auari-

---

5 CSg: *durch Strich darunter getilgt*, ad *übergeschr.*
6 CSg: cannis (*zwischen* i *und* s *Rasur von 2 oder 3 Buchstaben*)

tia illa quae captiuauit discipulum comitem Christi, captiuauit et militem custodem[7] sepulcri. *Damus*, inquiunt, *uobis pecuniam; et dicite quia uobis dormientibus uenerunt discipuli eius, et abstulerunt eum* (Matth. 28, 12. 13). Vere *defecerunt scrutantes scrutationes*.

C 559: Vosipsos consulo, uosipsos iudicium peto; quanto mirabilius est mortuum posse resurgere, quam [560] adhuc uiuum de cruce uelle descendere! Parua petistis, dum maiora prouenerint.

216,5 A 817: *Exaltato Deo*, ut dixi, praedicato Christo, uisi sunt Iudaei a quibusdam Iudaeis, uisi sunt *deficientes* in *scrutationibus* suis. Videbant enim illi in nomine crucifixi, et occisi manibus suis, fieri tanta miracula; ... C o n t u r b a t i ergo s u n t o m n e s q u i u i d e b a n t e o s; id est, qui intellegebant ... quia in omnibus suis malis perscrutationibus consiliorum ubique *defecerunt*. ... [818] ... Namque annuntiantes istos apostolos opera Dei, exhibuerunt sibi principes sacerdotum, et comminati sunt dicentes *ne in nomine Iesu praedicarent. Et illi dixerunt: Dicite nobis cui magis obtemperare oporteat, Deo, an hominibus?* (Act. 5, 27-29). ... Illi autem sciebant quae iuberet Deus, et contempserunt minantes sacerdotes. - Zu *senioribus* vgl. Act. 5, 21: ... *conuocauerunt concilium, et omnes seniores filiorum Israel*, ...

216,10 A 817: Qui non t i m u e r u n t, nec homines fuerunt. ... [818] ... Vnde illi qui non t i m u e r u n t, pecora potius nominandi sunt, bestiae potius immanes et truces.

C 560: *Conturbati sunt* enim ex illis quidam credentes, quando ad apostolos uenerunt et dixerunt: *Quid faciemus, uiri fratres?* (Act. 2, 37) A quibus salutaria monita percipientes, per sanctum baptisma dilui meruerunt a damnatione perpetua. - Vgl. Act. 2, 38: *Petrus uero ad illos: Paenitentiam, inquit, agite, et baptizetur unusquisque uestrum* ...

216,14 C 560: scilicet gloriam resurrectionis, agnitionem in confractione panis, ascensionem in caelis, ...

216,16 C 560: utique i n t e l l e x e r u n t esse diuina, quia talia implere non poterat humana fragilitas.

216,16 A 820: Iam quia Dominus resurrexit, iam quia ascendit in caelum, ... *l a e t a b i t u r i u s t u s i n*[8] *D o m i n o*, ...

C 560: *I u s t u m* in futuro dicit *e s s e l a e t a t u r u m*, ...

---

7 CSg: milites custodes (s *beide Male auf Rasur*)
8 CSg: et sperabit in

216,20 A 820: Qui sunt *r e c t i   c o r d e* ? Qui omnia quaecumque in hac
uita patiuntur, non ea tribuunt insipientiae, sed consilio Dei ad medicinam suam; ... Si autem blasphemas, et displicet tibi [821] Deus, et
tu tibi places; peruerso *c o r d e* et distorto es;

P s a l m   64

216,22 C 562: ... talis nobis sit ordo uerborum: *I n   f i n e m,   p s a l -
m u s   D a u i d,   c a n t i c u m   d e   p o p u l o   t r a n s m i -
g r a t i o n i s,* per prophetiam *I e r e m i a e   e t   E z e c h i -
e l,   c u m   i n c i p e r e n t   p r o f i c i s c i.* Sic recte intellegitur, ut uerba magis ad populum quam ad *I e r e m i a m   e t
E z e c h i e l* pertinere uideantur.
A 822: Prophetauit autem *I e r e m i a s* sanctus (vgl. Ier. 25, 11;
29, 10), post septuaginta annos rediturum *p o p u l u m* de captiuitate, ... [823] ... Factum est completis septuaginta annis, ... regres-
sa est de captiuitate magna pars illius *p o p u l i.* Sed quoniam dicit
apostolus: *Haec in figura contingebant in illis; scripta sunt autem
propter nos, in quos finis saeculorum obuenit* (I Cor. 10,11), debemus
et nos nosse prius captiuitatem nostram, deinde liberationem nostram;
debemus nosse Babyloniam, in qua captiui sumus, et Ierusalem, ad cuius
reditum suspiramus. ... [824] ... Possumus tamen et aliquid afferre,
quantum Dominus donat, unde distinguantur pii fideles, etiam hoc tempore, ciues Ierusalem a ciuibus Babyloniae. Duas istas ciuitates faciunt duo amores: Ierusalem facit amor Dei; Babyloniam facit amor saeculi. Interroget ergo se quisque quid amet, et inueniet unde sit ciuis;
et si se inuenerit ciuem Babyloniae, exstirpet cupiditatem, plantet caritatem; ... Sub hac ergo *figura* cantatur hic psalmus. ... *I n c i -
p i t   e x i r e* qui *i n c i p i t* amare.
216,25 Vgl. 225,10; 220, 6.
217,7 C 562: Reuersa plebs ad Dominum de captiuitate peccati, in magna exultatione prorupit, asserens solum *D e u m   d e c e r e   h y m n u m.* ...
A 824: *e x e u n t* autem de Babylonia. ... Quid ergo hic cantatur?
T e ... S i o n. ... [825] ... ipsa est Ierusalem quae *S i o n*; et
huius nominis interpretationem nosse debetis. Sicut Ierusalem interpretatur uisio pacis, ita *S i o n* speculatio, id est, uisio et con-

templatio. ... Sed ubi? *I n   S i o n*: in Babylone non *d e c e t*. ...
Quemadmodum ergo de naui quae in anchoris est, recte dicimus quod iam
in terra sit; adhuc enim fluctuat, sed in terra quodammodo educta est
contra uentos, et contra tempestates, sic contra temptationes huius
peregrinationis nostrae, spes nostra fundata in illa ciuitate Ierusalem facit nos non abripi in saxa. Qui ergo secundum hanc spem cantat,
ibi cantat; ergo dicat: *T e   ...   S i o n*.

217,12 A 825: Hic uouemus, et bonum est ut ibi *r e d d a m u s*. ...Ibi enim
erimus toti, id est, integri in resurrectione iusto- [826]rum; ibi
r e d d e t u r   u o t u m totum nostrum; non sola anima, sed ipsa
etiam caro iam non corruptibilis, quia iam non in Babylonia, sed iam
corpus caeleste immutatum. ... *R e d d a m   u o t u m* meum. Quod
u o t u m ? Quasi holocaustum. Holocaustum enim tunc dicitur, quando
totum ignis absumit: ... Arripiat ergo nos ignis, ignis diuinus in
Ierusalem: incipiamus ardere caritate, donec totum mortale consumatur, ... - Zum liturgischen Ausdruck *hostia uiua* vgl. Pflieger, 286.

217,16 A 827: Quo *u e n i e t   o m n i s   c a r o* ? Tulit inde primitias ex
utero uirginali, assumptis primitiis cetera consequentur, ut holocaustum compleatur. Vnde ergo *o m n i s   c a r o* ? *O m n i s* homo. ... *O m n i s   c a r o* dixit, *o m n i s* generis *c a r o*; ex
o m n i genere *c a r n i s   u e n i e t u r* ad te. Quid est, ex
o m n i genere *c a r n i s* ? Numquid *u e n e r u n t* pauperes,
et non *u e n e r u n t* diuites? numquid *u e n e r u n t* humiles,
et non *u e n e r u n t* sublimes[1]? numquid *u e n e r u n t* indoc-
ti, et non *u e n e r u n t* docti? numquid *u e n e r u n t* uiri,
et non *u e n e r u n t* feminae? ... Postremo numquid *u e n e r u n t*
Iudaei ..., et non *u e n e r u n t* Graeci, et non *u e n e r u n t*
Romani? aut *u e n e r u n t* Romani, et non *u e n e r u n t* Bar-
bari? Et quis numeret *o m n e s* gentes *u e n i e n t e s* ad eum
cui dictum est: *A d   ...   u e n i e t* ?

217,19 A 827: Quod nati sumus in hac terra, *i n i q u o s* inuenimus quos
loquentes audiuimus. ... Omnis homo ubicumque nascitur, ipsius terrae,
uel regionis, uel ciuitatis linguam discit; illius imbuitur moribus et
uita. Quid faceret puer natus inter paganos, ut non coleret lapidem,
quando illum cultum insinuauerunt parentes? ... [828] ... Duxerunt nos

---

1 CSg: superbi

mala docentes; ... dimisimus Creatorem, adorauimus creaturam; dimisimus eum a quo facti sumus, adorauimus quod ipsi fecimus. ... duxerant nos praedicatores Iouis, et Saturni, et Mercurii: ... - Vgl. A zu 223, 18 sowie I Cor. 3,12 (*ligna et lapides*).

217,23 A 828: *P r o p i t i a b e r i s   i m p i e t a t e s   n o s t r a s*, non dicitur nisi cuidam sacerdoti offerenti aliquid, unde *i m p i e t a s* expietur et *p r o p i t i e t u r*. ... Exstitit ergo a Deo Domino missus quidam sacerdos noster; assumpsit a nobis quod offeret Domino, ipsas diximus sanctas primitias carnis ex utero uirginis. Hoc holocaustum obtulit Deo: extendit manus in cruce, ut diceret: *Dirigatur oratio mea sicut incensum in conspectu tuo, eleuatio manuum mearum sacrificium uespertinum* (Ps 140,2). Sicut nostis, quia Dominus circa uesperam pependit in cruce;

Br 1064 A: Vsque in finem nos fuissemus in errore, nisi tu propitius fuisses nostri, qui nos sanguine proprio mercatus es.

217,26 A 829: An potius ipse Christus *a s s u m p s i t* quemdam [830] *b e a t u m*, ...? Vnum enim *a s s u m i t*, quia unitatem *a s s u m i t*. Schismata non *a s s u m i t*, haereses non *a s s u m i t*; ... Itaque unus uir *a s s u m i t u r*, cui caput est Christus, quia *caput uiri Christus est* (I Cor. 11, 3). ... Non est extra nos: in ipsius membris sumus, sub uno capite regimur, uno spiritu omnes uiuimus, unam patriam omnes desideramus. ... In illo simus et *a s s u m e m u r*; in illo simus, et *e l e c t i   e r i m u s*.

218,3 C 564: de quibus [*b o n i s*] dicit apostolus: *Quod oculus non uidit, nec auris audiuit, nec in cor hominis ascendit, quae praeparauit Deus his qui diligunt eum* (I Cor. 2, 9).

A 830: Quae sunt *b o n a   d o m u s* Dei? ... Hic ergo iam *b o n a* illa [831] Ierusalem, *b o n a* illa *d o m u s* Domini, *b o n a* illa *t e m p l i* Domini meditemur; quia quae *d o m u s* Domini, hoc ipsum *t e m p l u m* Domini. ... Habes foris oculos unde uideas marmora et aurum; intus est oculus unde uideatur pulchritudo iustitiae. ... Ista sunt *b o n a   d o m u s* Dei; his te para satiari. ... Et ipsum *t e m p l u m*, fratres, nolite praeter uos cogitare. Amate *i u s t i t i a m*, et uos estis *t e m p l u m* Dei[2].

---

2 Hil 237: Post enim beatitudinem eius, qui *ad habitandum in tabernaculis* Dei *fuit electus*, hoc sequitur: *R e p l e b i t u r ... t u a e :   s a n c t u m   e s t   t e m p l u m   t u u m ,   m i r a b i l e   i n   a e q u i t a t e .* His ergo *b o n i s   d o m u s   r e p l e b u n t u r*, in *tabernaculis*

218,10 A 832: non *s p e s* unius anguli, non *s p e s* solius Iudaeae, non
s p e s solius Africae, non *s p e s* Pannoniae, non *s p e s* orientis, aut occidentis, sed *s p e s   o m n i u m   f i n i u m   t e r -
r a e*, ... et quia *i n   m a r i* ideo *l o n g e*. *M a r e* enim in
figura dicitur saeculum hoc, ... ubi homines cupiditatibus peruersis
et prauis facti sunt uelut pisces inuicem se deuorantes. ... Iam *i n
m a r i* capti per retia fidei, gaudeamus nos ibi natare adhuc intra³
retia; ... Interim intra³ ipsa retia, fratres, bene uiuamus: non retia
rumpentes foras exeamus. Multi enim ruperunt retia, et schismata fecerunt, et foras exierunt, quia malos pisces intra³ retia captos tolerare se nolle dixerunt; ... Eia, ciues Ierusalem, qui intra³ retia
estis, et pisces boni estis, tolerate malos; retia nolite rumpere;

218,14 A 833: non *i n   f o r t i t u d i n e* illorum. *P r a e p a r a u i t*
enim magnos praedicatores, et ipsos appellauit *m o n t e s*;

218,16 C 565: Hos Dominus *p r a e p a r a u i t   i n   u i r t u t e* sua,
quia per eos fecit magna miracula; ... *a c c i n c t u s   p o t e n -
t i a*, id est, indutus maiestate sua.

A 833: Christum qui in medio ponunt, *c i r c u m c i n c t u m* faciunt, id est, undique cinctum. Habemus illum omnes communiter; ideo
in medio est;

218,18 C 566: Turbauit enim apostolis praedicantibus non solum superficiem
maris, sed *f u n d u m   m a r i s*, id est, gentilium corda demersa
profundius.

A 833: commotum est saeculum, et coepit persequi sanctos eius. ...
F u n d u m   m a r i s est cor impiorum. Sicut enim a *f u n d o*
uehementius omnia mouentur, et *f u n d u s* continet omnia, sic quidquid processit per linguam, per manus, per potestas diuersas ad persecutionem Ecclesiae, de *f u n d o* processit.

Dei *beatus habitabit*. ... [238] ... omnia namque credentium corpora *t e m p -
l u m* Dei esse apostolus docet (vgl. I Cor. 3, 16) ... Ornandum ergo hoc
Dei *t e m p l u m* est sanctitate atque iustitia, ut *b o n i s   d o m u s*
Dei *r e p l e a t u r*, ut *a e q u i t a t i s* ac fidei operibus *m i r a -
b i l e* sit. *D o m u m* autem Dei etiam ipsum *adsumptum* a Dei Filio hominem intellegere erit promptum, quia in eo inhabitet omnis plenitudo diuinitatis, et per naturae proprietatem in eo Pater *habitet, b o n i s* itaque eius, id est, uirtutis, gloriae, aeternitatis unoquoque eo *r e p l e n -
d o*, qui se *t e m p l u m* Deo *s a n c t u m   e t   m i r a b i l e   i n
a e q u i t a t e* seruauerit. Omnium itaque spes ista est, ut *b o n i s
d o m u s* Dei *r e p l e a m u r*, ut *s a n c t u m   e t   m i r a b i l e
t e m p l u m* illius simus.
3 CSg: infra

218,21 A 833: Nos ipsi per nosmetipsos *s u f f e r r e* illas persecutiones non possemus, nisi ille daret fortitudiuem.

C 566: Nam, dono Domini suffragante, martyres eorum uiolentiam superare potuerunt: ...

218,22 A 834: *T u r b a b u n t u r   g e n t e s.* Primo *t u r b a b u n t u r;*

218,25 A 834: Miracula enim fecerunt apostoli; et inde omnes *f i n e s   t e r - r a e   t i m u e r u n t,* et crediderunt. (∿ C 566)

218,26 A 834: ... *d e l e c t a b i s*: id est, delectabiles facis. Iam in ista uita quid nobis promittitur? ... *M a n e* significat prosperitatem saeculi; *u e s p e r e* significat tribulationem saeculi. Intendat Caritas uestra (in utroque enim temptatur anima humana), et prosperitate ne corrumpatur, et aduersitate ne frangatur.

... [835] ... Quomodo contempsisti *m a n e* saeculi ex luce Domini, sic contemne et uesperam ex passionibus Domini, ... Saeuiat in carne: frangetur muscipula, et uolabo ad Dominum meum qui mihi ait: *Nolite timere eos qui corpus occidunt, animam autem non possunt occidere* (Matth. 10,28).

219,4 C 567: *T e r r a m* hic genus humanum debemus accipere, ...

A 835: misisti nubes tuas, pluerunt praedicationem ueritatis, *i n - e b r i a t a   e s t   t e r r a.* ... Vnde *m u l t i p l i c a s t i   e a m   d i t a r e ?*

219,6 A 835: Quis est *f l u u i u s   D e i ?* Populus *D e i.* ... Crediderunt multi Israelitae, et impleti sunt Spiritu sancto;

219,7 C 568: ... de cibo spiritali subiecit [propheta], ... *C i b u s* iste non dentibus manditur, sed animae auiditate deuoratur;

A 835: Non quia te promeruerunt, quibus peccata donasti, merita illorum mala erant; sed tu propter misericordiam tuam, *q u i a   i t a*[4] *e s t   p r a e p a r a t i o   t u a,* ita *p a r a s t i   c i b u m   i l l o r u m.*

219,10 A 835: Fiant ergo primo *s u l c i* qui *i n e b r i e n t u r;* duritia pectoris nostri aperiatur[5] uomere sermonis Dei (vgl. Marc. 7, 33), ...

Br 1065 B: *R i u o s   e i u s   i n e b r i a n s,* ... *R i u i* enim in nobis a flumine illo, id est, a Spiritu sancto emanant, qui nos diuersis gratiarum donis *i n e b r i a n t,* ... (∿ CSg 27, 263)

---

4 CSg: in te
5 CSg: aperietur

219,12 A 835: Videmus; credunt, et ex credentibus alii credunt, et ex illis alii credunt; et non sufficit uni homini ut factus ipse [836] fidelis unum lucretur. Sic *m u l t i p l i c a t u r* et semen: pauca grana mittuntur, et segetes exsurgunt.

C 568: sed *m u l t i p l i c e t u r*, unde catholica semper crescat Ecclesia;

219,15 A 836: Paruulis enim adhuc et infirmis stillantur quaedam de sacramentis, quia non possunt capere plenitudinem ueritatis.

C 568: nunc dicit de *s t i l l i c i d i i s*, quae ad incohantes respiciunt Christianos, ... Ergo [569] in primordiis suis *l a e t a b i - t u r* omnis fidelis, *c u m e x o r i e t u r* ex aqua et Spiritu sancto, ...

219,19 A 836: Ille finis *a n n i*, messis saeculi. ... *C o r o n a m* ubi audis, gloria uictoriae significatur. ... Rursus commendat benignitatem Dei, ne quisquam de suis meritis glorietur.

219,20 C 569: *C a m p o s* dicit fideles homines atque iustos, qui aequalitati *c a m p o r u m* aequissimo pectore comparantur. Tales enim *u b e r t a t e r e p l e n t u r*, quia fructum tricenarium et sexagenarium, uel centenarium, Domino largiente, praestabunt (vgl. Matth. 13, 8.23).

219,23 C 569: Sed plus de istis *f i n i b u s d e s e r t i* frumentum uirtus Domini conquisiuit, quam de illis terris quae cultae uidebantur, apparuit;

A 837: *F i n e s d e s e r t i*, omnes gentes. Quare *f i n e s d e - s e r t i ? D e s e r t i* erant: nullus ad eos propheta missus erat; ... Ventum est ad Dominum[6]; crediderunt frumenta in ipso populo Iudaeorum[7].

219,25 A 837: *C a m p i, c o l l e s, f i n e s d e s e r t i*, iidem ipsi sunt homines. ... *C o l l e s* propter erectionem, quia[8] erigit in se Deus eos qui se humiliant.

C 569: *C o l l e s* uero copiosos martyres debemus accipere, quia ipsi sunt post apostolos celsiores. Hoc enim significat, *e x u l t a t i - o n e a c c i n g e n t u r*, quia, praestante Domino, perueniunt ad

---

6 CSg: tamen a Domino *statt* ad Dominum
7 R 138ra: *P i n g u e s c e n t s p e c i o s a d e s e r t i*. Pingues fient fide et spe, et ceteris uirtutibus ...
8 CSg: qua

aeternum gaudium per tolerantiam passionum[9].

219,26 A 837: subaudiendum: *e x u l t a t i o n e.* ... *a r i e t e s*, quia duces gregum. *A r i e t e s* ergo apostoli *i n d u t i   s u n t   e x - u l t a t i o n e*, gaudent de fructibus suis; non sine causa laborauerunt, non sine causa praedicauerunt.

220,3 A 837: *E t ... f r u m e n t o*: et humiles populi multum fructum afferent.

220,4 A 837: Quid *c l a m a b u n t ? E t e n i m   h y m n u m   d e c e n t.* Aliud est enim *c l a m a r e* aduersus Deum, aliud *h y m n u m   d i - c e r e*; aliud *c l a m a r e* sacrilegia, aliud *c l a m a r e* laudes Dei.

P s a l m   65

220,6 Vgl. 225, 10; 216, 25.

220,7 C 571: ... mater Ecclesia spem[1] generalis *r e s u r r e c t i o n i s* ... laeta decantat.

A 839: Tenebant ergo Iudaei spem *r e s u r r e c t i o n i s* mortuorum; et solos se ad beatam uitam resurrecturos sperabant[2] propter opus legis, et propter iustificationes scripturarum, quas habebant soli Iudaei, et gentes non habebant. Crucifixus est Christus; *caecitas ex parte Israel facta est, ut plenitudo gentium intraret* (Rom. 11, 25): hoc apostolo dicente. Coepit etiam gentibus promitti *r e s u r - r e c t i o* mortuorum, credentibus in Iesum Christum quod resurrexit. Inde psalmus iste est aduersus praesumptionem et superbiam Iudaeorum, pro fide gentium ad eamdem spem *r e s u r r e c t i o n i s* uocatarum. (∿ C 570f.)

220,10 A 839: Inde coepit: *I u b i l a t e   D e o.* Qui? *O m n i s   t e r r a.* Non ergo sola Iudaea. Videte, fratres, quemadmodum commendetur uniuersitas Ecclesiae toto orbe diffusae, et non solum dolete Iudaeos qui gratiam istam gentibus inuidebant, sed plus haereticos plangite. ... Nemo, inquam, *i u b i l e t* in parte: *o m n i s   t e r r a   i u b i - l e t*, catholica *i u b i l e t*. Catholica totum tenet: quicumque

---

9 CSg: per *bis* passionum *fehlen.*
1 CSg: spe
2 CSg: putabant

partem tenet, et a toto praecisus est, ululare uult, non *i u b i -
l a r e*.

220,14 A 840: *P s a l l i t e* ergo, non *n o m i n i* uestro, sed *n o -
m i n i* Domini Dei uestri.

220,16 A 842: Audi ipsum Dominum nostrum hoc idem dicentem: *Ego*, inquit, **ueni**,
ut qui non uident, uideant; et qui uident caeci fiant (Ioh. 9, 39).
... Et uere *uidebant, et facti sunt caeci? Non uidebant*, sed **uidere**
sibi uidebantur. Nam ecce uidete, fratres: cum dicerent ipsi Iudaei:
*Num sumus caeci? ait illis Dominus: Si caeci essetis, peccatum non ha-
beretis; modo autem quia dicitis: Videmus, peccatum uestrum in uobis manet* (ebda 40f.). Ad medicum uenisti; *uidere te dicis?* Cessabunt colly-
ria: semper *caecus* remanebis; confitere te *caecum*, ut illuminari merea-
ris.

220,21 C 573: *M u l t i t u d o   u i r t u t i s* erat, quod curabat homines
diuersa infirmitate laborantes; sed in hac *u i r t u t e   m e n t i e -
b a n t u r   i n i m i c i* eius, quando dicebant: Haec signa in Beel-
zebub facit (vgl. Matth. 12, 24). - Vgl. A 844-846: eine ausführliche
Erörterung der Wunder, die Christus verrichtete.

220,24 A 847: Remaneant Iudaei in mendaciis suis; tibi, quia *in multitudine
potentiae mentiti sunt*, fiat quod sequitur: *O m n i s   t e r r a
a d o r e t   t e   e t   p s a l l e t*[3] *t i b i*;

221,1 A 847: O gentes, o ultimae nationes, relinquite Iudaeos *mentientes*,
uenite confitentes.

221,3 A 847: Machinati sunt *f i l i i   h o m i n u m   c o n s i l i u m*
ad crucifigendum Christum; crucifixus excaecauit crucifigentes. ...
ad hoc autem superbos ipsos [*c o n s i l i a*] excaecandi[4], ut cae-
cati humiliarentur, humiliati confiterentur, confessi illuminarentur.
... Vere *t e r r i b i l i s*! Ecce caecitas ex parte Israel facta est;
ecce Iudaei ex quibus natus est Christus, foris sunt; ecce gentes quae
contra Iudaeam erant, in Christo intus sunt.

221,6 A 847: *M a r e* erat mundus; amarus salsitate, turbulentus tempestate,
saeuiens fluctibus persecutionum, *m a r e* erat; certe *i n   a r i d a m
c o n u e r s u m   e s t   m a r e*; modo sitit aquam dulcem mundus, qui
salsa plenus erat.

221,9 A 847: Illi ipsi qui *conuersi sunt in aridam*, cum essent antea *mare*[5],

---

3 CSg: psallat
4 CSg: excecando
5 CSg: ante amari *statt* antea mare

in flumine pede pertransibunt. Quid⁶ est
flumen? Flu - [848] *men* est omnis mortalitas saeculi.
Videte *flumen*: alia ueniunt et transeunt, alia transitura succedunt. Nonne sic fit in aqua *fluminis*, quae⁷ de terra nascitur,
et manat⁸? ... Quid est: *pede* transire? Facile transire. Non quae-
rit⁹ equum ut transeat; non erigitur⁹ superbia ad transeundum flumen;
humilis transit, et tutius¹⁰ transit. ... Ergo fluuius est carnis nas-
centis. Hunc fluuium mortalitatis, ne¹¹ mortalium rerum concupiscentia
supuertat et rapiat¹², facile transit qui humiliter, id est, *pede*
transit, duce illo qui prior transit, qui de torrente in uia usque ad
mortem bibit, propterea exaltauit caput (vgl. Ps 109,7). Transeuntes
ergo *pede* fluuium istum, id est, facile transeuntes mortalitatem
istam fluentem, *ibi iocundabimur in ipso.*

221,16 A 848: In quo?

221,18 A 848: Nam nos quam *uirtutem* habemus? ... [849] ... Eius
participes efficiamur, in cuius *uirtute* nos erimus fortes; ille
autem *in sua.*

221,20 A 849: Sed non hoc solis Iudaeis praestat credentibus, quia multum se
extulerunt Iudaei de *uirtute* sua praesumentes, postea cognouerunt in cuius *uirtute* fuerunt salubriter fortes, et quidam eorum crediderunt; sed
non sufficit Christo; multum est quod dedit, magnum pretium dedit, non
pro solis Iudaeis debuit ualere quod dedit.

221,22 A 849: Omnes enim peccauerunt, et egent gloriam Dei (vgl. Rom. 3, 23).
... Si ergo abundauit peccatum, quid inuides superabundanti gratiae
(vgl. Rom. 6, 20)? Noli *amaricari,* quia *qui amari-*
cant, non exaltentur. ... immo *exaltentur,*
sed non *in seipsis.* Humilientur *in seipsis; ex-*
*altentur*¹³ in Christo.

221,26; 222,2 A 849: Ne uos ipsos laudetis, sed ipsum laudetis. Quae est *uox*
laudis eius? ... [850] ... Ecce *uox laudis eius:*
Qui posuit animam meam in uitam. Ergo in morte
erat;

---
6 CSg: Quis (s *auf Rasur*)
7 CSg: qui
8 CSg: manet
9 CSg: quaerat ... erigatur
10 CSg: otius (o *aus* u *verbessert, vor* o *Rasur*)
11 CSg: nemo
12 CSg: rapiat;
13 CSg: exaltantur

222,4 A 850: Ipse *posuit animam in uitam*, ipse regit p e d e s, ne nutent, ne moueantur, et d e n t u r   i n   m o t u m;

222,5 A 850: Quid? Audi quae sequantur. ... Non i g n i s t i sicut fenum, sed s i c u t   a r g e n t u m: adhibendo nobis ignem, non in cinerem conuertisti, sed sordes abluisti. (∿ C 576)

222,8 C 576: L a q u e u s qui non deciperet, sed probaret: qui corpus quidem necteret, sed animae uincula dissolueret;

222,12 C 577: Sequitur, h o m i n e s, ut intellegeres peccatores, ... S u p e r   c a p i t a   n o s t r a, hoc est, ut dares eis potestatem capitalem in nos ferre sententiam.

222,14 A 851: I g n i s   e t   a q u a, utrumque periculosum est in hac uita. ... I g n i s urit[14], a q u a corrumpit; utrumque metuendum, et ustio tribulationis, et a q u a corruptionis. Quando sunt res angustae, et aliqua quae infelicitas dicitur in hoc mundo, quasi i g n i s est; quando sunt res prosperae, et abundantia saeculi circumfluit, quasi a q u a est. Vide ne te i g n i s exurat, ne a q u a corrumpat. Firmus esto aduersus i g n e m; coqui te oportet: tamquam uas fictum mitteris in caminum i g n i s, ut firmetur quod formatum est. Vas ergo iam i g n e[15] firmatum a q u a m non timet; uas autem si solidatum i g n e[15] non fuerit, tamquam lutum a q u a soluetur.

222,17 A 851: Quarum enim rerum signa sunt in sacramentis, ipsae res sunt in illa perfectione uitae aeternae. Iam cum transierimus ad illud r e f r i g e r i u m, fratres carissimi, nullum ibi timebimus inimicum, nullum temptatorem, nullum inuidum, nullum *ignem*, nullam *aquam*; perpetuum ibi r e f r i g e r i u m erit. R e f r i g e r i u m propter quietem dicitur. Nam si dicas: Calor est, uerum est; si dicas: R e f r i g e r i u m, uerum est. Si enim r e f r i g e r i u m male accipias, quasi torpescimus ibi. Non autem torpescimus ibi, sed requiescimus; nec quia calor dicitur, aestuabimus ibi, sed feruebimus spiritu (vgl. Rom. 12,11).

WS 307[a]: *Ignis* et *aqua* temptationes sunt, quibus abundat haec uita. (∿ A 851) ... Ad quod [r e f r i g e r i u m] cum transieris nullum tenebis [307[b]] inimicum, nullum *ignem*, nullam *aquam*. Perpetuum ibi r e f r i g e r i u m erit, quia perpetua requies erit.

---

14 CSg: accendit
15 CSg: in igne

222,20 A 852: Quid est *h o l o c a u s t u m* ? Totum incensum, sed igne diuino. ... Hoc autem erit in resurrectione iustorum[16], *quando et corruptibile hoc induetur incorruptione*[17], ... (I Cor. 15, 54). ... Non remanet mortale aliquid in carne, non remanet aliquid culpabile in spiritu; totum ex mortali uita consumetur, ut in aeterna uita consummetur[18]: erunt ergo illa *h o l o c a u s t a*.

C 577: Dicit enim corpus eius *i n d o m u m* ipsius se feliciter *i n t r a t u r u m*, id est, in illam futuram Ierusalem ubi non *h o l o c a u s t a* pecudum, sed puritas quaeritur animarum. ... Et quia se superius *examinatum igne* dixerat *sicut argentum*, iuste se *h o l o c a u s t u m* oblaturum dicit, hoc est, purgatam delictis animam suam.

222,23 C 577: id est, ut laudes tuas sub perpetuitate decantem, ...

222,24 A 852: Haec est distinctio, ut te accuses, illum laudes; ... *Redde uota distincta*; confitere te mutabilem, illum incommutabilem; confitere te sine illo nihil esse, ipsum autem sine te perfectum esse; te indigere illo, illum autem[19] tui non indigere[20].

223,2 A 853: Quid ibi *l o c u t u m e s t o s* ipsius *i n t r i b u l a t i o n e* sua?

223,4 A 853: Quid est *m e d u l l a t a* ? Intus teneam caritatem tuam; non erit in superficie, in medullis meis erit quod diligo te. Nihil enim interius medullis nostris: interiora ossa sunt carne, medullae interiores sunt ipsis ossibus. Quisquis ergo in superficie colit Deum, magis placere uult hominibus;

223,6 A 853: *A r i e t e s* duces Ecclesiae: ... *I n c e n s u m* quid est? Oratio. ... Maxime enim[21] *a r i e t e s* orant pro gregibus.

C 578: *I n c e n s u m* significat orationes, ... *A r i e t e s* uero significant apostolos, qui duces christiano populo piis praedicationibus exstiterunt.

223,9 C 578: *B o u e s* intelleguntur praedicatores, ... *H i r c i* uero intelleguntur, qui diabolicis prauitatibus studen-[579]tes hispidis uitiis uestiuntur.

---

16 CSg: mortuorum
17 CSg: induerit incorruptionem
18 CSg: consumetur ut a morte seruemur in uita
19 CSg: *fehlt*.
20 CSg: non indigere tui (!)
21 CSg: *fehlt*.

A 853: Adiunctione ipsa saluantur *h i r c i*: per se non possunt; adiuncti *b o b u s* accipiuntur. Fecerunt enim amicos de mammona iniquitatis, ut ipsi recipiant eos in aeterna tabernacula[22] (vgl. Luc. 16, 9).

223,13 C 579: Sed et eos [*h i r c o s*] cum *b o b u s* offert Ecclesia, quando conuersi Christo Domino confitentur.

223,18 A 854: Et hoc ipsum *factum* dicit *a n i m a e* suae; ut *a d ipsum ore* suo *c l a m a r e t, factum esse* dicit *a n i m a e* suae. Ecce, fratres, gentes eramus, etsi non in nobis, in parentibus nostris. ... Homo ad lapidem *c l a m a b a m*, ad lignum surdum *c l a m a b a m*, simulacris surdis mutis loquebar; ... *O r e m e o* iam, non *o r e* alieno. Quando *c l a m a b a m* ad lapides in uana conuersatione paternae traditionis, *o r e* alieno *c l a m a b a m*: quando *c l a m a u i* ad Dominum, quod ipse donauit, quod ipse inspirauit, *a d i p s u m o r e m e o c l a m a u i*, ... C 579: Primum, ut ad Dominum *c l a m e t o r e* suo, id est, recta conscientia, non uoluntate peruersa.

223,22 C 579: *S u b l i n g u a* dicit, in conscientia: quia cor nostrum *s u b l i n g u a* nostra est, ubi tacita cogitatione laudamus ... A 854: *Ipsum* publice praedicaui, *ipsum* in secreto confessus sum. ... Omnia enim quae enarrat, ipsius gratia fiunt in *anima* nostra.

223,26 A 854: Noli illam [*i n i q u i t a t e m*] respicere, id est, noli illam diligere;

224,1 A 855: Quia *iniquitatem* non *conspexi in corde meo*. (∿ C 579)

224,5 A 855: Quamdiu ergo hic sumus, hoc [856] rogemus Deum, ut *n o n a nobis a m o u e a t d e p r e c a t i o n e m* nostram, *e t m i s e r i c o r d i a m s u a m*; id est, ut perseueranter oremus, et perseueranter misereatur. ... Cum uideris *n o n a t e a m o t a m d e p r e c a t i o n e m* tuam, securus esto, quia *n o n e s t a te a m o t a m i s e r i c o r d i a* eius. (∿ C 580)

P s a l m 66

224,8 A 856: Prior est in *n o b i s* benedictio Domini; et consequens est ut et *n o s b e n e d i c a m u s* Dominum. Illa pluuia, iste fru-

---

[22] CSg: *Der Satz lautet*: Talibus enim dictum est: Facite uobis amicos de mammona iniquitatis, ut ipsi recipiant uos in tabernacula aeterna.

ctus est.

C 581: ... deprecationem suam propheta subiunxit, ut benedicti ad diuinam cognitionem deduci mereamur, ad quam nostra non possint merita peruenire. ... [582] ... Sed hic illam benedictionem petiit, quam subter exponit, ut tenebras nostrae mentis excludens, claritate nos Domini Saluatoris *illuminet*.

224,11 A 861: Ne pro magno appetas quod et mali accipiunt, quia bonus est Deus, facit illa, qui solem suum facit oriri super bonos et malos, et pluit super iustos et iniustos (vgl. Matth. 5, 45). ... Solis huius *uultum illuminas super* bonos et malos; *uultum* tuum *illumina super nos*. ... Geminus intellectus est; uterque dicendus est. *Illumina*, inquit, *uultum* tuum *super nos*; ostende nobis *uultum* tuum. ... sed *illumina super nos*, ut quod nos latebat aperiatur nobis, et quod erat, sed nobis absconditum erat, reueletur *super nos*, hoc est, *illuminetur*. Aut certe, imaginem tuam *illumina super nos*; ... impressisti nobis *uultum* tuum, fecisti nos ad imaginem et similitudinem tuam, fecisti nos nummum tuum (vgl. Gen. 1, 26); sed non debet imago tua in tenebris remanere; mitte radium sapientiae tuae, expellat tenebras nostras, et fulgeat in nobis imago tua;

224,16 A 862: *In terra*, hic in hac uita, ... Quid est: *uiam tuam*? Quae ducit ad te. ... Possumus eam de euangelio discere: *Ego sum uia*, Dominus ait. Christus dixit: *Ego sum uia* (Ioh. 14, 6).

224,19 A 862: An forte non est Christus *salutare* ipsius? (∿ C 582)

224,20 A 862: Quid sequitur? ... [863] ... Tuam iniquitatem *confitere*, gratiam Dei *confitere*; te accusa, illam glorifica; te reprehende, illum lauda, ...

224,23 A 864: Et quia ista confessio non ad supplicium ducit, sequitur, et dicit: *Laetentur et exultent gentes*. ... Quare?

224,25 A 864: Conscientia tua saniem collegerat, ... Quid ibi ualebit calliditas accusatoris, ubi est testis conscientia, ... ?

C 583: Metuere enim potest rea conscientia, cum audit ueracem Dominum *iudicaturum*.

224,26 A 865: Prauae erant *gentes*, et tortuosae erant *gentes*, peruersae erant *gentes*; ... uenit manus ipsius, extenta est misericorditer in populos; *diriguntur* ut ambulent rectam uiam;

HT 36: *G e n t e s* quae ante non recto pede gradiebantur, *g e n - t e s*[1] quae ante non recto itinere gradiebantur[1], fecisti eas ut ambularent in uia tua. ... (∿ Br 1070 C)

225,3 A 865: *Directae* autem *gentes*, ambulantes in fide, exsultantes in illo, facientes opera bona; ... Quem *f r u c t u m* ? ... *T e r r a* erat; spinis plena erat: ... coepit *t e r r a* confiteri, iam *d a t t e r r a   f r u c t u m   s u u m. D a r e t   f r u c t u m   s u u m,* nisi ante complueretur? *d a r e t   t e r r a   f r u c t u m   s u u m,* nisi ante mise-[866]ricordia Dei ueniret desuper? ... Audi compluentem Dominum: *Agite paenitentiam*; *adpropinquauit enim regnum caelorum* (Matth. 3, 2).

225,5 HT 38: *D e u s*, Pater; *D e u s   n o s t e r*, Filius. ... *B e n e - d i c a t   n o s   D e u s*, Spiritus sanctus. Videte mysterium Trinitatis in uno uersiculo comprehensum. (= Br 1071 D - 1072 A)

C 584: ... addidit tamen, *D e u s   n o s t e r*; ut reuera ipse solus colendus Deus credatur, quem sancta catholica colit et confitetur Ecclesia, hoc est, Patrem, et Filium et Spiritum sanctum.

225,6.8 A 866: benedictio enim in multiplicatione solet maxime et proprie intellegi. ... [867] ... Ergo benedictio proprie ad multiplicationem ualet, et ad implendam faciem terrae. ... Et quo ualet ista benedictio? *E t   m e t u a n t   . . .   t e r r a e.*

P s a l m 67

225,9 Isidor, *Et.* VI, 19, 9-11: Lectio dicitur quia non cantatur, ut psalmus uel hymnus, sed legitur tantum. Illic enim modulatio, hic sola pronuntiatio quaeritur. Canticum est uox cantantis in laetitiam. Psalmus autem dicitur qui cantatur ad Psalterium, quod usum esse Dauid prophetam in magno mysterio prodit historia.

C 11 (*Praefatio*): Psalterium est, ut Hieronymus ait, in modum Δ deltae litterae formati ligni sonora concauitas, obesum uentrem in superioribus habens, ubi chordarum fila religata disciplinabiliter plectro percussa, suauissimam dicuntur reddere cantilenam.

225,14 A 870: Iam factum est: *e x s u r r e x i t* Christus qui est super

---
1 gentes *bis* gradiebantur *fehlen in Hs S* (= CSg 108) *der HT und in CSg* 107 *des Br.*

omnia Deus benedictus in saecula, *et dispersi sunt inimici eius* per omnes gentes, Iudaei; (∿ C 585)

225,17 A 870: *Facies* quippe eius appelata est praesentia eius per Ecclesiam eius. ... timeant a praesentia sanctorum fideliumque eius, de quibus dicit: *Cum uni ex minimis meis fecistis, mihi fecistis* (Matth. 25, 40).

225,19 A 870: tamen etiam illud intellegi potest, ut futurum iudicium comminetur; quia cum in hoc saeculo sicut *fumus* se extollendo, id est, superbiendo *defecerint*, ueniet illis in fine extrema damnatio, ut *ab eius facie* pereant in aeternum, cum in sua claritate fuerit praesentatus, uelut ignis, ad poenam impiorum lumenque iustorum.

225,21 Vgl. zu *iudei* A 870 im allgemeinen und oben zu 225,14.

225,25 A 870: Tunc enim audient: *Venite, benedicti Patris mei; percipite* [871] *regnum* (Matth. 25,34).

225,26 A 871: Deinde se ad ipsos conuertit, quibus tantam spem dedit, et hic uiuentes alloquitur et hortatur: *Cantate Deo, psallite nomini eius*. Iam hinc in tituli expositione, quod uidebatur praelocuti sumus. Vgl. A 869: ... ita quidam[1] discreuerunt, ut *Cantate Deo* dictum uideatur, quia ea quae in seipsa mens agit, Deo nota sunt, ab hominibus non uidentur; opera uero bona quoniam ideo uidenda sunt ab hominibus, ut glorificent Patrem nostrum qui in caelis est, merito dictum sit: *Psallite nomini eius*, ...

C 587: *Cantat* enim *Deo* qui contemplationem eius puro ac fideli semper animo contuetur. *Psalmum dicit nomini eius*, qui operas efficit, quas ille praecepit.

226,4 A 871: *Iter facite* Christo; ... siue quia *ascendit super occasum*, cum resurgendo uicit corporis casum. (∿ C 587)

226,5 A 871: Quod illi si cognouissent, numquam Dominum gloriae crucifixissent (vgl. I Cor. 2, 8).

226,7 A 871: quasi tristes, semper autem gaudentes (vgl. II Cor. 6, 10).

226,9 Vgl. v. 3.

226,10 C 588: Sed qui sit iste *a cuius facie* pelluntur, exponit, id est, *Patris orphanorum et Iudicis uiduarum*.

---

1 CSg: quidem

226,11 C 587: nunc *a f a c i e* ipsius praedones atque impios asserit esse pellendos, qui *o r p h a n o s* ac *u i d u a s* saeua cupiditate dilacerant.

226,13 A 871: Nam de his *o r p h a n i s e t u i d u i s*, id est, spei saecularis [872] societate destitutis, Dominus sibi templum fabricat; de quo consequenter dicit: *D o m i n u s i n l o c o s a n c t o s u o*.

226,14 A 872: *D e u s q u i i n h a b i t a r e f a c i t u n i u s m o d i i n d o m o*; unanimes, unum sentientes: ... Iste est *locus sanctus* Domini, quem² plerique homines quaerunt, ut habeant ubi orantes exaudiantur. Sint ipsi ergo quod quaerunt; et quae dicunt in cordibus suis, id est, in talibus cubilibus suis, compungantur, *h a b i t a n t e s u n i u s m o d i i n d o m o*, ut a Domino magnae *d o m u s i n h a b i t e n t u r*, et apud seipsos exaudiantur. ... sed *locus sanctus* eius sunt *q u o s h a b i t a r e f a c i t u n i u s m o d i* uel *u n i u s m o r i s i n d o m o*. Qui enim τρόποι³ graece dicuntur, et *m o d i* et *m o r e s* latine interpretari possunt. Nec habet graecus: *Q u i i n h a b i t a r e f a c i t*, sed tantum: *h a b i t a r e f a c i t*.

226,19 A 872: Soluit enim grauia⁴ uincula peccatorum, quibus impediebantur ne ambularent in uia praeceptorum; *e d u c i t* autem eos *i n f o r t i t u d i n e*, quam ante eius gratiam non habebant.
HT 41: Ipse *D e u s* sua uirtute *e d u c i t* eos qui ligati sunt a diabolo in peccatis: ... (= Br 1074 B; ∿ C 588)

226,21 C 588: Enumerat adhuc quos *educit* uinctos *in fortitudine sua*. *I n i r a m* enim *p r o u o c a n t* Dominum, blasphemi et pessima se conuersatione tractantes. Ipsi sunt quippe *q u i u i u i h a b i t a n t i n s e p u l c r i s*, id est, qui in fetida et carnali actione sepulti sunt: ... Nam licet mortuos uisualiter suscitauerit, humanum tamen genus de sepulcris [589] eripuit, quando eis per ueram fidem uitae gaudia uotiua restituit.

A 872: *S i m i l i t e r a m a r i c a n t e s ... s e p u l c r i s*: id est, omni modo mortuos, occupatos in operibus mortuis. ... [873] ... Aliud est enim desiderare, aliud oppugnare iustitiam; aliud

---
2 CSg: quod
3 CSg: trope(!)
4 SCg: gratia

mala sua defendere potius quam fateri: utrosque tamen gratia Christi *educit in fortitudine.*

226,26 A 873: Egressus eius intellegitur, cum apparet in operibus suis. Apparet autem non omnibus, sed eis qui nouerunt opera eius intueri. Non enim ea nunc opera dico, quae conspicua sunt omnibus, caelum, et terram, et mare, et uniuersa quae in eis sunt; sed opera quibus *educit compeditos in fortitudine, similiter amaricantes qui habitant in sepulcris*[5], *et facit eos unius moris habitare in domo* (v. 7).

227,4 A 873: C u m ergo t r a n s i r e s[6] i n d e s e r t o, cum praedicareris in gentibus, t e r r a m o t a e s t, terreni homines ad fidem excitati sunt.

227,6 A 874: Etenim ut *terra mota esset* ad fidem, cum *in desertum* gentium *transiret* euangelium, c a e l i d i s t i l l a u e r u n t a f a c i e D e i. Hi sunt c a e l i, de quibus in alio psalmo canitur: *Caeli enarrant gloriam Dei* (18, 2). (Vgl. Notker zur Stelle.) ... Nec tamen istis c a e l i s tanta gloria tribuenda est, tamquam ab hominibus illa gratia uenerit *in desertum* gentium, ut *terra moueretur* ad fidem. Non enim c a e l i a seipsis d i s t i l l a u e r u n t, sed a f a c i e D e i, utique *inhabitantis* eos, et *facientis* eos *inhabitare unius moris in domo*[7].

227,9 A 874: Ipsi [*caeli*] sunt enim et m o n t e s, ... [875] ... Sed quid est quod sequitur: M o n s S i n a a f a c i e D e i I s r a e l ? An subaudiendum est, *distillauit*, ... Ita ergo c a e l i et c a e l u m, m o n t e s et m o n s, non aliud, sed hoc ipsum; ... Cur ergo: *mons Sina qui in seruitutem generat* (Gal. 4, 24), sicut dicit apostolus? ... [876] ... Et ideo m o n s S i n a, quia et ipse [Paulus] qui plus omnibus illis laborauit, non ipse autem, sed gratia Dei cum illo, ut abundantius *distillaret* in gentibus, id est, *in deserto*, ubi Christus non erat annuntiatus, ne super alienum fundamentum aedificaret (vgl. I Cor. 15, 10; Rom 15, 20); ipse, inquam, Israelita erat ex genere Israel, de tribu Beniamin (vgl. Phil. 3, 5);

227,13 A 876: Multo enim congruentius intellegitur ipsa gratia p l u u i a u o l u n t a r i a, quia nullis praecedentibus operum meritis

---

5 CSg: in sepulchris qui habitant
6 CSg: transieris
7 R 141[rb]: Tunc commoti sunt habitatores terrae praedicantibus apostolis et miracula facientibus, et c a e l i, id est, apostoli d i s t i l l a u e r u n t, id est, emiserunt pluuiam praedicationis.

gratis datur.

227,17 A 876: *Non enim dignus sum, inquit, uocari apostolus, quia persecutus sum Ecclesiam Dei, gratia autem Dei sum id quod sum* (I Cor. 15, 9-10).
... Agnouit [877] enim non esse se aliquid per seipsum; non uiribus suis, sed gratiae Dei tribuendum esse quod est (vgl. II Cor. 12, 9).

227,19 A 877: t u . . . e a m, quia *uirtus in infirmitate perficitur* (II Cor. 12, 9).

227,21 C 590 Quia superius dixerat de hereditate Domini, *tu ... eam*, nunc adicit unde *eam perficeret*. ... Haec [a n i m a l i a] h a b i t a - b u n t in Ecclesia, ...

227,23 A 877: E g e n s est enim, quoniam *infirmatus est*, ut *perficiatur*; ... Haec est illa suauitas de qua alibi dicitur: *Dominus dabit suauitatem, et terra nostra dabit fructum suum* (Ps 84, 13); ut bonum opus fiat non timore, sed amore;

228,1 C 590: D e d i t enim u i r t u t e s m u l t a s apostolis, qui uerbum eius ueneranda confessione praedicabant, ...

A 877: D o m i n u s d a b i t u e r b u m: cibaria scilicet *animalibus* suis quae *inhabitabunt in ea*. Sed quid operabuntur haec *animalia*, quibus d a b i t u e r b u m ? quid nisi quod sequitur? ... Qua u i r - t u t e, nisi *fortitudine* illa in qua *educit compeditos* ? Fortasse etiam u i r t u t e m hic dicat illam, qua e u a n g e l i z a n t e s mirabilia signa fecerunt. Quis ergo d a b i t . . . m u l t a ? R e x, inquit, u i r t u t u m D i l e c t i.

228,4 A 877: Pater ergo est r e x u i r t u t u m Filii. D i l e c t u s enim, quando non ponitur quis d i l e c t u s, per antonomasiam Filius unicus intellegitur. ... [878] ... R e x ergo est et Pater. ... Cum itaque dixisset: *Dominus ... multa*; quia ipsa uirtus ab eo regitur, eique militat a quo datur, ipse, inquit, *Dominus* qui *dabit uer*-[879]*bum euangelizantibus uirtute multa*, r e x est u i r t u t u m D i l e c - t i.

C 590: D i l e c t i ergo Pater, Rex angelorum et potestatum est, qui u i r t u t i b u s imperat; ... Hic tamen Patrem uult intellegi, quia D i l e c t i posuit, id est, Christi.

228,6 A 879: Deinde sequitur: D i l e c t i, e t s p e c i e i d o m u s d i u i d e r e s p o l i a. Repetitio pertinet ad commendationem; ... Sed siue repetatur, siue semel dictum accipiatur quod positum est: D i l e c t i, sic intellegendum puto quod sequitur: e t . . . s p o -

lia, ac si diceretur: *D i l e c t i* [8] etiam *s p e c i e i d o - m u s d i u i d e r e s p o l i a*, id est[8], *D i l e c t i* etiam ad *d i u i d e n d a s p o l i a*. Speciosam quippe *d o m u m*, id est, Ecclesiam Christus fecit, ... Alligauit ergo diabolum Christus spiritalibus uinculis; ... haec spolia sanctificans hosti erepta prostrato atque alligato, alios prophetas, alios pastores et doctores in opus ministerii, in aedificationem corporis Christi (vgl. Eph. 4, 11-12). *Sicut enim unum corpus est, et membra multa habet; omnia autem membra corporis cum sint multa, unum est corpus: sic et Christus. Numquid omnes apostoli? numquid omnes prophetae? numquid omnes uirtutes? numquid omnes dona habent curationum? numquid omnes linguis loquuntur? numquid omnes interpretantur? Omnia autem haec operatur unus atque idem Spiritus, diuidens propria unicuique prout uult* (I Cor. 12, 12. 29.30.11).

228,11 A 882: Porro si isti *c l e r i* duo Testamenta significant, quid aliud admonemur, nisi ut Testamentis[9] inter se consentientibus[10] non repugnemus, sed intellegendo adquiescamus, nosque simus eorum concordiae signum atque documentum, cum alterum aduersus alterum nihil dixisse sentimus, et cum pacifica admiratione, quasi ecstasis sopore, monstramus? ... Quamquam mihi et alius hic sensus occurrat, nisi fallor anteponendus, ut *c l e r o s* multo probabilius ipsas hereditates intellegamus: ut quoniam hereditas Veteris Testamenti est, [883] quamuis in umbra significatiua futuri, terrena felicitas; hereditas uero Noui Testamenti est aeterna immortalitas; *d o r m i r e* sit *i n t e r m e d i o s c l e r o s*, nec illam iam quaerere ardenter, et adhuc illam expectare patienter.

228,14 A 880: Potest et sic intellegi, ut in eo quod dictum est: *p e n n a e c o l u m b a e d e a r g e n t a t a e*, subaudiatur, eritis; ut iste sit sensus: O uos qui tamquam *spolia speciei domus diuidimini, si dormiatis inter medios cleros, p e n n a e c o l u m b a e d e a r - g e n t a t a e* eritis; id est, in alteriora eleuabimini, compagini tamen Ecclesiae cohaerentes. Nullam quippe aliam melius hic intellegi puto *c o l u m b a m d e a r g e n t a t a m*, quam illam de qua dictum est: *Vna est columba mea* (Cant. 6, 8). *D e a r g e n t a t a* est

---

8 CSg: Dilecti *bis* est *fehlen durch homoioteleuton.*
9 CSg: testamenta (*das zweite* a *auf Rasur*)
10 CSg: consentire

autem, quia diuinis eloquiis est erudita; ... [881] ... *Inter
scapulas* autem pars est utique corporis; pars est circa regionem cordis, a posterioribus tamen, id est, a dorso; quam *columbae* illius *deargentatae* partem *in uiriditate auri* esse dicit, hoc est, in uigore sapientiae; quem uigorem melius non puto intellegi posse quam caritatem. ... Vtrum propterea ibi est *auri uiriditas*, id est, sapientia et caritas, quia ibi sunt quodammodo radices alarum, an quia ibi portatur illa sarcina leuis (vgl. Matth. 11,30)? Quid enim sunt uel ipsae alae, nisi duo praecepta caritatis, in quibus tota lex pendet et prophetae (vgl. Matth. 22, 40)? Quid ipsa sarcina leuis, nisi ipsa caritas quae in his duobus praeceptis impletur?

WS 318^b: Et tunc erunt *posteria dorsi eius in pallore*, uel sicut in hebra-[319^a]ico legitur: *in uirore auri*, hoc est, in uigore sapientiae quam bene intellegimus caritatem, qua portatur iugum Christi quod leue est (vgl. Matth. 11, 30).

C 591: *Pennae* significant celeritatem, quae nos in illam patriam ducunt, si hic in lege Domini quiescere mereamur.

228,23 A 884: id est, super eamdem *columbam deargentatam*.

228,24 A 884: Sequitur enim apostolus ac dicit: *Et ipse dedit quosdam quidem apostolos, quosdam autem prophetas, quosdam uero euangelistas, quosdam autem pastores et doctores* (Eph. 4, 11). Nam quid est aliud *reges discernere super eam*, nisi *in opus ministerii, in aedificationem corporis Christi* (ebda 12), quandoquidem ipsa est corpus Christi? Dicuntur autem illi *reges*, utique a regendo; et quid magis quam carnis concupiscentias, ne regnet peccatum in eorum mortali corpore ad oboediendum desideriis eius, ... ? ... *Spiritus sanctus*[11], inquit, *superueniet in te, et uirtus Altissimi obumbrabit tibi* (Luc. 1, 35). Quid est *obumbrabit tibi*, nisi: umbram faciet?

Vnde et isti *reges*, dum gratia Spiritus Domini Christi *discernuntur super columbam deargentatam, niue dealbabuntur in Selmon. Selmon* quippe interpretatur umbra. ... Vmbra porro ista defensaculum intellegitur ab aestu concupiscentiarum carnalium;

229,4 A 885: Hunc autem *montem* consequenter dicit *montem Dei*,

---

11 CSg: *fehlt*.

montem uberem, montem incaseatum [12], uel *montem pinguem*. Quid hic autem aliud *pinguem*, quam *uberem* diceret? Est enim et *mons* isto nomine nuncupatus, id est, *Selmon*. Sed quem *montem* intellegere debemus *montem Dei, montem uberem, montem incaseatum*, nisi eumdem Dominum Christum, de quo et alius propheta dicit: *Erit in nouissimis temporibus manifestus mons Domini, paratus in cacumine montium* (Isai. 2, 2)? Ipse est *mons incaseatus*, propter paruulos gratia tamquam lacte nutriendos (vgl. I Cor. 3, 2); (∿ C 592)

229,10 HT 43: Hoc ad Iudaeos dicit, qui existimant Moysen et prophetas similes esse Saluatori. (= Br 1076 D)

229,11 A 886: Quod siue de Patre dictum accipiamus, quoniam ipse ait: *Pater autem in me manens ipse facit opera sua; ego in Patre, et Pater in me* (Ioh. 14, 10);

229,13 A 887: id est, illos *montes* non comparandos huic *monti* ipse *Dominus inhabitabit*, qui est *mons paratus in cacumine montium*; ut perducat eos *in finem*, id est, in seipsum sicut Deus est contemplandum. *Finis enim legis Christus, ad iustitiam omni credenti* (Rom. 10, 4). ... Vndẹ dicit: *Ego in eis, et tu in me* (Ioh. 17, 23).

229,16 A 887: Ingentem itaque multitudinem sanctorum atque fidelium, qui portando Deum fiunt quodammodo *currus Dei*, significauit hoc nomine. Hanc immanendo et regendo perducit *in finem* tamquam *currum* suum uelut in locum aliquem destinatum.

C 593: Sanctorum ergo unanimitas *currus* est Domini, quem ille uelut auriga insidet et ad uoluntatis suae ministerium salutari lege moderatur. Sed ut [594] istum *currum* ostenderet non equis deditum, sed humanis cogitationibus attributum, ait, *decem milium multiplex*, quod bene ad innumeros populos, non ad equos noscitur pertinere.

229,20 A 887: Mirifice autem, cum dixisset: *Milia laetantium*, continue subiecit: *Dominus in illis*. Ne miremur quod laetentur: *Dominus in illis*. ... In nominum hebraeorum interpretationibus inuenimus *Sina* interpretari mandatum; ... [888] ... id est, *Dominus in illis*, in mandato; quod mandatum

---

12 CSg: montem incaseatum *fehlen*.

s a n c t u m est, ... Sed quid prodesset mandatum, nisi *D o m i n u s* ibi esset, ...? Nam mandatum sine *D o m i n i* adiutorio littera est occidens (vgl. II Cor. 3, 6).

229,23 A 888: Hoc apostolus sic commemorat, sic exponit de Domino Christo loquens: *Vnicuique autem nostrum,* inquit, *datur gratia secundum mensuram donationis Christi; propter quod dicit: Ascendit in altum, captiuauit captiuitatem, dedit dona hominibus. ... Qui descendit, ipse est et qui ascendit super omnes caelos, ut adimpleret omnia* (Eph. 4, 7-10). Christo ergo sine dubitatione dictum est: *A s c e n d i s t i i n a l t u m,* ... Secundum hoc quippe *dedit dona hominibus,* mittens eis **Spiritum** sanctum, qui Spiritus est Patris et Filii. Secundum[13] illud uero quod idem ipse Christus in corpore suo intellegitur, quod est Ecclesia, propter quod et membra eius sunt sancti et fideles eius; unde eis dicitur: *Vos autem estis corpus Christi et membra* (I Cor. 12, 27); procul dubio et ipse *a c c e p i t d o n a i n h o m i n i b u s.* Christus quippe *a s c e n d i t i n a l t u m,* et sedet ad dexteram **Patris,** sed nisi et hic esset in terris, non inde clamasset: *Saule, Saule, quid me persequeris?* (Act. 9, 4) Cum igitur idem ipse dicat: *Quando uni ex minimis meis fecistis, mihi fecistis* (Matth. 25, 40), quid dubitamus eum *a c c i p e r e* in membris suis, quae *d o n a* membra eius *a c c i p i u n t?* - Vgl. A zu 228, 24.

C 594: *A s c e n d i t* ipse utique qui propter nos descendit eruendos. *I n a l t u m,* uidelicet supra caelos caelorum, ... Quis iam fidelium de concessa libertate dubitet, cum sit exstinctus interitus et captiua captiuitas? ... *D o n a* enim Domini fuerunt super apostolos Spiritus sancti concessa magnalia; siue quod doctor gentium dicit: *Vnicuique ... data est ... Christi*(Eph. 4, 7 - s. oben).

230,2 A 889: Nam quid sunt aliud *n o n c r e d e n t e s,* nisi qui *n o n c r e d u n t?* ... Etenim *n o n c r e d e n t e s* erant ut *i n h a b i t a r e n t.* Nam fides eos inde liberauit, ut iam *c r e d e n t e s i n h a b i t e n t i n* [890] *domo Dei,* facti[14] et ipsi *domus Dei,* et *currus Dei milium laetantium.*

C 594: Hic subaudiendum est: eos conuertit, ut nobis possit uerbis integris constare sententia.

230,6 A 890: Quotidie quippe hoc agit *usque in finem, captiuat captiuitatem,*

---

13 CSg: Sed dicit
14 CSg: faciet

accipiens dona in hominibus.

230,10 C 595: *I t e r* quippe cursum uitae significat qui iam prosper effectus est, ... *E x i t u s   m o r t i s* qui Domino fuit, ipse nos liberat, ipse a morte perpetua facit exire.

230,12 A 890: Quis enim *s a l u u s* esset, nisi ipse sanaret? Sed ne occurreret cogitationi, cur ergo morimur, si per eius gratiam *s a l u i   f a c t i   s u m u s*, continuo subiecit: *et D o m i n i   e x i t u s   m o r t i s*; tamquam diceret: Quid indignaris humana conditio habere te *e x i t u m   m o r t i s*? Et *D o m i n i* tui *e x i t u s* non alius quam *m o r t i s* fuit. Potius ergo consolare quam indignare; ... Patienter ergo etiam ipsam *m o r t e m* feramus, illius exemplo qui, licet nullo peccato esset debitor *m o r t i s*, et *D o m i n u s* esset a quo nemo animam tolleret, sed ipse eam a semetipso poneret, etiam ipsius fuit *e x i t u s   m o r t i s*.

230,16 A 890: Ac per hoc quamuis et *Domini* sit *exitus mortis*, tamen idem Dominus, ... *c o n q u a s s a b i t* ... *s u o r u m*;

230,18 A 891: ... *i n i m i c o r u m   s u o r u m*, de quibus ait: *Resuscita me, et reddam illis* (Ps 40, 11): ...

230,19 C 596: *B a s a n* interpretatur siccitas, quae humanum genus possederat ariditate peccati; sed eam Dominus *c o n u e r t i t* ad uiriditatem suam, ... Adiecit: *c o n u e r t a m . . . m a r i s*, scilicet populos quos de mundi istius *p r o f u n d o* liberauit. *M a r e* enim mundum istum debere suscipi, frequenti lectione iam notum est, qui et gustu amarus est et uitiorum fluctibus inquietus.

HT 45: id est, de *p r o f u n d i s* uitiis et peccatis istius saeculi, de commotione et fluctibus *c o n u e r t a m* populum meum. (∿ Br 1018 A)

230,24 A 892: id est, ut ipsi qui ad te *conuertuntur*, uel ad quos liberandos *conuerteris*[15], licet in *profundo maris* onere iniquitatis depressi fuerint, in tantum gratia tua proficiant, ... *V t* fiant[16] *p e s   t u u s* inter membra tua, ad annuntiandum euangelium tuum, et[17] pro nomine tuo diu ducentes martyrium, usque ad *s a n g u i n e m* certent.

C 596: Illum populum quem superius *conuertendum* dixerat ex *profundis maris*, nunc ad quid perducatur exponit; utique ut *p e s* eius, id est, actio boni propositi usque ad *s a n g u i n e m* gloriosi mar-

---

15 CSg: conuertis
16 CSg: fiat
17 CSg: ut

tyrii peruenerit.

231,2 A 892: eosdem ipsos qui usque ad *sanguinem* fuerant pro fide euangelica certaturi, etiam *c a n e s* uocans, tamquam pro suo Domino latrantes. ... *C a n e s* laudabiles, non detestabiles; fidem seruantes domino suo, et pro eius domo contra inimicos latrantes. ... [893] ... Quos tamen propheta *e x   i n i m i c i s* futuros esse praedixit, per illam scilicet conuersionem de qua superius loquebatur. ... Etenim cum *i n i - m i c i* essemus, reconciliati sumus Deo per mortem Filii eius: ad hoc et *Domini* fuit *exitus mortis*[18].

C 597: *A b   i p s o* utique Domino, qui amara mutat in dulcedinem, tristitiam uertit in gaudium, aegritudines detestabiles in salutem.

231,5 C 597: Totus hic uersus incarnationem significat Domini Saluatoris.

A 893: *G r e s s u s* quibus uenisti per mundum, tamquam in illo *curru* peragraturus orbem terrarum; quos et nubes in euangelio sanctos et fideles suos significat, ubi ait: *Amodo uidebitis Filium hominis uenientem in nubibus* (Matth. 26, 64; Marc. 13, 26).

231,11 A 893: In quo *s a n c t o*, nisi in templo suo? (∿ C 597)

231,13 A 893: *P r i n c i p e s* sunt apostoli: ipsi enim praeuenerunt, ut populi sequerentur. ... *c o n i u n c t i   p s a l l e n t i b u s*, de quorum bonis operibus etiam uisibilibus, tamquam organis laudis, glorificaretur Deus. Iidem autem *p r i n c i p e s   i n   m e d i o   a d o l e s c e n t u l a r u m   t y m p a n i s t r i a r u m*, in ministerio scilicet honorabili; nam ita sunt *i n   m e d i o* ministri praepositi ecclesiarum nouarum; hoc enim est, *a d o l e s c e n t u - l a r u m*: carne edomita Deum laudantium; hoc enim est, *t y m p a - n i s t r i a r u m*, eo quod tympana fiant corio siccato et extento. (∿ C 597)

C 598: ... *i u u e n u m   t y m p a n i s t r i a r u m*, id est, iuuencularum prima aetate florentium, quae tympana sua, hoc est, corporis tensionem ad Domini laudes gloriamque uerterunt, macerantes se ieiuniis, carnisque magis afflictione gaudentes;

231,18 A 894: *e c c l e s i a e* sunt *tympanistriae*, castigata carne spiritaliter sonorae[19].

231,20 A 894: Inde quippe prius elegit quos *f o n t e s* faceret. Nam inde

---

18 R 143[vb]: *l i n g u a   c a n u m   t u o r u m* praedicatorum qui magnos pro Christo latratus dederunt.
19 CSg: sonare

sunt electi apostoli;

C 598: Sequitur *d e   f o n t i b u s   I s r a e l*, de doctrina scilicet christiana, quam gentibus apostoli infuderunt. *F o n s* enim religionis inde per ceteras nationes emanauit.

231,23 A 894: *I b i* Paulus nouissimus apostolorum, qui dicit: *Nam et ego Israelita sum ex semine Abraham, de tribu Beniamin* (Phil. 3, 5). Sed plane *i n   e c s t a s i*; expauescentibus omnibus tam magnum in eius uocatione miraculum. *E c s t a s i s* namque est mentis excessus, quod aliquando pauore contingit; ... Vnde intellegi etiam sic potest quod hic positum est: *i n   e c s t a s i*; quia cum ei persecutori dictum esset de caelo[20]: *Saule, Saule, quid me persequeris?* (Act. 9, 4), adempto lumine oculorum carnalium, respondebat Domino quem spiritu uidebat; ... Potest hic *e c s t a s i s* etiam illa eius intellegi, de qua ipse loquens ait, scire se hominem raptum usque in tertium caelum (vgl. II Cor. 12, 2-4);

HT 46: Sanctum Paulum dicit: *i b i*, in Ecclesia; *a d u l e s c e n t u l u m*, nouissimum omnium apostolorum, de tribu Beniamin. (~ Br 1080 A)

232,2 A 895: Hebraea quippe sunt nomina; quorum *I u d a*, Confessio interpretari dicitur; *Z a b u l o n*, Habitaculum fortitudinis; *N e p h t a l i m*, Dilatatio mea. Quae omnia uerissimos nobis insinuant *p r i n c i p e s* ecclesiarum, ... Potest et sic intellegi, ut quoniam tria haec praecipue commendat apostolus, fidem, spem, caritatem (vgl. I Cor. 13, 13), confessio sit in fide, fortitudo in spe, latitudo in caritate. ... *P r i n c i p e s* ergo ...: *p r i n c i p e s* confessionis, fortitudinis, latitudinis; *p r i n c i p e s* fidei, spei, caritatis.

232,5 A 895: Vnus enim Dominus noster Iesus Christus, per quem omnia, et nos in ipso, quem legimus Dei *V i r t u t e m* et Dei Sapientiam (vgl. I Cor. 8, 6; 1, 24). (~ C 599) Quomodo autem *D e u s   m a n d a t* Christum suum, nisi dum eum commendat? *Commendat enim Deus caritatem suam in nobis, quoniam dum adhuc peccatores essemus, Christus pro nobis mortuus est. Quomodo non et cum illo omnia nobis donauit?* (Rom. 5,8-9; 8, 32)... *M a n d a* docendo, *c o n f i r m a* iuuando.

232,8 C 599: Magna petitio, ut *c o n f i r m e t   D e u s   i n   n o b i s*

---

20 CSg: de caelo dictum esset

232,10 C 600: Cum soleant in *templo munera offerri*, hic a *templo Ierusalem* dicit nihilominus *offerenda*. A *templo ergo Ierusalem offerunt reges munera*, qui in Ecclesia Dei recta conuersatione uiuentes, sui cordis *offerunt* puritatem, quando iam uenitur ad praemium, quando grana segregantur a paleis (vgl. Matth. 3, 12; Luc. 3, 17), et una fit *Ierusalem* mater omnium qui sub Christi lege uixerunt. *Reges* utrumque possumus accipere, quia et ipsi imperatores *offerunt* seipsos Deo *munera*; siue fideles homines, qui suum corpus per Christi gratiam regere meruerunt[21]. - Vgl. 228,25.

232,13 A 896: et *ferae calami* sunt, quoniam scripturarum sensum pro suo errore peruertunt.

HT 47: *Increpa feras harundinis*, hoc est, haereticis, qui tractant et scribunt contra te, ut decipiant nos. (∿ Br 1080 D)

232,15 A 896: *Tauros* uocans, propter superbiam durae indomitaeque ceruicis; significat enim haereticos. *Vaccas* autem *populorum*, seductibiles animas intellegendas puto, quia facile sequuntur hos *tauros*. ... Quod autem ait idem apostolus: *Oportet et haereses esse, ut probati manifesti fiant in uobis* (I Cor. 11, 19), hoc etiam hic sequitur: *Vt excludantur ii qui probati sunt argento*, id est, qui *probati sunt* eloquiis Domini. *Eloquia* quippe *Domini, eloquia casta, argentum igne probatum terrae* (Ps 11, 7). Nam *excludantur* dictum est, appareant, emineant; quod ait ille: *manifesti fiant*. Vnde et in arte argentaria exclusores uocantur, qui de confusione massae nouerunt formam uasis exprimere.

232,25 A 897: Hoc ergo prophetat, ut ipsi potius *dispergantur* qui corrigi nolunt, qui gregem Christi *dispergere* affectant. *Gentes* autem appellauit, non propter generationes familiarum, sed propter genera sectarum, ubi series successionis confirmat errorem.

CSg 27, 277: *Dissipa gentes*, hoc est, haereticos, qui *uolunt bella*, ... (∿ C 600f.; HT 47)

---

[21] R 144vb: *A templo tuo in Ierusalem*, id est, ab Ecclesia praesenti transeuntes sancti, *offerent munera in Ierusalem*, id est, in caelesti beatitudine.

233,2.5 C 601: Non grauat et hunc uersum secundum translationem patris Hieronymi recipere, qui et propter hebraicam ueritatem sequendus est et nexum nobis ambiguitatis absoluit. *A e g y p t u s , A e t h i o p i a* pro incolarum suorum tenebrosa nigretudine semper in malo ponuntur. Quae figura dicitur synecdoche, id est, a parte totum; significat enim mundum, qui densis tenebris uitiorum diabolo premebatur obnoxius. ... Commonet ergo propheta gentium populos ut *o f f e r a n t u e l o c i t e r e x A e g y p t o* Deo munera, hoc est, animas suas mundana sorde purgatas. *A e t h i o p i a* quoque *f e s t i n e t m a n u s d a r e D e o.* Metaphora a bellantibus tracta, qui, ne crudeliter intereant, *m a n u s* suas uictoribus *d e d u n t* [22], ut, armis depositis, periculum mortis euadant; sic et *A e t h i o p i a* commonetur ne se tardet Deo tradere, quatenus uicta floreat, quae in sua libertate sordebat.

A 898: Quia ergo per *A e g y p t u m* atque *A e t h i o p i a m* totius orbis gentes significauit, continuo subiunxit: *D e o r e g n a t e r r a e.*

233,4 C 601: Dicens enim: *R e g n a t e r r a e,* omne genus humanum significare uoluit;

233,9 C 602: *A b o r i e n t e* uero quod dixit, Ierosolymam euidenter ostendit, quae est in *o r i e n t i s* partibus collocata: unde Dominus, apostolis uidentibus, *a s c e n d i t* ad *c a e l o s;*

A 899: *A d o r i e n t e m* uero quod addidit, nonne etiam ipsum locum, quoniam in partibus *o r i e n t i s* est ubi resurrexit et unde *a s c e n d i t,* expressit? Ergo *s u p e r c a e l u m c a e l i* sedet ad dexteram Patris.

233,11 A 899: Et quoniam inde uenturus est ad iudicandos uiuos et mortuos, adtende quod sequitur: *E c c e . . . u i r t u t i s. . . .* sed *u o c e m u i r t u t i s,* tamquam iudicaturus. Non enim Deus occultus, sicut prius, et in hominum iudicio non aperiens os suum; sed [900] *Deus manifestus ueniet; Deus noster, et non silebit* (Ps 49, 3). - Zu *uenite ... ite* vgl. Matth. 25, 34.41.

233,15 C 602: *S u p e r I s r a e l* dum dicitur, Ecclesia catholica significatur, in qua Deus uere conspicitur, dum recta fide sentitur. *I s r a e l* enim interpretatur uir uidens Deum. Quapropter alibi non potest uideri, nisi ubi ei pro-[603]batur uerissime populus confiteri.

---

[22] CSg: dant

A 900: Tunc ergo quando erit sine ulla malorum commixtione populus eius, tamquam massa uentilabro emundata, tamquam Israel in quo dolus non est (vgl. Matth. 3, 12; Luc. 3, 17; Ioh. 1, 47), tunc eminentissima erit *super Israel magnificentia eius et uirtus eius in nubibus.*

233,17 C 603: quod etiam respicit ad apostolos et prophetas.

A 900: Non enim solus ueniet ad iudicium, sed *cum senioribus populi sui* (vgl. Isai. 3, 14); quibus promisit quod sedebunt super sedes iudicaturi, qui etiam angelos iudicabunt. Hae sunt *nubes*.

233,20 A 900: Tunc enim et nomen ipsum uerissime ac plenissime implebitur *Israel*, quod est uidens Deum;

233,21 A 900: Tunc uero, etiam corporum gloriosissima commutatione (vgl. I Cor. 15, 42, 53), *ipse ... suae. ... Ipse* ergo *dabit uirtutem* quam in sua carne praemisit, de qua dicit apostolus: *Virtutem resurrectionis eius* (Phil. 3, 10). *Fortitudinem* autem qua *inimica destruetur mors* (I Cor. 15, 26).

Br 1081 D: *Benedictus Deus.* Qui nos a morte in uitam, a corruptione in incorruptionem demutare dignetur, ...

C 603: Et ut designaret euidentius qui possit *dare* quae superius dixit, addidit *benedictus Deus*, id est, qui omnium ore semperque debeat benedici, ...

Psalm 68

233,24 C 604: *In finem* ad Dominum respicere Saluatorem nullus ignorat, qui in hoc psalmo suam narraturus est passionem; ... Sequitur *pro his qui commutabuntur.* Ista igitur commutatio significat populos christianos, qui, ueteris hominis prauitate deposita, in nouae regenerationis sunt munere *commutati. ... Dauid* quoque subiunctum est, ut et *finis* et initium Domino Christo congrueret;

A 901: Christus enim hic loquitur (sed iam scientibus dicimus); Christus non solum caput, sed et corpus. ... Hic sunt enim expressa uerba quae in eius passione completa sunt: *Dederunt in escam meam fel, et in siti potauerunt me aceto* (v.22); ... [902] ... Vnde autem ista commutatio facta est, nisi ex passione Christi? Pascha ipsum latine transitus interpretatur. ... Sed nisi ipse transiret hinc ad Patrem, qui propter nos uenit, nos transire hinc quomodo possemus, ...? ... Transitus ergo, et illius, et noster, hinc ad Patrem; de hoc mundo ad regnum caelorum, de uita mortali ad uitam aeternam, de uita terrena ad uitam caelestem, de uita corruptibili ad incorruptibilem, de tribulationum conuersatione ad perpetuam securitatem.

WS 331[a]: Causam uero commutationis nostrae, id est, Domini passionem per quam redempti et renouati sumus ... aduertamus, ...

234,5 A 903: quia potuerunt illae turbae, quas *a q u a r u m* nomine significauit, hic usque praeualere, ut occiderent Christum. Praeualerunt ad contemnendum, ad tenendum, ad ligandum, ad insultandum, ad colaphizandum, ad conspuendum. ... Hanc quippe uitam dixit *a n i m a m* suam, quousque illi accedere saeuiendo potuerunt. ... Vnde ergo tamquam aliquid inuitus patiatur sic clamat, nisi quia caput membra sua praefigurat? Passus est quippe ille, quia uoluit; martyres uero, etiamsi noluerunt. ... Quamquam enim Christo inhaerere cupiamus, mori tamen nolumus; ... [904] ... Praefigurans ergo, et transformans in se nos ipsos, hoc ait: *S a l u u m . . . m e a m.* Potuerunt qui persecuti sunt etiam occidere; sed amplius quid faciant non habebunt. Praemisit enim exhortationem ipse Dominus dicens: *Nolite timere eos qui corpus occidunt, et amplius non habent quid faciant; sed eum timete qui habet potestatem, et corpus et animam occidere in gehenna ignis* (Matth. 10, 28). ... Hinc ergo ut liberemur clamemus, ne forte in pressuris consentiamus iniquitati, et uere irreparabiliter sorbeamur: ...

C 605: *A q u a s* pro seditionibus plebis motuque populorum debere suscipi saepius scriptura diuina testatur, ... Quapropter populus ille iudaicus *u s q u e a d a n i m a m* Domini Saluatoris *i n t r a u i t*, quando eum crucifigere scelerata mente praesumpsit.

234,11 A 904: Quid dicit *l i m u m*? an ipsos qui persecuti sunt? De *l i m o* enim factus est homo. Sed isti, cadendo a iustitia, *l i m u s p r o f u n d i* facti sunt; quibus persequentibus et ad iniquitatem trahere cupientibus quisquis non consenserit, de *l i m o* suo aurum facit. Merebitur enim *l i m u s* ipsius conuerti in habitudinem caelestem, ... Isti autem cum *l i m u s p r o f u n d i* essent, haesi in illis, id est, tenuerunt me, praeualerunt mihi, occiderunt me.

234,16 C 606: Omne malum substantiale non[1] est, quia *s u b s t a n t i a*

---

1 CSg: *fehlt.*

dici non potest, quae a Domino creata non est; ... Veraciter ergo negat fuisse *s u b s t a n t i a m* uitiatam naturam, quam a se nouerat non creatam.

234,20 C 606: Hic *a l t i t u d o   m a r i s* copiosam populi significat insaniam. Item *t e m p e s t a s* est seditio concitata dementium; ipsa enim *d e m e r s i t* Dominum Saluatorem, quando eum peruenire fecit ad crucem.

234,22 A 908: diu *c l a m a u i t*: *Vae uobis scribae, et pharisaei*; diu *c l a m a u i t*: *Vae mundo ab scandalis* (Matth. 23, 13; 18, 7). (∿ C 606)

234,24 A 908: Et reuera quomodo *r a u c u s   c l a m a b a t*, et ideo non intellegebatur, quando dicebant Iudaei: *Quid est quod dicit? Durus est hic sermo; quis potest illum audire? Non scimus quid dicat* (Ioh. 6, 61; 16, 18). Ille omnia uerba[2] dicebat: sed illis *r a u c a e* fuerunt *f a u c e s* eius, qui uoces eius non intellegebant. (∿ C 607) - Zu *aures auriendi* vgl. Matth. 11, 25, usw.

234,25 A 908: sed *d e f e c e r u n t   o c u l i* eius in corpore eius, id est, in membris eius. Haec uox membrorum est, haec uox corporis est, non capitis. ... Quando passus est, quando mortuus est, omnes discipuli desperauerunt quod ipse esset Christus. ... Vide membra eius desperantia; adtende duos illos quos post resurrectionem inuenit in uia colloquentes secum, quorum unus erat Cleophas, quando detinebantur *o c u l i* eorum ne eum agnoscerent. ... Loquebantur enim inter se, et ... responderunt: ... *Et nos sperabamus quod ipse erat*[3] *redempturus Israel* (Luc. 24, 21). *S p e r a u e r a n t*, et non *s p e r a b a n t*. *D e f e c e r u n t   o c u l i* eorum *a b   s p e r a n d o   i n   D e u m* ipsorum. ... Hanc spem reddidit, quando cicatrices palpandas obtulit (vgl. Ioh. 20, 24-29).

235,5 A 909: Quam *m u l t i p l i c a t i* ? Vt adderent sibi et unum ex duodecim. ... hic est enim gratis, sine causa.

235,9 A 909: Quod ergo *g r a t i s*, hoc est *i n i u s t e*. (∿ C 607)

235,10 A 910: Hoc est *gratis*. *N o n   r a p u i*, et *e x s o l u e b a m*; non peccaui, et poenas dabam. ... *Non* enim *rapinam arbitratus est esse aequalis Deo; et tamen semetipsum exinaniuit, formam serui accipiens* (Phil. 2, 6-7). Omnino *n o n   r a p u i t*. Sed quis *r a p u i t* ?

---

2 CSg: uera
3 CSg: esset (!)

Adam. Quis *r a p u i t* primo? Ille ipse qui seduxit Adam. Quomodo *r a p u i t* diabolus? *Ponam sedem meam ad aquilonem, et ero similis Altissimo* (Isai. 14, 13). Vsurpauit sibi quod non acceperat: ... perdidit quod acceperat; ... *R a p e r e* uoluerunt diuinitatem, perdiderunt felicitatem.

235,16 A 910: Iterum ex ore corporis. Nam quae *i m p r u d e n t i a* in Christo? Nonne ipse Dei Virtus et Dei Sapientia? An illam dicit *i m - p r u d e n t i a m* suam, de qua dicit apostolus: *Stultum Dei sapientius est hominibus* (I Cor. 1, 25)? *I m p r u d e n t i a m m e a m*: hoc ipsum quod in me irriserunt qui sibi uidentur esse *sapientes*. Tu *s c i s t i* quare fieret: *t u s c i s t i i m p r u d e n t i a m m e a m*. Quid enim tam simile *i m p r u d e n t i a e*, quam cum haberet in potestate, una uoce suos persecutores prosternere, ut pateretur se teneri, flagellari, conspui, colaphizari, spinis coronari, ligno affigi? *I m p r u d e n t i a e* simile est, *stultum* uidetur: sed *stultum* hoc superat omnes *sapientes*. *Stultum* quidem est; sed et granum [911] quando cadit in terram, si nemo sciat consuetudinem agricolarum, *stultum* uidetur. ... quia *granum, nisi ceciderit in terram ut moriatur, fructum*, inquit, *non reddet* (Ioh. 12, 24-25). Haec est *i m p r u d e n t i a*; sed tu nosti illam; isti autem si cognouissent, numquam Dominum gloriae crucifixissent (vgl. I Cor. 2, 8).

235,21 C 608: Dominus autem Christus peccata non habuit, ... Quapropter *insipientiam* uel *d e l i c t a* a parte membrorum posita debemus accipere. A 911: *D e l i c t a* nulla Christus habuit; ... id est, confessus sum tibi omnia *d e l i c t a m e a*; ... uidisti uulnera quae sanares. Sed ubi? Vtique in corpore, in membris; in illis fidelibus, unde illi haerebat iam membrum illud quod confitebatur peccata sua.

235,25 A 911: non dicatur illis: Vbi est qui uobis dicebat: *Credite in Deum, et in me credite* (Ioh. 14, 1)?

236,1 A 911: Non sic affligar ab insurgentibus persecutoribus, non sic obteror ab inuidentibus inimicis meis, ... Non sic eorum scandalis premar, *ut erubescant in me qui te expectant, Domine, Domine uirtutum*.

236,5 A 912: Ergo *i r r e u e r e n t i a* quasi impudentia est. Oportet ut habeat Christianus *i r r e u e r e n t i a m* istam, quando uenerit inter homines quibus displicet Christus. Si erubuerit de Christo, delebitur de libro uiuentium. Opus est ergo ut habeas *i r r e u e r e n t i a m*, quando tibi de Christo insultatur; quando dicitur: Cultor crucifixi, adorator male mortui, uenerator occisi; hic si erubueris, mortuus es.

236,8 C 609: *H o s p i t e m* dicimus quemlibet domum nostram ad tempus habitantem, qui non nomine consanguinitatis, sed tamquam **peregrinus** excipitur.

A 913: *F i l i i s* synagogae *h o s p e s   f a c t u s   e s t*. In patria quippe⁴ ipsius dicebatur: ... Hunc autem nescimus unde sit? (Ioh. 9, 29) ... Quare hoc? quare non agnouerunt? quare alienum dixerunt? quare ausi sunt dicere: Nescimus unde sit?

Br 1082 D: *F i l i u s* enim erat synagogae, ...

236,12 A 913: id est, quia persecutus sum in illis iniquitates ipsorum, ... Hinc alienus, hinc *hospes*; hinc, Nescimus unde sit. Agnoscerent unde sim, si agnoscerent quod mandasti. Si enim inuenirem illos seruantes mandata tua, *z e l u s   d o m u s   t u a e* non *c o m e d e r e t   m e*.

236,16 A 913: Quare: *t i b i* ? Numquid Patri *e x p r o b r a t u r*, et non ipsi Christo? ... Quia qui me cognouit, cognouit et Patrem (**vgl.** Ioh. 14, 9): quia nemo *e x p r o b r a u i t* Christo, nisi Deo *e x - p r o b r a n s*: quia nemo honorat Patrem, nisi qui honorat et Filium. - Zu *ego ... sumus* vgl. Ioh. 10, 30.

236,19 A 913: *I e i u n i u m* ipsius erat, quando defecerunt omnes qui in eum crediderant; quia et esuries ipsius erat ut in eum crederetur; ... [914] ... Denique respuit etiam fel quod illi obtulerunt; ieiunare elegit, quam amaritudinem accipere. Non enim intrant in corpus eius amaricantes, ... Ergo, *o p e r u i   . . .   o p p r o b r i u m*. Hoc ipsum mihi in *o p p r o b r i u m* factum est, quia non illis consensi, hoc est, ab illis ieiunaui. Qui enim non consentit male suadentibus, ieiunat ab ipsis; et per hoc *i e i u n i u m* meretur *o p - p r o b r i u m*, ut ideo illi insultetur, quia non consentit ad **malum**.

236,23 A 914: id est, opposui illis, in quam saeuirent, carnem meam; occultaui diuinitatem meam. *S a c c u m*, quia mortalis caro erat, ut de peccato condemnaret peccatum in carne⁵.

236,26 WS 336ᵃ (zu V. 14): In hebraico legitur: *M e a   a u t e m   o r a t i o   a d   t e ,   D o m i n e ,   t e m p u s   r e c o n c i l i a t i o n i s   e s t*. Reconciliati enim sumus Deo per mortem Filii eius, quando in cruce semetipsum obtulit, oblationem et hostiam Deo pro peccatis nostris, ...

---

4 CSg: quidem
5 CSg: in carne *fehlen*.

237,1　A 914: ... *in parabolam*, id est, in irrisionem. *Para-*
bola dicitur, quando datur similitudo de aliquo, quando de illo
male dicitur. Sic ille, uerbi gratia, pereat quomodo ille, *para-*
bola est; id est, comparatio et similitudo maledicti.

237,6　A 914: *In porta*, nihil aliud quam in publico.

C 611: Nam sicut *porta* euntium ac redeuntium turbas excipit,
ita diuersa triuia, uel plateae populorum numerositate complentur.

237,9　A 914: Putatis hoc, fratres, Christo tantummodo contigisse? Quotidie
illi in membris eius contingit; quando forte necesse erit seruo Dei
prohibere ebrietates et luxurias in aliquo uel fundo uel oppido, ubi
non auditum fuerit uerbum Dei, parum est quia cantant, insuper et in
ipsum incipiunt cantare, a quo prohibentur cantare.

237,11　Br 1083 D: Iudaeis mihi maledicentibus ... ego pro eis orans loquebar:
Pater, ignosce eis, non enim sciunt quid faciunt (Luc. 23, 24)[6]. -
Vgl. 239,16

237,13　A 915: *Tempus ... Deus.* Ecce enim sepelitur granum; ex-
surget fructus. ... De hoc tempore et prophetae dixerunt quod commemorat apostolus: *Ecce nunc tempus acceptabile, ecce nunc dies salutis*
(II Cor. 6, 2). ... Hoc est *tempus beneplaciti: In*
multitudine misericordiae tuae.

C 612: *Tempus* quod uicit omnia saecula; *tempus* quod mundum reparauit labentem; *tempus* quod aeternitatem contulit et
salutem. Sed hoc *tempus* quomodo prouenerit[7] decenter exponit;
ait enim: *In ... tuae.* ... Commemorato *tempore* misericordiae, quo passione sua salutem mundo praestitit, consequens
fuit ut et resurrectionem sibi euenire precaretur, quam in ueritate
pollicitus fuerat per prophetas. Precatur ergo Patrem non natura dei-
tatis, qua ei semper aequalis est, sed infirmitas assumpti hominis, in
qua minor est Patre.

237,17　A 915: Quare *ueritas*? Reddendo promissa.

237,19　A 915: De illo de quo supra dixerat: *infixus sum in limo profundi*, ...
(v. 3) . ... Hinc se dicit liberandum, ubi se ante dixit *infixum*:

---

6 = HC 216. - Zu 237, 11.13 vgl. R 147[va]: ... *orationem meam*
ad te, Domine, subaudiendum, dirigebam. *Tempus bene-*
placiti Deus. Quidam dicunt *benepla* - [147[vb]] *citum.*
Tempus beneplaciti, tempus beneplacitum
fuit, quo Deus Pater generi humano per Christum subuenire disposuit, ...

7 CSg: proueniret

S a l u u m . . . i n h a e r e a m. Et exponit hoc ipse: *E r u a r
e x   i i s   q u i   o d e r u n t   m e*. Ipsi ergo sunt *l u t u m* ubi
h a e s e r a m. Sed hoc forte suggeritur.

237,24 Vgl. 234, 6f. - C 613: Nam quod dixit: *d e   p r o f u n d o   a q u a -
r u m*, ad populum ipsum non est dubium pertinere, qui et *p r o f u n -
d u s* erat malignitate consilii, et seditionibus turbulentus.

237,25 A 915: Ergo haeserat carne, sed non haeserat spiritu. Dicit hoc ex infirmitate membrorum suorum. Quando forte caperis ab eo qui te premit ad
iniquitatem, tenetur quidem corpus tuum; secundum corpus *infixus es in
limo profundi*; sed quamdiu non consentis, non haesisti; si autem consentis, haesisti. Oratio ergo tua ibi sit, ut quomodo iam tenetur corpus
tuum, non teneatur et anima tua, sis liber in uinculis. ... *N o n . . .
a q u a e*. Sed iam *d e m e r s u s   e r a t*. *Veni in altitudinem maris*,
tu dixisti (v. 3); *et   t e m p e s t a s   d e m e r s i t*[8] *m e*, tu
dixisti. *D e m e r s i t* secundum carnem, non *d e m e r g a t* secundum spiritum. ... [916] ... Si uero haeserimus, et in manus peccatorum
uenerimus, iam corpore haesimus, fixi sumus *in limo profundi*; restat pro
anima deprecari ut non *inhaereamus*, id est, non consentiamus; *n o n*
nos *d e m e r g a t   t e m p e s t a s   a q u a e*, ut eamus *in profun-
dum limi*.

238,8 A 916: Magnus est *p u t e u s* profunditatis iniquitatis humanae:
illuc quisque si ceciderit, in altum cadet. Sed tamen ibi positus, si
confitetur peccata Deo suo, non super eum claudet[9] *p u t e u s   o s
s u u m*, ut[10] est in alio quodam psalmo scriptum: *De profundis clamaui
ad te, Domine, Domine exaudi uocem meam* (129, 1-2). ... [917] ... Quae
autem dicta fuerint ita ut[11] capiti conuenire non[12] possint, ad corpus
referatis.

238,13 A 917: Nonne magis hoc erat consequens ut diceret: *E x a u d i   m e ,
D o m i n e*, ut *s u a u i s* mihi sit *m i s e r i c o r d i a   t u a ?*
... sed homini in tribulatione posito, necesse est ut *s u a u i s* sit
m i s e r i c o r d i a Dei. ... Nec panis dulcis esset, nisi fames
praecederet. Ergo et quando Dominus permittit aut facit ut in tribulatione aliqua simus, etiam tunc misericors est; non enim alimentum sub-
trahit, sed desiderium mouet.

---

8 CSg: dimersit (!)
9 CSg: claudit
10 CSg: Et
11 CSg: ut si
12 CSg: *fehlt*.

238,17 A 917: *S e c u n d u m . . . m e*, non secundum multitudinem peccatorum meorum.

238,19 A 917: *a p u e r o t u o*, id est, a paruo; quia iam carui superbia per disciplinam tribulationis.

238,24 A 918: Est quaedam liberatio sanctorum occulta: haec propter ipsos fit. Est quaedam publica et manifesta: haec propter *i n i m i c o s* eorum fit. siue puniendos, siue liberandos. ... [919] ... Liberatio occulta ad *a n i m a m*, liberatio manifesta etiam ad corpus pertinet. In occulto enim *a n i m a* liberatur, in manifesto corpus. Porro si ita est, in hoc psalmo uocem Domini agnoscamus; ad occultam liberationem pertinet quod supra dixit: *I n t e n d e . . . e a m*. Restat corporis liberatio, quia eo resurgente, et in caelos ascendente, et Spiritum sanctum desuper mittente, conuersi sunt ad eius fidem qui in eius morte saeuierunt; et ex *i n i m i c i s* amici facti sunt per illius gratiam, non per iustitiam suam.

239,1 C 615: *C o n f u s i o n e m*, cum plebs insana Iudaeorum clamaret: *Alios saluos fecit, seipsum saluum facere non potest* (Matth. 27, 42). A 919: *O p p r o b r i u m* est quod obicit inimicus. *C o n f u s i o* est quae mordet conscientiam. *V e r e c u n d i a* est quae facit ingenuam frontem etiam de falsi criminis obiectione erubescere. Non est crimen; ... sed tamen infirmitas humani animi plerumque uerecundatur, etiam cum falsum obicitur; non quia obiectum est, sed quia creditum. Omnia haec sunt in corpore Domini. ... Obiciebatur crimen Christianis, hoc ipsum quod Christiani essent. Illa quidem gloria erat; fortes libenter accipiebant, et sic accipiebant, ut omnino de nomine Domini sui non erubescerent. Operuerat enim irreuerentia faciem ipsorum, habentium frontem Pauli dicentis: ... O Paule, nonne tu es adorator Crucifixi? ... [920] ... Huic ergo tali fronte *o p p r o b r i u m* solum poterat obici. Nam nec *c o n f u s i o* poterat esse in conscientia iam sanata, nec *u e r e c u n d i a* in fronte tam libera. Sed cum obiceretur quibusdam quod Christum interfecerint, merito compuncti sunt mala conscientia, et salubriter confusi atque conuersi, ut possent dicere: *T u c o g n o u i s t i c o n f u s i o n e m m e a m*. Tu ergo, Domine, nosti non solum *o p p r o b r i u m* meum, sed et *c o n f u s i o n e m* meam; in[13] quibusdam et *u e r e c u n d i a m*[14], qui quamuis in me credant,

---

13 CSg: meam in
14 CSg: et uerecundiam in quisbusdam *nach* quibusdam *übergeschr.* (!)

publice me tamen coram impiis confiteri erubescunt, ... Videte **ergo** eos, et commendantur tales Deo, ut non sic relinquat, sed ut eos adiuuando perficiat. ... [921] ... Petrus certe plurimum amauit, ... et eum ductum ad passionem, amoris audacia consecutus, tamen turbatus, ter negauit.[15] - Zu dem zweiten Bibelzitat vgl. Act. 9, 4.

239,12 CSg 127, 283: Tu uides, Pater, quales mihi tribulationes inferant.
A 920: Quare mihi sit *opprobrium*, tu nosti; quare *confusio*, tu nosti; quare *uerecundia*, tu nosti; ergo *erue me propter inimicos meos*, quia tu nosti ista mea, illi non norunt;

239,14 A 920: Quid est: *e x p e c t a u i t* ? Futura ista praeuidit, ... Vt ostenderet nobis quod non noueramus, suscepit duo quae noueramus. Ad hoc ergo uenit. ... Sed *m i s e r i a m* cuius? ... *M i s e r i a m* quippe illorum miserans etiam pendens in cruce: *Pater*, inquit, *ignosce illis, quia nesciunt quid faciunt* (Luc. 23, 24).
C 615: *I m p r o p e r i u m   e x p e c t a u i t   c o r   m e u m ...*

239,20 A 920: Quid ergo profuit quia *expectaui* ? hoc est, quid profuit quia praedixi? quid profuit quia dixi ideo me uenisse? Ventum est ut impleretur quod dixi: *s u s t i n u i   q u i   s i m u l   c o n t r i s t a - r e t u r ,   e t   n o n   f u i t ,   e t   c o n s o l a n t e s ,   e t   n o n   i n u e n i*, hoc est, *n o n   f u i t*. Quod enim superiore uersu dixit: *S u s t i n u i   . . .   c o n t r i s t a r e t u r*, hoc sequenti [921] uersu: *e t   c o n s o l a n t e s*. ... Ille uolebat curare, illi saeuire; hinc tristitia medico. Quaere utrum inuenerit huius tristitiae comitem. Non enim ait, *s u s t i n u i   q u i   c o n t r i s t a - r e t u r ,   e t   n o n   f u i t*, sed, *q u i   s i m u l   c o n t r i s - t a r e t u r*, id est, ex ea re, qua ego, *c o n t r i s t a r e t u r ,   e t   n o n   i n u e n i*.

239,25 A 921: Factum est quidem ad litteram, et [922] euangelium hoc nobis indicat. Sed intellegendum est, fratres, hoc ipsum quod *non inueni consolantes*, hoc ipsum quod *non inueni qui simul contristaretur*, hoc fuit *fel* meum, hoc mihi amarum, hoc *a c e t u m* fuit: amarum propter maerorem, *a c e t u m* propter eorum uetustatem. Namque legimus illi quidem oblatum uel, sicut euangelium loquitur, sed in potum, non in *e s - c a m*. ... Acceperat autem ipse *e s c a m* suauem, quando pascha manducauit cum discipulis suis; ibi sacramentum sui corporis demonstrauit. ... Quod ergo fecerunt Iudaei, ut in *e s c a m* quam iam acceperat da-

---
[15] R 148rb: ... *e t   r e u e [r e] n t i a m   m e a m*, id est, uerecundiam, ...

rent bibendum amarum illum potum, hoc faciunt qui male uiuendo scandalum inferunt Ecclesiae: hoc faciunt haeretici amaricantes; ... Dant *f e l* super tam iocundum cibum. Sed quid facit Dominus? Non admittit ad corpus suum. Hoc sacramento ipse Dominus, quando illi obtulerunt *f e l*, gustauit, et noluit bibere. Si non eos pateremur, nec omnino gustaremus; quia uero necesse est eos pati, necesse est gustari. Sed quia in membris Christi tales esse non possunt, gustari possunt, recipi in corpus non possunt. ... Sitiebam, et *a c e t u m* accepi; id est, fidem illorum desideraui, et uetustatem inueni. - Zu *myrratum uinum* vgl. Marc. 15, 23.

240,7 A 922: Qualem *m u s c i p u l a m* mihi exhibuerunt, *dando* mihi talem potum, talis *m u s c i p u l a* illis sit. ... Sunt tales qui iniquitatem suam nouerunt, et in ea pertinacissime perseuerant; coram ipsis *f i t m u s c i p u l a* eorum.

C 616: *M e n s a* Domini est utriusque legis intellectualis epulatio, in qua conuiuarum more pascuntur, qui delicias Domini auiditate mentis esuriunt, et sancti Spiritus saluberrima ebrietate complentur. ... Illam ergo sanctam habuerunt Iudaei, quando mandata Domini sub integritate coluerunt. ... Sequitur *i n l a q u e u m*, scilicet ut de littera, in qua Iudaei alios astringere conabantur, ipsi in eam potius caderent obligati.

240,9 A 923: Et numquid iniustum est hoc? Iustum est. Quare? Quoniam *i n r e t r i b u t i o n e m*: non enim aliquid illis accideret quod[16] non debebatur. *I n r e t r i b u t i o n e m* fit[16] *e t i n s c a n d a l u m*, quia ipsi sibi sunt *s c a n d a l u m*.

240,12 A 923: *O b s c u r e n t u r ... u i d e a n t*, sequitur hic; ut quoniam sine causa *u i d e r u n t*, fiat illis et non *u i d e r e*.

C 617: Nam qui intendere noluerunt, ipsa illis optatur poena, *n e u i d e a n t*.

240,16 A 923: Vnde hoc? Quia cum cessauerint[17] superna cognoscere, necesse est ut de inferioribus cogitent.

240,19 A 924: Plana sunt; sed tamen *c o m p r e h e n d a t e o s*, quasi fugientes agnoscimus. ... *c o m p r e h e n d a t e o s i n d i g n a t i o i r a e t u a e*, non eos permittat effugere.

240,20 A 924: Ergo iam quid aperte, ut appareat omnibus quia uindicatum est

---

16 CSg: quod non habeatur in retributionem; fit
17 CSg: Quia cessauerunt

in eis? Nam caecitas Iudaeorum, occulta uindicta est; manifesta uero quae? *F i a t . . . i n h a b i t e t.* Factum est hoc in ipsa ciuitate Ierusalem, in qua sibi uisi sunt potentes, clamando aduersus Filium Dei: *Crucifige, crucifige* (Luc. 23, 21; Ioh. 19, 6), et praeualendo, quia potuerunt occidere eum qui mortuos suscitabat. ... Consecuta est postea uindicta Domini; expugnata est ciuitas, debellati Iudaei, occisa nescio quot hominum milia. Nullus illuc modo permittitur accedere Iudaeorum; ubi potuerunt aduersus Dominum clamare, ibi a Domino non permittuntur habitare. ... Hoc et hic dicitur: *F i a t . . . i n h a b i t e t. N o n s i t q u i i n h a b i t e t,* sed ex numero illorum. Nam loca illa omnia et hominibus plena sunt, et Iudaeis inania.

240,26 C 618: Quapropter *p e r c u s s u m* se dicit Dominus Iesus Christus ad dispensationem qua passus est. Sed hinc Iudaei detestabiles exstiterunt, quoniam quod oportuit pro mundo fieri, per ipsos crudeli uoto probatur impletum.

A 925: Quid ergo peccauerunt, si a Deo *p e r c u s s u m p e r s e - c u t i s u n t*? Quid animo eorum imputatur? Malitia.

241,3 A 925: Nimirum ex persona locutus est eius unde corpus acceperat, unde carnem assumpserat, id est, generis humani, ipsius Adae qui *percussus* est primo morte propter peccatum suum. Mortales ergo hic homines cum poena nascuntur: huic poenae *a d d u n t,* quicumque homines fuerunt persecuti. ... *S u p e r q u e m d o l o r e m u u l n e r u m ? S u p e r d o l o r e m* peccatorum ipsi *a d d i d e r u n t : u u l - n e r a* enim sua peccata dixit. Sed ne ad caput respicias, ad corpus aduerte, ...

241,5 A 926: *I n i q u i t a s i p s o r u m* erat, quia hominem iustum occiderunt; *addita est* alia, quia Filium Dei crucifixerunt. ... Meriti erant sic excaecari, ut Filium Dei non agnoscerent. Et hoc fecit Deus, *a p p o n e n s i n i q u i t a t e m s u p e r i n i q u i t a - t e m i p s o r u m,* non uulnerando, sed non sanando. Quomodo enim auges febrem, auges morbum, non morbum adhibendo, sed non succurrendo, sic quia tales fuerunt ut curari non mererentur, in ipsa malitia quodam modo profecerunt, ... et *a p p o s i t a e s t i n i q u i t a s s u p e r i n i q u i t a t e m i p s o r u m.*

241,9 C 618: Additur poena peccati: *n e i n t r e n t i n i u s t i t i a m* Domini, id est, ne participes Christo fiant in illo regno iustitiae.

241,10 A 927: Hoc dictum est secundum spem ipsorum, quia ipsi se *s c r i p -*

t o s putabant. ... Sic ergo hic illi qui se sperabant tamquam merito iustitiae suae in *l i b r o   s c r i p t o s* Dei, ... *d e - l e b u n t u r   d e   l i b r o   u i u e n t i u m,* ...

241,12 A 927: Nam uersus, qui sequitur, exponit quod dictum est: *E t   . . . s c r i b a n t u r.* Dixi ergo: *D e l e a n t u r,* secundum spem eorum; secundum autem aequitatem tuam quod dico? *N o n   s c r i - b a n t u r.*

241,15 A 927: Nam de paupertate sua et dolore suo quaedam quae posterius dicit, commendaturus est nobis, ut discamus *e s s e   p a u p e r e s   e t   d o l e n t e s.* Beati enim *pauperes, quoniam ipsorum est regnum caelorum;* et *Beati qui lugent, quoniam ipsi consolabuntur* (Matth. 5, 3.5).

241,18 A 927: Numquid desertus est *p a u p e r* iste? Quando tu dignaris pan-[928]nosum *p a u p e r e m* applicare ad mensam tuam? Porro autem *p a u p e r e m* istum *s a l u s   u u l t u s   D e i   s u s - c e p i t;* in *u u l t u* suo abscondit eius egestatem. ... In illo autem *u u l t u* quae sint diuitiae uultis nosse? Diuitiae istae hoc tibi praestant, ut quod uis, quando uis, prandeas; illae uero, ut numquam esurias.

241,21 A 928: Hae sunt diuitiae meae.

241,22 A 928: Gratius illi erit sacrificium laudis, quam sacrificium *u i - t u l i.*

C 620: quia multo acceptior est laus puro corde fusa Deo, quam potest pecudum *p l a c e r e* mactatio. Iste enim prioris oblationis mos fuit, ut pro peccatis offerretur *n o u e l l u s   u i t u l u s.* Significabat enim haec uictima innocentis ac nouae uitae munera secutura, quae defensionem haberet in cornibus, pedum uero munimen in ungulis, per quas saeculi istius aspera conuersatione sanctissima calcaremus. (∿ A 928)

241,26 C 620: Postquam dixit plus esse sacrifia laudis quam pecudum immolationes, conuertitur ad *p a u p e r e s* suos, commonens ut debeant *l a e t a r i,* quando iam non in solis facultatibus oblatio posita est, sed in mentis affectu, ubi et *p a u p e r* potest esse ditissimus.

242,1 A 929: *Q u a e r i t i s* panem, ut *u i u a t* caro *u e s t r a; D o m i n u m   q u a e r i t e,* ut *u i u a t   a n i m a   u e s t r a.*

242,3 A 929: nec *e x a u d i r e t   p a u p e r e s,* nisi essent *p a u - p e r e s.*

242,5   A 929: sed clamantes de compedibus non contempsit. Quae sunt isti compedes? Mortalitas, corruptibilitas[18] carnis, compedes sunt quibus ligati sumus (vgl. I Cor. 15, 53).

C 621: Ipsos enim liberat a laqueis carnalibus, quos suis regulis connexos agnouerit.

242,10 A 929: Reparat Ecclesiam suam: gentes fideles incorporat Vnigenito suo;

242,12 A 929: ... *c i u i t a t e s   I u d a e a e*[19]. Ipsae sunt ecclesiae. ... *I u d a* enim confessio interpretatur. De confessione humilitatis aedificantur *c i u i t a t e s   I u d a e a e*[19], ut foris ab eis superbi remaneant, qui confiteri erubescunt.

242,15 C 621: Hanc autem Ecclesiam hic habitant [622] Christiani. *H e r e - d i t a t e m* uero *a d q u i r u n t   e a m*, quando ad Ierusalem illam aeternam Domini miseratione peruenerint.

242,17 A 930: Iam ergo, *s e m e n   s e r u o r u m   e i u s*, qui sunt? Forte dicis: Iudaei nati de Abraham; nos autem qui non sumus nati de Abraham, quomodo habebimus istam *ciuitatem*? Sed non sunt *s e m e n* Abrahae illi Iudaei quibus dictum est: *Si filii Abrahae estis, facta Abrahae facite* (Ioh. 8, 39). *S e m e n   e r g o   s e r u o r u m   e i u s*, imitatores fidei *s e r u o r u m* eius *o b t i n e b u n t   e a m*. Denique ultimus uersus superiorem exponit. ... Hoc est enim *s e m e n   s e r u o r u m   e i u s,   q u i   d i l i g u n t   n o - m e n   e i u s.* (∿ C 622)

P s a l m   69

242,20 A 931: Est ergo in hoc psalmo uox contribulatórum; et ideo utique martyrum inter passiones periclitantium, sed de suo capite praesumentium. Audiamus eos, et loquamur cum eis ex affectu cordis, etiamsi non similitudine passionis. Illi enim iam coronati sunt; nos adhuc periclitamur; non quia tales nos persecutiones urgent, quales ipsos urserunt[1], sed fortasse peiores in omnimodis generibus tantorum scandalorum. ... Nullus ergo seruus Dei sine persecutione; uerumque[2] est illud quod

---

18 CSg: corruptibilia
19 CSg: iudae
 1 CSg: urguerunt (ru *übergeschr.*)
 2 CSg: Plerumque

apostolus ait: *Sed et omnes qui uolunt in Christo pie uiuere, persecutionem patientur* (II Tim. 3, 12). ... [932] ... Fremunt dentes impiorum aduersus dignitatem Ecclesiae et pacem Christianorum, et quia non habent quid agant saeuiendo, saltando, blasphemando, luxuriando, non impellunt corpora Christianorum, sed lacerant animas Christianorum. Clamemus ergo una uoce omnes uerba haec: D e u s , . . . i n t e n d e. Opus enim habemus sempiterno adiutorio in hoc saeculo. Quando autem non! Modo tamen³ in tribulatione positi maxime dicamus: D e u s , . . . i n t e n d e.

C 623: F i n i s et D a u i d, ut saepius dictum est, significant Dominum Saluatorem, ad quem diriguntur haec uerba fidelium; quia totus hic psalmus ex persona martyrum dicitur, ... ⁴

243,4 A 932: Dolebat se non q u a e r i ad imitandum; gemebat se q u a e r i ad opprimendum. Q u a e r i s a n i m a m iusti, cum imitari cogitas; q u a e r i s a n i m a m iusti, cum occidere cogitas. ... Q u a e r u n t illi a n i m a m m e a m, occidere me uolunt. Quid ergo tu illis optas? C o n f u n d a n t u r e t r e u e r e a n t u r. ... [933] ... Optemus ergo haec inimicis nostris; securi optemus.

C 624: Imitator capitis sui populus martyrum, emendationem inimicorum suorum expostulans, dicit: c o n f u n d a n t u r e t r e u e r e a n t u r i n i m i c i m e i.

243,5.7 A 933: Quomodo enim bene optauit illis de quibus dixit: *Confundantur ... meam*, sic et nunc: A u e r t a n t u r . . . m a l a. Quare? Vt non praecedant, sed sequantur. Qui enim reprehendit christianam religionem, et consilio suo uult uiuere, quasi praecedere uult [934] Christum; ut ille uidelicet errauerit, et inualidus infirmusque fuerit, qui uoluerit pati inter manus Iudaeorum, uel potuerit: ... Nam quod optatum est modo persecutoribus c o g i t a n t i b u s m a l a, dixit hoc ipse Dominus Petro. Praecedere quippe quodam loco Petrus uoluit Dominum. Loquebatur enim Saluator de passione sua, quam si non suscepisset, nos salui non essemus; et Petrus qui paulo ante appellatus erat Petra, supra quam fabricaretur Ecclesia, paulo post Domino dicente de futura passione sua, ait: *Absit, Domine, propitius esto tibi, non fiet istud*. ... modo repente: *Redi post me, Satanas* (vgl. Matth.

---

3 CSg: non modo, tamen
4 R 150ra (rot): Vox martyrum: D e u s . . . f e s t i n a.

16, 18-23). Quid est: *Redi post me* ? Sequere me. Praecedere me uis, consilium mihi dare uis; melius est ut consilium meum sequaris;
C 625: *Auertitur retrorsum* qui (sicut saepe dictum est), a praua cogitatione discendens, Domini iussa subsequitur.

243,12 A 934: Duo sunt genera persecutorum: uituperantium, et adulantium. Plus persequitur lingua adulatoris, quam manus interfectoris; ... Audi quia et lingua adulantium talis est: *Probatio*, inquit, *argenti et auri ignis*; *uir autem probatur per os laudantium eum* (Prou. 27, 21).
C 625: Prioris sensus excultio est, ut a suo proposito erubescentes, uelociter compellantur abscedere, qui falsis laudationibus cognoscuntur fidelissimos increpare. E u g e enim sermo laudantis est; sed hic sub ironia, id est, sub irrisione dictum aduerti debet, quoniam ab inimicis uidetur esse prolatum.

243,18 A 936: Quid dicant qui e x u l t a n t ? S e m p e r m a g n i f i c e t u r D o m i n u s. ... [937] ... Ab illo est enim illis salus, non a se. S a l u t a r e Domini Dei nostri, Saluator Dominus noster Iesus Christus; ... Ecce m a g n i f i c e t u r D o m i n u s; numquam tu, nusquam tu? In illo aliquid, in me nihil: si autem illo quidquid ego; ille, non ego. Tu ergo quid?

243,22 A 937: semper infirmitatem meam confiteor. ... Donata sunt mihi peccata; iam coepi sequi praecepta Dei; adhuc tamen e g e n u s e t p a u p e r. Vnde adhuc e g e n u s e t p a u p. e r ? *Quia uideo aliam legem in membris meis repugnantem legi mentis meae* (Rom. 7, 23).

243,25 C 627: Vnde desideranter et saepe dicendum est: A d i u t o r m e u s e t p r o t e c t o r m e u s t u , D o m i n e , n e t a r d a u e r i s.

244,2 A 938: dicamus Deo: T u e s e r u t o r m e u s. ... Haec uox perseueret in nobis, fratres. ... [939] ... Hoc ergo nos docuit psalmus iste breuiter, carissimi, ex admonitione sollemnitatis martyrum, ut intellegamus quia martyres tribulationem hic passi sunt corporalem, nos in quantacumque pace simus, necesse est patiamur tribulationem spiritalem; - Vgl. A zu 242, 20.

P s a l m 70

244,5 A 940: In omnibus scripturis sanctis, gratia Dei quae liberat nos commendat se nobis, ut commendatos habeat nos. Hoc in isto psalmo

canitur, ... Gloriantes, inquit, tamquam de operibus, excludunt a se
gratiam; et tamquam de sanitate sua falsa praesumentes respuunt medicinam. ... [941] ... Hanc ergo gratiam commendat nobis Deus et in isto
psalmo; ... *I o n a d a b* homo fuit quidam, commendatur nobis ex prophetia Ieremiae (vgl. Ier. 35, 6-10), qui *f i l i i s* suis praeceperat ut uinum non biberent, neque in domibus[1], sed in tabernaculis
habitarent. Praeceptum autem patris *f i l i i* tenuerunt et seruauerunt, et ex hoc benedici a Domino meruerunt. Dominus autem hoc non
praeceperat, sed pater ipsorum. Sic autem hoc acceperunt, tamquam praeceptum a Domino Deo suo; quia etsi Dominus non praeceperat, ut non biberent uinum, et in tabernaculis habitarent, praeceperat tamen Dominus,
ut *f i l i i* patri oboedirent. ... Benedixit ergo Deus *f i l i o s
I o n a d a b* propter oboedientiam, eosque obiecit inoboedienti populo suo, exprobrans quia cum *f i l i i   I o n a d a b* oboedientes
essent patri suo, illi non oboedirent Deo suo. Cum autem ageret ista
Ieremias, id agebat cum populo Israel, ut pararent se ad captiuitatem
d u c e n d o s   e s s e in Babyloniam, et non resisterent uoluntati
Dei, nec sperarent aliud, nisi quia futuri essent *c a p t i u i*. ...
[942] ... Commendat nobis gratiam Dei; commendat nobis, quia nos per
nosmetipsos nihil sumus; commendat nobis, quia quidquid sumus, illius
misericordia sumus; ... Quare ergo, *c a p t i u i* ? et quare nomine
captiuitatis commendatur ipsa gratia liberatoris? Aperit, ipse dicit
apostolus: *Condelector legi Dei secundum interiorem hominem; uideo autem
aliam legem in membris meis repugnantem legi mentis meae, et captiuum
me ducentem in lege peccati, quae est in membris meis.* Ecce habes *d u -
c i   c a p t i u u m*. Quid ergo commendat iste psalmus? Quod sequitur
ibi apostolus: *Infelix ego homo, quis me liberabit de corpore mortis
huius? Gratia Dei per Iesum Christum Dominum nostrum* (Rom. 7, 22-25).
... [943] ... Primus homo *c a p t i u o s* nos fecit; secundus homo
nos de captiuitate liberauit.

245,4   A 943: Iam *c o n f u s u s   s u m*; uel non *i n   a e t e r n u m* !
... *C o n f u s i   e s t i s* in Adam: recedite ab Adam, accedite ad
Christum, et iam *n o n   c o n f u n d e m i n i*. ... Si in me *c o n -
f u n d o r*, in te *n o n   c o n f u n d a r   i n   a e t e r n u m*.

245,7   A 943: Non in mea, sed in tua; si enim in mea, ero ex illis de quibus ille ait: *Ignorantes Dei iustitiam, et suam iustitiam uolentes*

---
1 CSg: domibus residerent

constituere, iustitiae Dei non sunt subiecti (Rom. 10, 3).

245,10 A 944: Qui dicit: *I n c l i n a   a d   m e*, confitetur quia iacet tamquam aeger prostratus medico stanti.

245,13 A 944: ego enim me protegere non possum.

245,14 A 944: Quid *m u n i t i u s* ? Cum ad illum *l o c u m* confugeris, dic mihi quos aduersarios formidabis? quis insidiabitur, et perueniet ad te?

245,17 A 944: Vbi est quod ab illo fugiebas, Adam, et te inter paradisi ligna abscondebas? Vbi est quod eius faciem formidabas, ad quem gaudere consueueras? Abiisti, et periisti; captiuatus es, et ecce uisitaris, et ecce non dimitteris; et ecce dimittuntur nonaginta nouem oues in montibus, et quaeritur ouis perdita; et ecce dicitur de inuenta oue: *Mortuus erat, et reuixit; perierat, et inuentus est* (Luc. 15, 4.24). Ecce ipse Deus factus est *locus   r e f u g i i* tui, qui primo erat metus fugae tuae. ... Cum ad illum *locum* confugeris, dic mihi quos aduersarios formidabis? quis insidiabitur, et perueniat ad te? ... [945] ... Ergo *f i r m a m e n t u m   m e u m   e s   t u*, ut firmus sim in hoc saeculo aduersus omnes temptationes. Sed si multae sunt, et turbant me, *r e - f u g i u m   m e u m   e s   t u*.

245,21 A 946: Sed duo habent genera *p e c c a t o r e s* isti: alii sunt qui *l e g e m* acceperunt, alii sunt qui non acceperunt; omnes pagani *l e - g e m* non acceperunt, omnes Iudaei et Christiani *l e g e m* acceperunt. Ergo generale nomen est *p e c c a t o r*; aut *l e g i s* transgressor, si accepit *l e g e m*; aut tantummodo *i n i q u u s* sine *l e g e*, si non accepit *l e g e m*. ... Quid est, *d e   m a n u* eius? De potestate eius, ne cum saeuit, adducat ad consensionem; ne cum insidiatur, persuadeat iniquitatem. ... Noli consentire; sed si saeuit, patiens esto, tolera. Sed quis tolerat, si deserat ille qui fit *locus munitus* ? Quare ergo dico: *L i b e r a   m e   d e   m a n u   l e g e m   p r a e t e r e u n t i s   e t   i n i q u i* ? Quia non est in me ut patiens sim, sed in te qui donas *patientiam*.

Br 1087 D: Non omnes *p e c c a t o r e s* etiam *i n i q u i*. *P e c - c a t o r e s* sunt transgressores, id est, Iudaei et mali Christiani: ... *I n i q u i*, qui non credunt, ut Paulus ait: *Qui sine lege peccauerunt, sine lege et peribunt* (Rom. 2, 12).

246,2 A 947: *A   i u u e n t u t e* tua, Deus *s p e s* tua? Nonne et *a   p u e r i t i a* tua, et ab infantia tua? Plane, inquit. Nam uide quid sequitur, ...

246,5 A 947: Non tantum tempore fidei, sed et tempore speciei. Nunc enim quamdiu sumus in corpore, **peregrinamur a Domino**; per fidem enim ambulamus, non per speciem (vgl. II Cor. 5, 6-7); ueniet tempus ut uideamus quod non uisum credimus; uiso autem quod credimus, laetabimur; ... modo in infirmitate positus medicum rogas; quid, cum acceperis perfectam etiam sanitatem? quid, cum effectus fueris aequalis angelis Dei (vgl. Matth. 22,30)? iam forte istam gratiam qua liberatus es obliuisceris? Absit. *In te cantatio mea semper.*

246,8 A 947: Vnde, *tamquam prodigium* ? ... Quia credo quod non uideo. Illi enim, beati in his quae uident, exsultant in potu, in luxuria, in scortationibus, in auaritia, in diuitiis, in rapinis, in saecularibus dignitatibus, in^2 dealbatione lutei parietis; in his exsultant; [948] ambulo autem ego in uiam dissimilem, contemnens ea quae praesentia sunt, et timens etiam prospera saeculi, nec alicubi securus nisi in promissis Dei. Et illi: *Manducemus et bibamus, cras enim moriemur* (I Cor. 15, 32). ... Audi contra a me: Immo ieiunemus et oremus; cras enim moriemur.

246,15 A 948: Adesto, o Domine Iesu, qui mihi dicas: Noli deficere in uia angusta; ego prior transii, ...

246,19 A 948: In prosperis, quia consolaris; in aduersis, quia corrigis;

246,21 A 948: Quod est hoc *tempus senectutis* ? ... Respondet hic tibi Deus: Immo uero *deficiat uirtus* tua, ut in te maneat mea; ut dicas cum apostolo: *Quando infirmor, tunc potens sum* (II Cor. 12, 10). Noli timere ne proiciaris in infirmitate, in ista *senectute.* ... [949] ... Quare hoc dico?

246,23; 247,1 C 632: Redditur causa cur ad subueniendum pietas Domini debeat prouocari: quoniam debilitate captata insidiantium feruor accensus est, dum credunt facile decipi, a quo non potest defectis uiribus obuiari. Et ne crederentur leues *inimici animae suae,* dicit aduersus eos *qui custodiebant* eum, ad decipiendi scilicet studium, non ad salutis uotum.

247,8 C 633: *Deficiant detrahentes animae meae,* id est, obloquentes inaniter, qui institutum rectum mordacibus solent derogationibus oblatrare.

247,12 C 633: *Operiantur* dixit, quasi quodam uelo roseo uerecundiae eorum facies obtegantur; quod solet accidere his qui actiones

---

2 CSg: *fehlt.*

pristinas uita meliore condemnant.

247,15 A 952: Laudatus[3] est Deus in omnibus bonis factis suis,.... : nondum erat laudatus in eo quod suscitauit carnem in uitam aeternam. ... Peccauit [homo]: factum est genus humanum tamquam massa peccatorum, profluens de peccatoribus; ... sed quia liberasti et ipsum peccatorem iustificando impium, *a d i c i a m . . . t u a m*.

C 634: Nam quamuis diuinis *l a u d i b u s* nihil possit *a d i c i*, quando augmentum non recipit admiranda perfectio, tamen est quod ab hominibus possit noua praedicatione celebrari. Nam cum dixero Verbum Patris fecisse caelum et terram et omnia quae in eis sunt, perfecta Dominum deuotione laudaui. Sed cum adiunxero incarnatum esse pro salute cunctorum, *a d i e c i* cumulum *l a u d i b u s* plenis.[4]

247,18 A 953: Quid est *s a l u t e m t u a m* ? ... Domini est *s a l u s*, uana *s a l u s* hominis. *T o t a d i e* ... toto tempore. ... *T o t a* enim *d i e s* cum sua nocte est.

247,20 A 954: Quae sunt istae *n e g o t i a t i o n e s* ? Audiant negotiatores, et mutent uitam; ... [955] ... Qui sunt negotiatores, id est, quasi de actu suo sibi placentes? Qui ignorantes Dei iustitiam, et suam uolentes constituere, iustitiae Dei non sunt subiecti (vgl. Rom. 10, 3). Merito et negotium dictum est, quia[5] negat otium. Quantum mali est, quod negat otium? Merito Dominus expulit de templo illos quibus dixit: *Scriptum est, Domus mea domus orationis uocabitur; uos autem fecistis eam domum negotiationis* (Matth. 21, 13); id est, gloriantes de operibus uestris, otium non quaerentes, ... [956] ... Sed est in quibusdam exemplaribus: *Q u o n i a m . . . l i t t e r a t u r a m*. ... Quaeramus ergo *l i t t e r a t u r a m* quam *n o n c o g n o u i t* iste, in cuius *ore tota die* laus Dei est. Est quaedam *l i t t e r a t u r a* Iudaeorum: ad illos enim et hoc referamus; ... Quomodo hoc ergo inuenimus contra negotiatores, ... sic et nescio quam *l i t t e r a t u r a m* inuenimus apud Iudaeos. ... Superbia Iudaeorum praesumentium tamquam de uiribus suis et de iustitia operum suorum, gloriabatur de lege, quod ipsi legem acceperint, aliae gentes non acceperint; in qua lege, non de gratia gloriabantur, sed de littera. ... De hac littera dicit alio loco: *Littera occidit, spiritus autem*

---
3 CSg: Laudandus
4 R 152[rb]: sed *a d i c i a m l a u d e m*, quia hominem perditum redemisti.
5 CSg: quod

uiuificat (II Cor. 3, 6). ... [957] ... Merito *lex per Moysen data est; gratia et ueritas per Iesum Christum facta est* (Ioh. 1, 17)

247,26 A 958: Merito sequitur: *I n t r o i b o . . . D o m i n i*: non meam, sed *D o m i n i*.

C 635: Iste beatus, ... *i n t r o i r e* se dicit *i n p o t e n - t i a m D o m i n i*, id est, ad regna caelestia, ubi reuera peruenisse certa felicitas est.

248,3 A 958: *S o l i u s*, inquit prorsus: ibi meam non cogito. ... *I u s - t i t i a t u a* sola me liberat; mea sola non sunt nisi peccata. Non glorier ergo de uiribus meis; non in littera remaneam; reprobem *litteraturam*, id est, homines de littera gloriantes, et de suis uiribus peruerse ... praesumentes; ... [960] ... Nullam meam [iustitiam] agnosco; *s o l i u s t u a e i u s t i t i a e m e m o r a b o r*. ... Quid *m e d o c u i s t i*? Quia *t u a e s o l i u s i u s - t i t i a e m e m o r a r i* debeo.

248,6 A 960: Quis enim conuertitur ad Deum, nisi ab iniquitate? quis redimitur, nisi a captiuitate? quis autem potest dicere iniustitiam fuisse [961] captiuitatem suam, quando deseruit imperatorem, et defecit[6] ad desertorem? Imperator enim Deus, desertor diabolus: ... Credidisti quod promisit diabolus, et inuenisti quod minatus est Deus.

248,8 A 959: Propter primum hominem primi *captiui*; propter secundum hominem secundi redempti. ... Vnde enim redempti, si non antea *captiui* ? ... Ipsa est prima captiuitas nostra, qua[7] concupiscit aduersus spiritum caro (vgl. Gal. 5, 17). Venit autem hoc de poena peccati, ut homo aduersus seipsum diuideretur, qui[7] uni subdi-[960]tus esse noluit.

248,13 A 961: Quid mirabilius inter Dei [962] *m i r a b i l i a*, quam mortuos suscitare? ... Mortui sunt omnes infideles, omnes iniqui;

C 635: Vtique *m i r a b i l i a* fuerunt, ... ut ex perfido fieret deuotus, ut ex peccatore iustissimus.

248,15.18 A 963: *e t u s q u e i n s e n e c t a m e t s e n i u m*, id est, usque ad ultimum meum, nisi mecum fueris, non erit aliquid meriti mei: gratia tua semper perseueret mecum. ... *V s q u e ... s e n - i u m*, id est, usque in finem saeculi. ... Non, quomodo dicunt inimici mei, usque ad tempus erit. ... *B r a c h i u m D o m i n i*, Christus. ... [964] ... Et quid praestitit *b r a c h i u m t u u m*? Liberationem nostram gratuitam.

---

6 CSg: diuertit
7 CSg: quia

248,20 A 964: dicam[8] omni homini nascituro: Nihil es per te, Deum inuoca; tua peccata sunt, merita Dei sunt; supplicium tibi debetur, et cum praemium uenerit, sua dona coronabit, non merita tua. ... Dicam hoc *omni generationi superuenturae*, nullas uires meas, nullam *i u s t i - t i a m* meam, sed *p o t e n t i a m   t u a m   e t   i u s t i t i a m   t u a m*, ...

248,26 A 964: *Potentiam ... tuam*, usquequo? usque ad carnem et sanguinem? Immo, *u s q u e   a d   a l t i s s i m a   q u a e   f e c i s t i   m a g n a l i a*. In *a l t i s* caeli sunt; in *a l t i s* angeli sunt, Sedes, Dominationes, Principatus, Potestates: tibi debent quod sunt, tibi debent quod uiuunt, tibi debent quod iuste uiuunt, tibi debent quod beate uiuunt.

249,5 A 964: Ego autem, ait Adam miser, et in[9] Adam omnis homo, cum uolo esse peruerse *s i m i l i s   t i b i*, ecce quid factus sum, ut de captiuitate ad te clamem; ... Qui ergo bene uult inimico suo, *D e o   s i m i l i s* est: nec ista superbia, sed oboedientia est. ... [966] ... Dicatur mihi quid illi deerat in paradiso constituto, ...? Quid illi deerat, ut tangeret, nisi quia sua potestate uti uoluit, praeceptum rumpere de-[967]lectauit; ut nullo sibi dominante fieret sicut Deus, quia Deo nullus utique dominatur? ... Volui esse peruerse *s i - m i l i s   t i b i*, et factus sum *s i m i l i s* pecori. Sub tua dominatione, sub tuo praecepto uere *s i m i l i s* eram; sed homo in honore positus non intellexit; comparatus est iumentis insensatis, et *s i m i l i s* factus est illis (vgl. Ps 48, 13). Iam de simili- tudine iumentorum clama sero, et dic: *D e u s ,   q u i s   s i m i l i s   t i b i* ? ... Item, si ipse est beatitudo nostra, quid erit recedenti, nisi miseria?

C 637: Adam quippe inoboedientem protinus paradisi uoluptate priuauit; latronem confitentem ad eius amoena uelociter intromisit.

249,13 A 967: Merito, superbe serue: uoluisti enim peruerse esse *similis* Do- mino tuo, ... Sed disciplina fuit; admonitio, non desertio. Denique gra- tias agens quid dicit?

249,18 A 968: Quid doceret te? Quia resurrecturus es. ... Ergo in illo primo resurreximus; quia et Christus cum resurrexit, nos resurreximus. ... [969] ... Sed dicis mihi: Ille resurrexit; numquid ego? Sed resurrexit in eo quod pro te accepit ex te. Ergo natura tua in illo praecessit

---
8 CSg: dicant
9 CSg: *fehlt*.

te; et quod sumptum est ex te, ascendit ante te; ibi ergo et tu ascendisti. Ascendit ergo ille prior, et in illo nos, quia caro illa de genere humano.

249,23 A 969: *M u l t i p l i c a s t i   i u s t i t i a m   t u a m*, iam in credentibus, iam in illis qui primo resurrexerunt in spe. ... Ad ipsam *i u s t i t i a m* pertinet et flagellum; *quia tempus est ut iudicium incipiat a domo Dei* (I Petr. 4, 17), ait Petrus, id est, a sanctis eius. Flagellat autem omnem filium quem recipit (vgl. Prou. 3, 12; Hebr. 12, 6). *M u l t i p l i c a s t i* [970] *i u s t i t i a m   t u a m*, quia iam nec filiis pepercisti; sed quibus hereditatem aeternam seruabas, disciplina non deseruisti. ... et propter corpus in fine resurrecturum, *et de abyssis ... me.*[10]

250,3.5 A 970: *V a s a   p s a l m i*, psalterium. Sed quid est psalterium? Organum ligneum cum chordis. Quid significat? Interest aliquid inter ipsum et citharam; interesse dicunt, qui norunt, eo quod concauum illud lignum cui chordae supertenduntur ut resonent, in superiore parte habet psalterium, cithara in inferiore. Et quia spiritus desuper, caro de terra, significari uidetur per psalterium spiritus, per citharam caro. Et quia duas dixerat reductiones nostras ab *abyssis terrae*; unam secundum spiritum in spe, alteram secundum corpus in re; audi eas duas: *E t e n i m   e g o   c o n f i t e b o r   . . .   t u a m*. Hoc secundum spiritum; quid de corpore? *P s a l l a m   . . .   I s r a e l*.

250,11 A 970: Sed ne solam *a n i m a m   r e d e m p t a m* putares, in qua nunc audisti unum *iterum* (vgl. v. 20), *a d h u c   a u t e m*, inquit; quid *a d h u c* ? ... Sed quando hoc?

250,13 C 639: Nunc autem adiecit: *l i n g u a m   m e d i t a t u r a m   e s s e   i u s t i t i a m   D e i*, id est, corporis sui substantiam, quae tunc plenissime laudes Domini *m e d i t a b i t u r*, ...

A 970: *T o t a   d i e   . . .   t u a m*: id est, in aeternitate sine fine.

250,14 A 970: Quando *c o n f u n d e n t u r*, quando *e r u b e s c e n t*, nisi in fine saeculi? Duobus enim modis *c o n f u n d e n t u r*; aut cum credent in Christum, aut cum uenerit Christus.

---

10 Zu 250, 1 vgl. R 153[vb]: ... *c o n f i t e b o r   t i b i*, id est, laudabo te.

Psalm 71

250,17 A 971: Vnde intellegitur etiam ipsum uocabulum *S a l o m o n i s* ad figuratam significationem adhibitum, ut in eo Christus accipiatur. *S a l o m o n* quippe interpretatur pacificus; ac per hoc, tale uocabulum illi uerissime atque optime congruit, per quem mediatorem ex inimicis, accepta remissione peccatorum, reconciliamur Deo. ... *Dabo eis solatium uerum, pacem super pacem* (Isai. 57, 19 nach LXX); cum scilicet *paci* reconciliationis additur *pax* immortalitatis. Nam post omnia reddita quae promisit Deus, nouissimam *pacem* nos expectare debere, qua cum Deo uiuamus in aeternum, idem propheta ostendit, ...
C 647: *S a l o m o n* interpretatur pacificus. Quis est autem reuera pacificus, nisi Dominus Christus, ... ?

250,22 A 972: Dominus ipse in euangelio dicit: *Pater non iudicat quemquam, sed omne iudicium dedit Filio* (Ioh. 5, 22); hoc est ergo: *D e u s . . . d a*. Qui *r e x* etiam *f i l i u s* est *r e g i s*, quia et Deus Pater utique *r e x* est. ... More autem scripturae idem repetitur. Nam quod dixit: *i u d i c i u m   t u u m*, hoc aliter dixit: *i u s t i t i a m   t u a m*; et quod dixit: *r e g i*, hoc aliter dixit: *f i l i o   r e g i s;* ; (∿ C 648f.)

251,1 A 972: Vbi sane demonstrat populum Dei *p a u p e r e m* esse debere, id est, non superbum, sed humilem. *Beati* enim *pauperes spiritu, quoniam ipsorum est regnum caelorum* (Matth. 5, 3).

251,5 C 649: Per *m o n t e s* significari frequenter diximus apostolos et prophetas, ... Isti ergo tales *p a c e m*, id est, Christum *s u s c i p i a n t* fideli populo praedicandum. Ipse est enim Domini *p o p u l u s*, qui ei credidit et spiritali se conuersatione tractauit. ... *P a x* enim uere dicitur, qui per ipsum homo re-[650]conciliatus est Deo;

A 974: *M o n t e s* maiores sunt, *c o l l e s* minores. ... Excellenti ergo sanctitate eminentes in Ecclesia, *m o n t e s* sunt; qui idonei sunt et alios docere, sic loquendo ut fideliter instruantur, sic uiuendo ut salubriter imitentur; *c o l l e s* autem sunt illorum excellentiam sua oboedientia subsequentes. ... Excellentes quippe in Ecclesia, *p a c i* debent uigilanti intentione consulere, ne propter suos honores superbe agendo schismata faciant, unitatis compage disrupta. *C o l l e s* autem ita eos imitando et oboediendo subsequantur, ut eis Christum anteponant; ne malorum *m o n t i u m*, quoniam uidentur

excellere, uana auctoritate seducti, se a Christi unitate disrumpant.
Ideo dictum est: *S u s c i p i a n t   m o n t e s   p a c e m   p o -
p u l o.* ... [975] ... Potest et sic conuenientissime intellegi:
S u s c i p i a n t ... p o p u l o, ut *p a c e m* intellegamus
in reconciliatione qua Deo reconciliamur: *m o n t e s* quippe eam
s u s c i p i u n t   p o p u l o eius. ... Ecce quomodo *s u s c i -
p i u n t   m o n t e s   p a c e m   p o p u l o* eius. *Deus enim erat
in Christo, mundum reconcilians sibi; non reputans illis delicta eorum,
et ponens in nobis uerbum reconciliationis* (II Cor. 5, 19). In quibus,
nisi in *m o n t i b u s* qui *s u s c i p i u n t   p a c e m   p o -
p u l o* eius?

251,9 A 975: *P a u p e r e s* et *f i l i i   p a u p e r u m* iidem ipsi
mihi uidentur, sicut eadem ciuitas est Sion et filia Sion (vgl. Ps 72,
28). ... [976] ... Iam qui sint *p a u p e r e s* supra exposuimus: ...
(Vgl. A zu 251, 1)

251,11 A 976: Nullus melius quam diabolus hic *c a l u m n i a t o r* agnoscitur. Calumnia eius est: *Numquid gratis colit Iob Deum?* (Iob 1, 9) ...
H u m i l i a t u s   e s t enim, quia ille quem occiderant resurrexit, et regnum abstulit mortis;

C 650: *C a l u m n i a t o r e m* diabolum significat, ... *C a l u m -
n i a t o r* itaque est qui innocentiam alienam in reatum nititur ex-
quisita machinatione perducere;

Isidor, *Et.* VIII, 11, 18: Graece uero diabolus criminator uocatur, quod
uel crimina, in qua ipse inlicit, ad Deum referat, uel quia electorum
innocentiam criminibus fictis accusat; (= GS 245[a]; am Rande mit Isid
bezeichnet)

251,15.17 A 977: Sed per *l u n a m* significare maluit incrementa defectus-
que mortalium. Denique cum dixisset: *a n t e   l u n a m,* uolens quodammodo exponere pro qua re *l u n a m* posuerit, *g e n e r a t i o -
n e s,* inquit, *g e n e r a t i o n u m;* tamquam diceret: *A n t e
l u n a m,* id est, ante *g e n e r a t i o n e s   g e n e r a t i o -
n u m,* quae transeunt decessione et successione[1] mortalium, tamquam
decrementis incrementisque lunaribus. Ac per hoc quid melius intellegitur permanere *a n t e   l u n a m,* nisi omnia mortalia immortalitate
praecedere? Quod etiam sic non inconuenienter accipi potest, ut quod
iam[2] *humiliato calumniatore* sedet ad dexteram Patris, hoc sit permanere

---
1 CSg: accessioneque *statt* et successione (= WS 358[a])
2 CSg: quoniam *statt* quod iam

c u m   s o l e. Splendor enim aeternae gloriae intellegitur Filius;
tamquam *s o l* sit Pater, et splendor eius Filius eius, ... Ergo
humiliato calumniatore permanet *c u m   s o l e*; quia uicto diabolo
per resurrectionem, sedet ad dexteram Patris, ubi iam non moritur,
et mors ei ultra non dominabitur (vgl. Rom. 6, 9).

C 651: Hic honor sanctae incarnationis exponitur, quae permanet unita
cum Verbo; sedet enim ad dexteram Patris, **regnans in gloria sempiterna.**

251,23 C 651: Nam Dominus ille uirtutum ... uoluit leniter in utero uirginali
sine aliquo strepitu, tamquam *p l u u i a   i n   u e l l u s* agnae
d e s c e n d e r e;

A 978: Recoluit et admonuit illud quod factum est per Iudicem Gedeon,
de Christo id habere finem[3] (vgl. Iudic. 6, 36-40). Petiit quippe ille
signum a Domino, ut in area positum solum *u e l l u s* complueretur,
et sicca esset area; et rursum solum *u e l l u s* siccum esset, et
complueretur area; et ita factum est. Quod significauit, tamquam in
area in toto orbe terrarum, siccum *u e l l u s* fuisse priorem populum Israel. Idem ipse ergo Christus *d e s c e n d i t   s i c u t*
p l u u i a   i n   u e l l u s, cum adhuc area sicca esset: ... uidemus iam gratia Christi siccam remansisse gentem Iudaeorum, totumque
orbem terrarum in omnibus gentibus christianae gratiae plenis nubibus
complui. ... Quid est enim aliud *p l u u i a* quam *g u t t a e*
s t i l l a n t e s? Ideo autem illam gentem *u e l l e r i s* nomine significari puto, uel quia exspolianda fuerat auctoritate doctrinae, sicut ouis exspoliatur *u e l l e r e*; uel quia in abdito[4] eamdem *p l u u i a m* detinebat, quam nolebat praeputio praedicari, id
est, incircumcisis gentibus reuelari.

252,4 C 652: scilicet quae in modum roris summa lenitate *descendunt*. Haec
si pura mente consideres, haesitationem de partu uirginis non habebis[5].

252,6 A 979: Id quod dictum est: *t o l l a t u r*, alii interpretati sunt
a u f e r a t u r, alii uero *e x t o l l a t u r*; unum uerbum graecum sicut unicuique uisum est, transferentes, quod ibi positum est
ἀνταναιρεθῇ[6]. ... *T o l l a t u r* enim magis habet consuetudo ita

---

3 CSg: in finem
4 CSg: obaudito
5 R 155ra: *Et   s i c u t   s t i l l i c i d i a   s t i l l a n t i a   s u -*
p e r   t e r r a m, id est, aqua cae-[155rb]lestis, subaudiendum, leniter de
tectis ad *t e r r a m* fluit, ita et Christus sensim uterum genitricis
suae intrauit.
6 CSg: an thanerethe (*darunter Strich; das zweite* a *aus* e *verbessert*)

dici, ut *a u f e r a t u r* et non sit, quam ita ut altius eleuetur; *a u f e r a t u r* uero prorsus aliter intellegi non potest, nisi ut perdatur, hoc est, ut non sit; *e x t o l l a t u r* autem nihil nisi ut altius eleuetur. ... Fortassis enim hoc intellegi uoluit, ne ulterius sit mortalitas, quando *nouissima inimica destruetur mors* (I Cor. 15, 26); ... donec morte omnino deuicta atque destructa, omnis mortalitas absumatur. Sin uero uocabulo *l u n a e*, non mortalitas carnis per quam nunc transit Ecclesia, sed ipsa omnino Ecclesia significata est, quae permanet in aeternum, ab hac mortalitate liberata; ita dictum accipiendum est: ... *d o n e c   l u n a   e x t o l l a t u r*, id est, eleuetur Ecclesia, per gloriam resurrectionis cum illo regnatura, quia iam in hac gloria primogenitus a mortuis antecessit, ut sederet ad dexteram Patris;

252,11 A 980: *M a r i* quippe magno cingitur *t e r r a* qui uocatur oceanus, de quo influit quiddam exiguum in medio *t e r r a r u m*, et facit ista *m a r i a* nota nobis, quae nauigiis frequentantur. ... *a   f l u m i n e* scilicet Iordane, ...

252,14 A 980: Per *A e t h i o p e s*, a parte totum, omnes gentes significauit, eam eligens gentem, quam potissimum nominaret, quae in finibus terrae est. *C o r a m   i l l o   p r o c i d e n t*, dictum est, adorabunt eum. Et quia schismata futura erant per diuersa terrarum loca, quae inuiderent Ecclesiae catholicae toto terrarum orbe diffusae, eadem porro schismata per hominum nomina se fuerant diuisura, et, homines amando quibus auctoribus scissa sunt, gloriae Christi, quae per omnes terras est, inimicatura; ... Homo quippe audire meruit: *Terra es, et in terram ibis* (Gen. 3, 19). Hanc *t e r r a m   l i n - g e n d o*, ... contradicunt diuinis eloquiis, ... non in aliqua parte terrarum futura, sicut quaelibet schismata, sed in uniuerso mundo fructificando atque crescendo, usque ad ipsos *A e t h i o p e s*, extremos uidelicet et teterrimos hominum, peruentura. - Zu den *schismata per hominum nomina* und Notkers Namen vgl. die Zusammenstellung bei Isidor, *Et.* VIII, 5, bes. 5, 42.43.51.

252,20-23 A 981: Hoc iam non expositorem, sed contemplatorem desiderat;

252,25 A 981: Idem quippe est *p o t e n s*, ille qui superius *calumniator* est dictus (vgl. zu 251, 11); quem *p o t e n t e m* ad homines sibi subdendos et in captiuitate retinendos non uirtus eius fecit, sed humana peccata.

C 654: ... *a p o t e n t e* diabolo *l i b e r a u i t*, quem supra *calumniatorem* dixit;

253,2 A 981: Occurrebat autem: Si propter peccata homo tenebatur a diabolo, numquidnam Christo qui eruit *egenum a potente*, peccata placuerunt? Absit; sed: *P a r c e t* ipse *i n o p i e t p a u p e r i*; id est, peccata dimittet humili, ...

253,3 A 981: Cum autem addidit: *E t . . . f a c i e t*, utrumque adiutorium gratiae commendauit; et quod est in remissionem peccatorum, ... et quod est in participatione iustitiae, ...

253,3.5 A 982: Quae sunt istae *u s u r a e*, nisi peccata, quae etiam debita nominantur? *V s u r a s* autem appellatas puto, quia plus mali inuenitur in suppliciis, quam commissum est in peccatis. Nam, uerbi gratia, cum homicida corpus tantum hominis perimat, *a n i m a e* autem nocere nihil possit, ipsius et *a n i m a* et corpus perditur in gehenna. ... Ab his *u s u r i s r e d i m u n t u r a n i m a e pauperum*, sanguine illo qui fusus est in remissionem peccatorum. *R e d i m e t* ergo ab *u s u r i s*, remittendo peccata, quae debebant ampliora supplicia; *r e d i m e t* autem ab *i n i q u i t a t e*, adiuuando per gratiam etiam ad faciendam iustitiam.

253,10 A 982: quia etsi uidentur huic saeculo contemptibiles Christiani, *n o m e n e o r u m c o r a m i p s o* est *h o n o r a b i l e*, ... etsi contemptibile uidetur inimicis.

253,12 A 982: Non diceretur: *E t u i u e t*, ... nisi illa[7] uita commendaretur, in qua *iam non moritur, et mors ei ultra non dominabitur* (Rom. 6, 9). Atque ideo *e t u i u e t* qui contemptus est moriens; quoniam sicut alius propheta dicit: *Tolletur de terra uita eius* (Isai. 53, 8; vgl. Act. 8, 33). Sed quid est: *e t d a b i t u r . . . A r a b i a e* ? Nam quod inde *a u r u m* etiam ille *Salomon* accepit, in hoc psal-[983]mo figurate transiectum est in alium uerum *Salomonem*, id est, uerum pacificum; ... Sic ergo prophetatum est, etiam sapientes huius mundi in Christo fuisse credituros. Per *A r a b i a m* autem gentes intellegimus; per *a u r u m* sapientiam, quae ita excellit inter omnes doctrinas, ut *a u r u m* inter metalla;

C 655: *A u r u m A r a b i a e* prae ceteris terris fertur esse purissimum et summo splendore pretiosum. Quod bene ad sapientiam refertur,. ... De ista ergo [656] sapientia quae per *a u r u m A r a b i a e*

---

7 CSg: in illa

significatur, *d a b i t u r* Domino munus, cum ad eum deuoti purgatissimo corde peruenerint. Siue magorum munera fortasse significat, quae merito *a u r o   A r a b i a e* comparantur, quoniam puritate cordis oblata sunt.

253,17 A 983: Quid est autem: *d e   i p s o*, nisi forte quod oramus dicentes: *Adueniat regnum tuum* (Matth. 6, 10).

C 656: Hoc ad humanitatem *i p s i u s* constat referri, quando ore proprio quemadmodum oraretur instituit.

253,19 A 983: *T o t a   d i e*, id est, toto tempore, ...

253,21 A 983: Nam *s u m m a   m o n t i u m*, scripturarum diuinarum auctores, id est, per quos ministratae sunt, intellegere conuenit; in quibus utique ipse *e s t   f i r m a m e n t u m*, quoniam ad illum omnia quae diuinitus scripta sunt, referuntur. ... unde et ipse in *t e r r a m* uenit, ut ea cuncta firmaret, id est, in se monstraret impleri. *Oportebat enim*, inquit, *impleri omnia quae scripta sunt in lege et prophetis et psalmis de me* (Luc. 24, 44), id est, *i n   s u m m i s   m o n t i u m*. (∿ C 656)

253,21.25 C 656: *S u m m a   m o n t i u m* excellentiam significant prophetarum, quos frequenter diximus accipi debere pro *m o n t i b u s*.

253,25 A 983: Si autem in bono accipimus *L i b a n u m*, ... quis alius *f r u c t u s* intellegendus est, qui super hunc *L i b a n u m   e x t o l l i t u r*, nisi de quo apostolus [984] dicit de caritate sua locuturus: *Adhuc supereminentem uiam uobis demonstro* (I Cor. 12, 31)? Haec enim et in primo proponitur munerum diuinorum, ubi ait: *Fructus autem spiritus est caritas* (Gal. 5, 22);

253,25 C 656: Quia superius sanctos Dei *m o n t i b u s* comparauit, et ipse est *m o n s   m o n t i u m*; ... In *L i b a n o* siquidem (sicut saepe diximus) cedri nascuntur eximiae, summaque proceritate pollentes. Sed quid potest *f r u c t i b u s* Domini simile reperiri, a quo sancti producuntur excelsi?

254,5 C 657: ita et *f e n u m*, quia primitiuus terrae *fructus* est, uirens atque gratissimus, sanctis Domini non incongrue comparatur: ... Et inspiciendum quod dicit, *d e   c i u i t a t e   f l o r e b u n t*, non in *c i u i t a t e*, quia *d e* ista *c i u i t a t e* huius saeculi, in illa *f l o r e b u n t* beatitudine sempiterna.

254,9 A 984: Per *s o l e m* tempora significata sunt: ergo in aeternum *p e r m a n e t   n o m e n   e i u s*;

254,12 A 984: In ipso [985] quippe impletur quod promissum est Abrahae. ... Abrahae autem dicitur: *In semine tuo benedicentur omnes tribus[8] terrae* (Gen. 22, 18). (∿ C 657)

254,15 A 985: quoniam quicumque *f a c i u n t*, ipse in eis operatur, *q u i . . . s o l u s*.

254,18 A 985: ... *i n a e t e r n u m, e t i n s a e c u l u m s a e - c u l i*[9]. Quid aliud latini interpretes dicerent, qui non possent dicere, *i n a e t e r n u m, e t i n a e t e r n u m a e t e r n i*? Quasi enim aliud dictum sit, *i n a e t e r n u m*, ita sonat; sed graecus habet, εἰς τὸν αἰῶνα, καὶ εἰς τὸν αἰῶνα τοῦ αἰῶνος,[10] quod forte commodius diceretur, *i n s a e c u l u m, e t i n s a e - c u l u m s a c u l i*; ut *i n s a e c u l u m* intellegeretur, quantum hoc *s a e c u l u m* durat; *i n s a e c u l u m* autem *s a e c u l i*, quod post huius finem futurum promittitur.

254,20 A 985: Iussisti, Domine, ita *f i t*; ita *f i t*, donec illud quod coepit *a flumine*, perueniat omnino *usque ad terminos orbis terrae* (v.8).

P s a l m 72

254,23 Vgl. C 9 (*Praefatio*, caput II): In primo libro Paralipomenon (23, 1-5) legitur, cum propheta Dauid deuota Domino aetate senuisset, quatuor milia iuuenum ex israelitico populo delegisse, qui psalmos, quos **ipse** Domini aspiratione protulerat, organis, citharis, nablis, tympanis, cymbalis, tubis propriaque uoce in magnam iocunditatem supernae **gratiae** personarent.

254, 24 A 986: *H y m n i* laudes sunt Dei cum cantico: *h y m n i* cantus sunt continentes laudem Dei. ... [987] ... Tempore igitur Veteris Testamenti, fratres, promissiones a Deo nostro populo illi carnali terrenae erant et temporales. Promissum est regnum terrenum; promissa est terra illa, in quam etiam inducti sunt ab Aegypto liberati; ... [988] ... deinde post regnum acceptum, quia terrena acceperant, coeperunt merito peccatorum suorum oppugnari, expugnari, captiuari; ad extremum euersa est et ipsa ciuitas. Tales erant et illae promissiones non perseueraturae, per quas tamen figurarentur futurae

8 CSg: gentes (!)
9 CSg: et *bis* saeculi *fehlen.*
10 CSg: Iston eona ce Iston eona eonas (eona *und* ce *sowie das zweite* Iston *und* eona *durch s-förmige Striche getrennt*)

promissiones perseueraturae; ut ille omnis decursus temporalium promissionum figura esset, et quaedam prophetia futurorum. ... quia ergo defecturum erat illud regnum, per quod regnum acceptum laudabatur tunc Deus a carnalibus; ... hinc solum laudabant Deum, nondum intellegentes quid in illis figuris praesignaret et promitteret Deus; deficientibus ergo rebus pro quibus laudabat Deum populus carnalis cui regnauit ille Dauid, *defecerunt hymni Dauid*, non *Filii* Dei, sed *filii Iesse*. ... Cuius uox est psalmus? *Asaph*. ... *Asaph* synagoga interpretatur. Vox est ergo synagogae. ... [990] ... cum ergo illi pii secundum carnem adtenderent, id est, illa synagoga quae erat in bonis, pro tempore bonis, non spiritalibus, quales erant ibi prophetae, quales pauci intellectores regni caelestis aeterni;

255,6 A 991: Sed quibus?

255,7 C 660: Recordatus *Asaph* ... se ipse condemnans eructauit ueram suauemque sententiam, dicens: *Bonum* esse *Deum*, sed *his qui recto sunt corde*, id est, qui operas eius studio pietatis intellegunt. Vnde aduertitur prauis distortisque mortalibus dispositiones eius sacrilegis cogitationibus displicere.

255,9 C 661: Nam cum dicit, *paene*, cito se ad uiam ueritatis rediisse commemorat;

255,11 C 661: Et respice quia *paene effusos* dicit *gressus* suos, non lapsos; ut intellegas uigorem mentis nostrae tamquam liquidum elementum dispergi posse, cum[1] a uera cogitatione[1] coeperit discrepare.

255,9.11 A 992: sed unde *moti pedes et effusi gressus*? *Moti pedes*, ad errandum; *effusi gressus*, ad lapsum; non omnino, sed *paene*.

255,12 C 661: Secuta est causa cur *gressus* eius uiderentur *effundi*, quia peccatoribus sic fuit inuidus, ut eos grauiter ferret quietos. O incongruum zelum inuidere perituris et eos putare felices, quos aeterna certum est damnatione percelli. ... Nam cum *peccatores* uidentur locupletes, multisque dominari populis et in mundo non esse quod timeant, putantur habere *pacem*;

A 992: Quam *pacem*? Temporalem, fluxam, caducam atque terrenam[2];

---

1 CSg: cum aura cogitationis
2 R 157rb: *Quia ... iniquos*, id est, iram uel inuidiam habui. *Pacem ... uidens*, id est, prosperitatem et felicitatem.

255,15 C 661: id est, quia in *m o r t e m* citius non declinant, nec die protinus urgentur extremo;

255,17 C 661: Sequitur *e t . . . e o r u m*, subaudiendum *n o n e s t*: quoniam uel si eos hic contingat aliqua aduersitate perstringi, diutina illis non uidetur permanere tristitia;³

255,18 C 662: *H o m i n e s* hic sanctos uiros intellegamus, qui et *l a - b o r e s* in hoc saeculo sustinent et diuersarum afflictionum flagella patiuntur, ut correcti ad Dominum redire mereantur.

255,20 A 992: Adtende illos superbos, indisciplinatos; ... Quid est: *o b - t i n u i t e o s s u p e r b i a ? C i r c u m a m i c t i s u n t i n i q u i t a t e e t i m p i e t a t e s u a.*

C 662: Si dixisset amicti, esset illis forsitan uel liberum caput; sed cum dicit *o p e r t o s*, totos eos intellegimus esse demersos. *I n i - q u i t a s* enim potest esse mediocris; sed addidit *i m p i e t a - t e m*, quae malorum omnium probatur extrema.

255,25 A 993: Sunt enim mali, sed macie mali; ideo mali, quia macri, id est exiles, exigui, tabe⁴ quadam necessitatis affecti; et ipsi mali, et damnandi; ferenda est enim magis omnis necessitas, quam perpetranda aliqua *i n i q u i t a s*. Tamen aliud est de necessitate peccare, aliud in abundantia. Pauper mendicus furtum facit: ex macie processit *i n i q u i t a s*; diues abundans rebus tantis, quare diripit res alienas? Illius *i n i q u i t a s* ex macie, huius ex adipe processit. Ideo macro cum dicis: Quare hoc fecisti? ... Quare non timuisti Deum? Egestas compulit. Dic diuiti: Quare haec facis, et non times Deum? si tamen tantus es qui possis dicere. Vide si uel dignatur audire; ... Quis dicat diuiti: Male fecisti rapere res alienas? Aut forte si ausus fuerit aliquis dicere, et talis est cui non possit ille resistere, quid respondet? Totum in contemptum Dei loquitur. Quare? Quia superbus est. Quare? Quia pinguis est.

256,6 A 993: Excesserunt metas humani gene-[994]ris; homines se pares ceteris non putant.

256,9 A 995: *I n i q u i t a t e m i n a l t u m l o c u t i s u n t.* Non solum *l o c u t i s u n t i n i q u i t a t e m*; sed etiam clarę, audientibus omnibus, superbe⁵: Ego facio, ego ostendo;

---

3 R 157ʳᵇ: *E t n o n e s t f i r m a m e n t u m i n p l a g a e o r u m*, quoniam etsi flagellantur non diu durat, ...
4 CSg: *exiguitate statt exigui, tabe*
5 CSg: *fehlt.*

256,13 A 995: Non se cogitat hominem subito mori posse, ... nescit quali uase coopertus est, nescit quod scriptum est alio loco de talibus: *Exiet spiritus eius, et reuertetur in terram suam; in illa die peribunt omnes cogitationes eius* (Ps 145, 4).

C 663: S u p e r   t e r r a m utique t r a n s e u n t, qui ultra mensuram humanitatis loquuntur; et dum sint ipsi imbecillitate fragiles, tenere se immortales aestimant dignitates.

256,15 A 994: Iam ubique euangelium praedicatur: ... adtende et illum parem tuum qui induebatur purpura et bysso, et epulabatur quotidie splendide. Contigit nempe mori inopem illum, et auferri ab angelis in sinum Abrahae: ille autem mortuus est, et sepultus est; ... et cum apud inferos ille diues in tormentis esset, nonne eleuauit oculos suos, ... ? (Vgl. Luc. 16, 19-31). ... [995] ... Iam ipse *Asaph* r e u e r t i - t u r   h u c. Vidit enim ista abundare iniquis, uidit superbis; redit ad Deum, et incipit quaerere et disputare. Sed quando? Cum d i e s   p l e n i   i n u e n i e n t u r   i n   e i s. Quid est: d i e s   p l e n i ? *Cum autem uenit plenitudo temporis, misit Deus Filium suum* (Gal. 4, 4). Ipsa[6] est *plenitudo temporis*, quando uenit ille temporalia docere contemni, non habere magnum quidquid mali homines cupiunt, pati quidquid mali homines metuunt.

C 663: D i e s   p l e n i sunt, quando Christus Dominus in *plenitudine temporis*, quam propheta cecinerunt, aduenire dignatus est;

256,21 C 664: Illos quos superius *reuersos esse* memorauit, nunc ex qua cogitatione transeant euidenter exponit;

A 996: Vide per quam cogitationem transeunt. Ecce iniqui felices sunt, non curat Deus res humanas. Vere s c i t quid agamus?

256,23 A 996: Vnde enim tibi uidetur non *scire Deum*, et non e s s e   s c i - e n t i a m   i n   A l t i s s i m o ? ... non dixit: Non e s t   s c i - e n t i a   i n   A l t i s s i m o; sed quasi quaerens, haesitans, dubitans.

257,3 C 664: *Asaph* se quoque fatuis cogitationibus profitetur illusum; ... [665] ... L a u a t enim i n t e r   i n n o c e n t e s   m a n u s suas qui pias operas laudabili peragit instituto.

A 996: Hoc s i n e   c a u s a feci. Vbi est merces bonae uitae meae? Bene uiuo, et egeo[7]; et iniquus abundat.

---

6 CSg: Ipse
7 CSg: ego *statt* et egeo (= WS 366[b])

257,8 A 996: Bene seruio, et *f l a g e l l o r*; non seruit, et ornatur.
257,10 A 997: Quid est: *i n   m a t u t i n u m* ? Non differtur. Differtur impiorum; mea non differtur; illa sera, uel nulla est; mea *i n   m a - t u t i n u m*.
257,12 C 665: Iam uicina ueritate commonitus secum ipse deliberat et ad tantam rem perductus cogitatione multiplici fluctuat.
A 996: Ecce iniqui felices sunt, non curat Deus res humanas. ... [997] ... Vult homo aliquando erumpere in istam sententiam; sed reuocatur scripturis dicentibus ut semper bene uiuatur, dicentibus quia Deus curat res humanas, quia discernit inter pium et impium. Ergo et iste uolens iam istam proferre sententiam, reuocat se. Et quid ait? *S i ... s i c, e c c e g e n e r a t i o n e m f i l i o r u m t u - o r u m r e p r o b a u i. R e p r o b a u i g e n e r a t i o n e m f i l i o r u m t u o r u m, s i n a r r a b o s i c*; *g e n e - r a t i o n e m* iustorum *r e p r o b a b o*. ... Dissonui ab omnibus, si sic doceo.
257,16 A 997: Ergo ne *reprobaret*, quid fecit? *E t   s u s c e p i   c o g n o s - c e r e*. ... [998] ... Vere magnus *l a b o r, c o g n o s c e r e* quomodo et Deus curet res humanas, et bene sit malis, et laborent boni! Magna uis quaestionis! ... Verum dicis: *l a b o r   e s t   a n t e   t e*; sed *a n t e* Deum non *e s t   l a b o r*;
C 665: Reuera aestuanti laboriosum erat tantam rem lucida ueritate *c o g n o s c e r e*; ut et prosperitates peccatorum despiceret et Domini patientiam ueritatis ipsius consideratione laudaret.
257,21 C 666: Repetit enim praedictae quaestionis aliter ueritatem non potu- isse *cognoscere*, nisi legem diuinam, quod est *s a n c t u a r i u m   D e i*, contuens, intellegeret nouissima peccatorum: quoniam in futuro iudicio felicitas humana damnabitur, quae hic ad tempus florere mon- stratur[8].
257,25 A 998: quia dolosi sunt, dolos patiuntur. ... Fraudem uolunt facere generi humano in omnibus [999] nequitiis suis; fraudem et ipsi patiun- tur, ut terrena bona eligant, et relinquant aeterna.
258,3 A 999: sed in eo ipso quod *e l a t i   s u n t,   d e i e c t i   s u n t*. Sic enim *e f f e r r i*, iam cadere est: ... (∾ C 666f.)

---

8 R 158[rb]: *D o n e c . . . D e i*, subaudiendum, non possum intellegere; *d o n e c D e i*, id est, inueniam illud in scripturis prophetarum, uel ... Scriptura sacra ideo *s a n c t u a r i u m* dicitur, quia quod quaerimus ibi nobis manifestatur.

258,4 C 667: *Q u o m o d o* admirantis est, ut subito desolatus appareat, qui tanta felicitate pollebat. Desolatus, utique desertus ab illis rebus quae eum tamquam numerosa familia circuibant.

258,7 A 999: Quomodo *d e f e c e r u n t* ? ... Fac hominem in somnis uidere se inuenisse thesauros: diues est, sed donec euigilet. *V e l u - t i   s o m n i u m   e x s u r g e n t i s,* sic *d e f e c e r u n t,* quomodo *s o m n i u m* euigilantis. Quaeritur igitur, et non est: nihil in manibus, nihil in lecto.

258,11 C 667: Hic iam dicit quemadmodum in illa Ierusalem caelesti impii diuinis non possint apparere conspectibus; sed sicut in isto saeculo *i m a g i n e m* in se Domini polluerunt, ita in illa futura patria eorum effigies non uidebitur, qui in gehennae sequestratione mittendi sunt.

A 1000: Nonne digni sunt haec pati, ut Deus *i n   c i u i t a t e* sua *i m a g i n e m   i l l o r u m   a d   n i h i l u m   r e d i g a t,* quia et ipsi *i n   c i u i t a t e* sua terrena *i m a g i n e m* Dei *a d n i h i l u m   r e d e g e r u n t* ?

258,14 C 668: nunc causam reddit quia per ipsos [impios] factum fuerat, ut cor eius noxia delectatione mundanis felicitatibus inuideret. Vnde apparet grauissimum esse peccatum, quando aliquis occasionem praebuerit unde alterius conscientia polluatur;

258,17 C 668: Merito *a d   n i h i l u m   r e d a c t u s   f u e r a t,* qui talibus desideriis inhaerebat, ut peccatoribus inuidendo, auctori suo facere uideretur iniuriam. *A d   n i h i l u m* enim peruenit qui fructu uerae intellegentiae uacuatus agnoscitur. Et hoc quoque *n e s c i s - s e* se dicit. Ipsa est enim profunda ignorantia *n e s c i r e* quod pecces: ...

258,20 A 1000: Iste quasi *p e c u s   f a c t u s   e s t* desiderando terrena, quando *redactus ad nihilum non cognouit* aeterna, sed non [1001] recessit a Deo suo, quia non illa desiderauit a daemonibus, a diabolo. Hoc enim iam uobis commendaui: uox est synagogae, id est, illius populi qui non seruiuit idolis. *P e c u s* quidem *f a c t u s   s u m,* a Deo meo terrena desiderans; sed numquam recessi ab ipso Deo meo.

258,25 A 1001: *T e n u i s t i* ergo *m a n u m   d e x t e r a e   m e a e,* potestatem *d e x t e r a e   m e a e.* Quae erat *d e x t e r a   m e a* ? Quia *ego semper tecum.* In[9] sinistram habebam, quia *pecus factus sum;* id est,

---

9 CSg: Et *auf Rasur von* In

quia terrena in me fuit concupiscentia; sed *d e x t e r a   m e a*
erat, quia *semper tecum* eram. Huius *d e x t e r a e   m e a e   m a -
n u m   t e n u i s t i*, id est, potestatem rexisti. Quam potestatem?
Dedit eis potestatem filios Dei fieri (Ioh. 1, 12): coepit esse iam
inter *filios Dei*, ...

259,4   A 1001: Quid est: *i n   u o l u n t a t e   t u a* ? Non in meritis
meis. ... *Gratia Dei sum quod sum* (I Cor. 15, 10). (~ C 668f)

259,6   A 1001: Iam quo *a s s u m p t u s   e s t*, et *i n   q u a   g l o r i a*,
quis explicat? quis dicit? Expectemus hoc, quia in resurrectione
erit; ... uidit [1002] quid ibi sibi seruaretur, et cogitans, et aes-
tuans in cogitatione cuiusdam rei ineffebilis, ...

259,9   A 1002: Seruas mihi tu; sic dicam ut possum, sed date ueniam; accipite conatum meum, deuotionem nitendi; nam explicandi nulla facultas
est; seruas, inquit, mihi tu in caelo diuitias immortales, te ipsum;
et ego uolui a te in terra quod habent et impii, quod habent et mali,
quod habent et facinorosi; pecuniam, aurum, argentum, gemmas, familias;
quod habent et scelerati multi, ...

259,14 C 669: Et iure cogitatio carnalis *d e f e c e r a t*, quae se errasse
noscebat.[10] - Vgl. 258,14 - 17.

259,16 A 1002: Hoc ergo mihi est in caelo seruatum: *D e u s   c o r d i s
m e i,   e t   p a r s   m e a   D e u s   m e u s*. Quid est, fratres? Inueniamus diuitias nostras; ... Non ad tempus *p a r s   m e a*, sed
p a r s   ...   s a e c u l a. Aurum etsi semper habeo[11], quid habeo[11]?
D e u m etsi non[12] semper haberem, quam magnum bonum haberem!

259,19 A 1003: Iste ergo recessit a Deo, sed non *l o n g e*; ... Illi uero
l o n g e recesserunt, quia non solum terrena desiderauerunt, sed ea
a daemonibus et a diabolo petierunt.

C 670: Illorum memor est de quibus superius dixit: *subito defecerunt;
perierunt propter iniquitatem suam* (v. 19). - Vgl. v. 6.

259,21 C 670: *F o r n i c a r i* est a Domino, quando adulterinis cogitationibus ab eius amore casto deuiamus et luxuriam saeculi praeponentes
praeceptorum caelestium non recipimus disciplinam.

A 1003: Huic fornicationi contrarius est amor castus. ... iste ipsum

---

10 R 159[rb]: *D e f e c i t   c a r o   m e a*, id est, periit uoluntas cordis
mei mala per afflictionem carnis;
11 CSg: habebo
12 CSg: *fehlt.*

solum amat, gratis amat; quia in ipso habet omnia, quia per ipsum facta sunt omnia.

259,25 A 1003: Hoc est totum *b o n u m*. Vultis amplius? Doleo uolentes. Fratres, quid uultis amplius? Deo adhaerere nihil est melius, quando eum[13] uidebimus facie ad faciem (vgl. I Cor. 13, 12).

260,1 A 1003: Modo ergo quid? ... sed modo in peregrinatione, quia nondum uenit res, *P o n e r e   i n   D e o   s p e m   m e a m*.

260,4 A 1003: Ergo hoc fac cum hic es, id est, cum *ponis in Deo spem tuam*. Quid enim sequitur? ... *V t   . . .   l a u d e s   t u a s*; sed ubi? *I n   a t r i i s   f i l i a e   S i o n*; quia praedicatio Dei praeter Ecclesiam inanis est.

C 671: *S i o n* frequenter diximus montem esse Ierosolymis constitutum, qui nostra lingua speculatio interpretatur. Istius ergo contemplationis *f i l i a m*, catholicam esse constat Ecclesiam, ubi reuera laudes Domino reddit, qui pura mente crediderit.

P s a l m   73

260,6 A 1004: *A s a p h* latine congregatio, graece synagoga dicitur. Videamus qui intellexerit ista synagoga. ... [1007] ... Nam recolite, fratres mei, quid dictum sit a persequentibus Christum. *Si dimiserimus eum, uenient Romani, et tollent nobis et locum, et gentem* (Ioh. 11, 48). Videte quia timendo terrena perdere, regem caeli occiderunt. Perdiderunt etiam ipsa terrena; et ubi occiderunt Christum, ibi occisi sunt; ... Quando enim euersa est ciuitas Iudaeorum, Pascha celebrabant, et in multis milibus hominum tota ipsa gens conuenerat ad illius festiuitatis celebrationem. Ibi Deus, ... ita in eos uindicauit, ut perimerentur multa hominum milia, et ipsa ciuitas euerteretur. Hoc in isto psalmo plangit *i n t e l l e c t u s   A s a p h*; et in ipso planctu, tamquam *i n t e l l e c t u s* discernit terrena a caelestibus, discernit Vetus Testamentum a Nouo Testamento; ut uideas per quae transeas, quid expectes, quid relinquas, quibus haereas. Sic ergo coepit.

C 671: *A s a p h* (sicut saepe iam dictum est) interpretatur congregatio, quae nunc uocatur Ecclesia. Ista futuras clades ciuitatis Ierusalem miseranda lamentatione deplorat. Mira pietas, stupenda clementia,

---

13 CSg: *fehlt*.

260,12 A 1007: *V t q u i d   r e p u l i s t i   n o s,   D e u s,   i n   f i n e m ?   R e p u l i s t i   i n   f i n e m*: ex persona populi[1] Iudaeorum, et[1] ex persona congregationis quae proprie synagoga appellatur. ... Non reprehendit, [1008] sed quaerit: *V t q u i d*, quamobrem, propter quid hoc fecisti?

260,14 A 1008: Quare *i r a t u s   e s   s u p e r   o u e s   g r e g i s   t u i*, nisi quia terrenis adhaerebamus, et pastorem non agnoscebamus?

260,18 A 1008: Sed possedit semen Abrahae, populum Israel etiam secundum carnem natum de patriarchis, patribus nostris, quorum nos filii facti sumus, non ueniendo de carne, sed imitando fidem. ... Hanc ipsam congregationem dixit *u i r g a m   h e r e d i t a t i s*. Respiciamus ad factum primum, quando uoluit possidere ipsam congregationem, liberans illam de Aegypto, quod signum dederit Moysi, cum diceret Moyses ei: *Quod signum dabo, ut credant mihi quia tu me misisti? Et Deus ait ad illum: Quid in manu portas? Virgam* (vgl. Exod. 4, 1-4).

260,21 C 673: Nam quod dicit: *m o n t i s   S i o n,   i n   q u o   h a b i - t a s t i*, [674] Ierosolymam utique significat ciuitatem, ... ubi *h a b i t a s s e* declarat Christi Domini praesentiam corporalem, ut haec loca non sineret incurrere teterrimam uastitatem, in quibus humanis oculis apparere dignatus est.

260,24 A 1009: Quorum *s u p e r b i a m* ? A quibus euersa est Ierusalem. A quibus autem, nisi a regibus gentium? Bene *e l e u a t a   e s t   m a n u s* eius *i n   s u p e r b i a m   e o r u m   i n   f i n e m*; nam et ipsi iam Christum cognouerunt. ... immo iam in nomine [1010] Christi euenire gaudeamus.

C 674: Vbi enim amplius religionis christianae cultus effloruit quam in romana urbe, quae prae ceteris terris superstitiones sibi ante gentium uindicauit? *E l e u a t a   e s t* ergo in ipsis potentia Domini, quando *s u p e r b i a m   e o r u m* humilitatis gratia commutauit, perducens eos *i n   f i n e m*, id est, ad Dominum Saluatorem.

261,1 A 1010: In his quae *s a n c t a   t u a* erant; id est, in templo, in sacerdotio, in illis omnibus sacramentis, quae illo tempore fuerunt, ...
C 674: *I n i m i c u s* significat populum Romanorum, qui illo tempore

---

1 CSg: *fehlt*

(sicut dictum est) insignis idolorum cultor habebatur¹ᵃ.

261,5   A 1010: Mementote quod dixi (vgl. A zu 260,6), tunc euersam esse Ierusalem, cum ipsa *s o l l e m n i t a s* ageretur, in qua *s o l l e m n i t a t e* Dominum crucifixerunt: congregati saeuierunt; congregati perierunt. - Zu *azimorum* vgl. Matth. 26, 17; Marc. 14, 1.12.

261,7.9 A 1010: Habebant *s i g n a*² quae ibi *p o n e r e n t*, uexilla sua, aquilas sua, dracones suos, *s i g n a* romana; aut etiam statuas suas, quas primo in templo *p o s u e r u n* t;

C 675: *s i g n a   s u a   s i g n a,   e t   n o n   c o g n o u e r u n t*, scilicet aquilas, dracones, ceteraque quibus in proelio uti solebat romanus exercitus; aut certe statuas monimenta uictoriae, quas imperatores supra fornices portarum in suis laudibus erigebant. Sequitur etiam cum dolore dictum, *s i g n a*; ut ipsa repetitio ad uindictam celerem iustum Iudicem commoueret.

261,10 A 1010: Quid *non cognouerunt* ? Quia *non haberes in me potestatem, nisi tibi data esset desuper* (Ioh. 19, 11). ... [1011] ... Quid *non cognouerunt? S i c u t ... d e s u p e r*. Quia nisi *d e s u p e r* egrederetur iussio, numquam saeuientibus gentibus in Iudaeorum populum talia licerent.

261,12 A 1011: id est, conspiranter, constanter, ...

C 675: Quid enim exsecrabilius quam ut hoc auderent facere in penetralibus templi, quod a sacrilegis praesumitur in plateis? Sequitur alia comparationis miseranda conquestio, ut ita dicat *i a n u a s* illas templi reuerendissimi *s e c u r i b u s* comminutas, quemadmodum excisoribus *l i g n o r u m   s i l u a e* solent praebere licentiam, ubi nullus custos, nullus contrarius inuenitur³.

261,17 C 676: Crescit dolor, ubi calamitas euersionis augetur. Potuit enim *bipennis* et *ascia* sola *ligna* concidere, sed ad postremum *i g n e m* contigit simul omnia deuorare.

261,20 C 677: Hic uerba referuntur irascentium Iudaeorum, quoniam uiderant

---

1a Das Wort *christicola* ist bei den frühen christlichen Dichtern wie Prudentius sehr beliebt. Es kommt aber auch in der ersten Zeile des berühmten Ostertropus *Quem quaeritis* (in sepulcro, o christicolae?) vor. Dieser Tropus, der dem St. Galler Mönch Tuotilo († 912 oder 913) zugeschrieben wurde, ist bis heute in CSg 484, 10. Jh., erhalten. Vgl. Ernst Gerhard Rüsch, *Tuotilo, Mönch und Künstler*. St. Gallen, 1953, 43-46.

2 CSg: signa sua

3 R 160ᵛᵇ: *Q u a s i   i n   s i l u a   l i g n o r u m*, id est, sicut homines cum securibus caedunt *l i g n a* in *s i l u i s* nullo prohibente, ita illi *i a n u a s* templi absque ulla reuerentia et retractione; perseueranter et constanter id fecerunt.

euersam ciuitatem suam et Dei *sanctuaria* profanata, insipienter et
furiose dixerunt: Abiciamus legem Domini, qui nos uindicare contempsit:
... Talia enim *Asaph* ex sua persona dicere non poterat, quem praemissus
tituli *intellectus* ornabat.

261,25 A 1012: Ecce isti Iudaei qui se dicunt non a g n o s c i a d h u c,
id est, in captiuitate a d h u c se esse, nondum se liberari, expectant a d h u c Christum. Venturus est Christus, sed ueniet ut
iudex: primo uocator, postea discretor. Veniet quia uenit, et eum
uenturum esse manifestum est; sed iam desuper ueniet. ... et dicis:
E t n o s n o n a g n o s c e t a d h u c, quia uos n o n
a g n o·s c i t i s a d h u c.

262,5 C 677: Reuera *Asaph* intellegens et sanctitate praecipuus fudit pro
Iudaeis mirabilem supplicationem. ... [678] ... Clamat tamquam qui
adiutorem petit, ... dicens Domino: Quamdiu istas improperationes
sustinebis, quas Iudaeus tibi mouet incredulus?

262,8 A 1012: aut certe i n f i n e m, usque ad finem.

C 678: I n f i n e m hic significat mundi uesperam, quando gens
Iudaeorum pro maxima parte creditura est^4. - Zu *helias* und *enoch* vgl.
den *Nl* zu 200,16.

262,8.10 C 678: Quasi offenso, quasi irato Domino dicit, qui nolit peccatores
populos intueri, ut adhuc in sua uideantur perseuerare nequitia.

262,10 A 1012: Iterum aliud signum quod datum est Moysi. Quomodo enim superius
de *uirga* signum (vgl. A zu 260,18), ita et de d e x t e r a. Cum enim
illud factum esset de *uirga*, dedit Deus alterum signum: *Mitte*, inquit,
manum tuam in [1013] *sinum tuum, et misit: Produc eam, et produxit; et
inuenta est alba* (Exod. 4, 6), id est, immunda. Albor enim in cute,
lepra est, non candor (vgl. Leu. 13, 25). Ipsa enim hereditas Dei, id
est, populus eius foras ab eo missus, immundus factus est. Sed quid illi
ait? *Reuoca eam in sinum tuum: reuocauit, et reuersa est ad colorem
suum* (Exod. 4, 7). Quando hoc facis, ait *Asaph* iste? Quousque
d e x t e r a m t u a m alienas a s i n u t u o, ut foris immunda
remaneat? Reuoca eam; redeat ad colorem, agnoscat saluatorem. ... Ergo
iam *Asaph* agnosce quod praecessit, ut uel sequaris, si praecedere non
potuisti.

262,24 C 679: Quamuis hoc et de factis miraculis possit intellegi, quae coram
hominibus uisualiter cognoscitur o p e r a t u s, tamen melius hoc de

---

4 R 161rb: ... i n f i n e m, id est, usque ad praedicationem Heliae.

animarum *s a l u t e* suscipiamus, quam *o p e r a t u s e s t* praedicatione uitali. *I n m.e d i o t e r r a e*; cunctis scilicet cernen-
tibus populis, quos per *t e r r a e* uocabulum datur intellegi.
A 1013: et ego adhuc clamo quasi desertus. Ille *o p e r a t u r
s a l u t e m i n m e d i o t e r r a e*, et ego remansi *t e r r a*.
... Iam uigilant gentes; et nos stertimus, et tamquam nos Deus deseruerit,
in somnis deliramus[5].

262,24; 263,1 C 679: *C o n f i r m a u i t* enim Rubri *m a r i s* liquidas
abyssos, quando in duobus lateribus sic aqua defixa est, ut *m a r e*
nauigerum iter faceret esse terrenum. Sequitur *c o n t r i u i s t i
c a p i t a d r a c o n u m s u p e r a q u a s*. Mysterium superioris
miraculi decenter exponit, quia illa praefiguratio transitus maris Rubri
aquas sancti baptismatis indicabat, ubi *c a p i t a d r a c o n u m*,
id est, spirituum[6] immundorum perducuntur ad nihilum, quando animas quas
illi peccatorum sordibus inquinant, fons salutaris emundat.

263,3.5 A 1014: *D r a c o n u m c a p i t a*, daemoniorum superbias, a quibus
gentes possidebantur, *c o n t r i u i s t i* super *a q u a m*; quia eos
quos possidebant, tu per baptismum liberasti. Quid adhuc post *c a p i t a
d r a c o n u m* ? Illi enim *d r a c o n e s* habent principem suum, et
ipse primus est magnus *d r a c o*. ... Intellegimus *d r a c o n e s*
omnia daemonia sub diabolo militantia; quem ergo singularem *d r a c o -
n e m* cuius *c a p u t* confractum est, nisi ipsum diabolum intellegere
debemus? ... Confractum est ergo *c a p u t d r a c o n i s*; confracta
est superbia diabolica. (∿ C 679)

263,8 A 1014: Et bene per nigros; *A e t h i o p e s* enim nigri sunt. Ipsi
uocantur ad fidem, qui nigri fuerunt; ... sed ne remaneant nigri; de his
enim fit Ecclesia, cui dicitur: *Quae est ista quae ascendit dealbata?*
(Cant. 8, 5, nach LXX). ... Et quomodo acceperunt isti in *e s c a m*
draconem istum? Puto quia magis Christum acceperunt in *e s c a m*, sed
Christum quo se consummarent; diabolum quem consumerent[7]. Nam inde et
uitulus ille quem adorauit populus infidelis, apostata, quaerens deos
Aegyptiorum; unde agitatum est illud magnum sacramentum (vgl. Exod.
32, 1-20). Cum enim sic irascetur Moyses colentibus et adorantibus idolum,
et zelo Dei inflammatus uindicaret temporaliter, ut a morte sempiterna

---

5 R 161[va]: *O p e r a t u s ... t e r r a e*, ... uel dando nobis fidem, uel ...
6 CSg: spiritus
7 CSg: consumarent

deuitanda terreret; tamen ipsum caput [1015] uituli in ignem misit et
exterminauit, comminuit, in aquam sparsit, et dedit populo bibere; sic
factum est magnum sacramentum. ... Quid est hoc, nisi quia adoratores
diaboli corpus ipsius facti erant? Quomodo agnoscentes Christum, fiunt
corpus Christi, ut eius dicatur: *Vos autem estis corpus Christi et
membra* (I Cor. 12, 27)? Corpus diaboli consumendum erat, et hoc ab
Israelitis consumendum. Ex illo enim populo apostoli; ex illo prima
Ecclesia. Et dictum erat Petro de gentibus: *Macta et manduca* (Act. 10,
13). Quid est: *Macta et manduca*? Occide quod sunt, et fac quod es. Hac:
Macta et manduca; hac: comminue et bibe: utrumque tamen in eodem sacramento; quia oportebat utique, et sine dubitatione oportebat, ut corpus
quod erat diaboli, credendo transiret in corpus Christi. Sic diabolus
consumitur[8] amissis membris suis. Hoc figuratum est et in serpente
Moysi. ... Intellegatur ergo et modo corpus diaboli: hoc fit; deuoratur
a gentibus quae crediderunt, factus est *e s c a* populis *A e t h i o -
p i b u s*.

C 680: Siue[9] conuersi iam fideles *e s c a m* possunt habere diabolum,
quando per ipsius machinamenta temptationesque proficiunt; ipso enim
persequente martyres fiunt, ipso affligente patientiae munere coro-
nantur.

263,23 A 1015: *T u ... t o r r e n t e s*, ut manerent liquorem sapientiae,
ut manerent diuitias fidei, ut irrigarent salsitatem gentium, ut omnes
infideles in fidei dulcedinem sua irrigatione conuerterent. *D i s r u -
p i s t i ... t o r r e n t e s*. Forte discretum est; forte unum est,
quia [1016] *f o n t e s* tam largi fuerunt ut flumina facerent. ...
Si autem ad discretionem; in aliis fit uerbum Dei *fons aquae salientis
in uitam aeternam* (Ioh. 4, 14); alii autem audientes uerbum, et non sic
habentes ut bene uiuant, tamen non tacentes lingua, *t o r r e n t e s*
fiunt. *T o r r e n t e s* enim dicuntur proprie, qui non sunt perennes;
... Sed *t o r r e n t e s* proprie dicuntur fluuii qui aestate defi-
ciunt, aquis autem hiemalibus inundantur et currunt. Vides ergo hominem
bene fidelem, perseueraturum usque in finem, non relicturum Deum in omni
temptatione; ... Alius autem accipit uerbum, praedicat, non tacet, currit:
sed aestas probat *f o n t e m* aut *t o r r e n t e m*. Tamen ex
utroque rigetur terra, ab eo qui *operatus est salutem in medio terrae*;

263,25 A 1016: Quid interpretatur *E t h a m* ? Fortis, robustus. Quis est iste

---

8 CSg: consumetur
9 CSg: Sibi

fortis et robustus, ...? Quis, nisi ille ipse *draco*? ... Illi adhuc fortes sunt, qui de uirtute sua praesu-[1017]munt. *S i c c e n t u r* flumina eorum; non proficiant doctrinae gentium, haruspicum, mathematicorum, magicae artes;

C 680: *E t h a m* hebraea lingua fortis interpretatur, quod saepe diabolum significare iam diximus.

264,1 A 1017: Ad te pertinent spiritales, ad te pertinent carnales: illos illustras incommutabili sapientia et ueritate, illos consolaris carnis manifestatione, tamquam luna consolans noctem. *T u u s ... n o x*. Vis audire *d i e m* ? Vide si capis; erige quantum potes mentem tuam. Videamus si pertines ad *d i e m*; iam uideamus, si non palpitat aspectus tuus. Potes uidere quod audisti modo ex euangelio: *In principio erat Verbum*, ... (Ioh. 1, 1)? Non nosti enim tu cogitare uerba, nisi quae sonant et transeunt. Potes iam capere Verbum, non sonum, sed Deum? ... Capis, o carnalis? responde; capis? Non capis, adhuc ad noctem pertines; luna tibi necessaria est, ne in tenebris moriaris.

264,6 A 1018: *s o l e m*, tamquam sapientem; *l u n a m*, tamquam insipientem; non tamen deseruisti. Nam ita scriptum est: *Sapiens permanet sicut sol; stultus autem sicut luna mutatur* (Eccli. 27, 12). Quid ergo, quia *s o l* permanet, id est, quia *sapiens permanet sicut sol, stultus sicut luna mutatur*, adhuc carnalis, adhuc insipiens deserendus est? Et ubi est quod dictum est ab apostolo: *Sapientibus et insipientibus debitor sum* (Rom. 1, 14)? *T u p e r f e c i s t i s o l e m e t l u n a m*.

264,9 A 1018: Sed quomodo *f e c i t t e r m i n o s t e r r a e*, qui *operatus est salutem in medio terrae* (v. 12)? - Vgl. 262, 24.

C 681: Non incongrue *t e r m i n o s t e r r a e* dicimus omnes apostolos et prophetas. Nam sicut termini agrorum fines distingunt, ita et praedicatores Christi uerae fidei iura custodiunt. - Zum zweiten Bibelzitat vgl. Rom. 12, 3.

264,16 A 1018: Feruentes spiritu (vgl. Rom. 12, 11) *a e s t a s* est. *T u*, inquam, *f e c i s t i* spiritu feruentes; *t u f e c i s t i* et nouellos in fide; *u e r* est. ... Non glorientur quasi non acceperint: *t u f e c i s t i e a*.

264,19 C 681: Reddit causam, cur enumeratio illa praemissa sit; scilicet, ut qui facere consueuit magna, Iudaeis quoque delinquentibus miseratus indulgeat.

A 1004 (zu v. 1): Non secundum hoc dico, quod et nos Israelitae sumus, quia et nos semen Abrahae sunt; ... [1005] ... Sed illo modo hic intellegamus Israelitarum uocem, quomodo dixit apostolus: *Nam et ego Israelita sum ex semine Abrahae, tribu Beniamin* (Rom. 11, 1). Hic ergo intellegamus quod prophetae dixerunt: *Reliquiae saluae fient*[10] (Rom. 9, 27). Reliquiarum itaque saluatarum audiamus hic uocem; ut loquatur synagoga, quae acceperat Vetus Testamentum, et intenta erat in promissa carnalia; ... [1006] ... Sed *lex ipsa per Moysen data est; gratia et ueritas per Iesum Christum facta est* (Ioh. 1, 17): *gratia*, quia impletur per caritatem quod per litteram iubebatur; *ueritas*, quia redditur quod promittebatur. Hoc ergo intellexit *Asaph* iste.

A 1018: O *Asaph*, dole in *intellectu*[11] pristinam caecitatem tuam! ... Populus imprudens tunc *Asaph*; sed non *intellectus Asaph* tunc.

264,26 A 1018: Dictum est Christo in gente sua: *Peccator est iste; non nouimus unde sit: nos nouimus Moysen*[12], *illi locutus est Deus; iste Samaritanus est* (Ioh. 9, 24.29; 8, 48).

265,3 C 681: Illorum uerborum meminit, quae superius dixit: *Venite, comprimamus omnes dies festos Domini a terra* et cetera (v. 8).

265,6 A 1019: Sed quid tu, *Asaph*, iam *in intellectu*? *N e ... a n i m a m   c o n f i t e n t e m   t i b i*. Agnosco, inquit *Asaph*, quia, sicut in alio psalmo dicitur: *Peccatum meum cognoui, et facinus meum non operui* (31, 5). Quare? Quia locutus est Petrus mirantibus linguas Israelitis, quoniam ipsi occiderunt Christum, cum propter illos missus sit Christus. *Hoc audito, compuncti sunt corde, et dixerunt ad apostolos: Quid ergo faciemus? dicite nobis. Et apostoli: Agite paenitentiam, et baptizetur unusquisque uestrum in nomine Donimi Iesu Christi; et dimittentur uobis peccata uestra* (Act. 2, 37-38). ... Noli, inquit, dare diabolo et angelis eius *a n i m a m   c o n f i t e n t e m   t i b i*.

265,12 A 1019: iam modo non constituimus iustitiam nostram, sed agnoscimus gratiam tuam; *p a u p e r e s* sumus, exaudi mendicos tuos. Iam non audemus oculos ad caelum leuare, sed percutientes pectus nostrum dicimus: *Domine, propitius esto mihi peccatori* (Luc. 18, 13).

265,14 A 1020: Redde quod promisisti: tabulas tenemus, hereditatem expectamus. ... non illud uetus; non propter terram Chanaan rogo; ... *R e s p i c e ... t u u m*, quo[13] promisisti regnum caelorum.

265,17 A 1020: ... *d o m o r u m   i n i q u a r u m*: quia corda habebant

---

10 CSg: fiunt
11 CSg: intellectum *statt* in intellectu (*vgl. aber A zu 265, 6*)
12 CSg: moysen nouimus (!)
13 CSg: quod

iniqua. *D o m u s* nostrae, corda nostra; ibi libenter habitant
beati mundo corde. Respice ergo ... tuum, et reliquiae saluae fiant
(vgl. Rom. 9, 27); quia multi qui adtendunt ad *t e r r a m, o b s c u-
r a t i s u n t*, et *r e p l e t i s u n t t e r r a*. Intrauit in
oculos eorum puluis, et excaecauit eos, et facti sunt puluis quem
proicit uentus a facie terrae (vgl. Ps 1, 4).

C 682: *q u i a ... o b s c u r a t i s u n t*, id est, peccatores
qui ignorantiae obscuritate demersi sunt; ... [683] ... *R e p l e t i*
enim fuerant *i n i q u i t a t i b u s* et necesse erat ut eos seque-
retur obscuritas, qui merito tenebris comparantur, quoniam lumen
sapientiae perdiderunt.

265,25 A 1020: Illos [*obscuratos*] enim superbia *c o n f u d i t*. ... Qui sunt
pauperes spiritu (vgl. Matth. 5, 3)? *H u m i l e s*, trementes uerba
Dei, confitentes peccata sua[14];

266,2 A 1020: Videtis, fratres, quam debeat dulcis esse paupertas; uidetis
pauperes et *i n o p e s* pertinere ad Deum; sed pauperes spiritu,
quoniam ipsorum est regnum caelorum (vgl. Matth. 5, 3).

266,3 C 683: Post cuncta quae dixit, nunc facit Iudicis *c a u s a m*; ut eum
efficacius commoueret, cui negotii sui qualitas intimatur. Nunc ad
ipsum Dominum uerba conuertit, expetens ut *c a u s a m* suam contra
illos diiudicet, qui non desinunt prauis murmurationibus insonare.
A 1021: Desertus enim uideor, quia nondum accepi quod promisisti; et
factae sunt mihi lacrimae meae panis die ac nocte, dum dicitur mihi
quotidie: Vbi est Deus tuus? (vgl. Ps 41, 4) Et quia non possum osten-
dere Deum meum, quasi inane sequar, insultatur mihi. ... ostendam quod
non uident? Non possum; non enim propter illos Deus uisibilis debet fieri. ... Videat qui potest, credat qui non potest, esse Deum. Etsi uidet
qui potest, numquid oculis uidet? Intellectu uidet, corde uidet. ...
[1023] ... Quoniam in te credidi, non peream; quia credidi quod non uidi,
spe mea non fallar, accipiam quod promisisti.

266,9 A 1023: Non enim uenturus est ad iudicium, nisi qui exsurrexit a mortuis.
... Adhuc enim insultatur Christo; nec deerunt *t o t a d i e*, hoc est,
usque in finem saeculi, uasa irae (vgl. Rom. 9, 22). Adhuc dicitur:
Vana praedicant Christiani; adhuc dicitur: Inanis est resurrectio mortuorum.

---

14 R 162[vb]: *N e a u e r t a t u r h u m i l i s*, id est, ne abiciatur a te
quilibet qui ex superbo factus est *h u m i l i s*. Factus *c o n f u s u s*,
subaudiendum, *c o n f u s u s* ne abiciatur qui erubescit de peccatis.

C 683: Sequitur: *m e m o r ... t u o r u m*, illorum scilicet quae superius dicta sunt: *Iam non est propheta, et nos non cognoscet amplius* (v. 9).

266,12 A 1023: Ingemiscentium, et expectantium iam quod promisisti de Nouo Testamento, et ad ipsam fidem ambulantium, *n e o b l u i s c a r i s u o c e m d e p r e c a n t i u m t e*. ... Noli et eorum superbiam *o b l i u i s c i*. Nec *o b l i u i s c i t u r*: omnino aut punit, aut corrigit.

P s a l m 74

266,15 CSg 27, 309: *I n f i n e m*, id est, in Christum. (∿ C 685)

A 1024: Quid est: *n e c o r r u m p a s* ? Quod promisisti, exhibe. Sed quando? *I n f i n e m*. Illuc ergo mentis oculus dirigatur; *i n f i n e m*: omnia quae in uia occurrerint, transeantur, ut perueniatur *i n f i n e m*. ... Cum ille *f i n i s* uenerit, ubi omnes qui modo in Domino sperant gaudeant, tunc illis ueniet sine *f i n e* tristitia.

266,20 A 1025: Noli antequam *c o n f i t e a r i s i n u o c a r e*; *c o n f i t e r e*, et *i n u o c a*. ... *c o n f i t e n d o* enim mundas templum quo ueniat *i n u o c a t u s*. ... [1026] ... Dixi quare ante inuocationem praecedit confessio; quia quem *i n u o c a s*, inuitas. Venire autem non uult *i n u o c a t u s*, si tu fueris elatus: elatus si fueris, *c o n f i t e r i* non potueris;

266,23 A 1026: *Confessus* exinaniuit se malis, *inuocans* impleuit se bonis, *e n a r r a n s* eructauit quo se impleuit.

266,25 A 1027: Quando *i u d i c a b i t i u s t i t i a s* ? *C u m a c c e p e r i t t e m p u s*. Nondum est ipsum *t e m p u s*. ... *Misericordiam et iudicium cantabo tibi, Domine*, dicitur in psalmo (100, 1). ... modo *misericordiam*, postea *iudicium*; in qua *misericordia* peccata donantur, in quo *iudicio* peccata puniuntur. ... [1028] ... Dicit in illo ista et corpus eius; non enim sine illis *i u d i c a b i t*; ... Ergo totus Christus dicit, id est, caput et corpus in sanctis: ...

HT 49: Nunc enim non est iudex, sed erit: ... *T e m p " s* enim *i u d i c i i* reseruatum est. In praesenti non est *i u d i c i u m*, sed certamen. (= Br 1097 C)

267,2   C 687: Dicit Dominus ante aduentum suum *t e r r a m* esse genus humanum, quod ab illa soliditate ueritatis in peccatorum labe resolutum est;

A 1028: Si *d e f l u x i t   t e r r a*, unde *d e f l u x i t* nisi peccatis? Ideo et delicta dicuntur. Delinquere est, tamquam de liquido quodam *d e f l u e r e* a stabilitate firmamenti uirtutis atque iustitiae. Cupiditate enim inferiorum quisque peccat; sicut roboratur caritate superiorum, sic deficit, et quasi liquescit cupiditate inferiorum.

267,5   A 1028: Ipsa utique *terra defluxit* in *h a b i t a n t i b u s* se. Expositio[1] est consequens, non additio.

267,7   A 1028: Inueni, inquit, *t e r r a m* peccatricem; et quid feci? ... *C o l u m n a s* apostolos dicit; ... Et quid essent illae *c o l u m - n a e*, nisi ab illo firmarentur? quia quo-[1029]dam terrae motu etiam ipsae *c o l u m n a e* nutauerunt; in passione Domini omnes apostoli desperauerunt. Ergo *c o l u m n a e* illae quae passione Domini nutauerunt, resurrectione firmatae sunt. Clamauit initium aedificii per *c o l u m n a s* suas, et in eis omnibus *c o l u m n i s* architectus ipse clamauit. ... audiamus quid clamauerit per *c o l u m n a s* has. (∿ C 687)

C 687: Et respice uerborum aptissimam contrarietatem. *Liquefactae* enim *terrae, c o n f i r m a t a e   c o l u m n a e* merito subuenire potuerunt.

267,11 A 1029: Medicus enim uenerat, et ideo non ad sanos uenerat: *Non est*, inquit, *opus sanis medicus, sed male habentibus; non ueni uocare iustos, sed peccatores ad paenitentiam* (Matth. 9, 12-13). Ergo, *D i x i   i n i q u i s: N o l i t e   i n i q u e   f a c e r e*. Non audierunt: Olim enim nobis dictum est; non audiuimus, lapsi sumus, mortales facti, mortales geniti: *defluxit terra*. Audiant uel modo, ut surgant, medicum[2] qui uenit ad languidum; quem noluerunt audire sani, ut non caderent; audiant iacentes, ut surgant.

267,14 A 1029: Si *fecistis iniquitatem* [1030] per cupiditatem, *n o l i t e* eam defendere per elationem; confitemini, si *fecistis*. Qui enim non confitetur, et iniquus est, *e x a l t a t*[3] *c o r n u*.

267,18 A 1030: Quid solent homines dicere? Vere iudicat Deus de rebus humanis?

---

1 CSg: Exposita
2 CSg: ad medicum
3 CSg: *davor & übergeschr.* (!)

et est illud iudicium Dei? aut uero curat quid agatur in terra? Tam multi iniqui redundant felicitatibus; innocentes premuntur laboribus! ... unde argumentatur *a d u e r s u s   D e u m* ? Quia non potest dicere: Iustus sum, quid putamus eum dicere? Sunt peiores iniqui, et tamen ista non patiuntur. Haec est *i n i q u i t a s* quam *l o q u u n - t u r* homines *a d u e r s u s   D e u m*.

267,23 A 1031: *Iniquitatum* tuarum iudex Deus est. Si Deus est, ubique praesens est. Quo te auferes ab oculis Dei, ut in parte aliqua *loquaris* quod ille non audiat? Si *a b   o r i e n t e* iudicat Deus, secede in *o c c i - d e n t e m*, et dic quidquid uis *aduersus Deum*; si *a b   o c c i d e n - t e*, uade in *o r i e n t e m*, et ibi *loquere*; si *a   d e s e r t i s   m o n t i u m* iudicat, uade in medium populorum, ubi tibi submurmures. ... Vide quid agas. ... Noli ergo cogitare Deum in locis; ille tecum est talis, qualis fueris. ... [1032] ... Quare?

268,2 A 1032: Si in aliquo loco esset, non esset Deus; quia uero Deus iudex est, non homo, noli illum expectare de locis.

268,4 A 1032: humiliat superbum, exaltat humilem (vgl. Luc. 1, 53f.). ... [1033] ... Quod figuratum est nobis in euangelio per duos homines, pharisaeum et publicanum, hoc latius accipientes, intellegamus duos populos, Iudaeorum et gentium: Iudaeorum populus, pharisaeus ille; gentium populus, publicanus ille[4].

268,6 A 1033: *I n   m a n u* autem *D o m i n i*, est in potestate Domini: *m a n u s* enim Dei potestas Dei commendata est. ... *m e r u m* propter sinceritatem, *m i x t u m* propter faecem. ... *C a l i x   u i n i   m e r i   p l e n u s   m i x t o* uidetur mihi esse lex quae data est Iudaeis, et omnis illa scriptura Veteris quod dicitur Testamenti, ibi sunt pondera omnium sententiarum. Nam ibi Nouum Testamentum absconditum latet, tamquam in faece corporalium sacramentorum. Circumcisio carnis magni sacramenti res est, et intellegitur inde circumcisio cordis. Templum illud Ierusalem magni sacramenti res est, et intellegitur ex eo corpus Domini. Terra promissionis intellegitur regnum caelorum. Sacrifi-[1034]cium uictimarum et pecorum magnum habet sacramentum; sed in omnibus illis generibus sacrificiorum intellegitur unum illud sacrificium et unica uictima in cruce Dominus; pro quibus omnibus sacrificiis unum nos habemus, quia et illa figurabant haec, id est, illis haec figurabantur.

---

4 Vgl. R 164[ra]: Quoniam Deus est, *h u n c   h u m i l i a t*, id est, populum Iudaeorum, *e t   h u n c   e x a l t a t*, id est, populum gentilem.

268,15 A 1034: *i n c l i n a u i t   e x   h o c   i n   h u n c*, id est, a
Iudaico populo in gentilem populum. Quid *i n c l i n a u i t* ?
Legem; eliquatus est inde spiritalis intellectus;

268,18 A 1034: *u e r u m t a m e n   ...   e x i n a n i t a*, quia omnia sacramenta carnalia apud Iudaeos remanserunt[5].

268,20 A 1034: Qui *p e c c a t o r e s   t e r r a e* ? Iudaei erant quidem *p e c c a t o r e s*, sed superbi; gentiles autem erant *p e c c a t o r e s*, sed humiles: *O m n e s   p e c c a t o r e s   b i b e n t*; sed uide qui *faecem*, qui *uinum*.

268,22 A 1034: *E g o   a u t e m*: nam *omnes bibunt*, sed seorsum *e g o*, id est, Christus cum corpore suo, *i n   s a e c u l u m   g a u d e b o; p s a l l a m   D e o   I a c o b*: promissione illa futura[6] in fine, de qua dicitur[6]: *Ne corrumpas* (v.1).

268,24 A 1035: *C o r n u a   p e c c a t o r u m*, dignitates superborum; *c o r n u a* iusti, munera Christi; per *c o r n u a* enim sublimitates intelleguntur.

P s a l m   75

268,26 C 691: *A s s y r i i* dirigentes interpretantur, qui iam fidei regulis docti, rectis semitis ambulare contendunt. Hos alloquitur *A s a p h*,
...

269,2 A 1035: alibi ergo ignotus. *N o t u s* est autem reuera in *I u d a e a* Deus, si intellegant quid sit *I u d a e a*. ... [1036] ... In his duodecim erat tribus Iuda, unde reges erant. ... De tribu autem Iuda uenit Dominus noster Iesus Christus. ... [1037] ... Itaque ipso iam ueniente Domino, euersum est regnum Iudaeorum, et sublatum est ex Iudaeis. Modo non habent regnum, quia nolunt cognoscere uerum regem. ... Et ait illis Pilatus: *Regem uestrum crucifigam*? Et illi: *Nos non habemus regem, nisi Caesarem* (Ioh. 19, 15). ... [1038] ... *I u d a e a* confessio interpretatur; ... Deum uis uidere? Prius confitere tu, et sic in teipso *fit locus* Dei; (~ C 691f.)

269,7 A 1038: Quia ergo Iudaei uiderunt Christum, et crucifixerunt, non uiderunt Deum; gentes autem quia non uiderunt, et crediderunt,

---

5 R 164[va]: Superficies litterae non est euacuata, quia Iudaei carnaliter adhuc eam intellegunt.
6 CSg: futura, de qua dicitur in fine (!)

intellexerunt Deum. ... Quis enim dicitur *I s r a e l*[1] ? Videns Deum.
Et quomodo illi uiderunt Deum, inter quos ambulauit in carne, et cum
putarent hominem, occiderunt? ... Illi ergo digni sunt *I s r a e l*
dici, qui meruerunt Christum intellegere Deum in carne positum, ...
(∿ C 692)

C 692: Amiserunt ergo et istud *n o m e n*, qui maiestati eius nequaquam
credere uoluerunt. ... Ad illos ergo (ut diximus) hic psalmus loquitur,
qui uero lumine radiati a perfidorum iniquitate discreti sunt: quibus
reuera *m a g n u m n o m e n* est Domini, quando eum puro corde confitentur *Regem regum et Dominum dominantium* (Apoc. 19, 16).

269,12 A 1038: quomodo enim non cum illo litigas, qui [1039] quod illi displicet
laudas? ... Litigas cum Deo: non fecisti illi *l o c u m* in corde tuo,
quia *i n p a c e l o c u s e i u s*. ... Incipite adiungi Deo. Quomodo? Vt hoc uobis displiceat quod et illi displicet. ... [1040] ...
S i o n interpretatur contemplatio. ... Contemplabimur enim Deum facie
ad faciem (vgl. I Cor. 13, 12). ... [1041] ... *F a c t u s ... S i o n*:
id est, in contemplatione quadam et speculatione *f a c t a e s t
h a b i t a t i o e i u s i n S i o n*.

C 692: *P a x* enim uera est concordantiam habere cum moribus probis[2] et
litigare cum uitiis. ... [693] ... *S i o n* (sicut saepe diximus) mons
est Ierosolymis constitutus, cui nominis interpretatio est speculatio,
per quam Deus fidelium corde prospicitur.

269,17 A 1039: Adhuc enim habes aduersum te bellum. ... in te ex teipso est
flagellum tuum; sit rixa tua tecum. Sic uindicatur in rebellem [1040]
aduersus Deum, ut ipse sibi sit bellum, qui *pacem* noluit habere cum Deo.
... Propterea non dixit apostolus: *Non sit peccatum in uestro mortali
corpore*; nouit enim quia quamdiu *mortale* est, est ibi *peccatum*; sed quid
ait? *Non ergo regnet peccatum in uestro mortali corpore* (Rom. 6, 12).
Quid est: *non regnet*? Ipse exposuit: *Ad oboediendum*, inquit, *desiderium
eius* (ebda). Sunt *desideria*, exsistunt *desideria*; non tu obaudis *desideriis* tuis, non sequeris ipsa *desideria*, non illis consentis; est tibi
peccatum, sed amisit regnum, quando iam in te *non regnat peccatum*; postea
inimica nouissima destruetur mors (vgl. I Cor. 15, 26). ... Viuificatis
ergo corporibus nostris, erit *pax* uera ubi *locus* est Dei. ... [1041] ...
Vbi *c o n f r e g i t* ? In illa *pace* aeterna, in illa *pace* perfecta.

---

1 CSg: Deus Israel
2 CSg: *fehlt*.

269,25 A 1041: Qui sunt *montes aeterni*? Quos ipse fecit *aeternos*; qui sunt *montes* magni, praedicatores ueritatis. Tu *illuminas*; sed *a montibus aeternis*; primi magni *montes* excipiunt lucem tuam, et a luce tua quam suscipiunt *montes*, uestitur et terra. Sed illi magni montes exceperunt apostoli;

C 693: *a montibus aeternis*, id est, praedicatoribus, qui uere *montes aeterni* sunt, quia perpetua et incommutabili sublimitate consistunt. ... *Illuminare* dixit Dominum per *montes aeternos*, quia ipse prophetis atque apostolis dedit, quod per totum mundum praedicatione sancta uulgatum est.

270,1 A 1043: Praedicata est ueritas, dicta est aeterna uita; dicta est esse alia uita quae non est de ista terra: contempserunt homines uitam praesentem, et amauerunt uitam futuram, *illuminati* per *montes illuminatos*. *Insipientes* autem *corde conturbati sunt*. (∿ C 694)

270,4 A 1043: Amauerunt praesentia, et *dormierunt* in ipsis praesentibus; et sic illis facta sunt ipsa praesentia deliciosa, quomodo qui uidet per somnium *inuenisse* se thesauros, tamdiu diues est, quamdiu non euigilet. ... Tales sunt et isti: uenerunt in hanc uitam, et per cupiditates temporales quasi obdormierunt hic, et exceperunt illos *diuitiae* et uanae pompae uolaticae, et transierunt; non intellexerunt quantum inde boni posset fieri. Nam si nossent aliam uitam, illic sibi thesaurizarent quod hic erat periturum; ... [1044] ... *Dormierunt* in cupiditatibus suis; delectat illos, transit *somnus* iste, transit uita ista, et *nihil inueniunt in manibus suis*, ...

270,11 A 1044: Qui sunt: *qui ascenderunt equos*? Qui humiles esse noluerunt. Non in *equis* sedere peccatum est; sed ceruicem potestatis contra Deum erigere, et putare se in aliquo honore esse. Quia diues es, ascendisti; increpat Deus, et dormis.

C 694: Sed qui sint isti qui *dormitauerunt*, consequenter exponit: *qui ascenderunt equos*, id est, qui in superbiam crescentes, quasi *equis* currentibus mundi istius illecebras peruagantur.

270,14 C 695: *Tunc* enim dicit, id est, tempore iudicii, qui etiam dies *i r a e* dicitur et furoris, ...?³

270,17 C 695: *T e r r a* (sicut saepe dictum est) hic significat corpulentos et grauissimos peccatores, qui diuinae sententiae auctoritate damnandi sunt. Hi tremefient, cum audierint: *Ite in ignem aeternum* (Matth. 25, 41). *Q u i e s c e n t*, cum in perpetua damnatione recipiuntur. Sed quies ista sine requie est: *q u i e s c u n t* enim a malis operibus, sed in supplicio non *q u i e s c u n t*, quippe qui aeterna flamma cruciandi sunt.

270,20 C 695: Et ne *iudicium* illud ad solam damnationem malorum crederes esse faciendum, addidit, *u t ... q u i e t o s   t e r r a e*.
WS 386ᵃ: *Beati   m i t e s* (Matth. 5, 4), qui non solum non damnabuntur, sed saluati possidebunt *t e r r a m*.

270,25 A 1046: *Q u o n i a m ... s o l l e m n i a   c e l e b r a b u n t   t i b i*. Prima *c o g i t a t i o*; posteriores, *r e l i q u i a e   c o g i t a t i o n i s*. Quae est *c o g i t a t i o* prima? Vnde incipimus: bona illa *c o g i t a t i o* unde incipies *c o n f i t e r i*. Confessio adiungit nos Christo. ... [1047] ... Quae erant *r e l i - q u i a e   c o g i t a t i o n i s*? Quando ait: *Et peccatum meum ante me est semper* (Ps 50, 5).

C 696: *R e l i q u i a e   c o g i t a t i o n u m* sunt, post effusas lacrimas et assiduam contritionem cordis, praeteritorum criminum recordata pernicies.

271,4 WS 386ᵇ: *Melius est* enim *non uouere*, ait scriptura, *quam post uotum promissa non reddere* (Eccle. 5, 4).

271,6 A 1050: Hoc interim quod Deus admonet dicam uobis, quid ex his uerbis mihi ipse inspirare dignatus sit; si melius aliquid postea uisum fuerit, et hoc uestrum est quia communis est omnibus ueritas. Non est nec mea, nec tua; non est illius, aut illius: omnibus communis est. Et fortasse ideo media est, ut *i n   c i r c u i t u   e i u s* sint omnes qui diligunt ueritatem. Quidquid enim omnibus commune est, in medio est. ... *O f f e r e n t u r   m u n e r a   t e r r i b i l i*; timeant ergo *o m n e s   q u i   i n   c i r -* [1051] *c u i t u   e i u s   s u n t*. ... Tu cum feceris tibi eum quasi proprium, et iam non communem, extolleris in superbiam, cum scriptum sit: *Seruite Domino in timore, et exultate ei cum tremore* (Ps 2, 11). Ergo *o f f e r e n t   m u n e r a   q u i   i n   c i r c u i t u   e i u s   s u n t*; ipsi enim humiles sunt,

---
3 R 166ʳᵇ: *E t   q u i s   r e s i s t e t   t i b i*, subaudiendum, in die iudicii?

qui communem norunt esse omnibus ueritatem. Cui *o f f e r e n t m u -
n e r a*[4] ?

C 697: Isti sunt *o m n e s* quibus dixit: *uouete et reddite*, ... eis qui
altari eius *m u n e r a* reddere catholica institutione festinant. *I n
c i r c u i t u* quippe res agitur, cum *m u n e r a* fidelium sacra-
tissimis altaribus *o f f e r u n t u r*. Nam quod ait, *t e r r i b i l i*,
specialiter respicit ad deuotos, quibus etiam suauis esse dignoscitur,
sicut legitur: *Seruite Domino in timore et exultate ei cum tremore*
(Ps 2, 11).

271,10 A 1051: *S p i r i t u s* enim *p r i n c i p u m*, superbi sunt *s p i -
r i t u s*. ... Ergo illi omnes humiles sint necesse est: perdiderunt
s p i r i t u m suum, et *S p i r i t u m* Dei habent. A quo perdiderunt *s p i r i t u m* suum? Ab illo *q u i a u f e r t s p i r i t u m
p r i n c i p u m*;

271,12 A 1051: *T e r r i b i l e s* sunt *r e g e s*[5] *t e r r a e*; sed ille
super omnes, qui terret *r e g e s t e r r a e*. Esto *r e x t e r r a e*,
et erit tibi *t e r r i b i l i s* Deus. Quomodo, inquies, ero *r e x
t e r r a e* ? Rege *t e r r a m*, et eris *r e x t e r r a e*. ... Audi
apostolum regentem *t e r r a m*: *Non sic pugillor, quasi aerem uerberans;
sed castigo corpus meum, et in seruitutem redigo, ne forte aliis praedicans, ipse reprobus efficiar* (I Cor. 9, 26-27).

P s a l m 76

271,14 A 1052: *I d i t h u n* interpretatur transiliens eos; *A s a p h*
interpretatur congregatio. Loquitur hic ergo congregatio transiliens,
ut perueniat ad *f i n e m* qui est Christus Iesus. (∿ C 698) Quae
sint itaque transilienda, ut ad illum *f i n e m* peruenire possimus,
ubi iam quod transiliamus non habebimus, psalmi textus ipse demonstrat.

271,19 C 699: Repetit: *e t u o x m e a a d D e u m*, subaudiendum, peruenit.
A 1053: Quisquis ergo pro alia re qualibet *c l a m a t a d D o m i -
n u m*, nondum est transiliens. ... Vere tunc tibi *a d t e n d i t*,
quando ipsum quaeris, non quando per ipsum aliud quaeris. ... Ad illum
c l a m a r e non cessauerunt; et tamen *Dominum non inuocauerunt*
(Ps 13, 5). Quid est: *Dominum non inuocauerunt? Dominum* in se non uocau-

---
4 CSg: ueritatem cui offerent munera.
5 CSg: *fehlt*.

erunt: ad cor suum *Dominum* non inuitauerunt;

271,24 A 1054: Vis esse transiliens? *In die tribulationis tuae Deum exquire*: non per *Deum* aliud, sed ex *tribulatione Deum*; ut ad hoc *Deus* remoueat *tribulationem*, ut securus inhaereas *Deo*. ... at uero ille transiliens, totam uitam istam *tribulationem* suam reputat. ... Quomodo enim non sit *tribulatio* uita ista, rogo uos? quomodo non sit *tribulatio*, quae dicta est tota temptatio? Habes scriptum in libro Iob: *Numquid non temptatio est uita humana super terram?* (Iob. 7, 1) ... Ipsa *uita temptatio est*; si ergo *temptatio*, utique *tribulatio*.

272,3 A 1054: Quid est: *manibus meis*? Operibus meis. ... [1055] ... Quid est: *nocte*? In hoc saeculo. ... Quid est: *coram ipso*? *Nolite facere iusti-*[1056]*tiam uestram coram hominibus, ut uideamini ab eis, alioquin non habebitis mercedem apud Patrem uestrum* (Matth. 6, 1). (~ C 699)

C 699: Ille reuera *non decipitur*, cui[1] promissa complentur.

272,8 A 1056: Tantum taedium hic me occupauit, ut contra omnem consolationem clauderet se *anima mea*. ... Prope absorbuerat eum taedium, tristitiaque eum omnino irreparabiliter merserat; *negat se consolari*. ... Percussus ergo scandalis abundantibus, quasi multis uulneribus, clausit se contra humanam consolationem, ...

272,11 A 1057: Quid est: *garriui*? Laetatus sum, exultaui loquendo. Garruli enim proprie dicuntur, qui a uulgo uerbosi appellantur, accedente laetitia nec ualentes nec uolentes tacere. Factus est iste talis.

272,13-14 C 700: Sequitur: *exercitatus sum et defecit paulisper spiritus meus*. *Exercitatum* se dicit in illa contemplatione diuina, cum tractaret qua sapientia cuncta disponat, quali potentia uniuersa contineat: ... Et necesse erat ut intellectus eius *deficeret*, cum se in una retractatione tam innumerabilia, tam ingentia congregassent, ...

CSg 27, 311: *Defecit spiritus*, in illa consideratione.

WS 391[b]: Denique *delect[at]us exercitatus sum*, inquit, siue ut in hebraico legitur: *Loquebar et deficiebat spiritus meus*. Quasi dicens: Exultaui de consolatione eius, et in laude illius accensus, nec ualens explicare quod

---

1 CSg: cum

sentio, *et defecit spiritus meus.*

272,17 A 1057: Vigilauerunt super me *omnes inimici mei*; plus me uigilauerunt; ... Vbi non muscipulas ponunt? ... Qui sunt enim isti *inimici*, nisi illi de quibus dicit apostolus: *Non est uobis colluctatio aduersus carnem et sanguinem; sed aduersus principatus, et potestates, et rectores mundi tenebrarum harum, aduersus spiritalia nequitiae in caelestibus* (Eph. 6, 12)? ... Plus illi uigilauerunt ad decipiendum, quam ego ad custodiendum me: ... *Conturbatus* ergo, ne in eius garrulitate *inimici anticipantes uigilias*, calumnias quaererent et inuenirent, *non est* [1058] *locutus.*

272,20 C 700: *Anticipauerunt uigilias oculi mei; turbatus sum et non sum locutus.* ... Dicit enim *oculos suos anticipasse uigilias*, quas in Dei laudibus sollemniter exhibebat. Istas usus noster consueuit uocare nocturnos[2]. ... *Turbatus est* quippe recordatione peccantium, quia humanum genus in delictorum praecipitia corruebat ...
HT 57: Quod dicit, hoc est: considerans peccata mea, oculos ad caelum erigere non audebam. ... Propterea stupebam, timebam, *loqui non poteram.* ... Antequam aliquis uigilaret, ego uigilabam. (= Br 1102 B-C)

272,25 A 1058: Magna cogitatio! Videte si uult ista cogitatio, nisi magnum silentium. Ab omni forinsecus strepitu, ab omni rerum humanarum tumultu intus requiescat, qui cogitare uult *annos* istos *aeternos.*
C 700: Dicit enim quare *turbatus est*: quoniam *dies cogitauit antiquos*, Adae[3] uidelicet, quibus humanum genus peccatis tenebatur obnoxium: ... Sed isti temporales atque caduci sunt et [701] labili uarietate fugitiui. ... Merito ergo *turbatus est*, qui tam prauis persuasionibus peccatores cognouerat subiacere.

273,1 C 701: Sed contra *dies antiquos*, *annos* ponit *aeternos*, quia sicut isti momento pereunt, sic futuri perenni longaeuitate consistunt: in istis mors dominatur, in illis regnat uita perpetua; isti edaci tristitia corroduntur, in illis iusti secura felicitate gaudebunt; A 1058: *anni aeterni cogitandi sunt*, ... *anni* de quibus alio loco scriptura dicit Deo: *Tu autem idem ipse es, et anni tui non deficient* (Ps 101, 28).

---

2 CSg: nocturnas (a aus o *verbessert*) (!)
3 CSg: Ad hoc

273,5 A 1059: Nemo illi calumniosus tendiculas uerborum requirit, in
       c o r d e suo *m e d i t a t u s   e s t. G a r r i e b a m*. Ecce
       est illud *g a r r i r e*. Obserua iterum, ne *deficiat spiritus tuus*.
       Non, inquit: non sic *g a r r i e b a m* quasi foris; alio modo nunc.
       Quomodo nunc? ... Qui *g a r r i e b a t* foris, ecce coepit intus
       g a r r i r e securus, ubi solus in silentio *cogitat annos aeternos*: ...

273,8 A 1059: *S c r u t a b a t u r* iste *s p i r i t u m* suum, et cum
       ipso *s p i r i t u* suo loquebatur, et in ipsa locutione *garriebat*.

273,8 C 701: Cum iste *Asaph* transilitor uitiorum totius mundi cogitaret
       angustias ... *d i x i t: n u m q u i d   D e u s   i n   a e t e r n u m*
       p r o i c i e t genus humanum, ...?

273,11.13.15 C 701: Istud *n o n* nequaquam negantis, sed potius affirmantis
       est. *A p p o n e t* enim, id est, praestabit *u t   e i   b e n e p l a -*
       c i t u m   s i t genus humanum, quando dignabitur incarnationis suae
       declarare [702] mysteria.

273,15 C 702: *M i s e r i c o r d i a* Domini est, quod de Maria Virgine nasci
       secundum carnem pro nostra infirmitate dignatus est. Hanc Dominus non
       a b s c i d i t, quam pro hominum salute per prophetas cecinit esse
       uenturam. ... Hinc ergo praenuntiabat *m i s e r e r i   D e u m*, quia
       eius praeuidebat aduentum.

273,16 A 1060: id est, sic irascitur, ut non *misereatur*?

273,17 A 1060: Iam seipsum transiliens, quid *d i x i t* ?

273,18 A 1060: *N u n c   c o e p i*: cum excessissem et me. ... Hic iam nullum
       periculum est; nam et in meipso remanere, periculum fuit. ... Modo me
       c o e p i t mutare *E x c e l s u s*; modo *c o e p i* aliquid, ubi
       securus sim, modo intraui aliquam aulam gaudiorum, ubi nullus timeatur
       inimicus, modo *c o e p i* esse in ea regione, ubi non *anticipent uigi-*
       lias omnes inimici mei: ...

       C 703: ... uenit ad tertiam narrationem: ubi post cogitationem bonorum
       translatus ad saluberrimum sensum, competenter se asserit immutatum.
       Dicit enim primo: *n u n c   c o e p i*, quasi sapere, quasi intellegere,
       quasi ad lumen splendissimum peruenire; ... Sed quid sit istud,
       n u n c   c o e p i, sequenti sententia declaratur. ... *D e x t e r a*
       enim *E x c e l s i* Christus est Dominus, per quem sic sumus commutati,
       ut de conditione seruili mereamur etiam eius filii nuncupari. Hanc in se
       commutationem fieri sentiebat, quam concedi christiano populo quandoque
       gaudebat.

274,2 C 703: ... sequitur *q u i a   m e m o r   e r o   ...   t u o r u m*; utique quae humano generi pius miserator indulsit. Primum, quod Adam fecit ad imaginem et similitudinem suam; deinde, quod oblationem Abel iusti susceperit; quod in arca Noe crescente diluuio in mysterium Ecclesiae animalia diuersa saluauerit; ut Abraham filium suum offerente, typum sui aduentus caelesti pietate monstrauerit; postremo, quod ipse ad liberandum hominem uenire dignatus est. Haec erant *a b i n i t i o*, credo, *m i* -[704] *r a b i l i a* quae sanctum uirum sua recordatione mulcebant.

274,5-6 A 1061: Inspicit[4] iam *o p e r a*[5] misericordiae Dei circa nos, ex his *g a r r i t*, et *i n* his *a f f e c t i o n i b u s* exultat. - Vgl. A zu 272,11.

274,8 A 1061: Quae *u i a   t u a   i n   s a n c t o ?* *Ego sum*, inquit, *uia, ueritas et uita* (Ioh. 14, 6). (∿ C 704)

274,9.11 C 704: Venit ad laudes Domini, quibus fortitudinem eius ... commemorat; ... Iam quasi eruditus, in Spiritu sancto laetus exultat, potentiamque Domini uniuersis praeferens simulacris, ... Dominus autem *n o s t e r   m a g n u s*, fortis et terribilis, ...

274,11 C 705: Cum dicit: *T u   e s ,   D e u s*, essentiam diuinae Maiestatis ostendit; sicut ipse dicit: *Ego sum qui sum* (Exod. 3,14). *E s s e* enim ipsi proprie conuenit, qui ut sit, nullius adiutorio continetur; sed naturae suae potentia semper magnus, semper excelsus, semper incommutabilis perseuerat. Quapropter ipse est *q u i   f a c i t   m i r a b i l i a   s o l u s*[6].

274,12 A 1062: Quam *u i r t u t e m* suam *n o t a m   f e c i t   i n   p o p u l i s* ? *Nos autem praedicamus Christum crucifixum: Iudaeis quidem scandalum, gentibus autem stultitiam; ipsis autem uocatis Iudaeis, et Graecis, Christum Dei uirtutem, et Dei sapientiam* (I Cor. 1, 23-24). Si ergo *u i r t u s* Dei Christus, *n o t u m   f e c i t* Christum *i n   p o p u l i s*.

274,14 A 1062: *B r a c h i o   t u o* : hoc est, uirtute tua.
HT 59: ... *i n   b r a c h i o   t u o* ... id est, in Christo. (= Br 1104 A)

274,15 A 1063: Per *I o s e p h* alium populum intellegi uoluit; gentium populum intellegi uoluit. Quare gentium populus per *I o s e p h* ? Quia *I o s e p h* uenditus est in Aegyptum a fratribus suis. Ille *I o s e p h*

---

4 CSg: Incipit
5 CSg: operum
6 R 169rb: Sed *D e u s   s o l u s* haec facit, quoniam nemo absque eo mirum quod umquam agere ualuit, ...

... laborauit, humiliatus est; agnitus et exaltatus, floruit, imperauit. Et his omnibus quid significauit? Quid, nisi Christum a fratribus uenditum, eiectum de terra sua, tamquam in Aegyptum gentium? Ibi primo humiliatum, ... nunc exaltatum, sicut uidemus; quoniam impletum est in eo: *Adorabunt eum omnes reges terrae*; *omnes gentes seruient illi* (Ps 71, 11). Ergo *I o s e p h* populus ex gentibus; *I s r a e l* uero populus ex gente Hebraeorum.

274,17 A 1063: Quid sunt *a q u a e* ? Populi. ... Supra autem dixerat: *Notam fecisti in populis uirtutem tuam.*

274,20 A 1063: Ideo mutatae sunt, quia *t i m u e r u n t*. - Vgl. 273,19.

274,21 A 1063: Quae sunt *a b y s s i* ? Altitudines aquarum. ... Quaeris altitudinem maris, quid profundius humana conscientia?

274,23 A 1063: In laudibus Dei, in confessionibus peccatorum, in hymnis et canticis, in orationi-[1064]bus *m u l t i t u d o   s o n i t u s   a q u a r u m*. ... Inde iste *s o n i t u s   a q u a r u m*, inde **abyssorum** perturbatio, quia *u o c e m   d e d e r u n t   n u b e s*. Quae *n u b e s* ? Praedicatores uerbi ueritatis. ... Denique apostoli relinquentes Iudaeos, ierunt ad gentes; ... praedicando Christum, *u o c e m   d e d e r u n t   n u b e s*.

274,25 A 1064: Easdem *uoces nubium* rursus *s a g i t t a s* dicit. Verba enim euangelistarum *s a g i t t a e* fuerunt. ... Non in auribus remanserunt, sed corda[7] transfixerunt[7].

275,1 A 1064: *O r b i s   t e r r a r u m* est *r o t a*; nam circuitus *o r b i s   t e r r a r u m*, merito et *o r b i s* dicitur; ... **Nubes** illae *i n   r o t a* circumierunt *o r b e m   t e r r a r u m*; circumierunt tonando et coruscando, **abyssum** commouerunt, praeceptis tonuerunt, **miraculis** coruscauerunt;

275,5 A 1064: ... *t e r r a*, id est, omnes qui habitant in *t e r r a*.

275,6 A 1065: id est, in gentibus praedicatur Christus tuus.

275,7 A 1065: hoc est, in populis multis.

275,8 A 1065: Nescio quos tetigit, et mirum nisi et ipsos Iudaeos. ... Vnde, a quibus *n o n   c o g n o s c e n t u r*, nisi ab his qui adhuc dicunt: Nondum uenit Christus ?

275,11 A 1065: id est, ab ista *p l e b e   t u a* quae *d e d u c t a   e s t   i n   m a n u   M o y s i   e t   A a r o n*, *uestigia tua non cognoscentur*.

---

7   CSg: corde transfixae sunt (*WS 395*[b] stimmt aber mit dem Text der Ausgabe überein)

... Expulerunt Christum, noluerunt esse suum Saluatorem aegri; ...
Remansit foris ingrata multitudo, ... [1066] ... et *non* te *cognouerunt.*

Psalm 77

275,15 A 1066: Psalmus iste ea continet quae in ueteri populo acta narrantur; recentior autem et posterior populus admonetur et caueat ne sit ingratus beneficiis Dei, eiusque in se prouocet iracundiam cuius oboedienter et fideliter debet suscipere gratiam: ... Neque enim frustra inscribitur: *I n t e l l e c t u s   A s a p h ,* nisi quia fortasse non quod superficies sonat, sed interius aliquid intelligentem quaerunt ista lectorem.

275,19 A 1067: ... non ait: Adtende; sed: *A d t e n d i t e .* Ex multis enim *p o p u l u s* constat.

275,23 A 1066: *P a r a b o l a* quippe alicuius rei similitudinem prae se gerit; ... Et notum est quod in *p a r a b o l i s ,* quae dicuntur rerum similitudines rebus de quibus agitur comparantur. (∿ C 710)

C 710: *P r o p o s i t i o n e s* autem, obscuras et abditas significant quaestiones, quae adhibita disputatione soluendae sunt. (∿ A 1066)

275,24 A 1069: *A* quo *i n i t i o* dicat, satis apparet in consequentibus. Non enim ex quo factum est caelum et terra, ... sed ex quo populi congregatio quae adducta est ex Aegypto, ut sensus pertinet ad *Asaph,* quod interpretatur congregatio[1].

275,25 Vgl. Ioh. 12, 23-24.

276,1 Vgl. Matth. 22, 42-45; Notker zu Ps 109, 1. Dazu A 656 (zu Ps 54, 1): ... et *D a u i d* pro Christo in figura ponitur, propter originem carnis ipsius. Nam secundum aliquid filius est *D a u i d ,* secundum aliquid Dominus est *D a u i d :* filius *D a u i d* secundum carnem, Dominus *D a u i d* secundum diuinitatem. ... Proinde dum interrogasset Dominus Iudaeos, cuius filium Christum esse dicerent, *responderunt: Dauid.* Vidit eos remansisse in carne, et amisisse diuinitatem; et corrigit eos quaestione proposita: *Quomodo ergo ipse Dauid in spiritu dicit eum Dominum: Dixit Dominus Domino meo: Sede ad dexteram meam, quoadusque ponam inimicos tuos sub pedibus tuis? Si ergo ille in spiritu Dominum eum dicit, quomodo filius eius est?* (Matth. 22, 42-45) Quaestionem proposuit, non filium negauit. Audistis Dominum: dicite quomodo filius sit; audistis

---

1 R 170[va]: *a b   i n i t i o ,* id est, ab egressione Israel de Aegypto.

filium: dicite quomodo Dominus sit. Hanc quaestionem soluit fides catholica. Quomodo Dominus? Quia *in principio erat Verbum, et Verbum erat apud Deum, et Deus erat Verbum.* Quomodo filius? Quia *Verbum caro factum est, et habitauit in nobis* (Ioh. 1, 1.14)

276,8 A 1068: *Omnia autem haec in figura contingebant illis* (I Cor. 10, 11). ... [1069] ... Quas autem *figuras* dixit apostolus, eas dicit iste psalmus, quantum existimare possumus, *p a r a b o l a s* et *p r o - p o s i t i o n e s*;

276,10 A 1069: Dominus superius loquebatur. ... Quid est ergo quod nunc repente homo loquitur? Iam enim hominis uerba sunt: ... [1070] ... *A u d i t a* enim *s u n t* in Veteri Testamento quae *c o g n o s c u n t u r* in Nouo; *a u d i t a* cum prophetarentur, *c o g n i t a* cum implerentur. ... *E t   p a t r e s   n o s t r i*, Moyses et prophetae, *n a r r a u e - r u n t   n o b i s.* (∼ C 710f.)

C 710: In persona Domini psalmi huius honorabili capite constituto, uenit ad secundum partem, ubi *Asaph* introducitur loquens, ...

276,16 A 1070: Haec est nostra *g e n e r a t i o*, in qua nobis donata est regeneratio.

276,18 A 1070: Ordo uerborum est: *Et patres nostri narrauerunt nobis, a n - n u n t i a n t e s   l a u d e s   D o m i n i.*

C 711: Ordo uerborum talis est: Annuntiauerunt *nobis patres nostri, n a r r a n t e s   l a u d e s   D o m i n i.*

276,22 A 1071: More suo repetit. Nam quod est: *S u s c i t a u i t   t e s t i - m o n i u m*, hoc est: *l e g e m   p o s u i t*; et quod est: *i n   I a - c o b*, hoc est: *i n   I s r a e l.* Nam sicut ista duo nomina hominis unius, ita *l e x* et *t e s t i m o n i u m* duo sunt nomina rei unius. - Vgl. Isidor zu 303, 25.

277,3 A 1072: sed ad hoc acceperunt ipsi, *u t   c o g n o s c a t   g e n e - r a t i o   a l t e r a*, quod illa non *c o g n o u i t.*

277,4 A 1072: Nam illi qui *n a t i   s u n t*, non *e x s u r r e x e r u n t*, quia non sursum cor, sed in terra potius habuerunt. Cum Christo enim *e x s u r g i t u r*;

C 712: *u t ... a l t e r a*, non utique iudaica, sed quam de gentibus constat electam.

277,8 A 1072: Ita enim son suam iustitiam iusti uolunt constituere (vgl. Rom. 10, 3), ...

277,9 A 1072: *E t   n o n ... D e i*, magnificando scilicet et iactando *o p e r a* sua, tamquam ipsi faciant, cum Deus sit qui operatur in eis qui bona operantur, ...

277,11 A 1072: Quomodo ergo adhuc *e x q u i r a n t*, nisi quia *ponendo in Deo spem suam*, tunc *m a n d a t a   e i u s   e x q u i r a n t*, ut ab eis illo adiuuante compleantur?

277,14 HT 68: *N e . . . e o r u m*. Ne murmurent, sicut murmurauerunt quidam in deserto, et perierunt (vgl. I Cor. 10, 10). (= Br 1109 C)

277,17 A 1073: Hoc est ergo *c r e d e r e* in *D e u m, c r e d e n d o* adhaerere ad bene cooperandum bona operanti *D e o*: *Quia sine me*, inquit, *nihil potestis facere* (Ioh. 15, 5). Quid autem plus hinc apostolus dicere potuit, quam quod ait: *Qui autem adhaeret Domino, unus spiritus est* (I Cor. 6, 17)[2] ?

277,20 A 1073: Nam quid est aliud *t e n d e r e   a r c u m, e t   m i t t e r e*, et *c o n u e r t i   i n   d i e   b e l l i*, nisi adtendere et promittere in *d i e* auditionis, et deserere in *d i e* temptationis; armis quasi proludere, et ad horam certaminis nolle pugnare? ... [1075]
... Vbi *a r c u s   t e n d e n t e s   e t   m i t t e n t e s*, etiam promissionis promptissimae uerba protulerunt, dicentes: *Quaecumque locutus est Dominus, Deus noster, faciemus et audiemus* (Exod. 19, 8; vgl. ebda 20, 19).

C 713: *I n t e n d e r u n t* enim *a r c u m   e t   m i s e r u n t   s a g i t t a s*, quando admonente Moyse dixerunt: *Quaecumque ... audiemus* (ebda). *C o n u e r s i   s u n t* autem *i n   d i e   b e l l i*, quando Aaron dixerunt: *Fac nobis deos quos adoremus* (Exod. 32, 1).

277,24 Vgl. 275, 15; 276, 24.

C713: Causa redditur quomodo *filii Ephraim conuersi fuerint in die belli*; scilicet quia *n o n   c u s t o d i e r u n t   . . .   o s t e n d i t   e i s*.

A 1075: repetitio est superioris sententiae, cum quadam expositione; hoc enim appellauit: *l e g e m   e i u s*, quod supra dixerat *t e s t a m e n t u m   D e i*;

278,2 C 713: Hoc sic planum est, ut expositione non egeat.

278,3 A 1077: An accomodatius accipimus *p a t r e s*, Moysen et Aaron aliosque seniores ... (∾ C 714)

C 723 (zu v. 43): *T a n i s*[3] enim ciuitas est Aegypti, ubi sunt facta prodigia quae leguntur. - Vgl. 282, 1-4.

---

2 Vgl. R 170[vb]: *E t   n o n   . . .   e i u s*, id est, non est coniunctus *s p i r i t u s   e i u s   c u m   D e o, ...*
3 CSg: Taneos

278,7   A 1078: ... *in utres*, ut sic staret unda[4] tamquam fuisset inclusa, ... (~ C 714)

278,14 C 715: Et ne putares parum aliquid emanasse, addidit: *tamquam flumina*, quae[5] de uberibus montium copiosa inundatione procedunt.

278,15 A 1078: ... *peccare ei*, id est, non credere. (~ C 715)

278,17 A 1078: ... *Altissimum in siccitate*: quod [1079] alii codices habent: *in inaquoso*, ... nec aliud quam *siccitatem* significat. Vtrum in illa *eremi siccitate*, an potius in sua? Quia licet bibissent *de petra*, non uentres, sed mentes aridas habebant, ...

278,22 C 716: Isti ergo *animabus suis* non spiritales, sed carnales *escas* subdole poposcerunt. Sic enim dicimus aegrotis dari *escas* propter *animas* in corpore retinendas, non quia pabulum sit *animarum*, sed quia per ipsas uidetur in hac uita uigor corporis contineri.

278,23 C 716: Quid autem dixerint, subsequenter explanat: *numquid ... deserto*?

279,3   C 717: Sed *distulit* uindictam, ...

279,6   A 1079: Exposuit quid *ignem* dixerit. *Iram* quippe appellauit *ignem*, ... An *distulit* poenam, ut prius satiaret etiam infidelium concupiscentiam, ...?

        C 717: nunc addidit, *superposuit*; ne si[6] uindicaret ad praesens, crederetur murmurantes minime satiare potuisse.

279,9   C 717: Ideo superius dixit: *ira ascendit in Israel*, ut ostenderet pertinaces; nunc autem causa ipsius obstinationis exponitur. Dicit enim *non eos credidisse in Deo suo*. Et ne alterum putares esse *Deum*, sequitur *nec sperauerunt in salutari eius*, id est, in Domino Saluatore; (~ A 1080)

279,14 C 718: *Manna* interpretatur quid est hoc? quod sanctae communioni decenter aptamus: quia dum admirando cibus iste perquiritur, corporis dominici munera declarantur. ... Quis est alter *panis caeli*, nisi Dominus Christus, unde caelestia[7] spiritalem escam capiunt et delectatione inaestimabili perfruuntur? ... *Panis* ergo *angelorum* bene dicitur Christus, quia reuera ipsius laude pascuntur.

---

4 CSg: aqua
5 CSg: aqvę (vę *auf Rasur*)
6 CSg: se
7 CSg: caelestem ac

279,16 C 717: Haec sub *parabolis* et *propositionibus* dici, in initio ipse tes-
tatus est (vgl. v. 2). Ideoque quamuis per historiam facta uideantur,
oportet tamen referri ad Dominum Saluatorem, ut nobis constet praedicta
sententia.

279,20 Isidor, *Et*. XIV, 5, 1: Libya dicta quod inde Libs flat, hoc est, Africus.

280,3 C 719: Expleuerunt desiderium carnis ratione ieiuni, uentre pleni, sed
mente uacui.

280,4 A 1080: Ecce quare *distulerat*. ... Ecce quod *distulerat*. ... Distulerat
ergo, ut prius faceret quod eum facere non posse crediderant, deinde
inferret quod eos pati oportebat. (∿ C 719)

280,8 A 1081: ... *i n   p l u r i m i s   e o r u m*, hoc est, *p l u r i m o s
e o r u m*, uel sicut nonnulli codices habent *p i n g u e s   e o r u m*.
... Sed si hoc est uerius, quid aliud intellegendi sunt *p i n g u e s
e o r u m*, nisi superbia praeualentes, ... ?

280,10 C 720: Hic illam Exodi historiam tangit (vgl. Exod. 32, 1-34). ...
Propter quod uerbum prohibitus est in terram promissionis intrare.
A 1081: Erant illic etiam *e l e c t i*, quorum fidei non contemperaba-
tur *generatio praua et amaricans* (v. 8). *I m p e d i t i   s u n t*
autem ne aliquid eis prodessent, ... Quibus enim Deus irascitur, quid
misericordia confertur humana[8]!

280,16 A 1082: *E t ... e o r u m*, cum possent, si *crederent*, *d i e s* in
ueritate sine defectu habere ...

280,19 A 1082: non propter aeternam uitam, sed uaporem citius finire metuentes.
... Et[9] modo timore seruili, non liberali dilectione Deus colitur: ...

280,21 A 1082: *E t   r e u e r t e b a n t u r,   e t   d i l u c u l o   u e n i e-
b a n t   a d   D e u m*.

281,6 A 1084: *E t   p r o p i t i u s ... o m n e m   i r a m   s u a m*, intellegamus in his impletum de quibus dicit aposto-[1085]lus: *Sic ergo et in
hoc tempore reliquiae per electionem gratiae saluae factae sunt* (Rom.
11, 5). ... *e t   a b u n d a b i t   u t   a u e r t e r e t   i r a m
s u a m*; quia etiam illud remisit, quod ab eis unicus Filius eius occisus est: ...

281,11 C 721: Illud hic exemplum [722] non inconuenienter apponitur, quando
Moyses pro transgressore populo supplicans, dixit ad Dominum: *Obsecro,*

---

8 R 171[vb]: Murmuratio filiorum Israel non solum interfecit, sed etiam *e l e c -
   t o s   I s r a e l   i n p e d i u i t*, hoc est, Moysen et Aaron et
   Mariam ne ingrederentur terram repromissionis.
9 CSg: Quae eo

dimitte peccatum populi huius; *sin autem, dele me de libro quem scripsit manus tua* (Exod. 32, 31-32). Orauit pro ipsis in cruce positus et Dominus Christus: *Pater, ignosce illis, quia nesciunt quid faciunt* (Luc. 23, 24). Sic istis supplicationibus actum est, ut Domini in eis *i r a* placaretur. (∿ A 1083f)

281,13 C 722: Mouit pium iudicem fragilitas considerata peccantium, quod carnalis caecitas lumen caelestis sapientiae non uidebat; ... Mirabili autem breuitate definitur mors hominis, id est, *s p i r i t u s   u a d e n s   e t   n o n   r e d i e n s*, subaudiendum, in hoc mundo, quoniam ad suum corpus in resurrectione constat *e s s e   r e d i t u r u m*[10].

281,23 C 722: Consequenter enim enumerans quanta illis in eremo uel apud Aegyptios uirtus diuina praestiterit: ... Pulcherrime uero positum est *m a n u s* Domini et *m a n u s   t r i b u l a n t i s*. ... Illa populum *l i b e r a r e* praeualuit, ista in suam necem retinere temptauit.

282,1 C 723: *T a n i s*[11] enim ciuitas est Aegypti, ... *T a n i s*[11] humile mandatum diximus interpretari, ... - Vgl. 278, 4f.

282,5 A 1086: *et imbres eorum ne biberent*, uel potius *m a n a t i o n e s   a q u a r u m*, sicut nonnulli melius intellegunt quod graece scriptum est, τὰ ὀμβρήματα[12], quas[13] latine scaturigines dicimus, ab imo *a q u a s* ebullientes. Foderunt enim Aegyptii, et *s a n g u i n e m* pro *a q u i s* inuenerunt.

282,9 C 723: *M i s i t   i n   e o s   m u s c a m   c a n i n a m*, ...

282,11 A 1087: *E t   d e d i t   r u b i g i n i*[14] *f r u c t u m   e o r u m*. ... *R u b i g o* occulte nocet; quam etiam *a e r u g i n e m* nonnulli interpretati sunt, alii *c a n i c u l a m*;

282,18 A 1087: de *i u m e n t i s   g r a n d i n e* occisis legitur in Exodo; quod uero *p o s s e s s i o* eorum *i g n e* cremata sit, omnino non legitur. Quamuis uoces et *i g n e s* cum *g r a n d i n e* fierent, sicut tonitrua cum fulgoribus solent;

C 724: Notandum est autem quod hae tres plagae, id est, *a e r u g o*, *p r u i n a* et *i g n i s* (quas hic dixit), in Exodo penitus non legantur. *I g n e m* enim ibi dicit mixtum descendisse cum *g r a n d i n e*, ut fructus laederet, non tamen ut *p o s s e s s i o n e s   e o r u m* incendere potuisset. Pro istis uero tribus aliae ibi tres sunt

---

10 R 172ra: *s p i r i t u s   u a d e n s*, subaudiendum, in hoc mundo. *E t   n o n   r e d i e n s*, donec dies iudicii ueniat.
11 CSg: Taneos (!)
12 CSg: obremad (*darüber Strich*)
13 CSg: aquas
14 CSg: erugini

positae, sciniphes, ulcera et tenebrae. (∿ A 1088)

282,23 A 1088: Esse autem diabolum et *a n g e l o s* eius tam malos utique, ut eis ignis praeparetur aeternus, nullus fidelis ignorat; ... Vtitur ergo Deus *a n g e l i s   m a l i s*, non solum ad puniendos malos, ... [1089] ... uerum etiam ad probandos et manifestandos bonos, sicuti fecit in Iob. Quod autem pertinet ad istam materiam corporalem uisibilium elementorum, puto quod ea possunt uti *a n g e l i* et boni et *m a l i*, quantum cuique potestas est; ... In libro autem fidelissimo legimus diabolum potuisse etiam de caelo ignem immittere, ad sancti uiri tantum pecorum numerum mirabili et horrendo impetu consumendum (vgl. Iob 1, 16); ... Quae cum ita sint, si *p e r   a n g e l o s   m a l o s* Deus illas plagas inflixit Aegyptiis, numquid audebimus dicere, et *aquam in sanguinem* per eosdem angelos uersam, et *ranas p e r* eosdem *a n g e l o s* factas, quorum similia etiam magi Pharaonis ueneficiis suis facere potuerunt, ut *a n g e l i   m a l i* ex utraque parte consisterent, hinc illos affligentes, inde fallentes, secundum iudicium et dispensationem iustissimi et omnipotentissimi [1090] Dei, iuste utentis etiam iniquorum malitia? Non audeo dicere. Vnde enim sciniphes facere magi Pharaonis minime potuerunt? (Vgl. Exod. 7, 20.22; 8, 6.7.17.18) an quia hoc permissi ipsi *a n g e l i   m a l i* non sunt? ... Verumtamen quantum nostrae intentioni scriptura diuina moderatur, malis poenas irrogari et per bonos angelos, sicut Sodomitis (vgl. Gen. 18 und 19), et *p e r   m a l o s   a n g e l o s*, sicut Aegyptiis, legimus; iustos uero corporalibus poenis per bonos angelos temptari et probari, non mihi occurrit. Quod uero pertinet ad praesentem psalmi huius locum, si ea quae mirabiliter de creaturis facta sunt, *m a l i s   a n g e l i s* tribuere non audemus, habemus quod eis tribuere sine dubitatione possumus; mortes pecorum, mortes primitiuorum, et illud maxime unde religata sunt omnia, obdurationem cordis illorum, ut populum Dei nollent dimittere (vgl. Exod. 4, 21). ... Et quod in alio psalmo scriptum est de his ipsis Aegyptiis (vgl. Ps 104, 25), quod Deus conuerterit cor eorum ut odissent populum eius, ... bene creditur Deus fecisse *p e r* illos *a n g e l o s   m a l o s*, ...

WS 14[b]: Satis autem hic expressum est iudicio Dei fieri haec in hominibus *p e r   a n g e l o s   m a l o s*, qui ministri talium poenarum sunt in hoc saeculo maligno, ...

283,8 C 725: Cum dicit: *u i a m   f e c i s s e* Dominum, qua possit ad uindictam infelicium peruenire, ostendit non esse ad eos ueniendum, nisi Domini fuerint defensione priuati.

283,12 C 726: Et sicut supra dixit, *in terra Aegypti*, ita et hic repetit, *i n t a b e r n a c u l i s   C h a m*. *C h a m* quippe fuit pater Chanaan, cuius posteritas *terram* ipsam possedisse cognoscitur.

283,17 C 726: scilicet ut populus Domini ab impia seruitute liberatus, ad terram repromissionis incolumis perueniret.

A 1091: Ab hoc potestate *malorum angelorum* non liberat hominem nisi gratia Dei, de qua dicit apostolus: *Qui eruit nos de potestate tenebrarum, et transtulit in regnum Filii caritatis suae* (Col. 1, 13); cuius rei *populus* iste figuram gerebat, cum esset *erutus de potestate* Aegyptiorum, *et translatus in regnum* terrae promissionis fluentis lac et mel, quod suauitatem significat gratiae. ... Tanto fit hoc melius, quanto interius, ubi *eruti de potestate tenebrarum in regnum* Dei mente *transferimur*, et secundum pascua spiritalia efficimur *oues* Dei, ambulantes in hoc saeculo uelut *in deserto*, quoniam nemini est fides nostra conspicua;

283,21 A 1091: nec *t i m e r e* debemus; *si* enim *Deus pro nobis, quis contra nos?* (Rom. 8, 31) *E t   i n i m i c o s* nostros *o p e r u i t   m a r e*; aboleuit in baptismo remissione peccatorum.

283,24 C 726: Significat enim Sion *m o n t e m*, ubi constat Ierosolymam constitutam. ... Significat tamen (sicut reuera factum est) quia multi eorum ad Ecclesiam catholicam, quam mauult hic intellegi, conuersionis beneficio peruenerunt. Ipsa est enim quam Christus noster, qui est Patris *d e x t e r a*, conquisiuit.

A 1091: *E t ... s u a e*. Quanto melius in sanctam Ecclesiam? ... Quanto est Ecclesia sublimior quam *a d q u i s i u i t* Christus, ... ?

284,3 A 1092: *E t ... g e n t e s*, et *a   f a c i e* fidelium suorum; nam quodammodo *g e n t e s* sunt, gentilium errorum maligni spiritus.

284,6 C 727: *F u n i c u l u s* autem *d i s t r i b u t i o n i s*, tractus est ab illis qui terram tenso fune diuidebant.

A 1092: Et in nobis *omnia operatur unus atque idem Spiritus, diuidens propria unicuique prout uult* (I Cor. 12, 11).

284,9 A 1092: Quod spiritaliter sic melius disserendum[15] puto, ut ad caelestem gloriam, unde peccantes angeli eiecti atque deiecti sunt, per Christi

---

15 CSg: desiderandum

gratiam subuehamur[16]. Illa enim *generatio praua et amaricans* (v. 8), ... *t e m p t a u e r u n t* adhuc *et e x a c e r b a u e r u n t D e u m e x c e l s u m,* ...

284,18 A 1092: Notandum sane quod ait: *q u e m a d m o d u m p a t r e s e o - r u m,* cum per hoc totum psalmi textum tamquam de hominibus, eisdem loqui uideretur, apparet tamen nunc de illis dici qui iam erant in terra promissionis, et *p a t r e s e o r u m* dictos qui in eremo amaricauerunt.

284,21 A 1092: Per *a r c u m* autem significat animi[17] intentionem.

284,23 A 1092: In idololatriam eos prosiluisse significat.

284,25 C 727: *A e m u l a t i s u n t* quippe *e u m,* cum honorem Domini simulacris detestabilibus contulerunt.

285,1 A 1092: *A u d i u i t D e u s e t s p r e u i t,* id est, aduertit, et uindicauit.

285,5 A 1092: Nimirum autem rem illam gestam commemorat (vgl. I Reg. 4, 10-11), quando uicti sunt ab Allophylis tempore Heli sacerdotis, ... [1093] ... Cum ergo digni non essent in quibus *h a b i t a r e t,* cur non *r e - p e l l e r e t t a b e r n a c u l u m,* quod utique non propter se instituerat, sed propter ipsos, quos iam iudicabat indignos in quibus *h a b i t a r e t* ?

285,11 A 1092: ... uicti sunt ab Allophylis ... et arca Domini capta est, ... [1093] ... Ipsam arcam unde sibi uidebantur inuicti, ... *u i r t u t e m* et *p u l c h r i t u d i n e m* eorum dicit. (∾ C 728)

285,14 C 728: *I g n e m* hic iram bellantium debemus aduertere, ... *L a m e n - t a r i* enim uacantis est. Nam cum omnes imminentia pericula formidarent, nulli licuit alterius funeri iusta persoluere. Lamenta enim dicta sunt intra lares monumenta, sicut antiquis sepelire mos erat.

A 1093: *E t u i r g i n e s ... l a m e n t a t a e*; quia neque hoc uacabat in hostili metu.

285,17 A 1093: *C e c i d e r u n t* enim *i n g l a d i o* filii Heli, quorum unius uxor uiduata, et mox in partu mortua, propter eamdem perturbationem plangi non potuit honore[18] funeris (vgl. I Reg. 4, 19-20)[19]. (∾ C 728f.)

285,23 A 1093: Videtur enim *d o r m i r e,* quando populum suum dat in manus eorum quos odit, ubi eis dicatur: *Vbi est Deus tuus* ? (Ps 41, 11). ... Nullus hoc de Deo dicere auderet, nisi Spiritus eius.

---

16 CSg: subueniamur
17 CSg: animę
18 CSg: onere
19 R 172[vb]: *S a c e r d o t e s ... i n c e c i d e r u n t,* id est, Ofni et Vinees, ...

C 729: *E x c i t a u e r u n t* enim eum Allophyli, quando arcam testamenti eius inter simulacra posuerunt. Et sequitur quae illis tali facto prouenerint.

285,25; 286,2 A 1093: illos utique qui gaudebant quod arcam eius captiuare potuerunt; *p e r c u s s i* enim *s u n t* in sedibus suis (vgl. I Reg. 5, 6). Quod eius poenae signum mihi uidetur, qua quisque cruciabitur, si *i n p o s t e r i o r a* respexerit; quae, sicut apostolus, aestimare debet ut stercora (vgl. Phil. 3, 8). Qui enim sic suscipiunt testamentum Dei, ut uetere uanitate non se exuant, similes sunt hostilibus[20] populis[20] qui arcam testamenti captiuatam iuxta sua idola posuerunt. ... [1094] ... arca *autem Domini manet in aeternum* (vgl. Isai. 40, 8), secretum scilicet testamenti[21] regnum caelorum, ubi est aeternum *V e r b u m* (ebda) Dei. Sed illi qui *p o s t e r i o r a* dilexerunt, ex ipsis iustissime cruciabuntur: ...[22] - Zu *dagôn* vgl. I Reg. 5, 2-5.

286,8 C 729: *s e m p i t e r n u m*, quia nullus alter taliter punitus est.

286,11 A 1094: sed eos potissimum nominauit, qui clarioribus meritis uidebantur excellere. Nam *I o s e p h* pauit in Aegypto patrem et fratres suos, et impie uenditus, merito pietatis, castitatis, sapientiae, iustissime sublimatus est, et *E p h r a e m* maiori fratri aui sui Iacob benedictione praelatus est; et tamen Deus *r e p u l i t* ... *n o n e l e g i t*. Vbi per haec praeclari meriti nomina, quid aliud quam uniuersum populum illum uetusta cupiditate a Domino terrena praemia requirentem, *r e p u l s u m* et reprobatum intellegimus, *e l e c t a m* autem *t r i b u m I u d a*, non pro meritis ipsius *I u d a e* ? Longe quippe maiora sunt merita *I o s e p h*; sed per *t r i b u m I u d a*, quoniam inde exstitit Christus secundum carnem, nouum populum Christi illi populo ueteri praelatum scriptura testatur, aperiente Domino in parabolis os suum (vgl. v. 2; Matth. 13, 35). Iam inde etiam quod sequitur: *M o n t e m S i o n d i l e x i t*, Ecclesiam Christi melius intellegimus, non propter praesentis temporis beneficia carnalia Deum colentem, sed futura et aeterna praemia oculis fidei longe specu-

---
20 CSg: hostibus populi eius
21 CSg: testamenti, (!)
22 R 172[vb]: *et excitatus ... D o m i n u s*, ad uindictam scilicet Philistinorum collocantium arcam sanctam iuxta deum suum Dagon. *E t p e r c u s s i t i n i m i c o s s u o s i n p o s t e r i o r a*, id est, Philisteos, cum Dagon inuenerunt capite diuisum et interfecti sunt in extalibus (vgl. I Reg. 5, 1-9).

lantem; nam et *S i o n* speculatio interpretatur. - Vgl. oben 275,24 - 276,9.

286,19 A 1094: ... *u n i c o r n u o r u m   s a n c t i f i c a t i o n e m   s u a m*, uel, sicut quidam interpretes uerbum nouum fecerunt: *s a n c - t i f i c i u m   s u u m*.

286,22 C 730: *i n   t e r r a* tamen, id est, in hominibus[23] sanctis [Ierusalem praedestinata] spe aeternitatis probatur *e s s e   f u n d a t a*, sicut in euangelio Petro dictum est: *Tu es Petrus et super hanc petram aedificabo Ecclesiam meam* ... (Matth. 16, 18). Ecce quomodo *i n   t e r r a* sub aeternitate cognoscitur *e s s e   f u n d a t a*.

A 1094: *V n i c o r n u i* recte intelleguntur, quorum firma spes in unum illud erigitur, de quo alius dicit psalmus: *Vnam petiui a Do-*[1095] *mino; hanc requiram* (Ps 26, 4). *S a n c t i f i c i u m* uero Dei est, secundum apostolum Petrum, intellecta *plebs sancta, et regale sacerdotium* (I Petr. 2, 9). ... Quis uero fidelium dubitet Ecclesiam, ... tamen *i n   a e t e r n u m   e s s e   f u n d a t a m*?

286,25 A 1095: *Tribum* ergo *Iuda* propter *D a u i d* ; *D a u i d* autem propter Christum; ... Nec moueat quod cum dixisset: *E t   e l e g i t   D a u i d*, quo nomine Christum significauit, addidit: *s e r u u m   s u u m*, non, filium suum; immo uero hinc agnoscamus, non Patri coaeternam Vnigeniti substantiam, sed formam serui susceptam ex semine *D a u i d*.

287,5 A 1095: Ille quidem *Dauid*, ex cuius semine caro Christi est, ab officio pastorali pecorum ad hominum regnum translatus est; noster autem *Dauid*, ipse Iesus, ab hominibus ad homines, a Iudaeis ad gentes; tamen secundum parabolam ab *o u i b u s* ad *o u e s   a b l a t u s* atque translatus *e s t*. ... Iam hinc illae ecclesiae transierunt populorum circumcisorum; ac per hoc in Iudaea quae modo [1096] in terra est, non est modo Christus, *a b l a t u s   e s t* inde; nunc gentium *g r e g e s   p a s c i t*.

287,8 A 1096: Quid illo innocentius, qui ullum peccatum, non solum a quo uinceretur, sed etiam quod uinceret non habebat?

287,10 A 1097: uidetur mihi eam dixisse intellegentiam quam ipse facit in credentibus; ideo *m a n u u m   s u a r u m*; facere quippe ad *m a n u s* pertinet; ... sed ille hoc facit, cui recte anima fidelis dicere potest: *Intellegere me facito, et perscrutabor legem tuam*[24] (Ps 118, 34).

---

23 CSg: omnibus
24 Notkers Fassung dieses Zitates stimmt mit dem Text der Vulgata überein; WS 20b bietet es an dieser Stelle in derselben Form.

Psalm 78

287,13 A 1098: Si in ista prophetia quisquam nostrum eam uastationem Ierusalem
intellegendam putauerit, quae facta est a Tito imperatore Romano, ...
non mihi occurrit quomodo dici potuerit iam ille populus *h e r e d i-
t a s   D e i*, non tenens Christum, ... Ex illo enim populo Israel quicumque in Christum crediderunt, ... ipsi pertinent ad *h e r e d i t a t e m
D e i*. ... [1100] ... Ista igitur electio, istae reliquiae, ista plebs
Dei quam non repulit Deus (vgl. Rom. 11, 1-7), *h e r e d i t a s* eius
dicitur. In illo autem Israel qui hoc non est consecutus, ... non erat
iam *h e r e d i t a s   D e i* de qua dici posset, ... tempore Titi im-
peratoris: *D e u s, u e n e r u n t   g e n t e s   i n   h e r e d i-
t a t e m   t u a m*, et cetera quae de illius populi et templi et ciuitatis uastatione uidentur in hoc psalmo esse praedicta. Proinde aut ea
debemus intellegere quae facta sunt ab aliis hostibus, antequam Christus uenisset in carne (non enim erat alia tunc *h e r e d i t a s   D e i*,
ubi et Prophetae sancti erant, quando facta est transmigratio in Babyloniam, grauiterque gens illa uastata est; et sub Antiocho etiam Macha-
baei horrenda perpessi, gloriosissime coronati sunt [vgl. II Mach. 7].
Ea quippe dicta sunt in hoc psalmo, quae solent fieri etiam strage bello-
rum); aut certe ... Quamquam enim *A s a p h* synagoga interpretetur,
quae est congregatio, ... tamen et Ecclesiam istam posse dici congregationem, et illum ueterem populum dictum esse ecclesiam, iam in alio
psalmo satis aperteque monstrauimus (vgl. A 1068). Haec igitur Ecclesia,
haec *h e r e d i t a s   D e i* ex circumcisione et praeputio congregata
est, ...

C 732: Est ergo et iste psalmus totus in lamentatione positus, sicut et
septuagesimus tertius, qui futura tempora uelut praeterita deplorat ...
Machabaeorum nobis primus liber insinuat Antiochum regem cum Ierosolymam
uenisset, hostiliter ciuitate opibus enudata, in templo Dei idola posuisse, ... [739] ... (Conclusio psalmi:) Secundus iste iam psalmus est
qui honorabilem Ierusalem pia lamentatione defleuit. Sed sciendum quod
septuagesimus tertius captiuitatem continet quam pertulit sub Romanis:
iste uero Antiochi regis deflet sacrilegam et crudelissimam uastitatem.

287,19 A 1097: Dicitur ergo tamquam praeteritum, quod in spiritu uidebatur
esse futurum: ... Qua loquendi consuetudine et iam illud est prophetatum de Domini passione: *Dederunt in escam meam fel*, ... (Ps 68, 22),
... [1098] ... Solent autem in oratione dici Deo quae uindicans fecerit,

et adiungi petitio ut iam misereatur et parcat. ... et ipsa deploratio atque precatio, prophetatio est.

C 733: Addidit *t u a m*, ut excitaret iudicis animum contra aduersarios truculentos: dicens eos *u e n i s s e* ad laesionem rei, quae ad iudicem pertinebat.

287,24 C 733: *C o i n q u i n a u e r u n t* dicit, polluerunt: ... Sic enim de Antiocho in Machabaeorum libro legitur: *Iussit coinquinari sancta et sanctum populum Israel; iussit aedificari aras et templa et idola, ut immolarent carnes suillas* (I Mach. 1, 49-50) et cetera[1].

A 1101: Hoc itaque *t e m p l u m* persecutores in his utique *p o l l u e r u n t*, quos ad negandum Christum, terrendo uel cruciando coegerunt, atque ut idolis supplicarent, uehementer instando fecerunt quorum multos paenitentia reparauit, atque ab illa inquinatione mundauit.

288,4 A 1102: *I n c u s t o d i a m p o m o r u m*, quod dictum est, desertionem intellegendam existimo quam fecit uastitas persecutionis, id est, uelut *c u s t o d i a m p o m o r u m*; quia deseruntur *p o m o r u m c u s t o d i a e*, cum poma transierint.

C 734: *C u s t o d i a r i a* siquidem *p o m o r u m* dicuntur tuguria, quae sibi hortorum cultores ... communiunt; quae mox ut *p o m o r u m* tempus abscesserit, tamquam inutilia derelinquunt[2].

288,8 A 1102: Quod dictum est: *m o r t i c i n a*, hoc repetitum est: *c a r n e s*; et quod dictum est: *s e r u o r u m t u o r u m*, hoc repetitum est: *s a n c t o r u m t u o r u m*; illud tantummodo uariatum est, *u o l a t i l i b u s c a e l i*, et *b e s t i i s t e r r a e*. (∾ C 734)

288,11 A 1102: ... *s i c u t a q u a m*, id est, abundanter et uiliter, ...

C 734: Dicendo enim *s i c u t a q u a m*, crudelibus factis auget inuidiam, ut ita sibi crederent humanum *s a n g u i n e m e f f u n d e r e* licuisse, quemadmodum solet *a q u a* sine alicuius culpa decurrere. Nam quod addidit, *i n c i r c u i t u ... s e p e l i r e t*,

---

1 R 173rb: *P o l l u e r u n t* dixit, non destruxerunt. Quod euidenter historia iam dictorum temporum narrat quae dicit *t e m p l u m* abominationibus repletum, in quo mulieres introferebant ea quae non licebant et plura huiusmodi.

2 R 173rb: *P o m o r u m c u s t o d i a m, c u s t o d i a r i u m* dicit quod solent agricolae in uineis et agris suis ex frondibus arborum ad declinandos solis calores et pluuiarum imbres construere. Sed haec talia tuguriola collectis frugibus uacua relinquuntur. Sic ergo dicit et *I e r u s a l e m* a suis habitatoribus deserendam.

nefandissimam copiam sceleratae caedis ostendit, ut non solum intra urbem, uerum etiam circa muros ciuitatis tantum prouenisset exitium;

288,17 A 1103: ita dictum est, ac si diceretur: Noli, Domine, *i r a s c i   i n   f i n e m.*

288,19 A 1103: utrumque subaudiendum est, et, *q u o u s q u e*, et, *i n   f i - n e m*, ac si diceretur: *Q u o u s q u e   e x a r d e s c e t   u e l u t   i g n i s   z e l u s   t u u s   i n   f i n e m* ? ... sed nomine irae intellegitur uindicta iniquitatis; nomine *z e l i* exactio castitatis, ne anima legem Domini sui contemnat, et a Deo suo fornicando dispereat (vgl. Ps 72, 27).

289,3 A 1105: Quod uero dictum est: *C o m e d e r u n t   I a c o b*, hoc bene intellegitur, quod multos in suum malignum corpus, hoc est, in suam societatem, terrendo transire coegerunt. - Vgl. v. 2.

289,6 A 1105: Non ait praeteritarum, quae possent esse etiam recentiores, sed *a n t i q u a r u m*, hoc est, a parentibus uenientium; talibus quippe *i n i q u i t a t i b u s* damnatio, non correptio debetur.

289,9 C 737: Qui timet iudicium Domini *a n t i c i p a r i* se eius *m i s e - r i c o r d i a* recte desiderat, quia nisi indulgentia praeuenerit peccatorem[3], in iudicio non absoluet[4] errantem.

A 1105: *A n t i c i p e n t* utique ad iudicium tuum: ...

289,10 C 737: Paupertas est enim in nobis exiguitas[5] bonorum operum[5] et non habemus quod possimus offerre[6] iustitiae[7], ...

289,12 A 1106: Ideo sequitur: *A d i u u a ... n o s t e r.* Hoc uerbo quod ait: *s a l u t a r i s   n o s t e r*, satis exponit quam uoluerit paupertatem intellegi in eo quod dixerat: *Quoniam pauperes ... nimis*; ipsa est quippe infirmitas, cui *s a l u t a r i s* est necessarius. Cum uero *a d i u u a r i* nos uult, nec ingratus est gratiae, nec tollit liberum arbitrium;

289,15 A 1106: ... *l i b e r a   n o s*, ut qui gloriatur, non in seipso, sed in Domino glorietur (vgl. I Cor. 1, 31).

289,18 A 1106: non *p r o p t e r* nos; nam quid aliud merentur *p e c c a t a   n o s t r a*, quam debita et digna supplicia?

289,20 A 1106: Male enim pereunt qui de *D e o* uero desperauerint, putantes

---

3 CSg: peccatorum
4 CSg: absoluit
5 CSg: *fehlen.*
6 CSg: offerat (at *auf Rasur*)
7 CSg: iustitiā (= iustitiam)

eum uel non *e s s e*, uel suos non *adiuuare*, nec eis *esse propitium*.
C 737: Dicendo enim, *u b i   e s t* ? putatur aut praesens non *e s s e*,
aut non posse defendere.

289,22 C 737: Hic est subaudiendum, uindicta, ... Cum dicit, *c o r a m   o c u-
l i s   n o s t r i s*, celeritatem postulat ultio-[738]nis; ... Sed hic
illud uidetur optari, quod ad conuersionem respicit inimici.
A 1107: Et haec quidem, ut diximus, prophetatio est, non optatio. -
Vgl. A 1104: etiam ista prophetatio est, non optatio. Non maleuolentiae
uoto ista dicuntur, sed spiritu praeuisa praedicuntur;

290,2 A 1109: non facile quisquam reperit coniectos in compedes a persecutoribus sanctos; ... Sed nimirum compedes sunt infirmitas, et corruptibilitas corporis, quae aggrauant animam (vgl. Sap. 9, 15). ... Pro his propheta gementibus ingemit, ut *i n t r e t   i n   c o n s p e c t u   D e i
g e m i t u s* eorum.

290,6 A 1109: Vbi satis mihi uidetur ostendisse scriptura, quis fuerit *gemitus compeditorum*, qui pro nomine Christi persecutiones grauissimas
pertulerunt, ... In diuersis enim passionibus constituti orabant pro
Ecclesia, ne infructuosus esset posteris sanguis illorum; ut dominica
seges, unde inimici eam putabant perituram, inde feracius pullularet.
F i l i o s quippe *m o r t i f i c a t o r u m* dicit, qui ... copio-
sissimis agminibus crediderunt.

290,9 A 1110: Septenario autem numero, id est, septupla retributione, perfectionem poenae uult intellegi, quia isto numero plenitudo significari
solet. ... *I n   s i n u s   e o r u m* dicit, utique nunc in occultis;
ut uindicta quae in hac uita agitur in occulto, post *innotescat in
nationibus ante oculos nostros*. Homo namque cum datur in reprobum sensum (vgl. Rom. 1,28), in interiore *s i n u* accipit suppliciorum me-
ritum futurorum.
WS 24[b]: Septenario autem numero retributionem plenam uult intellegi,
quia isto numero plenitudo significari solet.

290,11 Vgl. II Mach. 9; A und C zu 287,13.

290,14 A 1110: *N o ṣ* ergo quos perdere se posse putauerunt, *p o p u l u s
t u u s ... i n   s a e c u l u m*, ... id est, usque in finem *s a e-
c u l i*.

290,17 A 1110: Sed in hoc fit *saeculo* utraque; ... nam in futuro *saeculo* cum
uidebimus eum sicuti est (vgl. I Ioh. 3, 2), cui deinceps *a n n u n-
t i e t u r*, non erit.

Psalm 79

290,20 A 1111: Cantatur hic de aduentu Domini et Saluatoris nostri Iesu Christi, et de *uinea* eius (vgl. v. 9). Sed cantat ille *A s a p h*, quantum apparet, illuminatus atque correctus, cuius nomine nostis significari synagogam. Denique titulus psalmi est: *I n f i n e m p r o h i s q u i i m m u t a b u n t u r*: utique in melius, quoniam[1] Christus *f i n i s* legis (vgl. Rom. 10,4) ideo uenit, ut *i m m u t e t* in melius[1]. Et addidit: *t e s t i m o n i u m i p s i A s a p h*: bonum *t e s t i m o n i u m* ueritatis. Denique hoc *t e s t i m o n i u m* et Christum et uineam confitetur; hoc est caput et corpus, regem et plebem, pastorem et gregem, et totum omnium scripturarum mysterium Christum et Ecclesiam. Concludit autem titulus psalmi, *p r o A s s y r i i s. A s s y r i i* interpretantur dirigentes. Iam ergo non sit generatio quae cor non direxit suum, sed generatio iam dirigens. (~ C 740)

291,2 C 740: Sed quamuis omnia in eius potestate sint posita, illa tamen *r e g e r e* dicitur, quae se tractare caelesti [741] conuersatione nouerunt. Ideo enim subiunctum est *I s r a e l*, quia ipsos propitius *r e g i t* qui eum puro corde respiciunt. ... *I n t e n d e*; ac si diceret: supra nos lumen tuae pietatis infunde, ut qui per nos sumus tenebrosi, aspectus tui reddamur claritate conspicui.

A 1112: Inuocatur ut ueniat, expectatur ut ueniat, desideratur ut ueniat. Ergo dirigentes inueniat: ...

291,6 C 741: *I o s e p h* fidelem populum debemus aduertere, ... *C h e r u b i m*, plenitudo scientiae interpretatur, in qua Christum Dominum insidere manifestum est. Sed quoniam[2] adhuc in secreto suae maiestatis erat, rogat ut beneficio sanctae incarnationis *a p p a r e a t* ;

291,9 A 1112: *Appare*, inquam, coram gente Iudaeorum, coram populo *Israel*; ibi enim *E p h r a e m*, ibi *M a n a s s e s*, ibi *B e n i a m i n*.

291,13 A 1113: Auersi enim sumus a te, et nisi tu *c o n u e r t a s*, non *c o n u e r t e m u r*.

291,15 A 1113: Numquid ille obscuram habet *f a c i e m* ? Non habet obscuram *f a c i e m*, sed apposuit ei nubem carnis, et tamquam uelum infirmitatis, et non est putatus ipse cum penderet in ligno, agnoscendus cum sederet in caelo. Nam ita factum est. Praesentem in terra Christum et miracula

---

1 CSg: quoniam *bis* melius *fehlen durch homoioteleuton.*
2 CSg: quod

facientem non agnouit *Asaph*; mortuum tamen posteaquam resurrexit et ascendit in caelum, agnouit, compunctus est; direxit et de illo totum hoc *testimonium* quod modo agnoscimus in hoc psalmo: I l l u m i n a   f a c i e m ... e r i m u s. Obtexisti f a c i e m   t u a m, et aegrotauimus: i l l u m i n a illam, et s a l u i   e r i m u s.

C 742: Post conuersionis autem beneficium, apte sequitur: o s t e n d e   f a c i e m   t u a m; quia solet diuinitas homines iam *conuerso* corde respicere. Quod enim addidit e t   s a l u i   e r i m u s, euidenter significat Dominum Saluatorem, cuius reuera sumus incarnatione saluati.

C 743: (zu v. 8): Ipsa est ergo f a c i e s, id est, praesentia Christi, per quam s a l u i   f a c t i   s u m u s, ipsa per quam laqueos mortis euasimus, ipsa denique quae et indignis et confidentibus caelorum regna largitur.

291,18 C 742: Hoc de illo tempore sentiendum est quo *Asaph* uenire Dominum postulabat.

A 1113: Iam s e r u i   t u i.   I r a s c e b a r i s   i n   o r a t i o n e m inimici tui, adhuc i r a s c e r i s   i n   o r a t i o n e m   s e r u i   t u i ! ... Ita plane i r a s c e r i s, ut pater corrigens, non ut iudex damnans. Ita plane i r a s c e r i s, quia scriptum est: *Fili, accedens ad seruitutem Dei, sta in iustitia et timore, et praepara animam tuam ad temptationem* (Eccli. 2, 1). ... Quamdiu? - Zum Bibelzitat vgl. Matth. 6, 13.

291,25 A 1113: Quid est: i n   m e n s u r a ? Apostolum audi: *Fidelis Deus qui non uos permittit* [1114] *temptari supra quam potestis ferre* (I Cor. 10, 13). Ipsa est m e n s u r a, pro uiribus tuis; ipsa est m e n s u r a, ut erudiaris, non ut opprimaris.

292,4 A 1114: Plane factum est; num de *Asaph* electi sunt qui irent ad gentes, et praedicarent Christ et diceretur eis: *Quis est iste nouorum daemoniorum annuntiator?* (Act. 17, 18) - Vgl. Luc. 10, 3: *ecce ego mitto uos sicut agnos inter lupos.*

292,9 A 1114: Quem praedicabant? Mortuum resurrexisse Christum. ... Contradicebatur, sed contradictor uincebatur, et ex contradictore fidelis efficiebatur. Ibi tamen magna flamma; ibi martyres *cibati de pane lacrimarum, et potati in lacrimis*; sed *in mensura*, ...

292,13 C 743: Repetit uersum quem iam superius ante hos tres posuisse monstratur: ... (v. 4)

292,15 A 1114: Quot g e n t e s   e i e c t a e sunt! Amorrhaei, Cethaei,

Iebusaei, Gergesaei, et Euaei; quibus expulsis et uictis, introductus est populus *e x   A e g y p t o* liberatus in terram promissionis. (∿ C 743)

292,19; 293,1 A 1114: Merito *i m p l e u i t   t e r r a m*. Hoc dictum est modo de *uinea* ista, quod perfectum est usque in finem; uerumtamen quid prius? *O p e r u i t   ...   p r o p a g i n e s   e i u s. ...* [1115] *... V i a m ... t e r r a m*: hoc de perfectione ipsius dictum est. Sed tamen prima gens Iudaea fuit ista *uinea*. Gens autem Iudaea *u s- q u e   a d   m a r e,   e t   u s q u e   a d   f l u m e n* regnauit. *V s q u e   a d   m a r e*: apparet in scriptura quod *m a r e* ibi uicinum sit (vgl. Num 34, 5). *E t   u s q u e   a d   f l u m e n* Iordanem. Trans Iordanem enim aliquid Iudaeorum collocatum est; intra³ Iordanem autem tota gens. ... non autem *a mari usque ad mare, et a flumine usque ad terminos orbis terrae* (Ps 71, 8), illa iam perfectio *uineae* est de qua hic praedixit: *V i a m   ...   t e r r a m*. Cum tibi ergo praedixisset perfectionem, rediit ad initium, de quo initio sit facta perfectio. Initium uis audire? *V s q u e   a d   m a r e   e t   u s q u e   a d   f l u- m e n*. Finem uis audire? *Dominabitur a mari usque ad mare, et a flumine usque ad terminos orbis terrae*; hoc est: *i m p l e u i t   t e r r a m*. Videamus ergo *testimonium Asaph*; quid factum est primae *uineae*, quid est expectandum secundae *uineae*, immo eidem *uineae*; ipsa est enim; non enim altera est. ... Quid ergo, *uinea* ante cuius *c o n s p e c t u m   f a c t a   e s t   u i a*, ut *i m p l e r e t   t e r r a m*, primo ubi fuit? *O p e r u i t   m o n t e s   u m b r a   e i u s*. Qui sunt *m o n- t e s* ? Prophetae. ... *E t   a r b u s t a   e i u s   c e d r o s   D e i*, id est, cooperuit *c e d r o s   D e i*, altissimas, sed⁴ *D e i*. Sunt enim *c e d r i* significantes superbos euertendos. *C e d r o s* Libani, altitudines mundi *o p e r u i t* crescendo *uinea* ista, et *m o n t e s* Dei, omnes sanctos prophetas, patriarchas.

C 744: Quia *c e d r o s* dixit, bene *a r b u s t a* posuit; uites enim quando in arbores ascendunt, *a r b u s t a* nominantur. ... tamen quoniam hic est additum *D e i*, martyres debemus aduertere, qui in Ecclesia Christi in altissima sunt cacumina constituti.

293,6 Vgl. A zu 292, 19; 293, 1.

WS 27ᵇ: Sed quousque *e x t e n d i s t i   p a l m i t e s   e i u s* ?

---

3 CSg: infra
4 CSg: sedes

Vsque ad mare scilicet uicinum terrae [28ᵃ] Iudaeae; *et usque ad flumen*, procul dubio Iordanem, *propagines eius*.

293,8 Isidor, *Et*. XVII, 5, 33: Propaginare uero, flagellum uitis terrae submersum sternere et quasi porro pangere. Hinc propagines, a propagare et protendere dictae.

293,10 A 1116: Inde quid?

293,11 A 1116: Quae est *maceria eius*? Munitio eius. ... Quid est: *uiam transeuntes*? Temporaliter dominantes.

C 744: Istius *uineae* ... miratur cur fuerit euersa munitio, ... *Maceria* est enim de solis lapidibus constructa custodia, quae solet *uineas* defensabiliter circuire.

293,16 C 745: *De silua*, scilicet de gentibus, ... *Singularem* autem *ferum*, Titum eius [=Vespasiani] filium memorat, ...

A 1116: *De silua*, de gentibus, ... Quid est: *singularis ferus*? Ipse *aper* qui *deuastauit eam*, *singularis ferus*. *Singularis*, quia superbus. Hoc enim dicit omnis superbus: Ego sum; ego sum, et nemo.

293,20 A 1116: Quamuis haec facta sint, *conuertere uero*.

293,22 Vgl. A zu 292, 19; 293, 1.

293,23 A 1116: Non aliam institue, sed hanc *perfice*.

C 747: *Filius* enim *hominis* idem ipse est Dominus Christus, qui etiam *dextera* Patris est.

Br 1120 D: *Domine Deus uirtutum, conuerte nos*. Synagogam ad Ecclesiam.

293,25 A 1117: Sed ubi *perficit*? ... non potius uobiscum admirando clamemus: ... *et super filium hominis eam perfice*? Quem *filium hominis*? *Quem confirmasti tibi*. Magnum firmamentum! aedifica quantum potes. *Fundamentum enim aliud nemo potest ponere, praeter quam quod positum est, quod est Christus Iesus* (I Cor. 3, 11).

294,6 A 1117: Videamus et intellegamus quae sint *igni succensa et effossa*. Quid increpauit Christus? Peccata; *ab increpatione uultus* eius peccata perierunt. Quare ergo peccata *igni succensa et effossa*? Omnia peccata duae res faciunt in homine: cupiditas et timor. ... Proponitur praemium ut pecces, id est, quod te delectat; facis propter quod cupis. Sed forte non induceris donis, terreris minis; facis propter quod times. ... ibi iam, si cupiditas non ualuit, forte timor ualebit ut pecces. ... Itaque, fratres mei, ad omne recte factum [1118] amor et timor ducit: ad omne peccatum amor et timor ducit. Vt facias bene, amas Deum, et times Deum; ut autem facias male, amas mundum, et times mundum. Haec duo conuertantur ad bonum: amabas terram, ama uitam aeternam; timebas mortem, time gehennam. ... Bene quidem nihil tu aliud uis, quam ut bene tibi sit. Nam in eo quod amas, uis ut bene tibi sit; et in eo quod times, non uis ut male tibi sit; ... quae sunt peccata *s u c c e n s a   i g n i   e t   e f - f o s s a* ? Quid fecerat amor malus? Tamquam *i g n e m   s u c c e n - d e r a t*. Quid fecerat timor malus? Tamquam *e f f o d e r a t*. Amor quippe inflammat; timor humiliat; ideo peccata mali amoris, *i g n e   s u c c e n s a* sunt; peccata mali timoris, *e f f o s s a* sunt. Humiliat et bonus timor, accendit et bonus amor, sed aliter, atque aliter. ... Ac per hoc, sicut omnia iusta opera bono timore et bono amore fiunt, sic malo amore et malo timore omnia peccata committuntur.

294,16 A 1118: Dicat *Asaph*: Ostendat se misericordia tua; fac bene cum *uinea* tua, *perfice illam*, ...

C 746 (zu v. 16): *F i l i u s* quippe *h o m i n i s* Christus est Dominus ex Maria Virgine genitus, ... Qui utique *c o n f i r m a t u s   e s t*, quando de ipso ueritas paternae uocis insonuit, dicens: *Hic est Filius meus dilectus*, ... (Matth. 3,17).

294,20 A 1119: *u i u i f i c a b i s   n o s*. Nam prius amabamus terram, non te; sed mortificasti membra nostra quae sunt super terram. ... Mortui ergo erant, qui propterea Deum colebant ut eis secundum carnem bene esset; ... *V i v i f i c a b i s   n o s*, innouabis nos, uitam interioris hominis dabis nobis.

P s a l m   80

294,24 A 1120: Ergo accipite *t o r c u l a r i a* mysterium Ecclesiae, quod nunc agitur. In *t o r c u l a r i b u s* animaduertimus quaedam tria: pressuram, et de pressura quaedam duo, unum recondendum, alterum proiciendum. Fit ergo in *t o r c u l a r i* conculcatio, tribulatio, pondus; et in his oleum eliquatur occulte in gemellarium; amurca publice per plateas currit. ... Puta enim quia pressurae abundant, tu oleum esto.

... [1121] ... at ubi ad *t o r c u l a r* et pressuras uentum fuerit, utrumque discernitur, dirimitur, et aliud appetitur, aliud respuitur.
... *q u i n t a* ergo *s a b b a t i , q u i n t u s* a dominico die;
... Videte itaque quibus loquatur hic psalmus; uidetur enim mihi quoniam baptizatis loquitur. *Q u i n t o* enim die Deus ex aquis creauit animalia; *q u i n t o* die, id est, *q u i n t a s a b b a t i* dixit Deus: *Producant aquae reptilia animarum uiuarum* (Gen. 1, 20). Videte ergo uos, in quibus iam *produxerunt aquae reptilia animarum uiuarum*. Vos enim ad *t o r c u l a r i a* pertinetis; et in uobis quos[1] *produxerunt aquae*, aliud eliquatur, aliud proicitur. Sunt enim multi non digne uiuentes baptismo quod perceperunt: quam multi enim baptizati hodie circum implere, quam istam basilicam maluerunt! ... [1122] ... Psalmus autem iste *p r o t o r c u l a r i b u s* et *q u i n t a s a b b a t i* in pressura discretionis, et in sacramento baptismi, cantatur *i p s i A s a p h*. ... interpretatio tamen nominis mysterium intimat[2] occultae ueritatis. *A s a p h* quippe latine dicitur congregatio. ... id est, ... cantatur psalmus dominicae congregationi. (∿ C 748)

C 748: ... intentio tituli talis est, ut *i n f i n e m* designet Dominum Christum;

295,11 A 1122: Vos qui congregati estis hodie, uos hodie *Asaph* Domini, si quidem uobis canitur psalmus, *ipsi Asaph*: ... *E x u l t a n t* alii circo, uos *D e o ; e x u l t a n t* alii deceptori[3] suo[4], *e x u l t a t e* uos *a d i u t o r i* uestro; *e x u l t a n t* alii *d e o* suo uentri suo, *e x u l t a t e* uos *D e o* uestro *a d i u t o r i* uestro. ... Quidquid uerbis explicare non poteritis, non ideo tamen ab exultatione cessetis; quod poteritis explicare, clamate; quod non potestis, *i u b i l a t e*. Etenim ex abundantia gaudiorum, cui uerba sufficere non possunt, in iubilationem solet erumpere: ...

C 749: *A d i u t o r i* autem quod dixit, uerus *D e u s* tali uerbo declaratur: quia ficticius *d e u s* non est *a d i u t o r*, sed elisor;

295,17 A 1122: Dicit quodam loco apostolus Paulus, reprehendens et dolens, quod nemo illi communicauerit *in ratione dati et accepti* (Phil. 4, 15). Quid est: *in ratione dati et accepti*, nisi quod alio loco aperte exposuit: *Si nos uobis spiritalia seminauimus, magnum est si nos uestra carnalia metamus?* (I Cor. 9, 11) Et uerum est quod *t y m p a n u m*, quod de corio

---

1 CSg: quod
2 CSg: indicat
3 CSg: desertoribus
4 CSg: *fehlt*.

fit, ad carnem pertinet. *P s a l m u s* ergo spiritalis est, *t y m-
p a n u m* carnale. Ergo plebs Dei, congregatio Dei, ... accipite spiritalia et date carnalia. ... [1123] ... Si ergo auidi estis in spiritalibus accipiendis, deuoti estis in carnalibus erogandis.

C 749: Hoc ergo commonet, ut accipientes diuina uerba Domino debeamus
offerre terrena; quia[5] tunc Deo bene *d a m u s   t y m p a n u m* [5],
cum eleemosynas facimus, ...

295,22 A 1123: Istorum duorum organorum musicorum, et *p s a l t e r i i* et
c i t h a r a e haec differentia est, quod *p s a l t e r i u m* lignum illud concauum, unde canorae chordae redduntur, in superiore parte
habet; deorsum feriuntur chordae, ut desuper sonent; in *c i t h a r a*
uero haec eadem concauitas ligni partem inferiorem tenet; tamquam illud
sit de caelo, hoc de terra. Caelestis enim est praedicatio uerbi Dei;
sed si expectamus caelestia, non simus pigri ad operanda terrena, quia
p s a l t e r i u m   i o c u n d u m, sed *c u m   c i t h a r a.* Hoc
alio modo dictum est quod supra: *Accipite psalmum et date tympanum*; hic
pro *psalmo   p s a l t e r i u m,* pro *tympano   c i t h a r a* posita
est. Hoc tamen admoniti sumus, ut praedicationi uerbi Dei corporalibus
respondeamus operibus.

296,3 Vgl. 575, 7-14 (Schluß des Psalters).

Isidor, *Et.* III, 22, 13: Tintinabulum de sono uocis nomen habet, sicut
(et) plausus manuum, stridor ualuarum.

Priscian, *Institutiones Grammaticae* (hg. v. M. Hertz), Lib. II, 31:
Facticium est, quod a proprietate sonorum per imitationem factum est,
ut 'tintinnabulum', 'turtur'[5a].

296,6.10 A 1123: Hoc est, clarius et fidentius praedicate; ne terreamini, sicut
ait propheta quodam loco: *Exclama, et exalta sicut tuba uocem tuam*
(Isai. 58, 1). ... Praeceptum erat ut *i n   i n i t i o   m e n s i s*
t u b a   c a n e r e t u r ; et hoc usque nunc Iudaei corporaliter
faciunt, spiritaliter non intellegunt. *I n i t i u m* enim *m e n s i s,*
noua luna est; noua luna, noua uita est.

C 750: Praeceptum fuerat inter alia Iudaeis, ut a primo die septimi men-
sis, septem diebus *t u b a   c a n e r e n t,* quod hodieque carnaliter
faciunt, non intellegentes ideo fuisse iussum, quoniam Spiritus sancti
gratia septiformis baptizandis erat toto orbe praedicanda.

---

5 CSg: quia *bis* typanum *fehlen.*
5a In *Grammatici Latini*, hg. v. H. Keil, Bd II. Leipzig, 1855, 61. Diese Pris-
  cian-Ausgabe beruht auf CSg 904, 8. Jh. -- vgl. Scherrer, 319f.

296,15 C 751: Dicit causam quare debeant *tuba canere*: quia lex data est per
Moysen in israelitico populo, qua cognita nullus peccare debuisset.
I u d i c i u m autem *D e o   I a c o b*, id est, Deo Christianorum.
Ipse enim rationalem creaturam caelesti ueritate iudicauit, sicut in
euangelio ait: *Pater non iudicat quempiam*[6]; *sed omne iudicium dedit
Filio* (Ioh. 5, 22). ... *I a c o b* enim diximus significare populum
sequentem, qui adoptatus per gratiam Christi primae districtionis
p r a e c e p t a superauit.

A 1123: et ipse *p r a e c e p t i* dator Dominus Christus, Verbum
caro factum: *In iudicium*, inquit, *ueni in hunc mundum, ut qui non uident
uideant, et qui uident caeci fiant* (Ioh. 9, 39). ... [1124] ... Hoc
agit mysterium *torcularis, ut qui non uident uideant, et qui uident
caeci fiant.*

296,24 A 1124: *I o s e p h* interpretatur augmentatio. Meministis, nostis
I o s e p h in *A e g y p t u m* uenditum: Christus ad gentes transiens.
Ibi *I o s e p h* post tribulationes exaltatus, et hic Christus post
passionem martyrum glorificatus. Ergo ad *I o s e p h* magis gentes
pertinent; et ideo augmentatio, quia multi filii desertae, magis quam
eius quae habet uirum (vgl. Gal. 4, 27). ... Videte et hic significari
quintam sabbati: Quando *e x i i t   d e   t e r r a   A e g y p t i
I o s e p h*, id est, populus multiplicatus per *I o s e p h*, per mare
Rubrum traiectus est. ... Nihil aliud tunc in figura portendebat transitus populi per mare, nisi transitum fidelium per baptismum; ... Nihil
ergo aliud significabat transitus per mare, nisi sacramentum baptizatorum; nihil aliud insequentes Aegyptii, nisi abundantiam praeteritorum
delictorum. Videtis euidentissima sacramenta: premunt Aegyptii, urgent;
instant ergo peccata, sed usque ad aquam. ... time ne remaneat aliquid
peccatorum, si uixit aliquis Aegyptiorum.

297,1.7 C 751: Sed hoc ad nostram generationem competenter aptatur. Nam sicut
ille per maris Rubri undas saluatus eiectus est, sic nos a *t e r r a
A e g y p t i*, id est, a uitiis carnalibus absoluti, sacra unda regenerante, renascimur.

A 1124: Cum autem transieris Rubrum mare, cum eductus fueris a delictis
tuis in manu potenti et brachio forti (vgl. Ps 135, 11f.), percepturus
es mysteria quae *n o n   n o u e r a s*; ... *A u d i e s* ubi debeas
habere cor;

---

6 CSg: quemquam (!)

297,11 A 1124: Quis *a u e r t i t* [1125] ... *e i u s*, nisi ille qui clamauit: *Venite ad me omnes qui laboratis et onerati estis* (Matth. 11, 28)? (∼ C 752)

297,13.19 A 1125: Per *c o p h i n u m* significantur opera seruilia. Mundare, stercorare, terram portare, *c o p h i n o* fit; seruilia sunt opera; quia omnis qui facit peccatum, seruus est peccati; et si uos Filius liberauit, tunc uere liberi eritis (vgl. Ioh. 8, 34.36). ... Sed et quando *i n c o p h i n o s e r u i e b a t I o s e p h*, terram ibi portabat, quia lateres faciebat: ... Recognoscat se unaquaeque conscientia christiana, ... recognoscat se *i n t r i b u l a t i o n e e x a u d i t a m*. Ipsa enim magna *t r i b u l a t i o* erat, premi sarcinis peccatorum; quantum gaudet releuata conscientia! Ecce baptizatus es; conscientia quae heri premebatur, hodie gratulatur.

297,23 A 1125: non *i n t e m p e s t a t e* maris, sed *i n t e m p e s t a t e* cordis.

C 752: Ipse enim nos de *t r i b u l a t i o n e l i b e r a t*, ipse *i n* [7] *a b s c o n d i t o* angustiam nostrae *t e m p e s t a t i s e x a u d i t* [7], ...

297,25 A 1125: Reuera, fratres, reuera, qui *exauditus est in abscondito tempestatis*, debet *p r o b a r i i n a q u a c o n t r a d i c t i o n i s*. Cum enim crediderit, cum baptizatus fuerit, cum uiam Dei carpere coeperit, cum in gemellarium eliquari intenderit, et ab amurca publice currente se extraxerit, habebit multos exagitatores, multos insultatores, multos detractores, ...: haec tota *a q u a c o n t r a d i c t i o n i s* est. ... [1126] ... Senserunt illam maiores nostri, quando uerbo Dei, quando mysterio Christi acriter resistebant gentes; turbabatur *a q u a* : *a q u a s* enim pro populis aliquando intellegendas euidenter Apocalypsis scriptura demonstrat, ubi *a q u a e* multae cum uiderentur, et quaereretur quid essent, responsum est: *Populi sunt* (17, 15). Pertulerunt ergo illi *a q u a m c o n t r a d i c t i o n i s*, quando fremuerunt gentes, et populi meditati sunt inania (vgl. Ps 2, 1); ... Recolitis quid de Christo dictum sit, sic natum[8] eum esse in multorum ruinam, et multorum resurrectionem, et in signum cui contradiceretur (vgl. Luc. 2, 34). Nouimus, uidemus: signum crucis erectum est, et contradictum est ei. Contradictum est gloriae crucis; ... Hoc totum ab initio psalmi usque ad hunc uersum, de oleo *torcularis* audiuimus. Quod restat magis

---

7 CSg: in abscondita angustia nostra et tempestatis exaudiuit
8 CSg: signatum *statt* sic natum

dolendum est et [1127] cauendum; ad amurcam enim *torcularis* pertinet usque ad finem; fortasse non frustra et interposito diapsalmate.

C 752: Nam si ad historiam referas, a q u a m   c o n t r a d i c- t i o n i s   dicit, quando in deserto fluenta israeliticus populus incredulis mentibus expetebat.

HT 79: Secundum litteram de Moyse dicitur et Aaron, quod i n   a q u a   c o n t r a d i c t i o n i s   offenderint Deum (vgl. Exod. 17; Num. 20). (= Br 1123 D - 1124 A)

298,12.20 A 1127: D e u s   r e c e n s, est ad tempus factus: D e u s   autem noster non r e c e n s, sed ab aeternitate in aeternitatem. ... Absit ergo ut sit in aliquo d e u s   r e c e n s :   d e u s   r e c e n s, aut lapis, aut phantasma est. ... qui sempiterni non sunt, r e c e n- t e s   sunt; hoc de paganis. ... Multi ergo haeretici cum paganis alios et alios d e o s   sibi ipsi fecerunt, alios et alios d e o s   sibi finxerunt; et eos etiamsi non in templis, tamen quod est peius in suo corde posuerunt, et falsorum ridendorumque simulacrorum templa ipsi facti sunt. ... [1129] ... Sed: i n   t e, in corde tuo, in imagine phantasmatis tui, in deceptione erroris tui tecum portabis d e u m   tuum r e c e n t e m, remanens uetustus. ... Si enim in te non sit, n o n   a d o r a b i s   d e u m   a l i e n u m: Si tu non cogites [1130] d e u m   falsum, non adorabis d e u m   fabricatum;

C 753: I n   t e   autem quod dixit, significat in corde tuo, ubi debet ueritas, non falsitas inueniri.

298,22 A 1130: Quid uis adorare quod non e s t ?

298,23 A 1130: E g o   e n i m   s u m   D o m i n u s   D e u s   t u u s, quia ego sum qui sum (vgl. Exod. 3, 14). (∿ C 753)

299,1 A 1130: tibi tamen temporaliter quid praestiti⁹ ? Q u i ... A e g y p- t i. Non illi tantum populo dicitur: omnes enim e d u c t i   s u m u s   d e   t e r r a   A e g y p t i, omnes per mare Rubrum transiuimus, inimici nostri persequentes nos in aqua perierunt.

A 1124 (zu v. 6): Quid est rubrum? Sanguine Domini consecratum.

C 754: Sed hoc cum Iudaeis ad historiam dicitur, Christianorum generalitas commonetur. E d u c i t   enim nos d e   t e r r a   A e g y p t i, quando per regenerationis gratiam a peccatis teterrimis liberat, quibus tenebamur obnoxii, ... - Die Etymologie *Aegyptus* = tenebrae ist ein Gemeinplatz der patristischen Bibelexegese. Vgl. Notker und den *Nl* zu Ps 77, 53 und 113, 1.

---

9 CSg: prestitisti

299,7   A 1130: Angustias pateris in te propter *deum recentem*[10] constitutum in corde tuo; ... *d i l a t a   o s   t u u m*, confitendo, amando, *e t   a d i m p l e b o   i l l u d*, quoniam apud me[11] fons uitae (vgl. Ps 35, 10; Ioh. 4, 14).

299,9   A 1130: O ingrata anima! per me anima, a me uocata anima, a me in spem reducta, a me a peccatis abluta: *E t   I s r a e l   n o n   i n t e n d i t   m i h i.*

299,12 A 1130: Ecce *torcular*: aperta sunt foramina, currit amurca. ... *s e c u n d u m   a f f e c t i o n e s   c o r d i s   e o r u m* donaui eos sibi.

C 754: Ille enim suae plebi tamquam oleo loquebatur; sed amurca non poterat *audire*, ... Sequitur ultio digna peccati. Non enim dimittitur impunitus, qui a Domini tuitione deseritur. Ille enim quos relinquit, affligit: ...

299,19 A 1131: Quid est: *p l e b s   m e a ?   I s r a e l*. Quid est: *a u d i s s e t   m e ?   S i   i n   u i i s   m e i s   a m b u l a s s e t*. (∿ c 754 f.) ... Nunc uero quid queruntur de *i n i m i c i s* ? Ipsi facti sunt peiores *i n i m i c i*.

299,24 A 1131: Renuntias? Renuntio. Et redit ad quod renuntiat. Vtique quibus rebus renuntias, nisi factis malis, ... ? His omnibus renuntias, et rursus his inflexus superaris. ... [1134] ... *I n i m i c i* ... *e i*, dicendo: Eo ad uineam, et non eundo (vgl. Matth. 21, 30);

300,1   C 755: *M e n t i u n t u r* enim qui bonis se pollicitationibus obligantes, in pessimos iterum relabuntur errores. De paganis enim dici non potuit, qui nulla fuerant Domino promissione constricti. ... *i n   a e t e r n u m   e r i t   t e m p u s   e o r u m*, scilicet punitionis, quando illis diceretur: *Ite in ignem aeternum* (Matth. 25, 41);

A 1132: Nam quid est quod ait apostolus de his qui habent *fundamentum* ? *Fundamentum aliud nemo potest ponere, praeter id quod positum est, quod est Christus Iesus. ... Vnusquisque autem super fundamentum uideat quid superaedificat. Alius enim superaedificat aurum, argentum, lapides pretiosos; alius ligna, fenum, stipulam: uniuscuiusque opus quale sit, ignis probabit; dies enim Domini declarabit, quia in igne reuelabitur. Si cuius opus permanserit quod superaedificauit, mercedem accipiet*; hoc est, quia *super fundamentum* iusta opera aedificauit: *aurum, argentum,*

---

10 CSg: recentem deum (!)
11 CSg: e (̇ = est) nach me übergeschr. (!)

lapides pretiosos. Si autem peccata: *lignum, fenum, stipulam*; tamen propter *fundamentum ipse saluus erit*; *sic tamen tamquam per ignem* (I Cor. 3, 10-15). ... *E t* ... *a e t e r n u m*, non accipio nisi ignem *a e t e r n u m*, ... Sed de impiis dixit, ait aliquis, non de me, qui quamuis peccator sim, quamuis adulter, quamuis fraudator, quamuis raptor, quamuis periurus, habeo tamen in *fundamento* Christum, Christianus sum, baptizatus sum; ego per ignem purgor, et propter *fundamentum* non pereo. Dic mihi iterum: Quid es? Christianus, inquis. Interim transi. Quid aliud? Raptor, adulter, et cetera de quibus apostolus dicit: *Quoniam qui talia agunt, regnum Dei non possidebunt* (Gal. 5, 21).

300,18 C 755: Hic pietas Creatoris exponitur, ut *inimicos*, id est, ingratos beneficiis suis repleuerit, quos superius dixit *fuisse mentitos* (vgl. v. 16). *E x   a d i p e   f r u m e n t i*, siue manna significat, siue corpus Domini Christi. *A d i p e m* quippe dicimus animalium pinguedinem corpulentam; quod nomen ad frumentum abusiue translatum est, ut significaret ei interius aliquam inesse bonitatem.

A 1134: Nostis *a d i p e m   f r u m e n t i*, unde *c i b a n t u r* multi *inimici* qui *mentiti sunt ei* (vgl. v. 16). *E t* ... *f r u m e n t i*, miscuit eos sacramentis suis. Et Iudam, quando dedit bucellam, *e x   a d i p e   f r u m e n t i   c i b a u i t*; et *inimicus Domini mentitus est ei, et erit tempus* eius *in aeternum*.

300,25 A 1134: *M e l* sapientia est, primatum dulcoris tenens in escis cordis. Quam multi ergo *inimici Domini mentientes* Domino *cibantur*, non solum *ex adipe frumenti*, sed etiam *d e   p e t r a   m e l l e*, de sapientia Christi! [1135] quam multi delectantur uerbo eius et cognitione sacramentorum eius, solutione parabolarum eius, quam multi delectantur, quam multi clamant! Et non est hoc *m e l* de quolibet homine, sed *d e   p e t r a*: *petra autem erat Christus* (I Cor. 10, 4). Quam multi ergo satiantur de *m e l l e* isto, clamant, dicunt: Suaue est; dicunt: Nihil melius, nihil dulcius uel intellegi uel dici potuit! Et tamen *inimici Domini mentiti sunt ei*.

P s a l m   81

301,5 A 1135: ... uel eiusdem nominis interpretatio, ut ad synagogam, quod est *A s a p h*, eius intellegentia referatur;

C 757: Ponitur enim hic *A s a p h*, quod indicat synagogam, ... *A s a p h*, ... contra Iudaeos de Christi aduentu per totum loquitur psalmum.

301,8 C 757: Ponitur enim hic *A s a p h*, quod indicat synagogam, quae Dominum Saluatorem corporea quoque praesentia meruit intueri, quando dignatum est Verbum caro fieri et in gratiam nostrae uiuificationis occidi. A 1135: Quos utique absit ut intellegamus *d e o s* gentium, ... cum paulo post hunc uersum idem iste psalmus asserat, et quos *d e o s* intellegi uelit, *i n* quorum *s y n a g o g a   s t e t i t   D e u s*, apertius exprimat, ubi ait: *Ego dixi: Dii estis, et filii Altissimi omnes* (v. 6); ... [1136] ... In *s y n a g o g a* populum Israel accipimus; ... [1137] ... *S t a n t e m* quippe *i n   m e d i o* sui uidebant eum; sed non eum uidebant Deum, qualem se uolebat uideri, ...

301,13 A 1137: *D i s c e r n i t* autem *d e o s*, non eorum meritis, sed gratia sua; ex eadem consparsione fáciens alia uasa in honorem, alia in contumeliam (vgl. Rom. 9, 21).

301,18.25 A 1137: Dedi legem: duriter restitistis; misi prophetas: iniuriis affecistis, aut interfecistis, aut haec agentibus conniuistis[1]. Sed ut illis nec loqui dignum sit, qui occiderunt seruos Dei praemissos ad se, uos qui cum haec fierent tacuistis, id est, uos qui eos qui tunc tacuerunt, uelut innocentes imitari uoluisti, *V s q u e q u o ... p e c c a n t i u m   s u m i t i s*? Numquid etiam nunc et ipse heres ueniens occidendus est? Nonne ipse propter uos sine patre esse uoluit tamquam *p u p i l l u s*? nonne propter uos esuriuit et sitiuit ut *e g e n u s*? ... [1138] ... Haec dicta sunt, ut sciretur in eo populo in quo natus et occisus est Christus, nec illos fuisse immunes a tanto scelere, qui cum essent tantae multitudinis, ut eos sicut euangelium loquitur, timerent Iudaei, et propterea in Christum manum mittere non auderent, postea conniuerunt[2], eumque interimi a malignis et inuidis Iudaeorum principibus permiserunt; qui si uoluissent, timerentur semper, ut numquam in illum sceleratorum praeualerent manus.

301,26 A 1138: Non illos propter se superbos et diuites, sed istum propter uos *h u m i l e m   e t   p a u p e r e m*, iustum credite, iustum praedicate.

302,5 C 759: Ad illos haec uerba fieri sentiuntur, qui manus suas quidem in nece Domini minime miscuerunt, sed contra sceleratas praesumptiones obuiam ire noluerunt, ut et illum[3] a pernicie corporali liberarent et

---

1 CSg: conhibuistis (h *übergeschr.*) (= WS 35[b])
2 CSg: conhibuerunt (*das erste* n *übergeschr.*) (= WS 36[a])
3 CSg: illos

se a consensu prauitatis exuerent; ... Nam cum possis obuiare peruersis, si desinas aduersari, consensus erroris est.

302,6.9.13 A 1138: Quia et illi, si cognouissent, numquam Dominum gloriae crucifixissent (vgl. I Cor. 2, 8), et illi, si cognouissent, numquam Barabbam liberandum, et Christum crucifigendum petere consensissent. Sed quoniam supra memorata *caecitas ex parte Israel facta est*, *donec plenitudo gentium intraret* (Rom. 11, 25), per hanc utique illius populi *caecitatem* crucifixo Christo, *m o u e b u n t u r   o m n i a   f u n d a m e n t a   t e r r a e*. Sic *m o t a   s u n t* et *m o u e b u n t u r*, *donec intret* quae praedestinata est *gentium plenitudo*. Nam et in ipsa morte Domini *t e r r a   m o t a   e s t*, et petrae scissae sunt (vgl. Matth. 27, 5). Et si intellegamus *f u n d a m e n t a   t e r r a e*, terrenorum bonorum copia felices, recte praedictum est quod *m o u e r e n t u r*, uel admirando sic amari, sic coli humilitatem, paupertatem, mortem, uelut magnam secundum ipsos miseriam Christi; uel ipsi quoque, huius mundi uana felicitate contempta, illam diligendo atque sectando. Ita *m o u e n t u r   o m n i a   f u n d a m e n t a   t e r r a e*, cum partim mirantur, partim etiam commutantur. ... [1139] ... quia et peccatori dictum est: *Terra es, et in terram ibis* (Gen. 3, 19);

C 759: Signum dicit quod in crucifixione Domini constat euenisse; ... *T e r r a* uero *m o t a* potest et spiritaliter accipi: quia illo tempore multi peccatores, id est, terreni homines uiso tanto miraculo crediderunt, ...

302,20 C 759: Venit ad tertiam partem, ad apostolos et iustos reliquos uerba conuertens.

A 1139: Terrenae autem felicitatis regnum superbia est, contra quam uenit humilitas Christi, exprobrans eis quos uult ex humilitate filios Altissimi facere, atque increpans: *E g o   ...   c a d e t i s*. ... siue omnes simul increpat, ut oboedientes correctosque discernat, *E g o*, inquit, *d i x i : d i i   e s t i s   e t   f i l i i   A l t i s s i m i   o m n e s*, id est, omnibus uobis promisi caelestem felicitatem; *u o s   a u t e m*, per infirmitatem carnis, *s i c u t   h o m i n e s   m o r i e m i n i*, *e t*, per elationem animi, *s i c u t   u n u s   e x   p r i n c i p i b u s*, id est, diabolus, non extollemini, sed *c a d e t i s*. ... Per diabolicam quippe superbiam factum est, ut Christi gloriae peruersi et caeci *p r i n c i p e s* Iudaeorum inuidissent;

302,26; 303,3 A 1140: Tumuit enim *t e r r a*, cum te crucifigeret; *s u r g e* a mortuis, et *i u d i c a   t e r r a m. Q u o n i a m   t u   d i s- p e r d e s   i n   o m n i b u s   g e n t i b u s* : quid, nisi *t e r- r a m* ? hoc est, eos qui terrena sapiunt, siue ipsum affectum in credentibus terrenae cupiditatis et elationem absumens, siue non credentes, *t e r r a m* conterendam perdendamque discernens, ... (zu Ps 82,2:) nam [Christus] et inter iniquos deputatus est; sed ad hoc ut *iudicaretur*. Cum autem ueniet *iudicaturus*, tunc fiet quod hic dicitur: *D e u s, q u i s   s i m i l i s   e r i t   t i b i* ?

C 760: Cui dicitur *e x s u r g e*, nisi illi qui praeuidebatur occidi? *i u d i c a   t e r r a m*, eidem ipsi dicitur de quo scriptum est: *cum autem uenerit Filius hominis in maiestate sua et omnes angeli cum eo, tunc sedebit super sedem maiestatis suae et congregabuntur ante eum omnes gentes* (Matth. 25, 31-32)[4].

303,3 A 1140: Fit ergo hereditas eius per caritatem, quam suis praeceptis et gratia misericorditer excolendo[5], terrenam *d i s p e r d i t*[6] cupiditatem[7].

P s a l m   82

303,4 A 1140: Homo ergo ille qui uocabatur *A s a p h*, in figura congregationis populi Dei in multorum psalmorum titulis ponitur.

C 761: *C a n t i c i   p s a l m i* significantiam in praefatione posuimus et per titulos, ubi locus exegit, frequenter ediximus: ... *A s a p h*, qui multa iam in superioribus psalmis de Domini incarnatione praedixerat, nunc in primo membro de aduentu eius secundo dicturus est; - Vgl. C 13 (*Praefatio*): Quid sit canticum psalmum. Canticum psalmum erat, cum, choro ante canente, ars instrumenti musici in unam conuenientiam communiter aptabatur, uerbaque hymni diuini suauis copula personabat. Isidor, *Et.* VI, 19, 12: Nam canticum Psalmi est, cum id quod organum modulatur, uox postea cantantis eloquitur.

---

[4] R 181[ra]: *I u d i c a   t e r r a m*, id est, terrena sapientes qui te *i u- d i c a u e r u n t*.
[5] CSg: extollendo
[6] CSg: dispergit
[7] R 181ra: Pro una Iudaeorum *g e n t e* ... hereditatem accipies *o m n e s   g e n t e s*, ...

303,6 A 1140: Quod ego arbitror accomodatius accipi in Christo, quia in similitudine hominum factus, putatus est ab eis a quibus contemptus est, ceteris hominibus comparandus; nam et inter iniquos deputatus est; sed ad hoc ut iudicaretur. Cum autem ueniet iudicaturus, tunc fiet quod hic dicitur: *Deus, ... tibi?* ... Multis enim *similis* in humilitate *esse* uoluisti, usque et latronibus qui tecum sunt crucifixi; sed in claritate cum ue-[1141]nies, *quis ... tibi?* Quid enim magnum dicitur, cum *Deo* dicitur: *Quis ... tibi?*, nisi illi dicatur, qui *similis esse* hominibus uoluit, formam serui accipiens, ...? ... Quia uero ad formam serui relatum est, tunc eius a ceteris hominibus dissimilitudo apparebit, quando apparebit in gloria.

303,11 A 1141: *tacuit* enim, ut iudicaretur, quando uenit occultus; non autem *tacebit*, ut iudicet, quando ueniet manifestus.

303,15 C 763: sed omnibus insanis unum est *caput* Antichristus.

A 1141: Nec *capita*, sed *caput*, quando eo peruenturi sunt, ut etiam illud *caput* habeant quod *extollitur* super omne quod dicitur Deus et quod colitur: ut in illo maxime impleatur: *qui se exaltat, humiliabitur* (Luc. 14, 11); et cum eum ille cui dicitur: *Ne taceas, neque mitescas Deus*, interficiet spiritu oris sui, et euacuabit illuminatione praesentiae suae (vgl. II Thess. 2, 8).

303,25 A 1142: *Testamentum* sane in scripturis non illud solum dicitur, quod non ualet nisi testatoribus mortuis; sed omne pactum et placitum *testamentum* uocabant. Nam Laban et Iacob *testamentum* fecerunt (vgl. Gen. 31, 41), quod utique etiam inter uiuos ualeret; (∿ C 763)

304,4 A 1142: Deinde incipit *inimicos* Christi commemorare sub quibusdam uocabulis gentium: quorum uocabulorum interpretatio satis indicat quid uelit intellegi. Talibus enim nominibus conuenientissime figurantur ueritatis inimici. *Idumaei* quippe interpretantur uel sanguinei uel terreni; *Ismaelitae*, oboedientes sibi; utique non Deo, sed sibi. *Moab*, ex patre, quod in malo non intellegitur melius, nisi cum ipsa historia cogitatur, quod pater Lot filiae suae illicite se utenti permixtus eum genuit (vgl. Gen. 19, 36-37); ... *Agareni*, proselyti, id est, aduenae; quo nomine significantur inter inimicos populi Dei, non illi qui ciues fiunt, sed qui in animo alieno atque aduentitio perseuerant, et nocendi occasione inuenta se ostendunt. *Gebal*, uallis uana, id est, fallaciter humilis; *A m o n*, populus turbidus, uel populus maeroris; *A m a l e c h*, populus linguens[1]; unde alibi dictum est: [1143] *Et inimici eius terram linguent*[1] (Ps 71, 9). *A l i e n i - g e n a e*, quamuis et ipso nomine latino se indicent alienos, et ob hoc consequenter *inimicos*, tamen in hebraeo dicuntur Philistiim, ... *T y r u s* lingua hebraea dicitur Sor, quod siue angustia siue tribulatio interpretetur, ... (∿ C 764)

304,12 Isidor, *Et*. X, 15: Aduena, eo quod aliunde adueniat. Alienigena, quod alieni generis sit, et non eius ubi est. [Item] Alienigena, qui ex alia gente genitus est, et non ex ea ubi est.

304,13 A 1143: *A s s u r* autem pro ipso diabolo figurate intellegi solet, qui operatur in filiis diffidentiae (vgl. Eph. 2, 2), tamquam in uasis suis, ut oppugnent populum Dei. *F a c t i   s u n t*, inquit, *i n   a d i u t o r i u m   f i l i i s   L o t*, quia omnes *inimici*, operante in se principe suo diabolo, *f a c t i   s u n t* ... *L o t*, qui interpretatur declinans, angeli autem apostatici bene intelleguntur tamquam filii declinationis; a ueritate quippe declinando, in satellitium diaboli discesserunt. (∿ C 764)

304,19 A 1143: Interpretationes autem eorum nominum istae sunt: *M a d i a n* interpretatur declinans iudicium; *S i s a r a*, gaudii exclusio; *I a b i n*, sapiens. Sed in his *inimicis* a populo Dei superatis, ille intellegendus est sapiens, de quo apostolus dicit: *Vbi sapiens? ubi scriba? ubi conquisitor huius saeculi?* (I Cor. 1, 20) *O r e b*, siccitas; *Z e b*, lupus; *Z e b e e*, uictima, sed lupi; habet enim et ipse uictimas suas; *S a l m a n a*, umbra commotionis. Haec omnia congruunt malis, quos in bono uincit populus Dei. Porro [1144] autem *C i s o n*, in quo torrente uicti sunt, interpretatur duritia eorum. *E n d o r*, ubi perierunt, interpretatur fons generationis, sed utique carnalis, cui dediti perierunt, non curantes regenerationem, quae perducit ad uitam, ubi non nubent, neque uxores ducent (vgl. Luc. 20, 35-36); non enim incipient mori. Merito ergo de his dictum est: *F a c t i   s u n t   u t   s t e r c u s   t e r r a e*, de quibus nihil propagatum est, nisi terrena fecunditas. Sicut ergo illi omnes in figura superati sunt a populo Dei, sic istos inimicos precatur in ueritate superari. (∿ C 764f.)

305,8 A 1144: Ipse est sonus inanis, quo, ut supra dictum est: *inimici tui sonuerunt* (v. 3). *S a n c t u a r i u m* autem *D e i* quid intelle-

---

1 CSg: lingens ... lingent (!)

gendum est, nisi templum Dei, de quo apostolus ait: *Templum enim Dei sanctum est, quod estis uos* (I Cor. 3, 17)? Nam quid aliud *inimici*, nisi populum Dei possidere, id est, subiugare moliuntur, ut cedat in eorum impias uoluntates?

305,11 A 1144: Conuenienter quidem accipitur, ut non sint in eo quod cogitant stabiles; uerumtamen etiam sic recte posse intellegi existimo; *p o n e ... r o t a m*, quod *r o t a* ex his quae retro sunt extollitur, ex his quae ante sunt deicitur; sic fiunt omnes *inimici* populi Dei.

305,15 A 1144: Ponitur autem [*u e n t u s*] pro temptatione, qua leuia et inania corda rapiuntur: ...

305,19 C 766: *I g n e m* quoque et *f l a m m a m p o s u i t* iudicii tempus, quando et *s i l u a e* densissimae peccatorum et *m o n t e s* superbiae cremabuntur. ... *I n t e m p e s t a t e t u a*, id est, iudicii tempore, quod *t e m p e s t a t e* merito comparatur: ...

A 1144: *S i l u a m* dixit propter sterilitatem, *m o n t e s* propter elationem; tales enim sunt *inimici* populi Dei: inanes iustitiae, pleni superbia. *I g n e m* uero et *f l a m m a m* dicens, hoc idem alio nomine repetiuit, quo intellegi uoluit iudicantem et punientem Deum. Quod autem ait: *i n t e m p e s t a t e t u a*, hoc idem consequenter exposuit dicens: *i n i r a t u a*; et quod supra dixit: *p e r s e q u e r i s e o s*, hoc postea: *c o n t u r b a b i s e o s*.

306,1 C 766: nunc ad illos conuertitur qui sunt Domino praestante credituri. ... Istos plerumque opprobrium corrigit, dum se uiderint a generalitate culpari.

306,2 C 766: Redit iterum ad pertinaces, qui Dei munera non habebunt.

306,6 C 766: *C o g n o s c a n t* ad genus respicit utrumque peccantium, siue qui obstinatione sua perituri sunt, siue qui adhibita satisfactione liberantur.

A 1145: *C o g n o s c a n t*, inquit, ... *D o m i n u s*, tamquam non uero nec suo nomine nuncupentur quicumque alii *d o m i n i* nominantur, quoniam seruiliter dominantur, et uero *D o m i n o* comparati nec *d o m i n i* sunt;

306,10 A 1145: Desinit enim superbire *t e r r a*, id est, homo, cui dictum est: *Terra es* (Gen. 3, 19); et: *Quid superbit terra et cinis* (Eccli. 10,9), ...

Psalm 83

306,13 A 1146: Quapropter quid agatur in his uisibilibus *t o r c u l a r i-
b u s* recordemur, et hoc uideamus quemadmodum spiritaliter geratur in
Ecclesia. ... Huiuscemodi ergo homines antequam accedant ad seruitutem
Dei, fruuntur in saeculo tamquam deliciosa libertate, uelut uuae aut
oliuae pendentes; sed quoniam dictum est: *Fili, accedens ad seruitutem Dei, sta in iustitia et timore, et praepara animam tuam ad temptationem* (Eccli. 2, 1), accedens quisque ad seruitutem Dei, ad *t o r c u-
l a r i a* se uenisse cognoscat; contribulabitur, conteretur, comprime-
tur, non ut in hoc saeculo pereat, sed ut in apothecas Dei defluat. ...
Hoc totum non fit nisi de pressura; propterea *t o r c u l a r i a*
nominantur Ecclesiae Dei huius temporis. Sed in *t o r c u l a r i-
b u s* positi qui sumus? *F i l i i   C o r e* [1]. ... *F i l i o s* Core
interpretatos habemus *f i l i o s* calui, ... [1147] ... Elisaeus enim
personam cuiusdam tunc gerebat, cuius *f i l i i* sumus, *f i l i i
C o r e*, Domini scilicet nostri Iesu Christi. Iam occurrit Caritati
uestrae ex euangelio, quare caluus gerebat personam Christi; recorda-
mini quod in Caluariae loco crucifixus est. ... Christianorum sunt ergo
ista *t o r c u l a r i a*. In pressuris autem constituti, ad hoc conterimur, ut ... passi ... tormenta et tribulationes pressurarum et
abundantiam temptationum, incipiamus quaerere illam quietem quae non
est de hac uita, nec de hac terra;

C 767: Sic Ecclesia Dei cum afflictionibus persecutionibusque conteri-
tur, ... Et ideo *f i l i i   C o r e*, Christiani omnibus modis indican-
tur, ex quorum persona psalmus iste cantatur.

306,21 A 1150: Ergo in pressuris temptationum constituti, edamus hanc uocem,
et praemittamus desiderium nostrum: *Q u a m   d i l e c t i s s i m a
s u n t*, inquit, ... *u i r t u t u m* ! Erat in *t a b e r n a c u-
l i s* quibusdam, id est, in *t o r c u l a r i b u s* ; sed desiderabat
alia *t a b e r n a c u l a*, ubi nulla pressura est: in his illuc
suspirabat, ab his in illa per desiderii canalem[2] quodam modo defluebat.

306,25 A 1150: sed quo deficit? *I n   a t r i a   D o m i n i. D e f e c i t*

---

1 *Die CCSg pflegen zu schreiben*: chore.
2 CSg: carnale (*nach e ein m ausradiert*)

uua pressa; sed quo *d e f e c i t* ? In uinum et in lacum, et in apothecae requiem[3], seruanda[3] in quiete magna.

307,2 C 768: Quamuis enim utraque pertinere uideantur ad carnem, *c o r* tamen ad intellegentiam referri posse non dubium est. ... Vtraque enim quibus constat humanitas, id est, corpus et anima, in caelestem dicit erupisse laetitiam[4].

A 1151: *E x u l t a u e r u n t* hic in illud. Vnde exultatio, nisi de spe?

307,5.8.11 A 1151: *cor* tamquam *p a s s e r*, *caro* tamquam *t u r t u r*; ... *Sicut passer singularis in tecto* (Ps 101, 8). De *tecto* uolat ad *d o m u m*. ... habebit quemdam caelestem locum, perpetuam *d o m u m* ; ... *D o m u s* tamquam ad sempiternum eligitur, *n i d u s* ad tempus congeritur; *corde* cogitamus Deum, tamquam uolante *p a s s e r e*[5] ad suam *d o m u m*, *carne* autem agimus opera bona. ... [1152] ... In ista fide *p o n e p u l l o s* tuos; in isto *n i d o* operare opera tua. Quid enim sunt *n i d i*, uel quis est *n i d u s*, sequitur statim: *A l t a r i a ... u i r t u t u m*.

C 769: Sic anima iocundatur, dum in caelorum regna mansionem suam senserit esse praeparatam. ... In his enim *a l t a r i b u s* quasi in *d o m u m* gratissimam gratulatur fidelis anima fritinnit[6]: in his *a l t a r i b u s* *carnis* opera, quae tamen sunt sancta, reponuntur.

307,11 C 769: Huic [*t u r t u r i*] *caro* nostra non irrite comparatur, quae operas suas in Domini gaudet posuisse mandato. Per hanc enim euenit, ut ieiuniorum sacrificia suauiter offerantur, ut cibum pauperibus demus, et sepeliamus defunctos, aegrotis seruiamus, positos in carcere uisitemus, et cetera pietatis officia, quae corporalibus noscuntur ministeriis explicari.

307,13 C 770: Inde est quippe illa beatitudo mirabilis, quam ut aeternam intellegeres, subiecit, *i n s a e c u l u m s a e c u l i*.

A 1152: Vnde *b e a t i* ? quid habituri? quid acturi? ... [1154] dicat et quid acturi sumus. *I n s a e c u l a ... t e*. Hoc erit totum negotium nostrum, sine defectu Alleluia. Non uobis, fratres, uideatur

---

3 CSg: Requie seruanda,
4 Vgl. R 181rb: *C o r m e u m*, id est, anima, *e t c a r o m e a*, id est, corpus *e x u l t a u e r u n t* ...
5 CSg: uolantem passerem (*WS 44*[a] *stimmt aber mit dem Text der Ausgabe überein*)
6 CSg: retinnit

quasi fastidium ibi futurum, quia si modo hoc diu dicatis, non dura-
tis; ab illo gaudio necessitas non auertit. ... Cum absorpta fuerit mors
in uictoriam (vgl. I Cor. 15, 54), ... nemo dicet: Diu steti; nemo dicet: Diu ieiunaui, diu uigilaui. Stabilitas enim magna ibi, et ipsa
immortalitas iam corporis nostri suspendetur in contemplationem Dei.
... Similes enim ei erimus, quoniam uidebimus eum sicuti est (vgl. I
Ioh. 3, 2).

307,18 A 1154: Sed quomodo illuc[7] ueniemus? *B e a t u s   u i r   c u i u s
e s t   s u s c e p t i o   e i u s   a b s   t e ,   D o m i n e .*

307,19 A 1155: Quid ergo praestat Deus in hac gratia, ei quem suscepit perdu-
cendum? ... Facit illi gradus quibus ascendat. ... Vbi? Intus, *i n
c o r d e*. In qua regione, ...?

307,20 A 1155: Ecce habetis *torcular c o n u a l l e m   p l o r a t i o -
n i s* ; ... Vt quo ascendatur[8]?

307,22 A 1157: iam *i n   illo   l o c o* gaudebimus.

C 770: *L o c u s* utique iste *d i s p o s i t u s* regnum Domini significat futurum, ...

307,24 A 1157: Quare autem *in conualle plorationis* ? Et ex qua *conualle plorationis* ad illum *locum* gaudii ueniemus? *N a m   e t   b e n e d i c t i o -
n e m*, inquit, *d a b i t   q u i   l e g e m   d e d i t*. Afflixit nos
l e g e, pressit nos *l e g e*, ostendit nobis *torcular*; uidimus pressuram, carnis nostrae tribulationem cognouimus, ... quid restat, nisi
ut *b e n e d i c t i o n e m   d e t   q u i   l e g e m   d e d i t* ?
Adueniet gratia post *l e g e m* ; ipsa est *b e n e d i c t i o*. Et
quid nobis praestitit ista gratia et *b e n e d i c t i o* ?

307,26 A 1157: Nam et *u i r t u t e s* agendae uitae nostrae quattuor descri-
buntur a multis, et in scriptura inueniuntur. Prudentia ... [1158] ...
Iustitia ... Temperantia dicitur, qua libidines refrenamus. Fortitudo ...; ab his *u i r t u t i b u s* imus in illam *u i r t u t e m*.
Et quae erit illa *u i r t u s*, nisi solius contemplationis Dei? ...
quam *u i r t u t e m* ? Contemplandi. Quid est, contemplandi? *A p p a -
r e b i t   D e u s   d e o r u m   i n   S i o n .   D e u s   d e o r u m*,
Christus Christianorum. ... Finita omni necessitate mortalitatis,
sicuti est *D e u s* apud *D e u m*, Verbum apud Patrem, per quod facta

---

7 CSg: *fehlt (auch WS 45[a])*.
8 R 181[rb]: *I n   u a l l e   l a c r i m a r u m*, id est, in praesenti uita
ubi nullum gaudium est, sed semper tristitia.

sunt omnia, *a p p a r e b i t* mundis corde (vgl. Matth. 5, 8); ...
A p p a r e b i t tunc *D e u s   d e o r u m   i n   S i o n* ; hoc est
unde gaudebimus: ipsum *in saecula saeculorum laudabimus.*

308,6 A 1158: *a u r i b u s ... I a c o b*, quia et ipsum *I a c o b*
fecisti de *I a c o b* Israel. *Apparuit* enim illi *Deus*, et dictus est
Israel, uidens Deum (vgl. Gen. 32, 28). Audi ergo me, *D e u s   I a -
c o b*, et fac me Israel. Quando fiam Israel? Cum *apparebit Deus deorum
in Sion.*

308,9 A 1158: Sub umbra alarum tuarum sperabunt (vgl. Ps. 35, 8).

308,10 A 1159: Fac innotescere omnibus *C h r i s t u m   t u u m*. ... notus
sit omnibus *C h r i s t u s   t u u s*, ut possimus ire a uirtutibus
in uirtutem, ut possit superabundare gratia, quoniam abundauit peccatum (vgl. Rom. 5, 20).

C 771: non quod ille aliquando eum non *r e s p i c i t*, sed ut praesentia incarnationis gentibus illum innotescere faceret, qui eis facie
probabatur incognitus.

308,13 A 1159: contemnant [homines] *m i l i a   d i e r u m*, desiderent *u n u m
d i e m*, qui non habet ortum et occasum, *u n u m   d i e m, d i e m*
sempiternum, cui non cedit hesternus, quem non urget crastinus.

308,18 A 1159: Quam multi praeter *t a b e r n a c u l u m* hoc *torcularis*
dominici, id est, praeter Ecclesiam catholicam uolentes sublimari, et
amantes honores suos, nolunt cognoscere ueritatem? Si esset illis in
corde uersus iste: *E l e g i ... p e c c a t o r u m*, nonne abicerent
honores, ... ponentes spem suam in Christo, non in nescio quo homine?
... Ipse tamen non *e l e g i t* nisi esse *i n   d o m o   D o m i n i*,
in quocumque loco, non tamen extra limen. Quare ...?

308,22 A 1160: Dominus *m i s e r i c o r d i a m   d i l i g i t*, qua[9] mihi
primo subuenit; *u e r i t a t e m   d i l i g i t*, ut credenti det quod
promisit. Audi *m i s e r i c o r d i a m* et *u e r i t a t e m* in
apostolo Paulo, prius Saulo persecutore. ... Vt cum indulgentiam tantorum scelerum acciperet Paulus, nemo desperaret posse sibi donari quaecumque peccata. Ecce habes *m i s e r i c o r d i a m*. Noluit tunc Deus
exercere *u e r i t a t e m*, ut puniret peccantem. ... Ergo primo Dominus in eum *m i s e r i c o r d i a m* praerogauit; post *m i s e -
r i c o r d i a m, u e r i t a t e m*. ... Indulgentiam donauit, coranam
reddet (vgl. II Tim. 4, 7-8);

---

9 CSg: quia

308,24 A 1160: Quam *g r a t i a m*, nisi de qua ipse dixit: *Gratia Dei sum quod*[10] *sum* (I Cor. 15, 10)? Quam[11] *g l o r i a m*, nisi de qua ipse dixit: *Superest mihi corona iustitiae* (II Tim. 4, 8)?

309,2 A 1161: Erit enim postea etiam *b o n u m* tuum quod desideras; requies, aeternitas, immortalitas, impassibilitas erit postea: ipsa sunt *b o n a* quae seruat Deus iustis suis.

P s a l m 84

309,5 A 1162: Ergo cum primo in titulo psalmi posuit: *I n f i n e m*, direxit cor nostrum in Christum. In illum si intendamus, non errabimus; quia ipse est ueritas quo festinamus, et ipse est uia per quam curramus (vgl. Ioh. 14, 6). Quid est: *f i l i i s C o r e* ? Interpretatur *C o r e* ex uerbo hebraeo in latinum caluus. Ergo *f i l i i s C o r e, f i l i i s* calui. Quis est iste caluus? Non ut irrideamus illum, sed ut ploremus ante illum. ... Nobis ergo cantatur iste psalmus, ... Itaque cantat ei propheta in futurum, et utitur uerbis quasi iam praeteriti temporis; tamquam facta dicit, quae futu-[1163]ra erant, quia apud Deum et quod futurum est, iam factum est.

309,11 C 774: Praeuidens psalmista futura miracula, tamquam de praeterito laetus exultat: aduentu Domini *b e n e d i c t a m t e r r a m* esse pronuntians, id est, carnem utique quam ipse est dignatus assumere. Per *I a c o b* enim patriarcham frequenter diximus significari populum fidelem, qui liberatus est a captiuitate diaboli, quando meruit Domini miseratione saluari.

A 1163: Populus eius antiquus *I a c o b*, populus Israel, ... Erat quidem ergo ille populus, cui datum est Testamentum Vetus; sed in Vetere Testamento figurabatur Testamentum Nouum; illa figura erat, haec expressio ueritatis. ... (Erläutert die *c a p t i u i t a s* des jüdischen Volkes im AT.) An forte intellegimus hic aliam *c a p t i u i t a t e m*, de qua omnes nos uolumus liberari? ... [1164] ... Quae est ergo illa *c a p t i u i t a s* unde nos uolumus liberari? ... Sed modo ostendo quamdam *c a p t i u i t a t e m*, in qua gemimus, et unde nos liberari cupimus. Paulus apostolus procedat, ipse illam dicat; ...

---

10 CSg: id quod (!)
11 CSg: & quam

Condelector enim legi Dei secundum interiorem hominem; intus delectat me *lex Dei*; *uideo autem aliam legem in membris meis, repugnantem legi mentis meae*. Iam audisti *legem*, audisti pugnam; c a p t i u i t a - t e m nondum audieras, audi quae sequuntur: *Repugnantem*, inquit, *legi mentis meae, et captiuum me ducentem in lege peccati, quae est in membris meis*. ... Cum diceret se trahi *captiuum a lege in membris* suis *repugnante legi mentis* suae, exclamauit sub illa c a p t i u i t a - t e, et ait: *Infelix ego homo, quis me liberabit de corpore mortis huius?* Quaesiuit quis esset, et statim illi occurrit: *Gratia Dei per Iesum Christum Dominum nostrum* (Rom. 7, 22-25). De hac *gratia Dei* propheta dicit huic Domino nostro Iesu Christo: A u e r t i s t i c a p t i u i t a t e m I a c o b. Adtendite c a p t i u i t a t e m I a c o b, adtendite quia hoc est: A u e r t i s t i c a p t i u i t a - t e m nostram, non liberando nos a barbaris, in quos non incurrimus; sed liberando nos ab operibus malis, a peccatis nostris, per quae nobis satanas dominabatur. ... [1165] Quomodo enim a u e r t i t c a p t i - u i t a t e m I a c o b? ... Ecce unde a u e r t i t c a p t i u i - t a t e m, quia r e m i s i t i n i q u i t a t e m.

309,17-22 Vgl. etwa Augustin, *De ciuitate Dei*, Buch XIV, Kap. 11-15 (CC 48, 431-438), wo der Nachdruck auf *superbia* und *inoboedientia* des ersten Menschen liegt. Vgl. auch C 357 (zu Ps 38, 7): ... *probat praeter Dei spem atque expectationem, post primi hominis transgressionem humanum genus u a n i t a t i esse subiectum. ... I m a g o quippe habet similitudinem eius rei cuius imago est. Similitudo autem non semper eius habet i m a g i n e m cui similis est. Et ideo interior h o m o, qui, sicut dicit apostolus: Renouatur de die in diem* (II Cor. 4, 16), *in quo est intellegentia rationis et ueritatis agnitio, et immortali- tas a diuinitate collata, merito dicitur habere i m a g i n e m D e i, quoniam pro spiritali actuum suorum dispositione praestantior est. Ex- terior uero h o m o, de quo idem dicit apostolus, qui corrumpitur* (ebda), *et diuersarum passionum fasce praegrauatur, habet tamen aliquam similitudinem Creatoris, ex eo quod uiuit, quod uidet, quod est, quod ad mentem conuertitur se regentem, quod inter creaturas reliquas ualde dicitur bonum; quamuis haec in Deo longe aliter* [358] *summeque sint, quam in creaturis esse dicuntur.*

309,25 C 775: *Et intende quod per hos duos uersus figura fit homoeoteleuton, ... dixit enim: B e n e d i x i s t i, a u e r t i s t i, r e m i - s i s t i, o p e r u i s t i.*

310,1 A 1165: Quid est: *o p e r u i s t i* ? Vt non illa uideres.
310,3 A 1165: *a u e r s u s   e s   a b   i r a   i n d i g n a t i o n i s   t u a e* ...
310,10 C 776: Perscrutandum est autem quod duas *p r o g e n i e s* posuit: prima est enim (ut quibusdam placet) ab Adam usque ad Christum, secunda quae per gratiam baptismatis usque ad finem saeculi peracta concluditur. Petit ergo, ut quia priori generationi pro pertinaciae suae qualitate iuste *i r a t u s   e s t* Dominus, ne secundae generationi idem uelit *i r a s c i* ; quae, etsi a peccato immunis esse non potest, tamen per gratiam baptismatis et satisfactionem confessionis culparum suarum sordibus desiderat expiari.

A 1166: sicut enim in Adam omnes moriuntur, sic et in Christo omnes *u i u i f i c a b u n t u r* ; ... Fuit prima *g e n e r a t i o* mortalis de *i r a   t u a*; erit altera *g e n e r a t i o* immortalis de misericordia tua.

310,13 A 1166: Noli tibi ergo arrogare nec ipsam conuersionem; quia nisi te ille uocaret fugientem, non posses *c o n u e r t i*. ... [1167] ... Cum uocat te, *c o n u e r t i t* te; cum *c o n u e r t i t* te, sanat te;

310,16 C 776: Quod cum donaueris, tunc illa *p l e b s* prospere *l a e t a b i t u r   i n   t e*, quae infeliciter gaudebat in se.

310,18 A 1167: *S a l u t a r e   t u u m*, Christum tuum. ... Dedit enim nobis Christum, sed hominem; quem nobis[1] dedit[1] hominem, eum ipsum nobis datutus est Deum. ... [1168] ... *Scimus, inquit, quia cum apparuerit, similes ei erimus, quoniam uidebimus sicuti est* (I Ioh. 3, 2). ... Sed carnem caro uidebat; diuinitatem cor non uidebat. Ad hoc autem caro carnem uidit, ut per fidem cor mundaretur, unde Deus uideretur.

310,22 A 1169: *L o q u e b a t u r* in illo *D e u s* intus, et mundus faciebat illi strepitum foris. Cohibens ergo aliquantum ab strepitu mundi, et auertens se ad se, et a se in illum cuius uocem *a u d i e b a t* interius; quasi obturans aurem contra tumultuantem uitae huius inquietudinem, ... ait: *A u d i a m   q u i d   l o q u e t u r*[2] ... *D e u s* ;

C 776: Intus enim *l o q u i t u r   D o m i n u s*[3], id est, [777] Spiritus sanctus, ...

---
1 CSg: nouimus. Dedit
2 CSg: loquatur
3 CSg: *fehlt*.

310,26 A 1169: Eia, dicit, quicumque nondum estis in *p a c e*, amate *p a-
c e m* ; ... *P a x*   quid est? Vbi nullum bellum est. ... Videte si
iam ibi sumus; ... Nondum est ergo *p a x*, ubi pugna est. ... [1170]
... Non est ista uera, non est perfecta *p a x*. Quae erit perfecta
p a x ? *Oportet corruptile hoc induere incorruptionem, et mortale hoc
induere immortalitatem* (I Cor. 15, 53); ... [1171] ... Gaudium nostrum,
p a x nostra, requies nostra, finis omnium molestiarum, non est nisi
Deus.

311,5 C 777: Nam cum orbis uniuersus idolorum turpissima deuotione flagraret,
soli Iudaei putabantur *p r o p e   t i m e r e* Dominum, ... [778] ...
Sed quamuis tales fuissent, tamen Dominus Saluator de ipsorum elegit
carnaliter gente procreari. Inde enim uirgo Maria quae peperit Christum:
ibi conuersatus est Dominus; ibi miracula, quae a fidelibus et leguntur
et creduntur, effecta sunt.

A 1171: Erant quidam qui iam *t i m e b a n t* eum in gente Iudaeorum.
... Quos dixit qui erant *p r o p e* ? Iudaeos, quia unum Deum colebant.
... [1172] ... *V e r u m t a m e n* ... *n o s t r a*: id est, in ea
t e r r a in qua natus erat propheta^4, *i n h a b i t e t*^{4} *g l o-
r i a* maior; quia inde coepit praedicari Christus. Inde apostoli, et
illuc prius missi; ... inde enim uirgo Maria, qui peperit Christum.

311,9 A 1172: *V e r i t a s in terra nostra* ex persona Iudaeorum, *m i-
s e r i c o r d i a in terra* gentium.

HT 107: Dicamus aliter. Duo sunt credentes populi: unus de gentium
populo, et alius de Iudaeorum. Iudaeis repromissum est quod ueniret
Saluator; nobis autem, qui extranei eramus a lege Dei, non est repromissum. *M i s e r i c o r d i a* igitur est in populo gentium, *u e-
r i t a s* in populo Iudaeorum; quia quod repromissum est uenit, hoc
est, quod repromissum est patribus, hoc conpletur in filiis. ...
I u s t i t i a e t p a x d e o s c u l a t a e s u n t, hoc est,
m i s e r i c o r d i a e t u e r i t a s amicitiam fecerunt, hoc
est, gentium populus et Iudaeorum sub uno pastore Christo est. (= Br
1141 D - 1142 A)

C 778: Ipso quippe praestante, duo Testamenta in unius seriem copula-
tionis adducta sunt; in Nouo enim *m i s e r i c o r d i a* est, in
qua per gratiam liberatur genus humanum; in Veteri *u e r i t a s*, ubi
lex et prophetarum annuntiatio continetur;

---

4 CSg: prophetauit, habitet

311,12 A 1172: Fac *i u s t i t i a m*, et habebis *p a c e m* ; ut *o s c u l e n-
t u r* se *i u s t i t i a e t p a x*. Si enim non amaueris *i u s t i-
t i a m*, *p a c e m* non habebis: ... Duae amicae sunt; ... [1173] ...
Non facias alteri quod tu pati non uis (vgl. Tob. 4, 16; Matth. 7, 12)[4a],
... Vis ergo uenire ad *p a c e m* ? Fac *i u s t i t i a m*.

311,16 A 1173: Christus de femina natus est. ... sed ut *i u s t i t i a d e
c a e l o p r o s p i c e r e t*, id est, ut iustificarentur homines
diuina gratia, *u e r i t a s* nata est de Maria uirgine; ... Possumus
hinc dicere alterum sensum. *V e r i t a s ... e s t*: confessio ab
homine. ... Quomodo a te oritur *u e r i t a s*, cum tu peccator sis, cum
tu iniquus sis? Confitere peccata tua, et orietur de te *u e r i t a s*.
... Intende illum publicanum longe a pharisaeo in templo orantem, qui
neque oculos ad caelum audebat leuare, sed percutiebat pectus suum,
dicens: *Domine, propitius esto mihi peccatori*; ... Quid ergo [1174]
sequitur? *Amen dico uobis, quia descendit iustificatus publicanus ille
magis quam ille pharisaeus* (Luc. 18, 13-14); (~ C 778f)

311,22 A 1174: et confitens illi peccata tua, mereberis ab illo delectationem,
et *s u a u i t a t e m iustitiae* faciendae dabit tibi, ut incipiat te
delectare *iustitia*, quem primo delectabat *iniquitas*, ...

311,25 A 1175: Vnde nata est ista *s u a u i t a s*, nisi quia *D o m i n u s
d a b i t ... s u u m* ? ... Ille enim uisitationibus suis, ... uisitet
corda uestra, ubi nos non sumus. ... Deus *d e t*[5] incrementum semini-
bus quae sparsimus, ut adtendentes postea bonos mores nostros, etiam
de *f r u c t u* gaudeamus: ...

312,1 A 1175: *I u s t i t i a* illa est quae est in confessione peccatorum:
ueritas enim ipsa est. ... Quia ergo ipsa est prima hominis *i u s t i-
t i a*, ipsa fit *u i a* Deo, ut ueniat ad te Deus; ibi illi fac *u i a m*,
in confessione peccatorum. Ideo et Iohannes cum baptizaret in aqua
paenitentiae, et uellet ad se uenire paenitentes de suis prioribus factis, hoc dicebat: *Parate uiam Domino*, ... (Matth. 3, 3).

P s a l m 85

312,4 A 1176: Nullum maius donum praestare posset Deus hominibus, quam ut
Verbum suum per quod condidit omnia, faceret illis caput, et illos ei

---

[4a] Vgl. jetzt zu diesem Spruch: Fr. Glorie, Sources de s. Jérôme et de s. Augustin. Sacris Erudiri 18 (1967/68), 451-477, bes. 451-471.
5 CSg: dat

tamquam membra coaptaret, ut ... et quando precatur corpus Filii, non
a se separet caput suum, sitque ipse unus Saluator corporis sui Dominus
noster Iesus Christus Filius Dei, qui et oret pro nobis, et oret in
nobis, et oretur a nobis. Orat pro nobis, ut sacerdos noster; orat in
nobis, ut caput nostrum; oratur a nobis, ut Deus noster. ... [1177] ...
Oramus ergo ad illum, per illum, in illo, et dicimus cum illo, et dicit nobiscum; dicimus in illo, dicit in nobis psalmi huius o r a -
t i o n e m, qui intitulatur: O r a t i o   D a u i d. Quia Dominus
noster secundum carnem filius   D a u i d ; ... corpus eius, quod est
Ecclesia, ... [1179] ... et totum hoc unus Filius Dei, unus Christus,
unus Saluator; in forma Dei aequalis Patri, in forma serui caput
Ecclesiae.

C 780: D a u i d   autem quod positum est, Dominum significat Saluatorem; ... Per totum psalmum orat Dominus Christus, in prima [781] sectione dicens quae ipsi tantum probantur aptari. Secunda pro membris
suis, quorum ipse caput est, humilius deprecatur.

312,8 A 1177: Ergo non   i n c l i n a t   a u r e m   ad diuitem; ad   i n o -
p e m   e t   e g e n u m   i n c l i n a t   a u r e m, id est, ad humilem
et ad confitentem, ad indigentem mi-[1178]sericordia, non ad saturatum
et extollentem se et iactantem, ... Diues enim pharisaeus iactabat
merita sua;   i n o p s   publicanus confitebatur peccata sua.

312,11 A 1179: C u s t o d i   ...   s u m. Hoc uero: q u o n i a m   s a n c -
t u s   s u m, nescio utrum potuerit forte alius dicere, nisi ille qui
sine peccato erat in hoc mundo; ... Ergo   q u o n i a m   s a n c t u s
s u m, cum audio, uocem eius agnosco; et hic separo meam? Certe insepa-
rabiliter a corpore suo loquitur, cum sic loquitur. Et audebo ego dicere: Q u o n i a m   s a n c t u s   s u m? ... si autem   s a n c t u s
sanctificatus, secundum id quod dictum est: *Sancti estote, quia et ego
sanctus sum* (Leu. 19, 2), audeat et corpus Christi, audeat et unus ille
homo clamans a finibus terrae (vgl. Ps 60, 3), cum capite suo, et sub
capite suo dicere: Q u o n i a m   s a n c t u s   s u m. Accepit enim
gratiam sanctitatis, gratiam baptismi et remissionis peccatorum. ...
[1180] ... Ergo dicat et unusquisque Christianus, immo dicat totum
corpus Christi, clamet ubique patiens tribulationes, diuersas temptationes et scandala innumerabilia; dicat: C u s t o d i   ...   s u m ;
s a l u u m   ...   t e. Ecce ille   s a n c t u s   non est superbus,
quia sperat in Domino.

C 781: Potenter exsequitur qui sit *e g e n u s   e t   p a u p e r*, scilicet Dominus Christus, qui se ueraciter *s a n c t u m* dicit, ...

312,19 A 1180: Non una *d i e : t o t a   d i e* omni tempore intellege: ex quo corpus Christi gemit in pressuris, usque in finem saeculi quo transeunt pressurae, gemit iste homo, et *c l a m a t* ad Deum; et unusquisque nostrum proportione habet clamorem suum in toto isto corpore. *C l a m a s t i* tu *d i e b u s* tuis, et transierunt *d i e s* tui, successit tibi alius, et *c l a m a u i t   d i e b u s* suis; et tu hic, ille ibi, ille alibi: corpus Christi *t o t a   d i e   c l a m a t*, sibi decedentibus et succedentibus membris. Vnus homo usque in[1] finem saeculi extenditur; eadem membra Christi *c l a m a n t*, et quaedam membra iam in illo requiescunt, quaedam modo *c l a m a n t*, quaedam uero cum ipsi nos requieuerimus *c l a m a b u n t*, et post illa alia *c l a m a b u n t*. Totius corporis Christi hic adtendit uocem, dicentis: *A d   t e   c l a m a u i   t o t a   d i e*.

312,26 A 1180: In terra enim erat [*a n i m a*], et in terra amaritudinem sentiebat; ne in amaritudine contabesceret, ne omnem tuae gratiae suauitatem amitteret, *l e u a u i* eam *a d   t e* ; *i o c u n d a* eam apud te. Solus enim tu es iocunditas: amaritudine plenus est mundus. ... [1181] ... Amando ascendis, neglegendo descendis. Stans in terra, in caelo es, si diligas Deum.

313,4 C 783: *S u a u i s*, quia post amaritudinem huius mundi dulcis est ad se recurrentibus. *M i t i s*, quia diu sustinet peccatores.

A 1181: Quocumque ergo se conuerterit, in terrenis rebus amaritudinem inuenit; unde dulcescat non habet, nisi *leuet* se ad Deum. ... Adtendat ergo et uideat quanta aguntur in corde humano; quemadmodum ipsae plerumque orationes impediantur uanis cogitationibus, ita ut uix stet cor ad Deum suum, et uult se tenere ut stet, ... Diceret unusquisque sibi contingere, et alteri non contingere, nisi inueniremus in scripturis Dei Dauid orantem quodam in loco, et dicentem: *Quoniam inueni, Domine, cor meum, ut orarem ad te* (II Reg. 7, 27). *Inuenire* se dixit *cor* suum, quasi soleret ab eo fugere, ... uideor mihi uidere ad hoc dixisse *m i t e m* Deum, quia patitur ista nostra, et expectat tamen a nobis orationem, ut [1182] perficiat nos; ... Quis enim est, fratres mei, homo, cum quo si coeperit amicus eius colloqui, et uoluerit ille respondere collocutioni eius, et uiderit eum auerti a se, et aliud loqui

---

1 CSg: ad

ad alium, qui hoc ferat? ... *m i t i s* es, tolerans[2] me. ... cura, et stabo; confirma, et firmus ero.

313,15 A 1182: Non enim solum *m i s e r i c o r s*, sed[3] *m u l t u m m i s e r i c o r s* ;

313,16 A 1182: *I n u o c a n t*, sed non Deum. *I n u o c a s* quidquid amas; ... Porro, si Deum propterea *i n u o c a s*, ut ueniat ad te pecunia, ut ueniat ad te hereditas, ut ueniat ad te saecularis dignitas, illa *i n u o c a s* quae uis ut ueniant ad te; ... [1183] ... Ego, inquis, non hoc petebam; non inimici mei petebam mortem, sed uitam petebam filii mei: quid mali petebam? Nihil mali petebas, sicut tu sentiebas. Nam quid, si ille raptus est, ne malitia mutaret intellectum illius? Sed peccator, inquis, erat; et ideo uolebam eum uiuere, ut corrigeretur. Tu uolebas eum uiuere, ut melior esset; quid si Deus nouerat, si uiueret, peiorem futurum? Vnde ergo nosti quid illi prodesset, mori an uiuere? Si ergo non nosti, redi ad cor tuum, dimitte Deo consilium suum. Quid ergo, inquis, faciam? quid orem? ... *I n u o c a* Deum tamquam Deum, ama Deum tamquam Deum; illo melius nihil est; ipsum desidera, ipsum concupisce. ... Si ergo tu *i n u o c a s* Deum tamquam Deum, securus esto, exaudiris;

313,26 A 1184: Respondeat Deus, et dicat [1185] nobis: Vis figam *o r a t i o n e m* tuam in *a u r i b u s* meis? Fige in corde tuo legem meam.

314,4 A 1185: Causa ut *e x a u d i r e s m e*, quia *i n d i e t r i b u l a t i o n i s m e a e c l a m a u i a d t e*. Paulo ante dixerat: *Tota die clamaui* (v. 3), *tota die* tribulatus sum. Nullus ergo Christianus dicat esse *diem* in quo non sit tribulatus. *Totam diem, totum* tempus intelleximus: *tota die* tribulatur. Quid ergo *t r i b u l a t i o* est, et quando bene est? Vtique *t r i b u l a t i o*. Vnde *t r i b u l a t i o* ? Quia quamdiu in corpore sumus, peregrinamur a Domino (vgl. II Cor. 5,6). ... ibi uisio sine defectu, et amor sine fastidio. Quamdiu ergo non ibi, uidetis quia non in bono. Sed abundant omnia? Abundent omnia, uide si securus es quia non pereunt omnia. ... Postremo sint copiae, redundet affluentia huius saeculi, detur securitas quod non pereant; dicat Deus desuper: Aeternus in his eris, aeterna tecum erunt ista, sed meam faciem non uidebis. ... Ergone si acciperemus securitatem nos in affluentia bonorum saecularium semper futuros, et di-

---

2 CSg: toleras
3 CSg: sed et

ceret nobis Deus: Faciem meam non uidebitis, gauderemus in illis bonis? Eligeret forte aliquis gaudere, et dicere: Abundant mihi ista, bene mihi est, nihil amplius quaero. Nondum coepit esse amator Dei; nondum coepit suspirare tamquam peregrinus. ... Quidquid nobis adest praeter Deum nostrum, non est dulce; nolumus omnia quae dedit, si[4] non dat seipsum qui omnia dedit[4].

314,13 A 1186: Fingant sibi *d e o s* quos uolunt pagani; ... Quales *d e o s* ? Oculos habentes, et non uidentes, et cetera quae dicit psalmus consequenter (vgl. Ps 113, 13-15). ... *Quoniam dii gentium daemonia* (Ps 95, 5).

314,16 C 783: Addidit quoque *e t* ... [784] *t u a*, id est, *s i m i l i s*. ... Quis enim (ut ille fecit) caelum terramque uel omnia quae in eis sunt, momentanea possit celeritate perficere, ...?

314,19 A 1187: et modo uidetur quod dictum est: ...

314,23 C 784: Sed *m a g n u s* dici uere non potest, nisi *D e u s   s o l u s*, cuius potestati nullatenus ualet aliquid comparari, ... Cum legamus et magos pharaonis miracula diuersa fecisse, hic dicitur quod ipse *s o l u s* miracula possit efficere. Veriloquum dictum, si qualitatem rei uerbi ipsius ueritate pensemus. Illa enim uere nequeunt dici miracula, quae ad nullam utilitatem simulata deceptis oculis blandiuntur.

315,1 A 1188: *V i a* tua, *u e r i t a s* tua, uita tua, Christus (vgl. Ioh. 14, 6). ... Qui praeter *u i a m* sunt, Christiani non sunt, aut Catholici nondum sunt: *d e d u c a n t u r* ad *u i a m* ; sed cum perducti fuerint ad *u i a m*, et Catholici in Christo facti fuerint, ab ipso *d e d u c a n t u r   i n* ipsa *u i a*, ne cadant. Certe iam *a m b u l a n t   i n   u i a*[5]. ... Ad *u i a m* ducit, perducendo ad Christum suum; *i n   u i a   d e d u c i t ; d e d u c e n d o* in Christo suo: Christus autem *u e r i t a s*. ... Nam qui *i n   u i a* et *u e r i t a t e   d e d u c i s*, quo nisi ad uitam perducis? *D e d u c i s* ergo in illo, ad[6] illum.

315,5 C 785: Et ideo utraque miscenda sunt, ut et sub spe *t i m e a m u s* et sub timore *l a e t e m u r,* ...

315,13 A 1190: intellegimus tamquam duo *i n f e r n a* esse, superius et *i n f e r i u s* ; ... Aliam etiam opinionem dicam. Fortassis enim apud ipsos inferos est aliqua pars *i n f e r i o r*, quo truduntur impii

---
4 CSg: si *bis* dedit *fehlen durch homoioteleuton.*
5 CSg: uiam
6 CSg: et ad

qui plurimum peccauerunt. ... Nondum enim Dominus uenerat ad *infernum*, ut [1191] *erueret* inde omnium sanctorum praecedentium
animas, et tamen Abraham in requie ibi erat. ... Ergo inter ista
duo fortasse *inferna*, quorum in uno quieuerunt *animae*
iustorum, in altero torquentur *animae* impiorum, adtendens quidam orans hic, iam hic in corpore Christi positus, et orans in uoce
Christi, *eruisse* Deum *animam* suam ab *inferno
inferiore* dixit, quia liberauit se a talibus peccatis per
quae posset deduci ad tormenta *inferni inferioris*[7].
C 786: Vnde nunc gratias agens fidelis populus, dicit *animam*
suam ab *inferno inferiore*, id est, poenali, esse li-
beratam.

315,18 A 1191: Si ab ipso Domino accipiamus hanc uocem, praetereuntes legem
Iudaei erant.

315,18.20 C 786: Cum dicit *iniustos*, significat Iudaeos, qui ei red-
diderunt mala pro bonis.

315,19 A 1192: *Synagoga potentium* congregatio est superborum.
(= C 786)

315,22 A 1192: Quomodo *non proposuerunt*? Non intellexerunt Deum.
Homini[8] parcerent;

315,25 A 1192: Quem petit? ... quis petit? [1193] ... Patrem filius, ...
C 787: Intulit *et uerax*, quia nescit promissa sua aliqua imbecillitate subducere.

316,3 A 1193: Quia *uerax, da potestatem puero tuo*.
Transeat tempus patientiae, ueniat tempus iudicii. Quomodo, *da potestatem puero tuo*? *Pater non iudicat quemquam; sed
omne iudicium dedit Filio* (Ioh. 5, 22). (∿ C 787)

316,6 A 1194: Dominus *filius ancillae*. Cuius *ancillae*?
Cui nasciturus quando nuntiatus est, respondit et ait: *Ecce ancilla
Domini; fiat mihi secundum uerbum tuum*[9] (Luc. 1, 38). *Saluum
fecit Filium ancillae suae*, et *Filium*
suum; *Filium* suum in forma Dei; *Filium ancillae*

---

7 R 184rb: ... quamuis et apud eundem *infernum* [*inferiorem*]
sit *infernus* superior, loca scilicet illa in quibus erant animae iustorum ante aduentum Christi,...
8 CSg: ut homini (!) (= WS 57a)
9 CSg: sicut uis *statt* secundum uerbum tuum (WS 57b *stimmt aber mit dem Text
der Ausgabe überein*)

s u a e in forma serui; ... Dicat et unusquisque Christianus in corpore Christi positus: *S a l u u m ... t u a e*. Forte non potest dicere: *Da potestatem puero tuo*, quia ille *F i l i u s* accepit *potestatem*. Sed quare non dicit et hoc? Annon seruis dictum est: *Sedebitis super duodecim sedes iudicantes duodecim tribus Israel* (Matth. 19, 28)? ... Quid si de pagana natus est, [1195] et Christianus factus est? *f i l i u s* paganae quomodo potest esse *f i l i u s a n c i l l a e* ipsius? Est quidem paganae *f i l i u s* carnaliter, sed *f i l i u s* Ecclesiae spiritaliter. *E t* [10] *s a l u u m ... t u a e*.

316,15 A 1195: Quod *s i g n u m*, nisi resurrectionis? ... Ergo cum capite nostro iam *f a c t u m e s t s i g n u m i n b o n o*, dicat et unusquisque nostrum: *F a c ... b o n o*, quia in nouissima tuba, in aduentu Domini, et mortui resurgent incorrupti, et nos immutabimur (vgl. I Cor. 15, 52).

C 787: Possumus et hoc *s i g n u m* quod *f i e r i* postulauit, ad resurrectionem eius competenter aptare, maxime cum sequatur, *i n b o n o*. Quid enim illo *b o n o* praestantius, quo[11] uirtus diuina de-[788]clarata, et spes credentium ueraci pollicitatione firmata est?

316,19 C 788: *C o n f u n d a n t u r* enim, ad bonum respicit; quoniam qui hic de suo malo *c o n f u n d i t u r*, in meliorem partem sine dubitatione transfertur. In isto quippe saeculo si *c o n f u n d i m u r*, emendamur; qui autem non *f u e r i n t c o n f u s i*, in illa iudicatione damnabuntur. ... Hic ordo uerborum talis est: *V t ... o d e r u n t ; q u o n i a m ... a d i u u a s t i ... e s m e. E t c o n f u n d a n t u r, ...*

A 1195: In iudicio *c o n f u n d e n t u r* perniciose, qui[12] modo nolunt *c o n f u n d i* salubriter. Modo ergo *c o n f u n d a n t u r*;

P s a l m   86

316,21 C 788: *F i l i i C o r e* fideles significant Christianos, quibus propheta *ciuitatem Dei* praedicat, ut eis tantae gloriae maior augeatur affectus. ... Sequitur *p s a l m u s c a n t i c i*, ut de huius [789]

---

10 CSg: *fehlt.* (!)
11 CSg: quo et
12 CSg: *fehlt.*

saeculi tabernaculis ad intellegentiam supernae *ciuitatis* eleuemur.
P s a l m u s enim de superioribus sonans, commonet nos caelestia
cogitare et in eis hymnica exultatione gaudere.

A 1198: Psalmus[1] qui modo cantatus est, breuis est numero uerborum,
magnus pondere sententiarum. ... *Ciuitas* quaedam in isto psalmo cantata et commendata est: cuius ciues sumus, in quantum Christiani sumus, ... Ambulantes ergo in Christo, ... et suspirantes desiderio
cuiusdam ineffabilis quietis quae habitat in illa *ciuitate*, ...
ambulantes ergo, sic cantemus, ut desideremus. ... Affectum istum
generabat[2] in eis amor *ciuitatis*; amorem autem *ciuitatis* infuderat
Spiritus Dei: ...

317,1 A 1199: qui sunt *m o n t e s   s a n c t i* super quos fundata est
ista *ciuitas* ? Alter quidam ciuis planius hoc dixit, apostolus Paulus.
Ciuis inde propheta, ciuis inde apostolus: et hi propterea loquebantur, ut ceteros ciues exhortarentur. Sed hi, id est, prophetae et
apostoli, quomodo ciues? Fortasse ita ut etiam ipsi sint *m o n t e s*,
super quos *f u n d a m e n t a* sunt huius *ciuitatis*, ... [1200] ...
Fundamentum, inquit apostolus, *nemo potest ponere praeter id quod
positum est, quod est Christus Iesus* (I Cor. 3, 11). Quomodo ergo
f u n d a m e n t a prophetae et apostoli, et quomodo *fundamentum
Christus Iesus*, quo ulterius nihil est? Quomodo putamus, nisi quemadmodum aperte dicitur sanctus sanctorum, sic figurate *f u n d a -
m e n t u m   f u n d a m e n t o r u m* ?

C 789: Nouus ordo factus est laudis eximiae, ut de *f u n d a m e n -
t i s   c i u i t a t i s* supernae propheta sumere uideretur initium, quatenus
magna soliditas totius culminis appareret, cuius prius *f u n d a -
m e n t a* laudata sunt. Non immerito, quoniam *f u n d a m e n t u m*
eius Christus est Dominus, ... [790] ... *I n   m o n t i b u s* autem
s a n c t i s, significat apostolos et prophetas, ...

317,6 A 1201: Iam ideo praelocutus sum, ne putetis alia esse *fundamenta*,
alias *p o r t a s*. Quare sunt *fundamenta* apostoli et prophetae? Quia
eorum auctoritas portat infirmitatem nostram. Quare sunt *p o r t a e* ?
Quia per ipsos intramus ad regnum Dei: praedicant enim nobis. ...
[1203] ... Et ubi erat *S i o n* nisi in populo *I a c o b* ? ... Sed
quia erant quaedam *t a b e r n a c u l a* temporalia et imaginaria,

---

1 CSg: Psalmus iste
2 CSg: gerebat

loquitur autem iste de *ciuitate* quadam, quam spiritaliter intellegit, cuius umbra et figura erat illa terrena, ait: D i l i g i t ... I a c o b. D i l i g i t illam spiritalem *ciuitatem* super omnia figurata, quibus intimabatur illa *ciuitas* semper manens, et semper caelestis in pace.

C 790: S i o n (sicut saepe diximus) mons est Ierosolymitanus, interpretatus specula, per quem Ierusalem illa futura decenter aduertitur.

317,12 A 1203: Audi unde: ...³

317,12.15 C 791: sed misericordia Domini illuminati facti sunt Christiani. Hoc ergo dicit R a a b et B a b y l o n i s se m e m o r e m, id est, mundi istius populos, qui tamen ad eius se culturam humiliter transtulerunt.

A 1203: Merito g l o r i o s a d i c t a s u n t d e t e, c i u i t a s D e i, ubi non solus est ille populus Iudaeorum natus ex carne Abrahae; sed ibi omnes gentes, quarum quaedam nominatae sunt, ut omnes intellegantur.

HT 112: Quoniam dixit, G l o r i o s a d i c t a s u n t d e t e, c i u i t a s D e i, et tamen ipsam c i u i t a t e m Ecclesiam intellegimus de gentibus congregatam, propterea nunc de uocatione gentium dicitur, M e m o r e r o R a a b et B a b y l o n i s s c i e n t i b u s m e. ... [113] ...Licet aliquis R a a b fuerit, licet B a b y l o n fuerit, tamen m e m o r e r o, quicumque m e s c i e r i t. ... Fuerunt R a a b et B a b y l o n, sed postea conuersi sunt ad me. (= Br 1146 B - 1147 C)

317,16.18 C 791: sed in ista Domini *ciuitate* collecti sunt, ... Ecce ipsa sunt quae praedixit uersus ille superior: *Gloriosa ... Dei*.

317,18 Isidor, *Et*. XIV, 3, 18: Ipsa est ubi est Tyrus, ... Habet autem ab oriente Arabiam, a meridie mare Rubrum. Ebda XV, 1, 27: Tyrus urbs Phoenicum condita a Phoenicibus fuit. Haec est ciuitas ex qua aurum regi Salomoni deferebatur; (GS 1003^b bis 1004^a kombiniert beide Stellen). Ebda IX, 2, 128: Hi [Aethiopes] quondam ab Indo flumine consurgentes, iuxta Aegyptum inter Nilum et Oceanum, in meridie sub ipsa solis uicinitate insiderunt, ... ($\sim$ GS 32^{a-b})

A 1204: Sed quousque gentes? Vsque ad fines terrae. Elegit enim p o-

---

3 R 185vb: G l o r i o s a ... D e i. Quae in sequentibus de Ecclesia praesenti dicenda sunt, ...

p u l u m qui in fine terrae est: *E t   p o p u l u s*, inquit,
A ẹ t h i o p u m,   h i   f u e r u n t   i b i.

C 790: More suo futura pro praeteritis ponit.

317,21 C 791: Ecclesiae catholicae *M a t r e m* synagogam forsitan hoc loco
non inconuenienter aduertimus, quam per *S i o n* montem frequenter
intellegendam esse iam diximus, quae ex maxima parte populorum solum
hominem dicebat Dominum Saluatorem; quia Deum nec credere, nec intellegere merebatur.

317,23 C 791: quod iam confirmatiue legendum est.

317,25 C 792: ille scilicet qui tantum putabatur homo, Iesus Christus Synagogam ipse sua dispositione *f u n d a u i t*. Et non solum legem per
Moysen dedit, uerum etiam ante mundi initium ipse noscitur fuisse
principium; sicut ipse in euangelio testatur: ... - Zu *ante* ... *constitutionem* vgl. Eph. 1, 4; I Petr. 1, 20.

A 1205: Quasi diceretur: Vnde ista scitis?

318,1 C 792: Illa praenuntiat quae sit ipse tempore incarnationis de *s c r i p-
t u r a r u m* ueterum commemoratione dicturus. Commonet enim frequenter in euangelio quae de ipso praedixerit Moyses, quae prophetae, ...
Ipsi sunt enim *p r i n c i p e s* Moyses et prophetae qui fuerunt
in Synagoga, quorum erat testimonium *n a r r a t u r u s*. Et ne alios
p r i n c i p e s fortassis aduerteres, dicit *h o r u m ... i n
e a*, id est, in Synagoga. - Zum Bibelzitat vgl. Luc. 24, 27.

318,8 C 793: *H a b i t a t i o   e s t   i n   t e*, ad Ierusalem loquitur, cui
superius dixit: *gloriosa dicta sunt de te, ciuitas Dei* (v. 3). Sed in
hac *h a b i t a t i o n e* iustorum cessauit afflictio: ... aeterna
laetitia perseuerat, ...

A 1206: Ibi ergo *h a b i t a t i o   i o c u n d a t o r u m*, non erit
gemitus desiderantium, sed laetita perfruentium.

WS 60[b]: In peregrinatione ista conterimur; in *ciuitate* illa, caelesti,
h a b i t a t i o nostra laetitia sola erit;

P s a l m   87

318,11 A 1207: *P r o   m e l e c h* autem, latine pro choro dici potest; ...
Sicut non istum solum, sed alios quoque psalmos credendum est esse cantatos, quamuis alios [1208] titulos acceperint; ... Domini hic passio

prophetatur. Dicit autem apostolus Petrus: *Christus pro nobis passus est, relinquens nobis exemplum, ut sequamur uestigia eius* (I Petr. 2, 21): hoc est *r e s p o n d e r e*. Dicit etiam apostolus Iohannes: *Sicut Christus pro nobis[1] animam suam posuit, ita et nos debemus animam pro fratribus ponere* (I Ioh. 3, 16): hoc est *r e s p o n d e r e*. ... ita in hoc cantico passionis, praecedentem Christum subsequitur chorus martyrum in finem caelestium coronarum. Hoc enim canitur *f i l i i s C o r e*, id est, imitatoribus passionis Christi; ... Et hic est *i n t e l l e c t u s A e m a n I s r a e l i t a e*, quod in tituli huius ultimo positum est. *A e m a n* quippe interpretari dicitur: frater eius. Eos enim fratres suos Christus facere dignatus est, qui sacramentum crucis eius intellegunt, et non solum de illa non erubescunt, uerum etiam in illo fideliter gloriantur, non se de suis meritis extollentes, sed eius gratiae non ingrati; ut unicuique eorum dici possit: *Ecce uere Israelita, in quo dolus non est* (Ioh. 1, 47), ...

318,23 A 1208: Orauit enim et [1209] Dominus, non secundum formam Dei, sed secundum formam serui: secundum hanc enim et passus est. Orauit autem et cum in laetis rebus ageret, quod diei nomine; et cum in aduersis, quod noctis nomine significari arbitror.

319,1 A 1209: Est autem solita repetitio; nam quod est: *I n t r e t ... m e a*, idipsum est: *I n c l i n a ... m e a m*.

319,3 A 1209: Non enim uitiis, per quae homini dominatur iniquitas, *a n i m a m* illam *r e p l e t a m* possumus dicere; sed forte doloribus, quibus anima suae carni in eius passione compatitur. Non enim uel ipse qui dicitur corporis dolor, potest esse sine *a n i m a*, quem ineuitabiliter imminentem praecedit tristitia, quae solius *a n i m a e* dolor est.

319,5 A 1209: et ipse Dominus de seipso tunc ait illis: *Tristis est anima mea usque ad mortem* (Matth. 26, 38). (∿ C 795)

319,7 A 1210: utique a nescientibus quid facerent, qui eum sic mori putauerunt, ut moriuntur homines ceteri, ... *L a c u m* enim dixit, uel miseriae uel inferni profunditatem[2]. (∿ C 796)

319,10 Br 1086 A-B (zu v. 9): *L o n g e f e c i s t i n o t o s m e o s a m e*. Angelos uel apostolos, ut nullus praeberet auxilium. Nam et

---

1 CSg: pro nobis Christus
2 R 187rb: Putauerunt Iudaei quod Christus communi morte moreretur hominum nec resurgeret tertia die sicut fecit.

ego poteram²ᵃ te rogare, Pater, ut exhiberes mihi plus quam duodecim legiones angelorum; sed silui ut implerentur scripturae (vgl. Matth. 26, 53-54).

319,8.12 A 1210: Hic ergo *inter mortuos liber*, qui in potestate habebat ponere animam suam, et iterum sumere eam (vgl. Ioh. 10, 18); ... quem passurum cum omnes deseruissent, solus non remansit, qui Pater eum non deseruit, sicut ipse testatur (vgl. etwa Ioh. 8, 29; Matth. 26, 53); ab inimicis tamen ... *factus* est, id est, existimandus est, *tamquam homo sine adiutorio*.

319,12 C 796: solus enim *inter mortuos liber* fuit, ... Ipsius enim tantum mors *libera*, quia et uoluntaria fuit, *qui potestatem habebat ponendi animam suam et iterum sumendi eam* (Ioh. 10,18).

319,15 A 1210: Sed addidit: *quorum ... adhuc*, ubi est Domini Christi a ceteris mortuis animaduertenda discretio. Nam et ipse *uulneratus* est, et mortuus positus *in sepul*-[1211] *cro*; sed illi qui nesciebant quid faciebant, quis esset utique nescientes, similem illum putauerunt aliis uulnere occisis et *dormientibus in sepulcro*, quorum Deus *adhuc non meminit*, id est, quorum nondum tempus resurgendi aduenit. Ideo namque mortuos consueuit scriptura dicere *dormientes*, quia euigilaturos, id est, resurrecturos uult intellegi. Sed hic *uulneratus* et *dormiens in sepulcro*, die tertio euigilauit, ... Vnde longe distat ab eis quorum ad talem resurrectionem Deus *non meminit adhuc* ³;

319,22 A 1211: id est, cum haec ab eis *factus sum, ipsi expulsi sunt de manu tua*; ipsi *adiutorio* manus tuae priuati sunt, qui me *sine adiutorio* esse putauerunt. *Foderunt* enim, sicut dicit in alio psalmo, *ante faciem meam foueam, et inciderunt in eam* (56, 7).

319,25 A 1211: Quid est autem *lacus infimus*, nisi profundissima miseria, qua non sit profundior?

320,2 A 1211: *Vmbra* enim *mortis*, nescio utrum *mors* corporis hic intellegenda sit, an illa potius de qua sciptum est: *Qui sedebant in tenebris et umbra mortis, lux orta est eis* (Isai. 9, 2); quia credendo in [1212] *lucem* et in uitam, ex *tenebris* et *morte*

2a CSg: potero
3 R 187ᵛᵃ: *Sicut uulnerati ... sepulcris*, subaudiendum, *aestimatus sum*.

impietatis educti sunt. Talem ergo illi qui nesciebant quid faciebant, Dominum putauerunt, et inter tales nesciendo posuerunt, qualibus ne hoc essent ipse subuenit.

320,4 A 1212: Quid ergo est: *In me ... tua*, nisi quemadmodum illi putauerunt, qui Dominum gloriae non cognouerunt (vgl. I Cor. 2, 8)? Apud eos enim sic erat, quod *ira* Dei non solum commota, uerum etiam confirmata fuerit super eum, quem usque ad mortem, nec quamlibet mortem, sed quam prae ceteris exsecrabilius habebant, id est, usque ad mortem crucis perducere potuerunt.

320,7 A 1212: Quae duo sic exposuimus, ut *suspensiones* diceremus comminationes, *fluctus* autem iam ipsas passiones (vgl. A 471), ... [1213] ... Cum autem, *Omnes suspensiones*, non ait, *super me* transierunt, sed *super me induxisti*, omnia quae impendebant euenisse significat; impendebant autem, quamdiu in prophetia futura imminebant, omnia quae de illius passione praedicta sunt.

320,10 C 797: ... nunc dicit *notorum*[4], significans apostolos. ... Isti ergo *noti longe facti sunt*, quando ipsius passione dispersi sunt;

320,12 Br 1151 A: Non *noti*, sed Iudaei.

C 797: In *abominationem* uero tunc *positus est*, quando praetereuntes scribae et pharisaei crucifixo imputabant dicentes: *Vah! qui destruit*[5] *templum Dei*[6] *et in triduum aedificat illud*[6] et cetera (Matth. 27, 40).

320,16 C 797: *Traditus est* a Iuda ...

A 1213: an potius, *non egrediebar*, altius dictum debemus accipere, id est, in interioribus meis latebam, non ostendebam quis essem, non propalabar, non manifestabar?

Br 1151 B: Non sum disiunctus a paterna diuinitate: ...

320,19 A 1213: Sed nimirum *oculos* suos dixit membra quae in suo corpore cui caput est ipse, clariora et eminentiora et praecipua diligebat. ... Quapropter et illi *oculi*, id est, sancti apostoli, quibus non reuelauerat caro et sanguis, sed Pater eius qui in caelis est (vgl. Matth. 16, 17), ... uidentes eum *tradi*, ac tanta [1214] perpeti

---

4 CSg: functorum (*davor Verweisungszeichen; am Rande:* aliter notorum)
5 CSg: destruet
6 CSg: *fehlen.*

mala, quoniam non eum uidebant qualem uolebant, quia *non egrediebatur*, id est, non manifestabatur in uirtute et potentia sua, sed in suis interioribus occultus, omnia quasi superatus atque impotens perferebat, *i n f i r m a t i   s u n t   a b   i n o p i a*, uelut subtracto sibi cibo suo, lumine suo.

320,21 A 1214: Hoc quidem et apertissime fecit, cum penderet in ligno. - Vgl. Act. 7, 59: *Positis autem genibus, clamauit uoce magna* [Stephanus], *dicens*: *Domine, ne statuas illis hoc peccatum.* (Vgl. Luc. 23, 34)

320,24; 321,1 A 1214: Proinde conuenienter per extentas *m a n u s   t o t a   d i e* continuationem bonorum operum intellegere possumus, a quorum numquam intentione cessauit. Sed quia solis praedestinatis ad aeternam salutem, non autem omnibus hominibus, nec ipsis inter quos facta sunt, eius bona opera profuerunt, ideo consequenter adiecit: *N u m q u i d ... m i r a b i l i a ?* ... [1215] ... Significat ergo isto uerbo quo ait: *N u m q u i d ... m i r a b i l i a ?*, homines corde ita *m o r t u o s*, ut eos ad uitam fidei tanta Christi *m i r a b i l i a* non mouerent. Neque enim propterea dixit non eis *f i e r i   m i r a b i l i a*, quia non ea uident, sed quia non eis prosunt.

C 798: Sed *m o r t u i s*, id est, non credentibus *m i r a b i l i a* nequaquam *f e c i t*, dum eos ad conuersionem perducere non potuit infidelitas sua. *M i r a b i l i a* enim illis *f i u n t*, qui magnalia Domini sub credulitate conspiciunt.

321,4 A 1215: id est, quia non a *m e d i c i s* exsuscitabuntur homines, ut *c o n f i t e a n t u r   t i b i*. ... tamen quantumlibet per fidele ministerium opitulentur saluti, uiuentes curare possunt, non mortuos excitare; (∿ C 798)

321,6 A 1216: Sic autem dictum est *i n   s e p u l c r o*, ut intellegantur ii qui sunt *i n   s e p u l c r o*, ...

321,8 Vgl. A zu 320, 24. - A 1216: Nimis enim occulta Dei gratia est, qua[7] hominum mentes quodam modo reuiuiscunt, ut possint a quibuslibet eius ministris praecepta sanitatis audire. Quam gratiam commendat in euangelio dicens: *Nemo potest uenire ad me, nisi Pater qui misit me, traxerit eum* (Ioh. 6, 44); ... Quod uero ait: *i n   p e r d i t i o n e*, alio uerbo repetiuit quod supra dixerat, *i n   s e p u l c r o*. ... Animae namque mortuae corpus *s e p u l c r u m* est.

---

7 CSg: quia

C 799: *S e p u l c r u m* enim significat infidelium mentes, ... Et merito *s e p u l c r u m* dicitur, ubi anima peccatis mortua continetur; id est, illos uult intellegi qui non sunt Domino credituri;

321,15 A 1217: Infideles enim significantur nomine *t e n e b r a r u m* ; ... Sic et *t e r r a o b l i t a*, homo est qui *o b l i t u s* est Deum;

321,18 A 1217: Ergo et hic sequitur ac dicit: *E t ... c l a m a u i*. In quibus uerbis iam intellegendus est Dominus Christus ex uoce corporis sui loqui, id est, Ecclesiae; quid est enim: *E t e g o*, nisi quia fuimus et nos aliquando natura filii irae, sicut et ceteri (vgl. Eph. 2, 3) ? Sed *a d t e c l a m a u i*, ut saluus essem. Quis enim me discernit ab aliis filiis irae, cum apostolum audiam ingratos terribiliter increpantem, ac dicentem: *Quis enim te discernit?* (I Cor. 4, 7).- Vgl. A und C zu 321,8.

321,22 A 1218: Iam *m a n e*, posteaquam nox infidelitatis et tenebrae transierunt. ... sed quia restat illa clarificatio, ubi illuminabuntur occulta tenebrarum, et manifestabuntur cogitationes cordis, et laus erit unicuique a te (vgl. I Cor. 4, 5); nunc in ista uita, in ista peregrinatione, in hac luce fidei, quae in comparatione tenebrarum infidelium iam dies est, sed in comparatione diei ubi uidebimus facie ad faciem (vgl. I Cor. 13, 12), adhuc nox est, adhuc *o r a t i o m e a p r a e - u e n i e t t e.*

322,1 A 1218: ad hoc enim *o r a t i o* sanctorum dilatione tanti beneficii, et tribulationum aduersitate quasi *r e p e l l i t u r*, ut tamquam ignis flatu repercussus inflammetur ardentibus. ... [1219] ... Et *a u e r t i t* Deus ab orantibus *f a c i e m*, non exaudiendo ad id quod uolunt, quando sibi nesciunt non expedire quod petunt.

C 800: Hic desiderium sanctissimae mentis exprimitur, quia impatienter sustinebat differri, unde mundus poterat iure saluari. *R e p e l l e r e* enim putatur petitionem nostram et *a u e r t e r e f a c i e m* suam Dominus, quando uota nostra distulerit; et quamuis ille profutura faciat, nos tamen grauiter dilata contristant. Sed et hoc congruenter a persona martyrum dicitur, qui talibus desideriis in hoc mundo fatigantur. Differuntur enim ad augmentum suum, procrastinantur ad gloriam;

322,5 A 1219: Et *i n o p s e s t* Ecclesia, cum esurit et sitit peregrina, unde satietur in patria.

322, 8-9 C 800: *E g e n s s u m e g o ... e t c o n f u s u s*. Hoc merito dicit Ecclesia, quae in egestate mundi et *i n l a b o r i b u s* a sua iuuentute fatigatur; ... Haec crescit persecutionibus, pressura

temporum subleuatur, humilitate semper extollitur: ... Sequitur *e x a l-
t a t u s ... et c o n f u s u s*. Hoc specialiter membris probatur
conuenire, non capiti. *E x a l t a t u s*, dicit, quando prius unusquisque fidelium res humanas tumido corde cogitabat. *H u m i l i a t u s
s u m*, quando ad confessionis medicabile donum, diuina gratia miserante,
peruenit. *C o n f u s u s*, quando illa quae male gesserat paenitentiae
professione damnauit[8].

322,12 C 801: Pulchre dictum est, *p e r t r a n s i e r u n t*, quasi non man-
surae diutius contigerunt.

Br 1151 D: *T r a n s i e r u n t*, et non perstiterunt.

A 1219: non autem manent, quia non de fideli, sed de infideli dictum
est: *Ira Dei manet super eum* (Ioh. 3, 36).

322,15 A 1219: *E t   t e r r o r e s* Dei *c o n t u r b a n t* infirmitatem
fidelium; quia omne quod accidere potest, etiamsi non accidat, pruden-
ter timetur.

322,15.17 C 801: *T e r r o r e s* utique uenturi iudicii, quos omnis caro
peccatrix formidare dignoscitur; quod idem solis membris conuenire manifestum est. ... Merito ergo [peccata] *a q u i s* comparata sunt, quae
nos copiosissima inundatione concludunt. Quod apte totum accipitur a
parte membrorum.

322,17 A 1219: Et quia Ecclesiae in hoc mundo peregrinanti ista non desunt, dum
modo in his, modo in illis membris eius usquequaque contingunt, ideo
dixit: *t o t a   d i e*, continuationem significans temporis, donec fi-
niatur hoc saeculum.

322,20 C 801: *p r o x i m o s* [significat] qui nobis parentelae ordine so-
ciantur; ... Quae genera hominum frequenter longe fecit a fidelibus
seruis formidata calamitas passionis.

A 1219: Et saepe *a m i c i* et *n o t i* periclitantes secundum saeculum, sanctos formidine deserunt; de quibus dicit apostolus: *Omnes me
reliquerunt*[9]; *non illis imputetur* (II Tim. 4, 16).

---

8 R 188va: *E x a l t a t u s   a u t e m* super inprosperitate [?] saeculari,
h u m i l i a t u s   s u m super confusionem, *e t   c o n t u r b a t u s*
super paenitentiam. (*Es ist wohl gemeint*: in prosperitate, *wobei* super *also
überflüssig ist -- eine in den Text geratene Glosse?*)

9 CSg: dereliquerunt (!)

Psalm 88

322,25 A 1220: interpretatio tamen nominis huius robustum indicat. Et nemo in hoc saeculo robustus est, nisi in spe promissionis Dei; ... Itaque iste infirmus in se, robustus in *m i s e r i c o r d i a* Dei, inde coepit. C 802: *E t h a n* interpretatur robustus; *I s r a e l i t a* uidens Deum. ... Primo ingressu psalmi dicit [Ethan] se *m i s e r i c o r- d i a s   D o m i n i   c a n t a t u r u m*, ...

323,5 C 802: Iste enim *Ethan* Domini est *m i s e r i c o r d i a s   c a n- t a t u r u s*, quae et aeterna semper stabilitate con-[803]sistunt et perpetuis sunt celebrandae praeconiis. ... *I n   g e n e r a t i o n e   u e r o   e t   p r o g e n i e* quod addidit, duos significat populos, iudaicum scilicet et gentilem, ... quod uero *i n   o r e* uersatur, diutina deuotione celebratur.

323,8 A 1220: Hoc *canto*; haec est *ueritas tua*, huic *annuntiandae* seruit *os meum*: ...

323,10 C 803: *C a e l i* (sicut saepe diximus) significant apostolos, quorum praedicationibus actum est, ut inculcaretur gentibus religio christiana. ... [804, zu v. 6:] ... *c a e l i*, qui sunt ueri praedicatores, ...[1] (∿ A 1224 zu v. 6)

323,12 A 1222: *D i x i s t i* (intellegitis) hoc totum; *d i x i s t i*: *D i s- p o s u i   ...   m e i s*. Quod *t e s t a m e n t u m*, nisi Nouum? Quod *t e s t a m e n t u m*, nisi quo renouamur ad nouam hereditatem?

323,12.15 C 803: *D i s p o s u i   ...   m e o*. Nunc uerba Domini refert, quae superius eum *dixisse* memorauit.

323,16 A 1222: Videamus ergo quid *i u r a u e r i t* Deus.

323,18 A 1222: ... *s e m e n   t u u m*, non tantum illam carnem Christi natam ex uirgine Maria, sed etiam nos [1223] omnes credentes in Christum;

323,20 A 1223: Quid est: *i n   g e n e r a t i o n e m   e t   g e n e r a t i- o n e m*? In omnem *g e n e r a t i o n e m*. ... Est enim *g e n e r a- t i o* nunc carnis, et sanguinis; erit *g e n e r a t i o* futura in resurrectione mortuorum. ... Nunc Christus habet in nobis *s e d e m*, *a e d i f i c a t a   e s t   s e d e s* eius in nobis; nisi enim sederet in nobis, non nos regeret; ... Sedet ergo in nobis, regnans in nobis; sedet etiam in alia *g e n e r a t i o n e*, quae fuerit ex resurrec-

---

[1] R 189rb: *i n   c a e l i s*, in doctoribus sanctis et spiritalibus, ...

tione mortuorum. In aeternum Christus regnabit in sanctis suis. ... et
his modis omni ex parte firmati praedicemus, et portando Deum, *c a e-
l i* simus.

323,25 A 1223: Non merita sua *c o n f i t e b u n t u r   c a e l i*, sed
*c o n f i t e b u n t u r   c a e l i   m i r a b i l i a   t u a ,   D o-
m i n e*².

324,1 A 1224: Excipiat Ecclesia rorem *caelorum*; sitienti terrae pluant *caeli*,
et germinet excipiens pluuiam germina bona, opera bona, ...

324,3 A 1224: Quid praedicant *caeli* ? quid *confitebuntur in Ecclesia sanctorum* ?
Q u o n i a m   ...   D o m i n o ? ... [1225] ... Si igitur *n u b e s*
sunt praedicatores *ueritatis*, quaeramus primo quare sint *n u b e s*.
Iidem quippe *caeli*, iidem *n u b e s*: *caeli* propter fulgorem *ueritatis*,
n u b e s propter occulta carnis; *n u b e s* enim omnes nebulosae
sunt, propter mortalitatem; ... Cuius enim oculi *n u b e m* penetrant?
Ergo *n u b e s* in carne praedicatores *ueritatis*. Venit et ipse omnium
Creator in carne.

C 804: Sed quis eorum [praedicatorum] *e s s e* poterat Christo *s i-
m i l i s*, quamquam et ipse carnis uelamine tegeretur?

324,9 A 1225: ille ab aeterno *F i l i u s* genitus per naturam, nos a tempore facti per gratiam; (∿ C 805)

324,12 A 1226: Quoniam non possunt aequales illi esse, *c o n s i l i u m*
ipsorum sit credere in illum;

324,14 C 805: ... *i n   c i r c u i t u   e i u s   s u n t*, *sancti* scilicet,
quos superius *Dei filios* dixit, qui dono ipsius gratiae proximantur.
A 1226: Qui ergo *i n   c i r c u i t u   e i u s   s u n t*, qui ubique
est? ... qui remanent, qui *s u n t   i n   c i r c u i t u   e i u s*, nisi quia ille qui ubique est, uoluit per carnem in uno loco nasci, in
una gente conuersari, in uno loco crucifigi, ex uno loco resurgere, ex
uno loco in caelum ascendere? Vbi hoc fecit, *i n   c i r c u i t u
e i u s* gentes sunt. ... [1227] Tu quidem in illo loco de *nube* propria
intonuisti, sed ad rigandum *i n   c i r c u i t u* gentium alias *nubes*
misisti. Vere potens implesti quod dixisti: *Amodo uidebitis Filum hominis uenientem in hubibus caeli* (Matth. 24, 30).

324,22 C 805: *Sancti* enim ditantur uirtutibus, non dominantur; tu autem illis
rebus imperas, quibus illi te praestante praeclari sunt. Merito repe-

---

2 CSg: mirabilia tua, Domine *fehlen*.

titum est: *quis similis tibi*? Tu ex te *potens es*, illi de te; illi *ueritate tua* illuminati sunt, tibi autem *ueritas tua* indiuidue semper inest.

325,2 A 1227: Nam quid fecit *mare* saeuiendo, nisi diem quem hodie celebramus? Martyres occidit, semina sanguinis sparsit, ... Securae ergo pergant *nubes*; diffundant *ueritatem tuam in circuitu tuo*, non timeant rabidos *fluctus*: ...

C 805: *Potestas maris*, huius saeculi honor est, qui frequenter in martyres Christi rapido[3] tumore surrexit. ... *Tu dominaris*, quando feroces motus pro sanctorum utilitate conuertis; ... Et quia dixerat *dominaris*, sequitur digna probatio; quoniam *fluctus eius* ipse *mitigat*[4].

325,6 A 1228: ... perdidit quod tenebat diabolus, quia *superbus* nonnisi *superbos* tenebat. ... Ita ergo ille perdendo quos tenebat, etiam ipse *humiliatus est*; non correctus, sed prostratus. ... illum ergo uulnerasti, cui tot abstulisti. *Vulneratum* enim intellegas diabolum, non penetrata carne, quam non habet, sed percusso corde, ubi *superbus* est.

325,9 C 806: *Inimicos* autem dicit infideles Iudaeos, qui per innumeras gentes Christi Domini uirtute *dispersi sunt*, quem Patris *brachium* (sicut saepe diximus) auctoritas diuina testatur.

325,10 A 1228: *Tui ... terra*. A te pluunt[5], super tuam pluunt[5]. *Tui sunt caeli*, per quos praedicata est *ueritas in circuitu tuo*; *tua est terra*, quae excepit[6] *ueritatem in circuitu tuo*.

C 806: Ideo enim triumphauit in *caelo* de *superbo* diabolo: ideo in *terra* de perfido Iudaeo, quoniam ipsius erat utique *caelum* et *terra*. Cur enim diabolus, aut Iudaeus in alienis rebus superbirent, dum utraque habere suum probarentur auctorem? ... Sensus ergo talis est: cur uoluerunt stulti in te saeuire in hoc mundo, cuius tu, Christe, fundator es; ...?

325,14 C 806: *plenitudo eius*, ad omnes scilicet creaturas [pertinet] quae in eo esse noscuntur.

A 1228: Non enim aliquid contra te ualet, contra Creatorem suum.

---

3   CSg: rabido (bid *auf Rasur*)
4   R 190[va]: *Fluctus* huius *maris* sunt procellae persecutionis.
5   CSg: pluant
6   CSg: excipit (= WS 73[b])

325,17 A 1228: Et malitia quidem sua, per suae uoluntatis peruersitatem saeuire potest mundus; numquid tamen excedit modum positum a Creatore,
qui feeit[7] omnia? Quid ergo timeo *a q u i l o n e m* ? quid timeo
m a r i a ? Est quidem in *a q u i l o n e* diabolus, qui dixit: Ponam
sedem meam in aquilonem[8], et ero similis Altissimo (Isai. 14, 13-14),
... Ergo quod in illis tu fecisti, plus ualet ad dominationem tuam,
quam illorum uoluntas ad malitiam suam.

325,20 A 1228: *T h a b o r* interpretari dicitur ueniens lumen. Sed unde
uenit lumen de quo dictum est: Vos estis lumen mundi (Matth. 5, 14),
nisi ab illo de quo dictum est: Erat lumen uerum, *quod illuminat omnem
hominem uenientem in hunc mundum* (Ioh. 1, 9)? ... *H e r m o n* autem
interpretatur anathema eius. Merito uenit lumen et factum est anathema
eius. Cuius, nisi diaboli, ...? Vt ergo illuminaremur, abs te datum
est; ut anathema nobis esset qui nos in [1229] suo errore et superbia
detinebat, a te nobis est. Ergo *T h a b o r   ...   e x u l t a b u n t*:...
C 806: *T h a b o r   et   H e r m o n*, montes sunt Syriae prouinciae,
[807] ... *T h a b o r* enim dicitur ueniens lumen; ... *H e r m o n*
significat anathema eius, id est, diaboli, quod a Christianis Domino
ueniente suscepit. Dignum enim fuit, ut praesente lumine tenebrosus
diabolus uinceretur. Isti ergo *e x u l t a b u n t   i n   n o m i n e
Domini*, ...

325,26 A 1229: Nemo sibi aliquid arroget. *T u u m   ...   p o t e n t i a*: a
te facti sumus, a te defensi sumus.

326,2 C 807: Rogat enim ut *m a n u s*, id est, operatio firmetur in superbos,
... *E x a l t e t u r* autem *d e x t e r a   t u a*; hic fortasse
dictum est, id est, clarificetur numerus praedestinatorum, qui est ad
d e x t e r a m collocandus. - Vgl. Luc. 1, 51-52 (Magnificat): Fecit
potentiam in brachio suo; dispersit superbos mente cordis sui. Deposuit
potentes de sede, et exaltauit humiles. Dazu 568, 10-14.

326,4 A 1229: Ponentur quidam ad dexteram, et quidam ad sinistram; ...
I u s t i t i a   ...   t u a e: utique in die iudicii. Nunc ergo quid?

326,8 A 1229: quid timeam in fine iudicia tua, quando *p r a e c e d e n t e
m i s e r i c o r d i a* tua deles peccata mea, et exhibendo *u e r i-
t a t e m* imples promissa tua?

326,10 A 1229: Vniuersae enim uiae Domini *misericordia* et *ueritas* (vgl. Ps

---

7 CSg: facit
8 CSg: aquilone (!)

24, 10). In his omnibus non exultabimus? ... Si ergo nulla uerba suf-
ficiunt: *B e a t u s   p o p u l u s   s c i e n s   i u b i l a t i o-
n e m.* ... Nullo modo *b e a t u s* es, nisi intellegas *i u b i l a-
t i o n e m.* Quid est, intellegas *i u b i l a t i o n e m*? *S c i a s*
unde gaudeas quod uerbis explicare non possis.

326,12 A 1229: Quam *iubilationem*? Vide si non de gratia, uide si non de Deo,
et omnino non de te. *D o m i n e,   i n   l u m i n e   u u l t u s   t u i
a m b u l a b u n t.*

C 808: Addidit praemium quod tales consequitur uiros: *D o m i n e,* ...
a m b u l a b u n t.

326,14 C 808: *T o t a   d i e* totius uitae tempus ostendit, quia non decet
aliquando inde desinere, unde constat perpetua et copiosa gaudia prouenire.

A 1230: *Thabor* ille et *Hermon   i n   n o m i n e   t u o   e x u l t a-
b u n t*; si uolunt *t o t a   d i e, i n   n o m i n e   t u o*; si autem
e x u l t a b u n t   i n   n o m i n e suo, non *t o t a   d i e   e x u l-
t a b u n t*. Non enim in gaudio perseuerabunt, quando de seipsis gaudebunt, et per superbiam cadent. (∽ C 808)

326,16 A 1230: Non *i n   s u a   i u s t i t i a*, sed *i n   t u a*: ... Quidam
enim notantur ab apostolo, quod zelum Dei habeant, sed non secundum
scientiam; *ignorantes Dei iustitiam, et suam uolentes constituere,
et non in lumine tuo exultantes, iustitiae Dei non sunt subiecti* (Rom.
10, 2-3). ... Et *e x a l t a r i* quidem merebitur, sed *i n   t u a
i u s t i t i a*; auferat de medio *i u s t i t i a m* suam, et humi-
lietur; ueniet Dei *i u s t i t i a,* et *e x a l t a b i t u r.*

326,20 C 808: Merito [809] *c o r n u* eorum, id est, potestas, *e x a l-
t a b i t u r*, qui in Domino Saluatore, de quo dicit Pater: *Hic est
Filius meus dilectus, in quo mihi bene complacui* (Matth. 3,17), *u i r-
t u t e m* suam *g l o r i a m* que posuerunt: quia dum ad illum
refertur omne quod datum est, ipse fit laus nostra et perfecta laetitia. - Vgl. Ioh. 1, 12: *Quotquot autem receperunt eum, dedit eis potestatem filios Dei fieri,* ...

326,24 C 809: *q u o n i a m   a s s u m p t i o*, id est *gloria* illa incarnationis a *s a n c t o   I s r a e l* probatur impleta;

326,26 A 1230: *L o c u t u s   e s   i n   a s p e c t u   t u o*, reuelasti hoc
prophetis tuis. Ideo *l o c u t u s   e s* eis *a s p e c t u*, id est,
in reuelatione: unde prophetae uidentes dicebantur. (∽ C 809)

C 809: Hactenus *Ethan* a sua persona locutus est, nunc uenit ad tertiam partem, praedicans uerba Patris, quae dicta sunt de Domino Saluatore;

327,4 C 810: Aut certe si hoc de ipso Christo Domino uelimus aduertere ... ita intellegendum est, ac si diceret: Pater perhibuit testimonium *p o t e n t i*, id est, Filio; sicut in euangelio uox ad eum facta testatur, dicens: *Et clarificaui et iterum clarificabo* (Ioh. 12, 28). Hoc est enim fortasse quod dicit, *a d i u t o r i u m   p o s i t u m   s u p e r   p o t e n t e m*.

A 1231 (zu v. 22): secundum quod ab illo qui in forma Dei aequalis est Patri, forma serui suscepta est, ... (∿ C 810, zu v. 22)

327,7 C 810: *D e   p l e b e   m e a*, significat gentem Iudaeorum, unde natum constat Dominum Christum.

327,10 A 1231: de illo enim dicitur: *Vnxit te, Deus, Deus tuus oleo exultationis prae participibus tuis* (Ps 44, 8). (= C 810)

327,13 C 810: Sed hoc ueraciter de Christo animaduerti necesse est; nam licet in eum saeuierit diabolus, qui est proteruus humanitatis *i n i m i c u s*: licet Iuda *f i l i u s   i n i -* [811] *q u i t a t i s   n o c e r e* praesumpserit, nullus tamen eorum peccatum, quod iuste accusare potuisset, inuenit;

327,13.15 Br 1154 C: *N i h i l* ... *i n   e o*. Diabolus scilicet. *E t   f i l i u s   i n i q u i t a t i s* ... Iudas traditor, ... (= CSg 27,374)

327,18 A 1231: Comminuuntur omnes infideles, credunt paulatim; et a populo Dei bibuntur, in corpus Christi traiciuntur.

327,19 A 1231: Et uidentes non se habere quo fugiant ab Omnipotente, *c o n u e r s i* fugiunt ad Omnipotentem.

327,22 A 1231: Mementote, quantum potestis, quam saepe nobis commendentur duo haec, ut reddamus illa Deo. Sicut enim ipse exhibuit nobis *m i s e r i c o r d i a m*, ut deleret peccata nostra, et *u e r i t a t e m*, ut impleret promissa sua, sic et nos ambulantes in uia eius, debemus ei reddere *m i s e r i c o r d i a m* et *u e r i t a t e m* ; *m i s e r i c o r d i a m*, ut miserorum misereamur; *u e r i t a t e m*, ut non inique iudicemus[9].

327,25 C 811: *C o r n u* hic significat inuictissimam potestatem, de qua ipse in euangelio dicit: *Data est mihi omnis potestas in caelo et in terra* (Matth. 28, 18).

---

9 R 192[rb]: Haec *u e r i t a s* scilicet et *m i s e r i c o r d i a* saepe in hoc psalmo commendantur, ut ostendatur uidelicet imitari nos ea in Christo debere.

328,2   A 1232: hoc est, dominabitur gentibus.
328,4   A 1232: *F l u m i n a* currunt in mare; cupidi homines in amaritudinem huius saeculi prolabuntur; omnia tamen genera ista Christo subdita erunt.
328,8   CSg 27, 374: Saepius *i n u o c a s s e* Patrem in euangelio legimus, ut est: *Pater, clarifica me apud temetipsum* (vgl. Ioh. 17, 5);
328,10 C 812: *E x c e l s u m ... t e r r a e*, sicut et in septuagesimo primo psalmo dictum est (v. 11): *Et adorabunt eum omnes reges terrae*.
328,13 A 1232: Propter ipsum, *f i d e l e t e s t a m e n t u m*; in ipso mediatum[10] est *t e s t a m e n t u m*; ipse mediator[10] *t e s t a m e n t i*, ipse signator *t e s t a m e n t i*, ipse fideiussor *t e s t a m e n t i*, ipse testis *t e s t a m e n t i*, ipse hereditas *t e s t a m e n t i*, ipse coheres *t e s t a m e n t i*.
328,16 C 812: *S a e c u l u m s a e c u l i* significat aeternitatem.
        A 1232: Non tantum *i n h o c s a e c u l o*, sed *i n s a e c u l u m s a e c u l i*; quo transibit utique *s e m e n e i u s*, quae est hereditas eius, *s e m e n* Abrahae quod est Christus. Si autem uos Christi, ergo Abrahae *s e m e n* estis; - Vgl. A zu 328, 13.
328,18 A 1232: *T h r o n i* regum terrenorum sicut *d i e s* terrae. Alii sunt *d i e s c a e l i*, alii sunt *d i e s* terrae. *D i e s c a e l i* anni sunt illi de quibus dicitur: *Tu autem idem ipse es, et anni tui non deficient* (Ps 101, 28). *D i e s* terrae succedentibus, urgentur, praecedentes excluduntur, nec qui succedunt manent; sed ueniunt ut eant, et paene antequam ueniant eunt. Ita sunt *d i e s* terrae. *D i e s* autem *c a e l i* et[11] illi *anni non deficientes*, nec initium habent nec terminum; ... sed *d i e s c a e l i* semper praesentes sunt, ubi erit *t h r o n u s e i u s* in aeternum.
328,22 C 813: Hos duos uersus (31, 32) dicit de populo christiano, qui uere dicuntur *f i l i i* Sponsi;
        A 1233: *F i l i i* huius Dauid, *f i l i i* sunt Sponsi; omnes ergo Christiani, *f i l i i* eius dicuntur.
328,26 A 1233: Non ergo tantum misericordia uocantis est, sed et uerberantis et flagellantis.
        C 813: *V i s i t a t i n u i r g a*, quando districte uindicat;
329,4   A 1234: *A* quo? *A b* illo scilicet Dauid cui talia promisi, quem unxi

---
10 CSg: meditatum ... meditator
11 CSg: qui et unus dies caeli et

in oleo sancto meo prae participibus suis (vgl. Ps 44, 8). Agnoscitis
eum a quo *non disperget* Deus *misericordiam*
suam? ... Ergo *ab* eo non *dispergit misericordiam* suam, cum a membris eius, cum a corpore eius *non dispergit misericordiam* suam, ... [1235] ... Ad hoc
enim *non dispergetur misericordia* liberantis,
ne[12] noceat *ueritas* uindicantis.

C 813: Cum superiora de membris dixerit, nunc redit ad caput. Dicit
enim Pater *misericordiam* suam *non* se a Christo *dispergere*, sed tota plenitudine condonare; ... Promiserat enim in
superioribus Pater: *Manus enim mea auxiliabitur ei et brachium meum
confortabit eum* (v. 22). Et quomodo poterat *nocere*, cui talia
uisus est promisisse? ... [814] Nam etsi inimici permissi sunt *nocere, in ueritate* Patris non est Filius laesus, cuius
passio totum mundum glorificata compleuit.

329,7   A 1235: promisi, facio.

329,8   A 1236: Expectas ut iterum *iuret* Deus? ... Vnam iurationem pro
uita nostra habuit, qui pro nobis ad mortem Vnicum suum misit.
C 814: Deus enim *semel iurat*, quia[13] nulla uarietate temporis immutatur. ... *In sancto meo*, id est, in Christo ...[14]

329,11 C 814: *Si* negatiue positum est, quod etiam usus communis habet. ...
Semen Christi sunt omnes qui ei fideli mente crediderint; quia
in ipsis futurum regnum seminatum est, quod uentura messis ostendat,
... *Manebunt* ergo sancti *in aeternum*, qui in excel-
lenti ac beata conuersatione demorantur. - Zu *angeli messores* vgl.
Matth. 13, 38-39.

329,14 A 1236: *Sedes eius* quibus dominatur, in quibus sedet, in
quibus regnat. ... *Sedes* ergo *eius*, omnes in quibus regnat
Deus, sic erunt, inquit, *in conspectu meo sicut
sol*; quia iusti fulgebunt in regno Patris mei sicut sol (vgl. Matth.
13, 43).

C 814: *Thronus* autem Dei hic intellegendus est anima fidelis,
in qua reuera insidet, ... Addidit *sicut sol in conspectu meo*, erit scilicet anima illa iusti, quam sedem diximus Domini
Saluatoris.

---

12 CSg: ut non
13 CSg: qui
14 R 193rb: *in sancto meo*, id est, in Filio.

329,16 A 1236: sed quae *l u n a ? P e r f e c t a   i n   a e t e r n u m*.
Etenim, etsi *p e r f i c i t u r   l u n a* ista quam nouimus, alio
die incipit minui, posteaquam *p e r f e c t a   f u e r i t*. *S i-
c u t   l u n a*, inquit, *p e r f e c t a   i n   a e t e r n u m*, sic
p e r f i c i e t u r sedes eius tamquam *l u n a* ; sed *l u n a   i n
a e t e r n u m   p e r f e c t a*. Si *sol*, quare et *l u n a* ? ... Itaque si in solo animo [1237] *p e r f i c e r e m u r*, tantummodo *soli*
nos compararet; rursus, si in solo corpore *p e r f i c e r e m u r*,
tantummodo *l u n a e* nos compararet; sed quia *p e r f i c i e t*
nos Deus et in animo et in corpore, secundum animum dictum est, *sicut
sol* ... *meo*, quia animum non uidet nisi Deus: *e t   s i c u t   l u n a*,
iam caro, *p e r f e c t a   i n   a e t e r n u m*, in resurrectione mortuorum: *e t   t e s t i s   ...   f i d e l i s*; quia uera dicebantur omnia
de resurrectione mortuorum. ... Ideo *l u n a* ista *p e r f e c t a
i n   a e t e r n u m*, et aduersus omnes contradictores *t e s t i s
i n   c a e l o   f i d e l i s*.

329,22 A 1237: Quid est hoc? Illa omnia promisisti; tu uero ista contraria
fecisti. Vbi sunt promissiones ad quas paulo ante gaudeba-[1238]mus,
de quibus tam alacriter plaudebamus, de quibus securi gratulabamur? ...
Quare ergo illa promisit, et ista fecit? ... Dauid positus erat cui
promitterentur haec omnia in semine eius, quod est Christus, implenda.
Propter promissa ergo quae dicta sunt ad Dauid, expectabant homines
ea impleri in Dauid. ... [1239] ... in hoc tamen uerbo reficit nos:
manet omnino, Deus, quod promisisti; nam *C h r i s t u m   t u u m*
non abstulisti, sed *d i s t u l i s t i*.
C 815: *S p r e u i s t i* autem dixit, contemptibilem esse fecisti,
quando de regno deiectus, a filio Absalom fugiens nudis pedibus ambulauit et increpationes filii Iemini sub durissimis opprobriis sustinebat (vgl. II Reg. 15 und 16). ... *C h r i s t u m   t u u m*, significat unctum;

330,5 A 1239: Vbi est enim *t e s t a m e n t u m* uetus Iudaeorum? ubi est
terra illa promissionis, in qua habitantes peccarunt, qua deleta mi-
grarunt? Regnum Iudaeorum quaeris: non est; altare Iudaeorum quaeris:
non est; sacrificium Iudaeorum quaeris: non est; sacerdotium Iudaeorum
quaeris: non est.

330,9 C 816: Immolatio siquidem pecudum[15] et obseruantia sabbatorum, quae
prius figuraliter agebantur, ueniente ueritate submota sunt.

---
15 CSg: peccorum (!)

330,11 C 816: *M a c e r i a* est, quae loca ad aliquam utilitatem praeparata defensionis causa communit. Haec non commixtione rei alterius aedificatur, sed in parietis modum saxorum tantum adunatione construitur.

A 1239: *D e s t r u x i s t i ... e i u s*, quibus eum munieras;

330,13 C 816: *m u n i t i o n e s   e i u s   p o s u i s t i   f o r m i d i n e m*, ut culpis facientibus ipsum Dominum formidarent, cuius solebant *m u n i t i o n e* uallari.

330,16 C 816: Ista sine dubio contigerunt, quando Iudaei hostibus suis traditi, direptiones et caedes [817] uastissimas pertulerunt.

A 1239: *D i r i p u e r u n t ... u i a m* : omnes scilicet gentes, per *u i a m*, hoc est, per uitam istam *t r a n s e u n t e s   d i r i p u e r u n t* Israel, *d i r i p u e r u n t* Dauid. Primum uidete[16] frusta eius in omnibus gentibus[17];

330,23 A 1240: Quomodo solebant pauci dimicare, multos prosternere?

330,25 A 1240: Quid est hoc? Inter omnia mala magnus hic terror. ... ligatum tamen flagellet, quem mundet, non dissoluat ab emundatione; si enim *d i s s o l u i t   a b   e m u n d a t i o n e*, iam non habet mundandum, sed proiciendum. A qua ergo *e m u n d a t i o n e   d i s s o l u i t u r* Iudaeus? A fide. Ex fide enim uiuimus (vgl. Gal. 3, 11); et de fide dictum est: *Fide mundans corda eorum* (Act. 15, 9); et quia sola fides[18] Christi *mundat*, non credendo[19] in Christum soluti sunt *a b   e m u n d a t i o n e*.

331,3 A 1240: *s e d e m   e i u s   i n   t e r r a m   c o l l i s i s t i*, merito et fregisti.

C 817: *S e d e s* enim pro regno posita est, quae merito dicitur *i n   t e r r a   c o l l i s a*, quando diuisus populus atque confractus particulatim toto orbe dispersus est.

331,5 A 1240: putabant se in aeternum regnaturos. (∿ C 817)

331,7 C 817: *p e r f u d i s t i   e u m   c o n f u s i o n e*, quia sordes illas incredulitatis suae in facie sustinet, hodieque dum inter gentes omnes abominabili horrore confusus, in uultu suo gestat opprobrium.

331,8 A 1240: Haec omnia euenerunt Iudaeis, ... Forte enim *i n   f i n e m* et ab ipsis; quia caecitas ex parte Israel facta est, ut plenitudo gentium intraret, et sic omnis Israel saluus fieret (vgl. Rom. 11, 25). Interea tamen, *E x a r d e s c e t ... t u a*.

---

16 CSg: dauid primum. Videte (!)
17 Zu 330, 18: R 193rb: ... *u i c i n i s   s u i s*, id est, gentibus in circuitu positis.
18 CSg: fide sola
19 CSg: credentes

C 818: *In finem* hic, saeculi terminum debemus aduertere, quando (sicut saepe dictum est) expectatur innumera conuersio Iudaeorum. ...

331,13 A 1240: Dauid iste dicit positus in carne in Iudaeis, positus in spe in Christo: *Memento quae est substantia mea*. Non enim quia Iudaei defecerunt, defecit *substantia mea*. Etenim de illo populo uirgo Maria, de uirgine Maria caro Christi; ... Non enim omnino interiit radix; ueniet semen cui promissum est, dispositum per angelos in manu Mediatoris (vgl. Gal. 3, 19).

331,17 A 1240: Ecce omnes *filii hominum* ierunt in uanitatem; tu tamen *non uane* illos *constituisti*. Cum ergo ierunt omnes in uanitatem, quos tu *non uane con-* [1241] *stituisti*, unde eos mundares a uanitate, numquid nihil tibi seruasti? Illud quod tibi seruasti unde mundares homines a uanitate, sanctus ille tuus, in eo *substantia mea*. Ex illo enim mundantur omnes, quos *non* frustra *constituisti* a propria uanitate; ... Sanctum suum admirabilem fecit; inde omnes a uanitate mundauit; ibi est, inquit, *substantia mea*; *memento* eius.

331,22 A 1241: Ecce uere solus, omnino singulariter solus *uiuet et non uidebit mortem*; *eruet animam suam de manibus inferni*; quia etsi ceteri fideles eius resurgent a mortuis, et *uiuent* et ipsi in aeternum, et *non uidebunt mortem*, non tamen *animam suam* ipsi *eruent de manibus inferni*. Ille qui *eruit animam suam de manibus inferni*, ipse *eruit animas* fidelium suorum; [1242] ipsi se *eruere* non possunt.

C 818: *Quis est*? interrogatiue legendum est. ... ubi subaudiendum est, nullus.

331,26; 332,1 C 819: ... *Dominum* deprecatur, ut genti afflictae et humana conditione fragilissimae debeat subuenire, et impleat promissiones quas se[20] *Dauid* fecisse noscebat.

A 1242: Propter hos ergo iam in Christum credentes, sed aliquamdiu laboraturos, sequitur et dicit: *Vbi ... Domine*? Iam agnouimus Christum mundatorem, iam tenemus in quo comples promissa; exhibe in illo quod promisisti. Ipse est *qui uiuet et non uidebit mortem*,

---

20 CSg: *fehlt*.

ipse est *qui eruit animam suam de manibus inferni*; et nos tamen adhuc
laboramus. Dixerunt ista martyres, quorum natalia celebramus.

332,7 A 1242: Iam illo *uiuente*, iam in caelo ad dexteram Patris sedente,
o p p r o b r i a obiecta sunt Christianis; crimen de Christo Christiani diu habuerunt. ... Ibam, inquit, praedicare, et *o p p r o b r i a*
audiebam, et *i n   s i n u* meo *c o n t i n e b a m* ; ... Diu *c o n -
t i n u e r u n t* Christiani *o p p r o b r i a   i n   s i n u* suo,
in corde suo, nec audebant resistere conuiciantibus; antea cum crimen
uideretur respondere pagano, nunc iam crimen est remanere paganum.
Gratias Domino; *m e m o r   f u i t   o p p r o b r i o r u m* nostrorum;
... Iam modo nemo insultat Christianis, ...[21]

332,13 A 1242: ... *i n i m i c i   t u i ,   D o m i n e*, et [1243] Iudaei et
pagani. *Q u o d   e x p r o b r a u e r u n t .   Q u i d   e x p r o b r a -
u e r u n t ?   C o m m u t a t i o n e m   C h r i s t i   t u i .*

332,15 A 1243: hoc enim obiecerunt, quia mortuus est Christus, quia crucifixus est Christus. Quid obicitis insani? ... Ille non perimebatur,
sed commutabatur. ... Mutatus est ille a temporali uita ad aeternam,
mutatus est a Iudaeis ad gentes, mutatus est etiam a terra in caelum.
Eant nunc uani *i n i m i c i   t u i*, et adhuc *e x p r o b r e n t
c o m m u t a t i o n e m   C h r i s t i   t u i*. Vtinam et ipsi mutentur; *c o m m u t a t i o n e m   C h r i s t i* non *e x p r o -
b r a b u n t*. Sed displicet Christi mutatio, quia ipsi mutari nolunt;
neque enim est illis *c o m m u t a t i o*, et non timuerunt Deum (vgl.
Ps 54, 20).

A 1241 (zu v. 49): Surgens enim a mortuis iam non moritur, et mors ei
ultra non dominabitur (vgl. Rom. 6, 9).

332,22 C 820: laus enim *D o m i n i* permanet *i n   a e t e r n u m*, quia
talia donare nouit, quae nullo fine clauduntur.

332,23 A, CSg 164, 198: EXPLICIT . SERMO . SECUNDUS . DE SEQUENTIA . PSALMI
LXXXVIII . HABITUS . PER UIGILIAS . SANCTI CIPRIANI. - Vgl. zu dieser
Stelle die Einleitung, § 7 h).

P s a l m   89

332,26 A 1245: Non enim credendum est ab ipso omnino *M o y s e* istum
psalmum fuisse conscriptum, qui ullis eius litteris inditus non est,

---

[21] R 194[ra]: Et deinde infertur *q u o d   c o n t i n u i   i n   s i n u   m e o*,
id est, tuli et patienter sustinui in mente absque murmuratione.

in quibus eius cantica scripta sunt; sed alicuius significationis gratia tam magni meriti serui Dei nomen adhibitum est, ex quo dirigeretur legentis uel audientis intentio[1].

333,4 A 1245: ... *in generatione et generatione*: siue *in omni generatione*, siue *in duabus generationibus*, uetere et noua;

333,7 A 1245: Sed nimirum uniuersa creatura rationalis hac differentia fortasse distincta est, ut *montium* nomine significentur celsitudines angelorum, et *terrae* nomine humilitas hominum. ... [1246] ... *a saeculo et usque in saeculum tu es*. Quod conuenientius diceretur: Ab aeterno in aeternum;

333,10 A 1246: id est, ne a tuis aeternis atque sublimibus *homo auersus*, temporalia concupiscat, sapiatque terrena[2].

333,13 A 1246: Et hoc a Deo petit quod Deus ipse praecepit; ... Sed da quod iussisti, precem petentis exaudiendo, et[3] adiuuando uolentis fidem.

333,15 A 1246: Ideo debemus ad *refugium* tuum, ubi sine ulla mutabilitate tu es, ab illis praetereuntibus labentibusque *conuerti*; quoniam quantumlibet huic uitae longum tempus optetur, *mille anni ante ocu-* [1247] *los tuos, tamquam dies hesternus est, qui praeteriit*, ...

333,17 Vgl. A zu 334, 18. – HT 120: Videte [121] ergo quid dicat. Omnis nostra aeternitas: Adam ille propater noster, qui uixit nongentis triginta annis; etiam ille Matusalam, qui uixit nongentis sexaginta quinque annis; fac quia uixerit *mille*: ad conparationem aeternitatis tuae, quod grande fuerit, breue est. (∾ Br 1158 D – 1159 A)

333,19 A 1247: *Et* ... *nocte*; cum *uigiliae* spatium non habeat amplius quam tres horas[4].

---

[1] R 194rb: *Oratio Moysi hominis Dei*. Sicut iam superius diximus, omnes psalmos Dauid cantatos ueraciter credimus. (Bis hierher rot) Verum propter mysteria nominum et significationes interpretationum diuersis aliis nominibus titulantur, ... Scimus autem *Moysen* ministrum fuisse Veteris Testamenti, prophetam Noui, et qui[a] hic psalmus mysteria Veteris et Noui Testamenti continet, recte *Moysi* nomine titulatur et *oratio* uocatur.
[2] R 194vb: *Ne* ... *humilitatem*, id est, ne facias hominem a te conuerti *in humilitatem* uitiorum. *Ne auertas hominem*, id est, ne patiaris *auerti*. Deus enim neminem *auertit*, sed *auertere* dicitur, cum *auerti* sinit.
[3] CSg: uel
[4] Vgl. R 195rb: *Custodiam* quippe *in nocte*, appellat uigilias, quas Romani in ternas uel quaternas horas diuidebant.

Eglogae 247: .IIII. uigiliis totius [*n o c t i s*] tempus appellat, totam *n o c t e m* in duodecim horarum momenta distribuens ut tres in unam *c u s t o d i a m* supputentur. *C u s t o d i a m* ergo *n o c - t i s* quartam partem appellat *n o c t i s*, ...

HT 120: Debemus et secundum historiam scire: *N o x* in quattuor *u i - g i l i a s* diuiditur. ... Vna ergo *u i g i l i a* tres horae sunt; *n o x* ergo diuiditur in quattuor *u i g i l i a s*. (= Br 1158 C)

334,2 A 1247: *M a n e*, id est, prius, ... *u e s p e r e*, id est, postea, ... *D e c i d a t*, utique in morte[5]; *d u r e s c a t*, in cadauere; *a r e s - c a t*, in puluere. Quae, nisi caro, ubi est concupiscentia damnata carnalium?

334,7 A 1248: *D e f e c i m u s*, in infirmitate; *c o n t u r b a t i s u - m u s*, mortis timore. Infirmi enim facti sumus, et infirmitatem finire trepidamus. *Alter te*, inquit, *cinget, et feret*[6] *quo tu non uis* (Ioh. 21, 18); quamuis martyrio non puniendum, sed coronandum; et ipsius Domini anima nos in se transfigurans, tristis erat usque ad mortem (vgl. Matth. 26, 38); quoniam et Domini exitus nonnisi mortis.

334,15 C 824: De *s a e c u l o* transacti temporis[7] dicit, quando iudaicus populus et miraculis uisitabatur et poenis. Non credendo enim quae uidebant[8], ultoris Iudicis patiebantur aspectum.

A 1248: *P o s u i s t i* ... *t u o* : id est, non ab eis dissimulasti.

HT 122: Nihil te celat, hoc est, peccata nostra nec nox celat, nec inuoluunt tenebrae, omnia apud te lucent. ... Quicquid agimus, quicquid in secreto nos facere putamus, patet in oculis tuis. (= Br 1159 C)

334,18 A 1248: *D e f e c i s s e d i e s* dicit, siue quod in eis *d e - f i c i a n t* homines amando quae transeunt, siue quod ad paucitatem redacti sint; quod uidetur in consequentibus aperire, cum dicit: *A n - n i n o s t r i* ... *l a b o r e t d o l o r*. Haec quidem uerba uidentur exprimere breuitatem miseriamque uitae huius; quia longaeui appellantur hoc tempore etiam qui septuaginta annos uixerunt. ... Melius est ergo in his numeris spiritale aliquid perscrutari. Neque enim super filios Adam, per quem unum hominem peccatum intrauit in mundum, et per peccatum mors, et ita in omnes homines mors pertransit (vgl. Rom. 5, 12), maior *i r a* est Dei, quia multo breuius uiuunt quam

---

5 CSg: mortem
6 CSg: fert
7 CSg: saeculi (i *aus* o *verbessert*) transacto tempore (ore *übergeschr.*)
8 CSg: uidebantur

uixerunt antiqui; cum et uitae ipsorum irrisa sit longitudo, ubi *mille anni* comparati sunt *diei hesterno* atque *praeterito*, et horis tribus; et utique tunc multum uiuebant, quando *i r a m* Dei prouocauerunt usque ad diluuium quo perierunt.

334,21 C 825: Breuitatem uitae humanae dicit per *i r a m* Domini prouenisse quoniam longioris uitae praesumptione peccabant. Ad quam enim breuitatem peruenerint post illam numerositatem prioris saeculi infra dicturus est.

334,23 A 1249: In rebus corruptibilibus laborabamus, corruptibilia opera texebamus: quae nos, secundum Isaiam prophetam, minime contegebant (vgl. Isai. 59, 6).

C 825: Malignitatem uitae nostrae posita similitudo declarat. *A r a n e a* est enim animal debile ac tenuissimum, quod transeuntibus muscis ad escam sibi procurandam quaedam retia dolose contexit: sic *a n n i* eorum qui sceleratis operibus dediti sunt, inanibus et subdolis machinationibus occupantur. ... Et uide quemadmodum actus ipsos positum uerbum declaret. *M e d i t a b a n t u r*[9], dixit, non operabantur[9]; ut ostenderet eos sine aliqua utilitate transiisse, qui sub nullo fructu bonorum, sed sub ancipiti meditatione uixerunt.

HT 122: Quomodo *a r a n e a* quasi mittit fila, et huc illucque discurrit, et texit tota die, et labor quidem grandis est, sed effectus nullus est, sic et uita hominum huc illucque discurrit. (= Br 1159 D)

335,1 A 1249: *I n   i p s i s*, hoc est, *i n   a n n i s* uel *d i e b u s   i p s i s* quod datur intellegi in temporalibus rebus; ideo *s e p t u a g i n t a*, quia temporalia promitti uidentur in Vetere Testamento. *S i   a u t e m*, non *i n   i p s i s   a n n i s*, sed *i n   p o t e n t a t i b u s*, id est, non in rebus temporalibus, sed in aeternis, *o c t o g i n t a   a n n i*, quod Nouum Testamentum in spe est renouationis et resurrectionis in aeternum.

C 826: Octogenario uero numero addidit *i n   p o t e n t a t i b u s*, quia tunc reuera coepimus habere potentiam, quando nobis Dominus Saluator apparuit.

335,7 A 1249: id est, quisquis hanc fidem transgreditur et amplius aliquid quaerit, *l a b o r e s* inuenit et *d o l o r e s*. Potest et sic intellegi: Quia licet in Nouo Testamento constituti simus, quod octogenarius

---

9 CSg: meditabuntur ... operabuntur

significat numerus, amplius habet haec uita nostra *l a b o r e m   e t
d o l o r e m*, dum in nobismetipsis ingemiscimus, adoptionem expectantes
redemptionem corporis nostri (vgl. Rom. 8, 23): ...

C 826: id est, qui haec duo Testamenta transcenderit, *l a b o r i b u s*
maximis et *d o l o r i b u s* implicatur. Non enim illic est aliquid
(sicut haeretici faciunt) plus minusue sentire, ubi caelestem regulam
seruat moderata distinctio.

335,12 A 1249: Et hoc ad misericordiam Dei pertinet; unde sequitur, et dicit:
*Q u o n i a m   s u p e r u e n i t   s u p e r   n o s   m a n s u e t u -
d o,   e t   c o r r i p i e m u r*. Quem enim diligit Dominus, *c o r -
r i p i t* ; flagellat autem omnem filium, quem recipit (vgl. Hebr. 6,
12); et dat etiam magnis quibusdam stimulum carnis, a quo colaphizentur, ne extollantur in magnitudine reuelationum suarum, ut uirtus in
infirmitate perficiatur (vgl. II Cor. 12, 7.9).

335,22 A 1250: Etiam hic subauditur: *q u i s   n o u i t* ? Quam difficile
inuenitur qui *n o u e r i t* ita *p r a e   t i m o r e   t u o   d i -
n u m e r a r e   i r a m   t u a m*, ut etiam hoc addat, et ad eam intellegat pertinere, quod nonnullis, quibus plus irasceris, parcere
uidearis, ut prosperetur peccator in uia sua, et maiora recipiat in
nouissimo? Potestas quippe humanae *i r a e* cum corpus occiderit,
amplius non habet quid faciat; Deus uero habet potestatem et hic punire, et post corporis mortem mittere in gehennam. Et a paucis eruditis maior eius *i r a* intellegitur uana et seductoria felicitas impiorum. Hanc ille non *n o u e r a t*, cuius paene commoti sunt pedes,
quia zelauit in peccatoribus, pacem peccatorum intuens; sed didicit
eam, cum intraret in sanctuarium Dei, et intellegeret in nouissima[10]
(vgl. Ps 72, 2.3.17); quo pauci intrant, ut discant *p r a e   t i m o -
r e* Dei *d i n u m e r a r e   i r a m* eius, et prosperitatem hominum
malorum numero applicare poenarum. - Vgl. A zu 337, 16.

336,2.14 A 1250: Quid est ergo: *D e x t e r a m   t u a m   s i c   n o t a m
f a c*, nisi Christum tuum, de quo dictum est: *Et brachium Domini cui
reuelatum est?* (Isai. 53, 1), *s i c   n o t u m   f a c*, ut in eo discant
fideles tui ea magis a te poscere et sperare praemia fidei quae non
apparent in Vetere Testamento, sed reuelantur in Nouo; ne arbitrentur
pro magno habendam et cupiendam uel adamandam esse terrenorum ac temporalium bonorum felicitatem, ...? Denique secundum hanc orationem

---

10 CSg: nouissimis (!)

hominis sui, *s i c   n o t u m   f e c i t* Christum suum, ut suis passionibus demonstraret, non ea munera quae uidentur sonare in Vetere Testamento, ubi sunt umbrae futurorum, sed aeterna esse concupiscenda. ... [1251] ... Et illud quod plerique codices habent: *D e x t e r a m   t u a m   n o t a m   f a c   m i h i*, ad utrumque referri potest, siue ad Christum, siue ad aeternam felicitatem; ... Et ipsos enim *c o m- p e d i t o s*, uel *e r u d i t o s   c o r d e   i n   s a p i e n t i a   s i c   n o t o s* Deus *f e c i t* in Nouo Testamento, ut pro fide quam Iudaeorum et gentilium detestabatur impietas, omnia contemnerent; et eis se priuari paterentur, quae magna putant promissa in Vetere Testamento qui carnaliter iudicant. Et quoniam cum *s i c   n o t i   f i e- r e n t*, ut illa contemnerent, et desiderandis aeternis per suas passiones testimonium perhiberent (unde et testes dicti sunt; sic enim graece martyres appellantur), multa et multum mala et acerba temporalia pertulerunt; hoc adtendit iste homo Dei, et spiritus propheticus per Moysi uocabulum figuratus, et ait: *C o n u e r t e r e ,   D o m i- n e ,   q u o u s q u e ;   e t   d e p r e c a b i l i s   e s t o   s u- p e r   s e r u o s   t u o s*. Vox est eorum, uel pro eis, qui multa, persequente isto saeculo, mala tolerantes, innotescunt *c o m p e d i t i   c o r d e   i n   s a p i e n t i a*, ut nec tantis malis coacti refugiant a Domino ad huius saeculi bona. ... Quomodo ergo hic dicit: *C o n u e r t e r e*, ut sit propitius, quasi faciem auertisset iratus, ... ? ... Quod autem dicitur: *q u o u s q u e*, uerbum est orantis iustitiae, non indignantis impatientiae.

C 826: Desiderio ip-[827]sius non sufficit aduentum Domini postulare, quia multi eum corporaliter uidentes, Deum minime crediderunt, ideoque addidit, *e r u d i t o s   c o r d e   i n   s a p i e n t i a* ; id est, intellectum habentes in Dominum Christum. ... Ipse est enim uirtus et *s a p i e n t i a* Patris, quem hic postulat non corporeis oculis, sed *e r u d i t o   c o r d e* cognoscere: quia hoc profuit reuera illum uidere, qui eum meruerunt illuminata mente conspicere. ... *C o- n u e r t e r e   ...   t u o s*. Consuetudinem suam uir sanctus operatur, qui dicit in Exodo (32, 12): *Esto placabilis super nequitiam populi tui*. - Die Variante **usquequo** (336,18) entstammt der Vulgata und findet sich oft bei Hieronymus, etwa HT 125 und 419; CSEL 56, 288.

336,26 C 827: *R e p l e t u m* se ergo dicit hac *m i s e r i c o r d i a   m a n e*, id est, lucida contemplatione, quoniam uir sanctus Christi Domini praeuidebat aduentum.

337,6   C 827: Tribulationes quas hominibus prouidentia diuina concedit, quam
        ueraci aestimatione perpenderat, ut *delectatum* se in eis
        diceret, per quas humiliandum populum salutariter sentiebat. Sciebat
        enim fidelibus uiris noxiam esse superbiam; et inde Domino gratias agit,
        unde credentes profecisse cognouit. Quapropter in illis *annis* se
        delectatum esse profitetur, *in quibus uide-
        rat mala*; *mala* scilicet quae grauia putabat, dum pateretur
        humanitas. Nam uiro sancto et contemplanti uerita-[828]tem non solum
        grauia non fuerunt, sed etiam suauia sibi exstitisse professus est.

337,8   C 828: Nunc eadem simili fine concludit, ut peccantibus Iudaeis parcat
        et *filios eorum* sancta credulitate recorrigat; quatenus
        si illi (iniquitate sua faciente) dispersi sunt, saltem eorum soboles
        in fine saeculi conuersa, ad ueniam peruenire mereatur.
        A 1253: Ipsi enim *serui tui opera tua* sunt, ...

337,13 A 1253: Vnde dicitur: *Signatum est super nos lumen uultus tui*, *Domine*
        (Ps 4, 7). (∿ C 828)

337,15 A 1253: ut non ea pro rerum terrenarum mercede faciamus; tunc enim non
        directa, sed curua[11] sunt.

337,16 A 1253: Huc usque psalmum istum multi codices habent; sed in nonnullis
        legitur alius ultimus uersus: *Et ... dirige*. ... Quem uersum
        si uelimus exponere, id mihi uidetur habere sententiae, quod omnia
        bona *opera* nostra, unum *opus* est caritatis: plenitudo enim legis
        caritas (vgl. Rom. 13, 10). ... tamquam ultimo uersu uolens ostendere
        ipsa *opera* unum *opus* esse, id est, ad unum *opus dirigi*. ...
        [1254] ... ad hoc existimo *hominis Dei Moysi* nomen titulo eius inscrip-
        tum, ut eis qui pie recteque scrutantur scripturas, eo modo intimare-
        tur etiam legem Dei, quae per *Moysen* ministrata est, ubi pro bonis
        operibus sola uel paene sola praemia terrenorum bonorum Deus polliceri
        uidetur, sine dubio habere sub uelamento tale aliquid, quale iste
        psalmus ostendit. Sed cum quisque transierit ad Christum, auferetur
        uelamen, et reuelabuntur oculi eius, ut consideret mirabilia de lege
        Dei (vgl. II Cor. 3, 16); donante illo cui dicimus: *Reuela oculos meos,
        et considerabo mirabilia de lege tua* (Ps 118, 18). - Vgl. Notker zu
        Ps 118, 18.

---

11 CSg: curuata

Psalm 90

338,1 C 829: *D a u i d* autem hic, ipsum prophetam debemus aduertere, ...

338,4 C 830: *Q u i   h a b i t a t*, confirmatiue pronuntiandum est, id est, qui iugiter *c o m m o r a t u r*. *H a b i t a r e* enim permanentis est, non discedentis; sed qui totam spem suam non in propriis uiribus ponit, sed[1] in *A l t i s s i m i* uoluntate constituit, sequitur absoluta promissio, quoniam talis uir modis omnibus protegatur a Domino. A 1255: quia si recedas ab *a d i u t o r i o   A l t i s s i m i*, te ipsum non ualens adiuuare, cades. ... [1256] ... Quis est *q u i   h a b i t a t   i n   a d i u t o r i o   A l t i s s i m i* ? Qui non est superbus, quomodo illi qui manducauerunt ut essent quasi dii, et perdiderunt quod erant facti homines immortales. *I n   a d i u t o r i o* enim suo *h a b i t a r e* uoluerunt, non *i n   a d i u t o r i o   A l t i s s i m i* ; ideo suggestionem serpentis audierunt, praeceptum Dei contempserunt; et inuenerunt hoc euenisse in se quod minatus est Deus, non quod promisit diabolus. ... [1267] ... Hoc commendauimus Caritati uestrae in istis uersibus, ne quisquam in se spem ponat, sed totam spem suam in illo ponat, in quo sunt uires nostrae; ... Protegit ergo nos *D e u s   c a e l i*, ...

338,13 A 1256: Quis hoc dicit[2] Domino? *Qui habitat in adiutorio Altissimi.*

338,15 A 1256: Ergo sic et tu dic: *S p e r a b o ... i p s e   e r u e t   m e*, ... Vide si aliud aliquid docet, nisi ut tota spes nostra non sit in nobis, non sit in homine. ... Quid est quod dico? Tendit diabolus et angeli eius, tamquam *u e n a n t e s* tendunt *m u s c i p u l a s* ; ... [1257] ... Sed quid est: *a   u e r b o   a s p e r o* ? Multos per *u e r b u m   a s p e r u m* misit in *m u s c i p u l a m* diabolus: uerbi gratia, qui uoluerint esse Christiani inter paganos, insultatores patiuntur paganos; erubescunt inter insultatores, et *a   u e r b o   a s p e r o* recedentes de uia, incidunt in laqueos *u e n a n t i u m*. Et quid tibi facturum est *u e r b u m   a s p e r u m* ? Nihil. ... sed sunt multi male uiuentes Christiani, inter quos qui uoluerit bene uiuere, ... patitur insultatores ipsos Christianos, et patitur *u e r b a   a s p e r a* ; et dicunt: Magnus tu, iustus, tu es Elias[3], tu es Petrus, de caelo uenisti.

---

1 CSg: *fehlt*.
2 CSg: dicet
3 CSg: Tu magnus . tu iustus . tu es helias. (!)

C 830: Causam dicit diuini muneris, quia ipse nos ab inimicorum siue spiritalium siue carnalium potest *l i b e r a r e* uersutiis, comparatione facta *u e n a n t i u m*, qui ad capiendas feras retium *l a q u e o s* ponunt, ut ignorantes possint dolosis insidiis irretire.

338,26 A 1258: Si gallina protegit pullos suos sub alis suis (vgl. Matth. 23, 37), quanto magis tu *s u b   a l i s* Dei tutus eris, ...? Neque enim sine causa comparata est *g a l l i n a* ipsi Sapientiae Dei; ... Si aliquid horum proprie esset, numquid *a l a e   s c u t u m* esse possent, uel *s c u t u m   a l a e* ? Sed quia figurate per similitudines dici omnia ista possunt, ideo et *a l a e* et *s c u t u m* esse potuerunt. ... [1259] ... Istae enim similitudines sunt, non proprietates.

C 831: Item quid *p e n n a e* dominicae conferant? Vtique protectionem Domini, quam uelut maternam pietatem inter mundi pericula te habere cognoscas, ...

339,4 C 831: *S c u t u m* istud humanum illam partem tantum ex qua opponitur, tegit: clypeus uero diuinus undique nos quasi murali munitione circumdat atque defendit.

HT 128: *S c u t u m* nostrum rotundum est, hoc est, ex omni parte nos saepit. (= Br 1163 D)

A 1259: Tamquam *s c u t u m   u e r i t a s   e i u s* est, ut non misceat eos qui in seipsis sperant, cum eis qui in Deo sperant.

339,7 A 1259: Cum quisque ignorans peccat, tamquam in nocte peccat; cum autem sciens peccat, tamquam in *d i e* peccat.

339,10 A 1259: Temptationem quae fit in ignorantibus leuis, *t i m o r e m   n o c t u r n u m* appellauit;

339,12 A 1260: Quare autem in meridie? Quia multum feruet persecutio: maiores aestus dixit meridiem. ... Recte hic intellegimus *d a e m o n i u m   m e r i d i a n u m* persecutionem uehementem. ... [1261] ... Audite enim quid iusserint; quomodo antea iusserant[4]: Quicumque confessus se[5] fuerit Christianum, feriatur, iusserunt postea: Quicumque confessus se[5] fuerit Christianum, torqueatur, et tamdiu torqueatur, donec neget se esse Christianum. ... Multi ergo ceciderunt *a   d a e m o n i o   m e r i d i a n o*. Quam multi, uultis nosse? Sequitur, et dicit: *C a d e n t* ...

---

4 CSg: quomodo autem iusserunt?
5 CSg: se confessus (!)

339,17 A 1262: Quibusdam promisit Christus quia cum illo iudicabunt; apostolis scilicet, qui dimiserunt omnia, et secuti sunt eum. ... Sed multi promittunt sibi quia iudicabunt cum Christo, quia dimittunt omnia sua et sequuntur Christum, sed habent praesumptionem de se, habent quemdam typhum et superbiam, quam Deus solus potest nosse, ... Tales multi cum essent illo tempore, qui distribuerant omnia sua pauperibus, et sibi iam promittebant quia sessuri erant cum Christo, et iudicaturi gentes, feruente calore persecutionis tamquam *a daemonio meridiano* defecerunt in tormentis, et negauerunt Christum. Ipsi sunt qui *a latere ceciderunt* : tamquam sessuri cum Christo ad mundum iudicandum, ceciderunt. *A dextris* autem dicam qui *cadunt*. ... [1263] ... Multi erunt qui iudicabunt, sed pauciores erunt quam illi qui ante tribunal stabunt; quia illi tamquam *mille*, illi tamquam *dena milia*. ... Et audient in fine ad *dexteram* positi: *Venite, benedicti Patris mei*, ... Erant ergo illo tempore multi, ... qui sibi promittebant quia iudicaturi erant cum Christo; non potuerunt ferre aestum persecutionis, et *ceciderunt a latere* ipsius; erant ibi alii, qui non sibi promittebant sedes iudicantium, sed per eleemosynas promittebant sibi quia ad *dexteram* futuri erant, quibus dicturus erat Christus: *Venite, benedicti Patris mei*, ... (Matth. 25, 34).

339,25 A 1263: Et quia multi erunt cum illo, qui omnia illa non curarunt, cum quibus tamquam membris unus est Christus: *Ad te autem*, inquit, *non adpropinquabit*. ... [1264] ... *Ad te autem*, id est, ad caput et corpus, *non adpropinquabit*, *ruina et daemonium meridianum*;

340,2 A 1264: Quid est hoc? Quare *uerumtamen*? Quia licuit impiis superbire in seruos tuos, licuit impiis persequi seruos tuos. Impune ergo erit impiis, quia persecuti sunt seruos tuos? Non erit impune. Quamuis enim tu permiseris, et magis inde tui coronati sint. *Verumtamen ... uidebis*. Malum enim quod uoluerunt, non bonum quod per nescientes actum est, eis retribuetur. Modo opus est ut *oculos* fidei habeamus, et uideamus quia exaltantur ad tempus, et plangent in aeternum. ... non est leue uidere impium florentem in hoc saeculo, et habere ad illum *oculos*, ut *consideres* fide quid ille passurus est in fine, si se non correxit; quia qui modo tonare uolunt, postea fulminantur. - Vgl. A zu 339, 12.

340,6   A 1264: Ecce uenit ad illud, quare non *cadat a ruina et daemonio meridiano*: Q u o n i a m ... t u u m.

340,7   A 1269: Vt ergo ille qui propter disciplinam fecit timorem mortis, propter praemium futurae uitae aeternae daret spem resurrectionis, prior resurrexit Dominus noster Iesus Christus. ... Praecessit in capite quod membra sperent; ... Dicat ergo Ecclesia Domino suo Iesu Christo, dicat corpus capiti suo: Q u o n i a m ... t u u m, id est, ideo resur-[1270]rexisti a mortuis, et in caelum ascendisti, ut *a l t u m   p o n e r e s   r e f u g i u m   t u u m* ascendens, et fieres *s p e s   m e a*, qui in terra desperabam, et me resurrecturum esse non credebam; modo iam credo, qui ascendit in caelum caput meum; quo caput praecessit, et membra secutura sunt. (∿ C 833)

340,13 A 1270: T a b e r n a c u l u m Dei caro est. In carne inhabitauit Verbum, et caro facta est t a b e r n a c u l u m Deo; ... Hoc autem t a b e r n a c u l u m eius sensit f l a g e l l a in terra; manifestum est quia flagellatus est Dominus. Numquid in caelo sentit f l a g e l l a?

340,17 C 834: Nam quod legitur, a n g e l i s   m a n d a t u m, ut eum debeant c u s t o d i r e, infirmitatis humanae est, sicut euangelium quoque testatur: *Apparuit autem illi angelus de caelo confortans eum* (Luc. 22, 43).

340,20 A 1273: Sublatus est Christus *i n   m a n i b u s   a n g e l o r u m*, quando assumptus est in caelum; non quia, si [1274] non *p o r t a r e n t   a n g e l i*, ruiturus erat; sed quia obsequebantur regi.

340,23 A 1274: Item de Spiritu sancto euangelium: *Spiritus*, inquit, *nondum erat datus, quia Iesus nondum erat clarificatus* (Ioh. 7, 39). Quae est clarificatio Iesu? Resurrexit, et ascendit in caelum. A Deo clarificatus ascensione in caelum, misit Spiritum suum sanctum[6] die Pentecostes. ... et data est lex in tabulis lapideis scripta digito Dei (vgl. II Cor. 3, 3). ... Sed lex illa ad timorem, non ad amorem; ut autem timor conuerteretur in amorem, occisus est iustus iam in ueritate; ... Resurrexit; ... et uenit Spiritus sanctus, iam in plenitudine amoris, non in poena timoris. ... Si caput in caelo, *p e d e s* in terra, quid est *p e d e s* Domini in terra, nisi sancti Domini in terra? Qui sunt *p e d e s* Domini? Apostoli missi per totum[7] orbem

---

6 CSg: sanctum suum
7 CSg: omnem

terrarum. Qui sunt *p e d e s* [1275] Domini? Omnes euangelistae, in quibus peragrat Dominus uniuersas gentes. Metuendum erat ne euangelistae *o f f e n d e r e n t* in *l a p i d e m* : ... In quem *l a p i d e m*? In legem in tabulis lapideis datam. Ne ergo legis rei fierent, non accepta gratia, et in lege rei tenerentur; ipsa est enim offensio reatus; quod lex tenebat reos, absoluit Dominus, ut iam in legem non *o f f e n d e r e n t*. Ne *p e d e s* huius capitis incurrerent in legis reatum, missus est Spiritus sanctus, ut amorem faceret, et solueret a timore. Timor legem non implebat, amor impleuit.

341,3 A 1273: Ait illi diabolus: *Mitte te deorsum*; *quia scriptum est: angelis suis mandauit de te, ut in manibus tollant te, ne forte offendas ad lapidem pedem tuum. Si te miseris, angeli te suscipient*. ... sed quid illi ait? *Iterum scriptum est: Non temptabis Dominum Deum tuum* (Matth. 4, 6-7; Deut. 6, 16). Hominem me putas. Ad hoc enim accessit diabolus, ut temptaret utrum Filius Dei ipse esset.

HT 132: Istum locum diabolus super Domino interpretatus est. Eo enim tempore quo temptauit Dominum, *Si*, inquit, *Filius Dei es, mitte te deorsum. Scriptum est enim de te, quod angelis suis mandauit de te, ut custodiant te in omnibus uiis tuis. In manibus portabunt te, ne forte offendas ad lapidem pedem tuum* (Matth. 4, 6). Diabolus nihil amplius dixit, nisi hoc: *Quoniam angelis suis mandauit de te, ut in manibus portent te, ne forte offendas ad lapidem pedem tuum*. Mediam partem dimisit. ... Tacuit ergo quod sciebat contra se esse, et posuit quod pro se erat. Vere diabolus, quasi diabolus, interpretatur de Saluatore quod non est de Saluatore. (∼ Br 1166 A-B)

341,6 A 1276: *L e o* aperte saeuit; *d r a c o* occulte insidiatur: utramque uim et potestatem habet diabolus. Quando martyres occidebantur, *l e o* erat saeuiens; quando haeretici insidiantur, *d r a c o* est subrepens[8]. ... Quid autem Ecclesia? *S u p e r* ... *a m b u l a b i s*. Rex est serpentium *b a s i l i s c u s*, sicut diabolus rex est daemoniorum.

C 834: Nam omnia ista nomina diabolo congruenter aptantur: ...

341,10 C 834: Venit ad tertiam partem, ubi Dominus Pater iustissimo illi uiro qui in prima parte noscitur introductus, clementi dignatione respondit, ut corda fidelium tali promissione roboraret. Hunc ergo beatum, *qui*

---

8 CSg: insidians (!)

habitat in adiutorio Altissimi, **l i b e r a t u r u m** [9] se a malis [10]
saeculi istius compromittit, ... **C o g n o s c i t   n o m e n** Patris,
qui Filium non putat esse [835] minorem, nec creaturam aestimat ...
sed Creatorem potius mentis integritate profitetur. - Vgl. v. 1.

341,17 C 835: **E r e p t u s** utique ex hoc mundo **g l o r i f i c a n d u s   e s t** iustus, quando in illa beatitudine collocatur, ubi iam locum **t r i b u l a t i o** non habebit.

341,18 A 1277: Quae est **l o n g i t u d o   d i e r u m** ? Vita aeterna. (∿ C 835)

341,20 WS 93[a]: hoc dixit: **O s t e n d a m   i l l i** ipsum Christum (= A 1277), quando uidebimus eum sicuti est (vgl. I Ioh. 3, 2), quomodo uidetur modo ab angelis;

P s a l m   91

341,22 A 1280: Intus est, in corde est **s a b b a t u m** nostrum. Multi enim uacant membris, et tumultuantur conscientia. Omnis homo malus, **s a b b a t u m** habere non potest; nusquam enim illi conquiescit conscientia; necesse est in perturbationibus uiuat. Cui autem bona est conscientia, tranquillus est; et ipsa tranquillitas **s a b b a t u m** est cordis.

342,2 A 1281: Quid est: **c o n f i t e r i   D o m i n o** ? In utraque re, et in peccato tuo, quia tu fecisti, et in bono facto, **c o n f i t e r e   D o m i n o**, quia ipse fecit. Tunc **p s a l l e s   n o m i n i** Dei **a l t i s s i m i** : quaerens gloriam Dei, non tuam, nomen ipsius, non tuum.

C 836 (zu v. 1): **P s a l m u s   c a n t i c i** commonet nos ut in[1] uniuersis actibus nostris diuinitati gratias referre debeamus.

342,7 A 1281: **P s a l l e r e** autem[2] quid est, fratres? Psalterium organi genus est; chordas habet. Opus nostrum, psalterium nostrum est; quicumque manibus operatur opera bona, **p s a l l i t** Deo; quicumque ore *confitetur*, cantat Deo. Cantat[3] ore, **p s a l l e** operibus.

---

9 CSg: liberatorem (orem *auf Rasur*)
10 CSg: se a malis *fehlen*.
1 CSg: *fehlt*.
2 CSg: autem deo (!)
3 CSg: canta

342,11 A 1281: *M a n e* dicitur, quando nobis bene est; *n o x* dici-[1282] tur, quando tristitia tribulationis est. ... Sed quando bene est, lauda *m i s e r i c o r d i a m* ; quando male, lauda *u e r i t a t e m* ; quia peccata flagellat, non est iniquus. ... Cum *m i s e r i c o r d i a m   a n n u n t i a s   m a n e*, et *u e r i t a t e m   p e r   n o c t e m*, semper laudas Deum, semper *confiteris* Deo, et *p s a l - l i s   n o m i n i   e i u s*[4]. (∼ C 837)

342,15 A 1282: *D e c a c h o r d u m   p s a l t e r i u m* significat decem praecepta legis. (= C 837)

342,17 A 1282: Sed cantare in illo opus est, non portare *psalterium*. ... Qui sunt qui *psallunt* ? Qui operantur. ... *c u m   c a n t i c o   i n   c i t h a r a*, hoc est, uerbo et opere.

342,21 A 1282: Tu me fecisti bene uiuentem, tu me formasti; [1283] si quid forte boni facio, *i n   f a c t u r a   m a n u u m   t u a r u m   e x u l t a b o* ; ... Nisi enim te formaret ad opera bona, non nosses nisi opera tua mala. ... Omne peccatum *mendacium* est. Contra legem enim et contra ueritatem quidquid est, *mendacium* dicitur. Ergo quid ait? *Qui loquitur mendacium, de suo loquitur* (Ioh. 8, 44), id est, qui peccat, *de suo* peccat. Adtendite sententiam contra. Si enim qui *loquitur mendacium, de suo loquitur*, restat ut qui *loquitur* ueritatem, de Dei *loquatur*.

343,3 A 1284: Reuera, fratres mei, nullum mare tam *p r o f u n d u m* est quam est ista *c o g i t a t i o* Dei, ut mali floreant, et boni laborent; nihil tam *p r o f u n d u m*, nihil tam altum; ibi naufragat omnis infidelis, in isto alto, in isto *p r o f u n d o*.

343,10 C 839: ... *p e c c a t o r e s* in isto quidem saeculo sub breuitate temporis *s i c u t   f e n u m* dicit florere; sed in illa iudicatione, ubi factis digna recipiunt, eos asserit celeriter *i n t e r i r e*, ... Nam quod dicit: *e t   a p p a r u e r i n t   ...   i n i q u i t a t e m*, futurum iudicii tempus ostendit. ... Ibi enim cum ad iudicium uenerint, humanis conspectibus *a p p a r e b u n t*. Sequitur causa quare *a p p a r e a n t*, ...

---

4 R 199[rb]: id est, ut *a d n u n t i e t u r   m a n e   m i s e r i c o r d i a   e i u s,   e t   p e r   n o c t e m   u e r i t a s*, id est, ut omni tempore et in aduersitate et in prosperitate laudetur et praedicetur. ... Et nota quod in *m a n e   m i s e r i c o r d i a m* dicit *a d n u n t i a n d u m* (*sic*) et *n o c t e m   u e r i t a t e m*. Quia uidelicet quamcumque huius saeculi prosperitatem non meritis nostris deputare, sed potius gratiae et *m i s e r i c o r d i a e* Dei, in *n o c t e* autem *u e r i t a t e m* Dei *a d n u n t i a r e* debemus quia omnem quacumque patimur aduersitatem uero et iusto iudicio Dei contingere propter peccata nostra credere debemus.

A 1286: Interim uidete *p e c c a t o r e s* ; *s i c u t f e n u m florent*, bene; sed qui sunt qui *non cognoscunt*? *Stulti* et *imprudentes*. ... Quare illos prospiciunt?

343,15 C 839: Subaudiendum, permanebis, ...

A 1286: Expectans desuper ex aeternitate tua quando transeat tempus iniquorum, et ueniat tempus iustorum.

343,19 A 1286: Iam et ipse qui loquitur (loquitur enim ex persona nostra, loquitur ex persona corporis Christi; Christus enim loquitur in corpore suo, id est, in Ecclesia sua), iam iunxit se aeternitati Dei; ...
[1287] ... *p e r i b u n t* autem, cum ille inspicere coeperit, et iudicium suum in omnem carnem adduxerit.

C 839: Hi *d i s p e r g e n t u r*, quando a grege Domini fuerint segregati, quando regnum eius non meruerint introire: quia illic congregari nequeunt, nisi qui Domino deuotissima intentione placuerunt.

343,23 A 1287: Aliquando *u n i c o r n i s* significat superbiam, aliquando *u n i c o r n i s* exaltationem unitatis significat; quia unitas *e x a l t a t u r*, omnes haereses cum *inimicis* Dei *peribunt*. - Vgl. A zu 343, 19.

C 840: Hic autem exaltationem significat unitatis, quam[5] merito dicit Ecclesia[6] in fine saeculi *e x a l t a n d a m e s s e*, ...

343,26 A 1287: Quid dixit: *s e n e c t u s m e a* ? Nouissima mea. ... Senecta Ecclesiae candida erit recte factis, morte autem non corrumpetur. ... [1288] ... Veniet ergo iudicium, ut arescant peccatores, et uirescant fideles.

C 840: *S e n e c t u s* candidum caput habet. Quae similitudo (ut arbitror) hic iuste datur Ecclesiae, quoniam omnia merita sanctorum tamquam cani capitis purissima luce fulgebunt. ... Subiunxit etiam, *i n m i s e r i c o r d i a u b e r i*, ut et multa intellegeres dona et beneficia sine dubitatione perpetua;

344,3 A 1286 (zu v. 10): Qui sunt *i n i m i c i* Dei? Fratres, forte illos solos putatis *i n i m i c o s* Dei qui blasphemant? Sunt quidem et ipsi, et atroces isti qui nec lingua nec cogitationibus malis parcunt iniuriis Dei[7]. ... Sed *i n i m i c i* Dei aperte blasphematores sunt, et quotidie occulti inueniuntur. ... [1287] ... Ergo *i n i m i c i* Dei omnes amatores mundi, ...

---
5 CSg: quam (m durch Punkt darüber und darunter getilgt)
6 CSg: ecclesiam
7 CSg: Deo

344,6   C 840: Hos *a u d i b u n t   a u r e s* omnium fidelium, quando increpationibus propriis sua desideria factaque condemnant;

344,9   C 841: Sequitur *c e d r i* secunda comparatio, quae multo *p a l m i s* probatur excelsior. ... quod licet procerum ubique nascatur, in *L i b a n o* tamen monte celsius inuenitur. Ita *i u s t u s* multiplici laude celebratus et *c e d r i* proceritatem et pulchritudinem dictus est habere *p a l m a r u m*.

A 1288: Forte et hoc significauit in *p a l m a*, quia in nouissimis suis pulchra est; ut initium eius a terra ducas, finem ipsius in cacumine, ubi habet totam pulchritudinem: ... Erit ergo et tua pulchritudo in fine. ... Numquid cum sol exierit, arescit *p a l m a* ? numquid arescit *c e d r u s* ? Cum autem sol candens aliquando fuerit, arescit *fenum*.

344,12.13 C 841: Quoniam *iustos* uiros electis arboribus comparauit, nunc amoenitatem et pulchritudinem Ecclesiae catholicae breuissima commemoratione designat; ... scilicet quoniam qui in ista Ecclesia per gratiam Domini *p l a n t a t u r*, in illo ingressu Ierusalem modis omnibus *f l o r e b u n t* [8]. *A t r i u m* enim initium dicitur mansionis; ... In *a t r i i s* enim merito *f l o r e b i t*, quando in illo resurrectionis initio auditi muneris felicitate gaudebit, ...

344,18 C 841: *S e n e c t a* hominum arida atque sterilis est; Ecclesia uero tunc magis incipit esse *u b e r r i m a*, quando ad finem saeculi fuerit, Domino miserante, perducta.

344,21 A 1289 Quid enim *a n n u n t i a b i s* in tranquillitate? ... Quia Deus aeternus est, quia modo parcit malis, adducens illos ad paenitentiam; flagellat bonos, erudiens illos ad regnum caelorum; *n o n   e s t   i n i q u i t a s   i n   e o* : noli timere.

P s a l m   92

344,26 A 1290: Recordantes ergo per omnes *d i e s* quid fecerit Deus, quando creauit et ordinauit uniuersa a primo *d i e* usque ad sextum *d i e m* (septimum enim sanctificauit, quia in illo requieuit post omnia opera, quae fecit bona ualde), et inuenimus eum sexto *d i e* fecisse (qui

---

[8] CSg: florebit

d i e s hic commemoratur[1], quia dicit: *a n t e s a b b a t u m*) omnia animalia in terra; deinde ipso *d i e* fecit hominem ad imaginem et similitudinem suam. Non autem sine causa illi *d i e s* sic sunt ordinati, nisi quia et saecula sic cursura erant, antequam requiescamus in Deo. Tunc autem requiescimus, si facimus opera bona. Ad hoc exemplum scriptum[2] est de Deo: *Requieuit Deus septimo die* (Gen. 2, 3), cum fecisset omnia opera bona ualde. ... [1291] ... Sicut ergo[3] sexto *d i e* fecit Deus hominem ad imaginem suam, sic[4] inuenimus sexto saeculo uenisse Dominum Iesum Christum, ut reformaretur homo ad imaginem Dei. ... Sextus *d i e s* iam a praedicatione Iohannis agitur usque ad finem, et post finem sexti *d i e i* peruenimus ad requiem. Modo ergo sextus *d i e s* agitur. ... Iam audiamus ipsum psalmum; ipsum interrogemus quomodo *f u n d a t a e s t t e r r a*, ne forte tunc facta est *t e r r a* : nec in Genesi sic legimus. *Q u a n d o* ergo *f u n d a t a e s t t e r r a* ? *Q u a n d o*, nisi cum fit quod lectum est modo in apostolo: *Si tamen statis in fide*, ait, *stabiles et immobiles* (Col. 1, 23)? Cum omnes qui credunt per uniuersam terram immobiles sunt in fide, *f u n d a t a e s t t e r r a* ; tunc fit homo ad imaginem Dei. Quod significat sextus ille *d i e s* de Genesi. Sed quomodo illud fecit Deus? quomodo *f u n d a t a e s t t e r r a* ? Christus uenit, ut *f u n d a r e t t e r r a m*. ... De illo ergo cantat psalmus: ...

345,11 A 1292: Nostis, fratres, quia Dominus noster cum uenisset in carne[5], his quibus praedicabat euangelium regni, aliis placebat, aliis displicebat. Nam diuisae sunt aduersus se linguae Iudaeorum: *Alii dicebant: Quia bonus est*; *alii dicebant: Non, sed seducit turbas* (Ioh. 7, 12). ... Ad eos ergo quibus placebat, *d e c o r e m i n d u i t* ; ad eos quibus displicebat, *f o r t i t u d i n e m i n d u i t*. ... [1293] ... Omnis autem *f o r t i t u d o* in humilitate, quia fragilis est omnis superbia; ... [1294] ... quia in humilitate est tota *f o r t i t u d o*. ... Si ergo in humilitate est *f o r t i t u d o*, nolite timere superbos.

345,17.19 A 1293: Quomodo enim *n o n c o m m o u e b i t u r o r b i s*

---

1 CSg: commemorantur
2 CSg: dictum
3 CSg: Si enim *statt* Sicut ergo
4 CSg: *fehlt.*
5 CSg: carnem

t e r r a r u m ? Cum credunt in Christum omnes fideles, ut parati sunt ad utrumque: gaudere cum laudantibus, fortes esse aduersus uituperantes; ... [1294] ... Diximus quia qui se *p r a e c i n g i t*, ante se ponit quod sibi adiungit, ut se cingat. Quia ergo illi qui detrahunt nobis, aliquando nobis absentibus faciunt, tamquam post dorsum; aliquando coram in faciem, sicut Domino faciebant pendenti in cruce: *Si filius Dei est, descendat de cruce* (Matth. 27, 40); non opus habes *fortitudine* quando tibi aliquis detrahit absenti, quia non audis, nec sentis; si autem in faciem tibi dicat, opus est ut fortis sis. Quid est: fortis sis? Vt feras; - Zum Bibelzitat vgl. Matth. 27, 29.

345,21.23 C 844: *F i r m a u i t* enim *o r b e m   t e r r a e*, id est, Ecclesiam, quando in euangelio dixit: *Tu es Petrus, et super hanc petram aedificabo Ecclesiam meam et portae inferi non praeualebunt aduersus eam* (Matth. 16, 18). Vera laus, mirabile praeconium, ut *t e r r a* illa quae significat Ecclesiam toto orbe diffusam *n o n   c o m m o u e a t u r* ullatenus, quamuis ista frequenti concussione uexetur. A 1295: Est *o r b i s   t e r r a r u m   q u i   n o n   c o m m o u e b i t u r*, est *o r b i s   t e r r a r u m   q u i   c o m m o u e b i t u r*. Quia et boni qui stabiles sunt in fide, *o r b i s   t e r r a r u m* est; ... *Firmum autem fundamentum Dei stat* (II Tim. 2, 19). Ecce habes *o r b e m   t e r r a r u m   q u i   n o n   c o m m o u e b i t u r*.

345,26 A 1295: *E x   i l l o*, quid est? Ex tunc. ... Vis esse *s e d e s* Dei? Para locum in corde tuo ubi sedeat. ... [1296] ... Ex tunc, ex quo? Forte ex *die ante sabbatum*. ... Sexto enim *die*, id est, tempore huius mundi sexto, uenit Dominus in carne[6]. ... [1297] ... *E x   i l l o*, id est, ex quodam tempore, ex *die ante sabbatum*, ex illa sexta aetate mundi, quando uenit Dominus Christus, et in carne natus est, quia dignatus est, homo factus propter nos, ...

C 844: Siue illam *s e d e m* uult intellegi qua sedet ad dexteram Patris, siue istam quam habet in mente fidelium, ...

346,2 A 1297: non solum ante Adam, sed ante omnes angelos, ante caelum et terram, quia omnia per ipsum facta sunt; ... Ergo, o *t u* qui ex illo uideris natus, ex aeterno *e s*. Non autem natiuitas humana cogitetur, sed cogitetur aeternitas diuina.

---

6 CSg: carnem

C 844: *A s a e c u l o* deitatem significat, qua coaeternus regnans cum Patre, nescit esse sub tempore.

346,4 C 845: Apostoli scilicet, qui de Spiritu sancto potati sunt, ... Ipsa ergo *f l u m i n a* manauerunt sermones irriguos, ipsa in praedicationibus suis *u o c e s* erexere sanctissimas. (∿ A 1297f.)

346,7 A 1298: Ad ipsam eleuationem *uocis* pertinet quod ibi scriptum est: ... et cetera quibus annuntiat [Petrus] Iesum sine timore cum magna fiducia. ... Cum enim illi *e l e u a s s e n t   u o c e s* suas discipuli, crediderunt multi, et acceperunt multi Spiritum sanctum, et coeperunt multa *f l u m i n a* clamare de paucis.

346,9 A 1298: Ideo sequitur: *A u o c i b u s a q u a r u m m u l t a r u m m i r a b i l e s s u s p e n s u r a e m a r i s* : id est, huius saeculi. Cum coepisset Christus tantis *u o c i b u s* praedicari, coepit irasci *m a r e*, coeperunt crebrescere persecutiones.

346,13.17 A 1299: Compescat se ergo *mare*, et aliquando tranquilletur, detur pax Christianis. Turbabatur *mare*, fluctuabat nauicula. Nauicula Ecclesia est, *mare* saeculum est. Venit Dominus, ambulauit super *mare*, et pressit fluctus (vgl. Matth. 14, 24-25). Quomodo ambulauit Dominus super *mare* ? Super capita istorum fluctuum magnorum spumantium. Potestates, et[7] reges crediderunt, subiugati sunt Christo. ... *T e s t i m o n i a   t u a*, quia dixerat illud ante: *Haec dico uobis, ut in me pacem habeatis, in mundo autem pressuram* (Ioh. 16, 33). ... Coeperunt pati, et confirmarunt in se quod illis praedixerat Dominus, et magis fortes sunt facti. ... statim subiecit: *Sed gaudete, quia ego uici saeculum.* ... Et quid factum est de his omnibus?

346,21 C 845: *D o -* [846] *m u s* itaque Domini est uniuersalis Ecclesia, ... Verum haec *s a n c t i f i c a t i o* ... non[8] ad momentum tribuitur, sed sub aeternitate praestatur. *L o n g i t u d o* enim *d i e r u m* aeternitatem significat, quae nullo potest fine concludi. ... Ecce sexta *sabbati* in incarnatione Domini, quam titulus praedixit, ostensa est. Audiant insipientes hunc psalmum, qui putant splendidum aduentum Domini aliqua derogatione fuscandum.

---

7 CSg: *fehlt.*
8 CSg: *fehlt.*

Psalm 93

346,25 A 1302: Docturus est psalmus iste patientiam in laboribus iustorum;
contra iniquorum felicitates patientiam docet, patientiam aedificat.
... *Quarta* ergo *sabbatorum*, *quarta* feria, qui
[1303] Mercurii dies dicitur a paganis, et a multis Christianis; ...
Quarto die, luminaria fecit Deus in caelo: solem in potestatem
diei, lunam et stellas in potestatem noctis: hoc *quarto* die fecit.
Quid sibi ergo uult quod de *quarto* die accepit psalmus titulum,
in quo psalmo docetur patientia aduersus felicitates malorum, et labores
bonorum? ... [1304] ... Tales enim sancti in quibus est uerbum uitae, de
conuersatione quam habent in caelo, despiciunt omnia iniqua quae fiunt
in terra; et quomodo luminaria in caelo per diem et per noctem procedunt, peragunt itinera sua, cursus suos certos habent, et committuntur
tanta mala, nec deuiant desuper stellae fixae in caelo, agentes per
tractus caelestes, quae illis praestituit et constituit Creator ipsa-
rum, sic debent sancti, sed si in caelo figantur corda eorum, si non
frustra audiant et respondeant sursum se habere cor, si imi-[1305]ten-
tur eum qui ait: *Nostra autem conuersatio in caelis est* (Phil. 3, 20).
... de ipsis cogitationibus supernorum patientes fiunt; et quidquid in
terra committitur, sic non curant, donec peragant itinera sua, quemadmodum non curant luminaria caeli, nisi quomodo exerceant dies et noctes,
quamuis tanta mala uideant fieri super terram. Sed facile est forte,
ut ferant iusti iniquitates malorum, quae non in ipsos fiunt; sed[1] sicut ferunt quae in alios fiunt[1], sic ferant et quae in ipsos fiunt. Non
enim propterea debent ferre et tolerare, quia in alios fiunt; et si in
se fiant, non debent perdere tolerantiam. Nam qui perdiderit tolerantiam, cecidit de caelo; qui autem fixum habet cor in caelo, terra ipsius laborat in terra. ... Sic et homo qui in natione peruersa et tor-
tuosa habet uerbum Dei, sicut luminare est fulgens in caelo (vgl. Phil.
2, 15). ... Sed quid est: In caelo? In firmamento caeli est. ... Nam
caelum, id est, firmamentum, intellegitur per figuram liber legis.
... [1306] ... Cor ergo in libro; si cor in libro, cor in firmamento
caeli. Si ibi est cor, inde luceat, et non mouebitur iniquitatibus

---

1 CSg: sed *bis* fiunt *fehlen durch homoioteleuton.*

subterpositis; non quia ibi est in caelo per carnem, sed quia ibi est
per conuersationem, secundum quod dictum est: *Nostra autem conuersatio
in caelis est.*

347,9 A 1307: uis ille ut corrigat cor aduersus hominem, tu corrige cor aduersus Deum, ne forte cum optas uindictam Dei, si uenerit, te priorem
inueniat. Nam ille ueniet, ueniet et iudicabit perseuerantes in nequitia sua, ... quia D e u s ... u l t i o n u m, ideo f i d e n t e r
e g i t. Nulli enim pepercit, quando hic locutus est: ipse Dominus erat
in carnis infirmitate, sed in uirtute [1308] sermonis. ... Ergo quid
Dominus? *Propter miseriam inopum et gemitum pauperum nunc exsurgam,
dicit Dominus: ponam in salutari* (Ps 11, 6). ... Non timebit, non par-
cet uitiis et concupiscentiis hominum. ... Deinde in progressu sermonis cum docere inciperet, quamuis eum turba circumdaret, dixit talia
discipulis suis, quae ferirent faciem pharisaeorum et Iudaeorum, qui
quasi primatus habe-[1309]bant exponendarum scripturarum omnium; ...
Et cum terminassent ipsum sermonem, conclusit de illo scriptura euangelii sic: *Factum est*, inquit, *cum consummasset Iesus uerba haec,
admirabantur turbae super doctrina eius. Erat enim docens eos tamquam
potestatem habens; non quasi scribae eorum et pharisaei* (Matth. 7,28-29).
... Neminem timuit. Quare? Quia D e u s u l t i o n u m est. Ideo
non parcebat in uerbo, ut essent postea quibus parceret in iudicio;

347,15 A 1309: Puta quia i u d i c a u e r u n t mortalem, nonne ab immor-
tali i u d i c a b u n t u r ? Quid ergo ait? E x a l t a r e, tu
qui *fidenter egisti* (v. 1), ... tu ergo qui *fidenter egisti* inter iniquos, et neminem timuisti, et quia passus es, E x a l t a r e, id est,
resurge², uade in caelum.

C 847: tunc e x a l t a t u s e s t coram discipulis in maiestate
sua, quando eum ad gloriam constat resurrexisse perpetuam. ... [848] ...
ut aperte demonstraret Dominum Christum, qui t e r r a m, id est,
homines terrenos maiestatis suae ditione i u d i c a b i t.

347,18 A 1310: S u p e r b i s r e d d e t, non humilibus. Qui sunt s u-
p e r b i ? Quibus parum est quod mala faciunt, et defendere peccata
sua uolunt. Namque de his qui crucifixerunt Christum, facta sunt postea
miracula, quando de ipso numero Iudaeorum crediderunt, et donatus est
illis sanguis Christi. ... Adiuncti sunt corpori ipsius, id est Ecclesiae, qui corpus eius mortale, quod uiderunt, persecuti sunt. Fuderunt

---

2 CSg: exsurge

pretium suum, ut biberent pretium suum. Namque postea plures conuersi sunt. ... Et facti sunt humiles, compuncti sunt corde, conturbati sunt confitentes peccatum suum; et consilium quaesierunt, dicentes: *Quid ergo faciemus*? ... [1311] ... Tunc ait illis Petrus: *Agite paenitentiam et baptizetur unusquisque uestrum in nomine Domini nostri Iesu Christi* (Act. 2, 37-38). Qui egerunt paenitentiam, humiles fuerunt; non ergo illis r e d d i t u m e s t. ... in illis ualuit uox illa Domini pendentis in cruce, et dicentis: *Pater, ignosce illis, quia nesciunt quid faciunt* (Luc. 23, 34).

348,3   A 1311: Sic et psalmus et Spiritus Dei, utique omnia sciens, quaerit tecum, quasi uerba tua dicit.

348,7   A 1311: Quid l o q u e n t u r, nisi contra Deum, qui dicunt: Quid nobis prodest quia sic uiuimus? Quid dicturus es? Vere curat ista quae facimus Deus? Quia enim uiuunt, putant Deum nescire quod faciunt. Vide quid mali illis contingat! Quia si stationarius sciret, teneret illos; et ideo uitant oculos stationarii, ne statim teneantur; oculos enim Dei uitare nemo potest, ... Cogitant et ipsi quia nihil potest latere Deum; et quia faciunt, et sciunt quid fecerunt, et uident se uidere sciente Deo, qui non uiuerent sciente stationario, dicunt sibi: Placent ista Deo; et reuera si illi displicerent facta nostra, quomodo displicent iudicibus, quomodo displicent regibus[3], quomodo displicent imperatoribus, et quomodo displicent commentariensibus, numquid quomodo illorum oculos uitamus, uitare possemus [1312] oculos Dei?

348,16 C 849: *P o p u l u m t u u m*, uiros dicit fideles, quos idem perhibet *h u m i l i a t o s*, quoniam Deo fieri contumelias audiebant. Necesse est enim deuotum famulum dolore[4] cruciari[5], quando irreuerentissimum aliquid de Domino contingit audire. *H e r e d i t a t e m* uero populos significat christianos, ...

348,19 C 849: De *a d u e n a* quoque in Pentateucho sic iubetur: *Peregrinum et aduenam non nocebis*: ... (Deut. 10, 18).

348,26 A 1314: Non habet unde audiat, qui tibi fecit unde audias?

C 850: Dicit enim: *Q u i* tribuit *a u r e m* diueris creaturis suis, sibi denegauit auditum? *Q u i* plasmauit *o c u l u m*, non habebit aspectum? *Q u i* praedicationibus prophetarum *g e n t e s a r g u i t*,

---

3 CSg: legibus (!)
4 CSg: dolere
5 CSg: *fehlt*.

ipse minime iudicabit? *Q u i   d o c u i t   h o m i n e m   s c i e n -
t i a m*, ipse rationis indigus permanebit? Quin potius artifex rerum
modum uniuscuiusque dispensans, nulli creaturarum tantum tribuit, quantum in se esse cognoscit.

349,5 A 1314: Ipse non scit qui te fecit scire: ...?

349,7 A 1314: Nam etsi[6] tu nescis *c o g i t a t i o n e s* Dei, quoniam iu-
stae sunt, ille *s c i t   c o g i t a t i o n e s   h o m i n u m,
q u o n i a m   u a n a e   s u n t*. Et *h o m i n e s   s c i e r u n t
c o g i t a t i o n e s* Dei; sed quibus iam amicus factus est, prodit
consilium suum.

349,13 A 1316: *M a l i g n i* enim sunt *d i e s* quibus uidentur florere
peccatores et laborare iusti; (∿ C 851) ... ideo parcit Deus. Non
est hoc: fossa *p e c c a t o r u m*, ipsa felicitas *p e c c a -
t o r u m* est; in illam enim cadent tamquam in *f o u e a m*. ...
Parcit enim illi Deus, quem nouit peccatorem et impium, occulta iustitia sua; et hoc ipsum quod ei parcit [1317] Deus, per impunitatem
facit eum elatum. Ille se altum putat, et cadit: in eo ipso cadit, quo
se altum putat. Hoc se ille putat sublimiter ire, et Deus hoc fossam
uocat. Fossa ad ima tendit, non ad caelum; *p e c c a t o r e s* autem
superbi quasi in caelum eunt, et in terram merguntur. Contra, humiles
quasi in terram se deprimunt, et in caelum ascendunt. ... Quemadmodum
mitescis? Cum dicis: Quia Deus hoc uult, ideo[7] florent mali[7]; parcere
uult malis, ad paenitentiam adducit eos quibus parcit, sed illi non
corriguntur; ... sed ex lege mea disce patientem te esse debere,
d o n e c   f o d i a t u r   p e c c a t o r i   f o u e a. Et quid de
me, inquis, qui laboro, et laboro inter ipsos *p e c c a t o r e s* ?

349,22 A 1317: Exercet, *n o n   r e p e l l i t*. - Vgl. A zu 349, 13.

349,24 A 1318: quia qui flagellat, ad *h e r e d i t a t e m* erudit; ab
h e r e d i t a t e   non repellit filium suum quem castigat; sed ideo
flagellat, ut recipiat (vgl. Hebr. 12, 6). Non sit tam uano sensu et
puerili, ut dicat: Plus amat pater meus fratrem meum, cui permittit
facere quidquid uult; ... Tu gaude sub flagellis; quia tibi seruatur
h e r e d i t a s, *quia* ... *suam*. Ad tempus emendat, non in aeternum damnat: illis autem ad tempus parcit, in aeternum illos damnabit.

---

6 CSg: *fehlt*.
7 CSg: ideo *bis* mali *fehlen*.

349,26 A 1318: Adtende modo, et habe *i u s t i t i a m* ; quia *i u d i c i u m* nondum potes habere. Prius est ut habeas *i u s t i t i a m* ; sed ipsa *i u s t i t i a* tua *c o n u e r t e t u r i n i u d i c i u m*. Habuerunt hic *i u s t i t i a m* apostoli, et pertulerunt iniquos. Sed quid illis dicitur? *Sedebitis super duodecim sedes, iudicantes duodecim tribus Israel* (Matth. 19, 28). – Vgl. 349, 18.

350,5 C 852: *q u i t e n e n t e a m*, id est, *i u s t i t i a m*.

A 1318: Qui habent modo *i u s t i t i a m*, nondum iudicant. ... [1319] ... Qui sunt *r e c t e c o r d e* ? Qui hoc uolunt quod Deus uult. ... Distorti *c o r d i s* es et prauae uoluntatis, quando aliud uis, aliud uult Deus. ... Quod autem uolunt homines? Parum est, quia uoluntatem suam tortuosam habent;

350,8 C 852: Venit ad tertiam partem, in qua sibi contra malignos spiritus solum Deum adiutorem esse testatur. ... *Q u i s ... m i h i* ? id est, nemo pro me aduersum daemones certaturus assistit, ...

A 1321: multi mali te circumdant, ... Ergo cum undique mali perstrepant, et dicant: Quare sic uiuis? tu solus Christianus es? Quare non facis quod faciunt et alii? ... [1322] ... Magnus, inquiunt[8], apostolus; in caelum uolasti, quomodo Elias. – Zu *Te extasis ... cęlum* vgl. II Cor.12,2.

350,13 A 1322: Prope rueram in illam fossam quae paratur *peccatoribus*; hoc est: *p a u l o m i n u s i n i n f e r n o h a b i t a u e r a t*[9] *a n i m a m e a*. Quia iam nutabat, iam prope consentiebat, respexit ad Dominum. Vt puta, uerbi gratia, insultabatur illi, ut faceret iniquitatem. C 852: Vanis enim persuasionibus potuisset decipi, nisi meruisset a Domino liberari.

350,17 A 1322: Immo si iam coepisti [1323] *m o u e r i*, si iam coepisti fluctuare, confitere motum, ne plangas ruinam, ut *a d i u u e t* te ille, ne *in inferno* sit *anima tua*. Confessionem uult Deus, humilitatem uult[10].

350,24 A 1323: Hoc dixit: Nemo sedet tecum iniquus, nec tu *s e d e m i n i q u i t a t i s* habebis. ... [1324] ... Quomodo ergo erunt tecum iniqui, quando nec tuis fidelibus parcis, ut exerceas et erudias eos? ... Ergo ... sic dicamus: *N u m q u i d a d h a e r e t t i b i s e d e s i n i q u i t a t i s, q u i* formas *d o l o r e m i n p r a e c e p t o* ? Formas, inquit, *d o l o r e m i n p r a e c e p-*

---

8 CSg: *fehlt*.
9 CSg: habitauerat in inferno (!)
10 R 203va: *S i ... m e u s. S i*, quando aperiebam peccata mea, ...

t o, id est, de *d o l o r e   p r a e c e p t u m* nobis facis, ut
ipse *d o l o r   p r a e c e p t u m* sit nobis[11].

C 853: *P r a e c e p t u m* enim ipsius continet: *Beati qui lugent,
quoniam ipsi consolabuntur* (Matth. 5, 5);

351,9 C 853: Hoc et ad Dominum Saluatorem potest referri, qui uere *i n -*
[854] *n o c e n s* atque immaculatus pro nostra redemptione sententiam iniustae condemnationis excepit.

A 1327: Quare hoc totum fiat, in consequentibus declarabit. ... *E t
D e u s   ...   s p e i   m e a e*. Modo enim Dominus *s p e s*, quamdiu
enim hic sumus, in *s p e* sumus, nondum in re. Sed ne in *s p e* de-
ficiamus, adest promissor erigens nos, et temperans ipsa mala quae patimur.

351,14 C 854: per hanc [persecutionem] coronalis illa beatitudo praeparatur;
... per hanc caelorum regna reserantur; ... Propter hoc denique addidit:
et   s p e i   m e a e, quoniam hic adhuc *s p e m* habemus, non rem
tenemus; sed cum illud tempus reuelationis illuxerit, *s p e m* relin-
quemus, quia iam nostrum desiderium possidebimus, ...

351,18 C 854: *D i s p e r d e t   e o s*, id est, a suo regno efficiet alienos, ...

P s a l m 94

351,19 C 855: *I p s i   D a u i d*, significat Dominum Saluatorem, cui *l a u s*
ista cantatur.

A 1330: *L a u s   c a n t i c i* et hilaritatem significat, quia cantus est, et deuotionem, quia *l a u s* est. ... [1331] ... Inuitat ad
magnas epulas *e x u l t a n d i*, non saeculo, sed *D o m i n o*.
(∼ C 855)

351,23 A 1331: Ergo exultatio mala est, *e x u l t a r e* saeculo; exultatio
bona est, *e x u l t a r e   D o m i n o*. ... Vnde uocat ut *u e -
n i a n t*, cum quibus uult *e x u l t a r e   D o m i n o*, nisi quia
longe sunt ut *u e n i e n d o* propinquent, propinquando accedant,
accedendo *e x u l t e n t*?

C 856: *V e n i t e* enim illis dicitur, qui longe positi sentiuntur,
qui se necdum fidei integritate iunxerunt.

---

11 CSg: *alle Formen von* praeceptum *mit* pre-*Schreibung.*

351,26 A 1332: Quid est *i u b i l a r e* ? Gaudium uerbis non posse explicare, et tamen uoce testari quod intus conceptum est et uerbis explicari non potest: hoc est *i u b i l a r e*. (∿ C 856)

352,2 C 856: Quod hic admonet fieri debere, ut ante iudicialem aduentum debeamus nostra facinora confiteri: ne ueniens discutiat quod nos sine dubitatione condemnat.

352,5 C 855 (zum *titulus*): *L a u s* uocis significat deuotionem; *c a n t i c u m* hilaritatem mentis; quod in opere psalmodiae utrumque debet esse sociatum, quatenus officium linguae nostrae coniuncto gaudio compleatur.

352,8 A 1334: propterea ergo *iubilemus illi*. ... [1335] ... Hic accipe homines *d e o s*, ... Et hinc habemus scripturae testimonium: *Deus stetit in synagoga deorum; in medio autem deos discernere* (Ps 81, 1). *D e o s* dixit participatione, non natura; gratia, qua uoluit facere *d e o s*. Quantus *D e u s* est qui facit *d e o s* ? Aut quales *d i i* sunt quos facit homo? Quam ille magnus *d e o s* faciendo, tam isti nihil qui ab homine facti sunt. *D e u s* uerus facit *d e o s* credentes in se, quibus dedit potestatem filios Dei fieri (vgl. Ioh. 1, 12). Et ideo ipse uerus *D e u s*, quia *D e u s* non factus est; nos autem facti, non ueri *d i i*, meliores tamen illis quos homo facit.

352,13 A 1336: laus illi, iubilatio[1] illi: Quam *p l e b e m   n o n   r e p e l l a t* ? ... Erat enim *p l e b s* Iudaea, ...

C 857: Dicit enim Iudaeam *p l e b e m   D o m i n u m   n o n   r e p e l l e r e*, quam sibi cognoscitur elegisse. Inde enim prophetae, inde apostoli et multi fideles, qui Domino sincera mente crediderunt, ... (∿ A 1336f.) - Zum Bibelzitat vgl. Ioh. 1, 11.

352,21 A 1337: Agnoscimus lapidem angularem; lapis angularis, Christus. ... Venit ex una parte circumcisio, uenit ex alia parte praeputium: in Christo ambo populi concordauerunt, ... Venerunt etiam omnes gentes ad lapidem angularem, ubi osculum pacis agnouerunt; in illum unum qui

---

1 Zu *iubilare* vgl. Herbert Grundmanns tiefschürfenden Aufsatz: Jubel, in *Festschrift für Jost Trier* ... Meisenheim/Glan, 1954, 477 - 511, wo Notker 489 - 492 behandelt wird. Obwohl die meisten von Grundmann aufgeführten patristischen Erklärungen des Wortes *iubilus* Notker in St. Galler Hss vorlagen -- eine Sammlung von Auszügen bietet auch die GS 463[b] - 464[a] --, macht seine Umschreibung des *iubilare* wegen der Beiziehung der vielen Musikinstrumente einen auffällig originellen Eindruck. Es mögen Anklänge an volkskundliche Bräuche (Ostern?) vorliegen, man vergleiche aber auch Notkers Auslegung von Ps 150. -- Zu *hoc quod continet ... uocis* vgl. Sap. 1, 7.

de duobus fecit unum, ... Hoc enim idem ait apostolus de Domino Christo: *Ipse est enim*, inquit, *pax nostra, qui fecit utraque unum* (Eph. 2, 14). Ergo *iubilemus illi*.

352,26 A 1337: Aliquando istae sublimitates, id [1338] est, ipsae terrenae potestates, aduersatae sunt Ecclesiae; leges contra Ecclesiam promulgarunt, nomen christianum de terra delere conati sunt; sed posteaquam impletum est quod prophetatum est: *Adorabunt eum omnes reges terrae* (Ps 71, 11); factum est quod hic dictum est: A l t i t u d i n e s ... s u n t.

353,3 C 857: M a r e significat [858] gentes, ... quas ideo dicit f a c- t a s a Domino, ut omnia uoluntati ipsius subiecta esse cognosceres. A 1338: Si omnes gentes quotquot f e c i s t i (vgl. Ps 85, 9), manifestum est quia et gentes ipse f e c i t, ideo, i p s i u s e s t m a r e, ...

353,5 C 858: nunc dicit e t a r i d a m, quae terra merito intellegitur, quia per se semper a r i d a est, nisi aut fluuiorum, aut imbrium inundatione rigetur. Sic et nostra corda ad bonos fructus sterilia atque a r i d a sunt, nisi Domini misericordia compluantur et instabiles nos atque titubantes dono suae misericordiae f u n d a r e dignetur.

353,10 C 858: nunc hortatur ad paenitentiae sospitatem: merito, ... Triplex causa redditur quare Dominus debeat a d o r a r i.

353,12 A 1339: Vt autem securi *ante* illum *procidamus* et *ploremus*, nos quid sumus?

353,16.19 C 859: Peruentum est ad ingressum secundum, ubi Iudaeos Dominus Saluator alloquitur, ne parentum suorum obstinationibus imitatis, a requie Domini reddantur alieni. ... T e m p t a t i o enim iudaica (sicut in Exodo [16, 3] legitur) contra Moysen graui murmuratione surrexit, ...

353,19 A 1340: Iam tales non sint p a t r e s u e s t r i ; nolite eos imitari. P a t r e s u e s t r i erant; sed si non imitati fueritis, p a t r e s u e s t r i non erunt; tamen quia de his nati estis, p a t r e s u e s t r i erant.
C 860: Nam cum dicit, p a t r e s u e s t r i, et eos quoque significat obstinatos, quia illum unusquisque habet p a t r e m quem cognoscitur imitari, ...

353,22 C 860: et ideo u i d e r u n t dixit, non, crediderunt.

353,24 A 1341: ante illos miracula in manu Moysi faciebam, et ipsi magis magisque corda obdurabant. ... Praesentaui me in signis et uirtutibus meis:...
354,1   A 1341: Ad hoc cum illis fui *quadraginta annis*, ut ostenderem genus tale hominum, quod me semper exacerbat usque in finem saeculi; quia per illos *quadraginta annos*, totum saeculum significare uoluit.
354,1.4 C 860: Tempus hoc in magnum sacramentum probatur esse memoratum. Nam cum *quadraginta* diebus ad mysticum numerum Dominus ieiunauerit, cum alios *quadraginta* dies cum apostolis post resurrectionem fecerit, ut totus mundus crederet, Iudaei obstinati reperti sunt, qui *quadraginta annorum* beneficiis acquiescere noluerunt. - Vgl. I Cor. 2, 14: *Animalis autem homo non percipit ea quae sunt Spiritus Dei*;
354,7   C 860: Hic autem i u r a r e dicitur iratus, quia uindictam noscitur comminari. ... Quid ergo i u r a t Dominus? quia non i n t r a b u n t i n eius r e q u i e m obstinati; sed aeterna mors suscipiet qui non meruerunt ad satisfactionis eius munera peruenire. ... [861] ... Significat enim beatitudinis illius tempus quando iusti post agonem saeculi istius aeterna requie perfruuntur;
354,9   A 1341: Ab exultatione coepimus, sed ad magnum timorem conclusit psalmus iste: ...

P s a l m 95

354,13 C 861: Quantum ad litteram pertinet, tempus illud significatur in titulo cum a Zorobabel filio Salathiel p o s t c a p t i u i t a t e m templum Ierosolymitanum constat esse reparatum, quod usque ad superficiem terrae Chaldaeorum manus inimica destruxit. Sed cum nihil tale in subsequentibus dicat, nec aliquando titulus discrepet a narratione psalmorum, restat ut eum spiritaliter exquirere debeamus. Destructa d o m u s a e d i f i c a t u r, quando anima p o s t c a p t i u i t a t e m peccati ad intellegentiam ueritatis coeperit (Domino praestante) remeare. D o m u s enim ista, id est, uniuersalis Ecclesia, in qua Christus inhabitat, uiuis lapidibus semper exstruitur, ...
354,18.22 A 1343: Vetus [c a n t i c u m] c a n t a t cupiditas carnis: n o u u m c a n t a t caritas Dei. ... et ipsa dilectio c a n t i c u m n o u u m est. Audi quia c a n t i c u m n o u u m est: Dominus dicit: *Mandatum nouum do uobis, ut uos inuicem diligatis* (Ioh.

13, 34). *O m n i s* ergo *t e r r a c a n t a t c a n t i c u m
n o u u m* ; ibi *a e d i f i c a t u r d o m u s*. *O m n i s* ergo
t e r r a est *d o m u s* Dei. ... Lapides enim ad fabricam nouam,
quae *a e d i f i c a t u r p o s t c a p t i u i t a t e m*, sic
colliguntur, et sic illos caritas in unitate constringit, ut non sit
lapis super lapidem, sed unus lapis sint omnes lapides. Ne miremini:
hoc fecit *c a n t i c u m n o u u m*, id est, hoc fecit innouatio
caritatis. Ad ipsam structuram nos compingit apostolus, et in illa
unitate nos constrictos compaginat, dicens: *Sufferentes inuicem in dilectione, studentes seruare unitatem spiritus, in uinculo pacis* (Eph.
4, 2-3).

C 862: Superiore psalmo commonuit propheta Iudaeos, ut deposita duritia cordis ad credulitatem uenirent Domini Christi. ... Dicendo enim
o m n i s t e r r a, catholicam significauit Ecclesiam, ...[1]

355,1 A 1344: Hoc agitur, sic crescit *domus*, sic *aedificatur*; et ut noueritis, sequentia psalmi audite; uidete operantes et fabricantes *domum*.

355,3 A 1344: Quomodo crescit aedificium?

355,4 C 863: Et inde *b e n e n u n t i a t u r s a l u t a r i s* Dominus,
per quas [scripturas Testamenti Noui et Veteris] et uenturus et uenisse
monstratus est.

355,7 A 1344: Vbi iubes *aedificari* ? ubi uis crescere *domum* tuam? Elige nobis aliquem locum aequalem, aliquem locum spatiosum, si tibi amplam
domum uis *aedificari*. ... Ostendit locum: *A n n u n t i a t e i n
g e n t i b u s g l o r i a m e i u s*.

355,10.12 A 1347: Ergo omnes *g e n t e s d a e m o n i a* habebant *d e o s* :
quod dicebant *d e o s, d a e m o n i a* erant, ... Et quomodo ostenditur magnitudo eius, ut eradicet illas superstitiones, sub quibus captiuus populus tenebatur, quem redimere aduenit *t e r r i b i l i s
s u p e r o m n e s d e o s* ?

C 863: Hic debemus *d e o s* aduertere quos sibi gentilitas impia praesumptione composuit.

355,13 C 864: *D i i* falsa hominum imaginatione reperti sunt: Deus autem
c a e l o s f e c i t, ubi illi nec accedere, nec habitare promerentur.
A 1348: cum autem dixit: *D o m i n u s a u t e m c a e l o s f e-*

---

[1] HT 439: Si omnes homines conclusit Deus sub peccato, et omnia in incredulitate inueniuntur: ubicumque peccatum, ibi *c a p t i u i t a s* : ubi
c a p t i u i t a s, ibi ruina, ibi aedificatio necessaria est.

c i t, uidete quid intersit *c a e l o s* et *d a e m o n i a* ; ...
ecce quantum excelsus est *D o m i n u s*.

355,15 A 1348: *P u l c h r i t u d i n e m* amas? uis esse pulcher? Confitere.
... Amamus *p u l c h r i t u d i n e m* : prius eligamus *c o n f e s - s i o n e m*, ut sequatur *p u l c h r i t u d o*.

C 864: Foedos nos peccata nostra faciunt; sed paenitentiae reddunt lauacra decoros. Et ideo mundissimam *s p e c i e m* ante Domini dicit stare *c o n s p e c t u m*, quae [865] fuerit fideli *c o n f e s s i o n e* purgata.

355,18 A 1348: Iterum exsistit qui amat potentiam, amat et *m a g n i f i - c e n t i a m* ; uult esse magnus quomodo angeli sunt. *M a g n i f i - c e n -* [1349] *t i a* quaedam est in angelis; et tanta potentia, ut si faciant angeli quidquid possunt, sustineri non possit. ... Tu iam quaerebas *m a g n i f i c e n t i a m* : prius dilige *s a n c t i - t a t e m* ; cum sanctificatus fueris, eris et magnificus.

355,24.26 A 1349: *A f f e r t e ... g e n t i u m, a f f e r t e ... h o n o r e m* : nolite uobis; quia et illi qui uobis annuntiauerunt, non suam, sed illius gloriam annuntiauerunt, et uos *a f f e r t e D o m i n o g l o r i a m e t h o n o r e m* ; et dicite: Non nobis, Domine, non nobis, sed nomini tuo da gloriam (Ps 113, 1). Nolite spem in homine ponere.

356,2.9 C 866: *H o s t i a s* non uictimas pecudum dicit, sed conscientiae pura libamina unde non sanguis currat, sed piae lacrimae defluant. Istae sunt *h o s t i a e* quas in quinquagesimo psalmo (v. 19) dixit: Cor contritum et humiliatum Deus non spernit. ... *A t r i a* enim Domini sunt apostoli uel prophetae, per quos fidelis populus intrat ad Dominum.

356,5.7 A 1350: in catholica Ecclesia: hoc est, *a t r i u m s a n c t u m e i u s*.

C 866: Nec uacat quod in anteriore uersu *a t r i a* posuit; hic uero singulariter *a t r i u m* dicit, quia ex illis *a t r i i s*, id est, patriarchis, apostolis et prophetis in istud *a t r i u m* catholicae dumtaxat Ecclesiae peruenitur, ubi eius potentia maiestatis adoratur.

356,10 C 866: ut tunc *t e r r a c o m m o u e a t u r*, quando peccator ad paenitentiam fuerit, Deo miserante, perductus.

356,14 C 866: Illos admonet reuerenda mysteria gentibus praedicare, quos in atrio sancto Dominum adorare praecepit; ut *i n n a t i o n i b u s*

a l i g n o crucis *D o m i n u m* debeant *d i c e r e r e g n a -
t u r u m*, non *a b* illo *l i g n o* paradisi, unde diabolus genus
humanum uidebatur tenere captiuum; sed *a b* isto scilicet *l i g n o*
unde libertas caput extulit et uita surrexit.

356,17 C 867: Hanc autem *t e r r a m* dicit *n o n e s s e* penitus *c o m -
m o u e n d a m*, quae in soliditate fidei perseuerat;

A 1350: Ego tibi *o r b e m t e r r a r u m* ostendo *aedificatum*;

356,19 C 867: *P o p u l o s* hic mauult homines fideles intellegi, qui iudi-
candi sunt sub tranquillitate supernae misericordiae, quando eis praemia promissa restituet. ... *i u d i c a b i t* ... *s u a*, per quae
futuri iudicii tempus ostendit, ... Ipsa enim *t e r r a e x u l -
t a r e* potest in aduentu Iudicis sui, ... - Vgl. C 861 (zum *titulus*):
Mente sane condendum est psalmum hunc secundum esse eorum qui de primo
et secundo aduentu Domini proloquuntur.

356,21 A 1351: *e x u l t e t t e r r a*, quam compluunt *c a e l i*.

356,22 A 1351: Quod *m a r e* ? Saeculum. *C o m m o t u m e s t m a r e,
e t p l e n i t u d o m a r i s* : omne saeculum concitatum est
aduersus Ecclesiam, ...

C 867: *M a r e* hic pro populis ponit, qui in salo huius saeculi
constituti, diuersis tempestatibus agitantur. ... Nam ut uniuersitatem
gentium intellegere debuisses, posuit *p l e n i t u d o e i u s*.

356,24 A 1351: Omnes lenes, omnes mites, omnes aequi, *c a m p i* sunt Dei.

356,26 A 1351: *L i g n a s i l u a r u m*, pagani sunt. Quare iam gaudent?
Quia praecisi sunt de oleastro[2], et inserti in oliua (vgl. Rom. 11,
17.24). *T u n c e x u l t a b u n t* ... *s i l u a r u m*, quia
praecisae sunt ingentes arbores cedrinae et cyparissinae, et imputri-
bilia *l i g n a* translata sunt ad aedificationem *domus*. ... Primo
u e n i t, et postea *u e n t u r u s e s t*. Primo *u e n i t* in
Ecclesia sua in nubibus.

357,3 A 1352: *V e n i t* primo, et postea *i u d i c a r e t e r r a m
exultantes* inueniet eos qui primo eius aduentui crediderunt, *q u o -
n i a m u e n i t*. ... [1353] ... Dicetur enim eis ad dexteram positis: *Venite, benedicti Patris mei*, ... (Matth. 25, 34)[3].

357,7 C 868: *T e r r a m* uero hic uniuersum mundi populum dicit; ut bonis
praemia, malis supplicia restituat. ... Prius posita est complexio

---
2 CSg: *oleastri statt* de oleastro (= WS 113[b])
3 R 205[ra]: ... *t e r r a m*, id est, homines terrena sapientes.

generalis, quia *o r b e m   t e r r a r u m*, id est, uniuersum hominem *a e q u i t a s* diuina *i u d i c a b i t*.

A 1352: Totum [*o r b e m   t e r r a r u m*] *i u d i c a r e* habet, quia pro toto pretium dedit. ... [1353] ... Congregabit secum electos suos ad *i u d i c a n d u m*, ceteros autem separabit ab inuicem; positurus est enim alios ad dexteram, alios ad sinistram.

P s a l m   96

357,11 A 1354: Totum ad Christum reuocemus, ... [1355] ... Nam quomodo *D a u i d* intellegatur Christus, facile est agnoscere. ... Ergo *D a u i d* Christus, quia et interpretatio *D a u i d* manu fortis est; et quis tam manu fortis, quam qui de cruce mundum uicit? Nam post resurrectionem et ascensionem eius, accepto Spiritu sancto, loquentibus apostolis uariis linguis, commota multitudo eorum ipsorum qui eum crucifixerant, consilium quaesiuit salutis (vgl. Act. 2, 4); accepit, credidit; ... facti sunt fideles eius cuius fuerant persecutores; ... [1356] ... Iterum quomodo accipimus: *C u m   t e r r a   e i u s   r e s t i t u e r e t u r* ? Cum caro eius resuscitaretur. ... Post resurrectionem enim ipsius facta sunt ista omnia quae cantantur in psalmo. (∿ C 870)

357,13 A 1356: Ille qui stetit ante iudicem, ... [1357] ... ille qui in cruce mortuus est, ... ille qui sepultus est, ipse resurrexit. ... Est quidem, quia uerbum Dei non in sola continenti *t e r r a* praedicatum est, sed etiam in insulis quae constitutae sunt in medio mari; Isidor, *Et*. XIV, 8, 43: Continens perpetua terra nec ullo mari discreta, ... (= GS 216[b]) Ebda XIV, 6, 1: Insulae dictae quod in salo sint, id est, in mari.

357,20 A 1357: *N u b e s   e t   c a l i g o* impiis, qui eum non intellexerunt; *i u s t i t i a   e t   i u d i c i u m* fidelibus, qui in eum crediderunt; ... *S e d e m* eius dicit eos ipsos qui in eum crediderunt; de ipsis enim sibi fecit *s e d e m*, ...

357,24 A 1358: Quia de quodam *i g n e* dicit, qui *p r a e i b i t   a n t e* illum, antequam ueniat ad iudicium. ... Quia cum praedicaretur Christus, iratae sunt gentes, et commouerunt persecutionem: ... Antequam ueniat dies ille iudicii magnus, iam furore suo ardent qui postea

supplicio sempiterni illius *i g n i s* arsuri sunt. ... [1359] ...
Isto *i g n e   i n f l a m m a t i* [homines credentes] coeperunt ire
per mundum, et *i n f l a m m a r e*, et incendere *i n   c i r c u i t u
i n i m i c o s   e i u s*. Quos *i n i m i c o s   e i u s* ? Qui deserto
Deo a quo facti erant, adorabant simulacra quae fecerant.

358,2 A 1360: *A p p a r u e r u n t   f u l g u r a   e i u s* uniuersae
t e r r a e. ... Vnde *f u l g u r a* ? De nubibus. Quae sunt nubes
Dei? Praedicatores ueritatis. ... Forma humana [Petrus] nubes erat,
splendor miraculi coruscatio erat. Sic in uerbis, sic in factis, cum
miranda dicunt, et miranda faciunt, *a p p a r u e r u n t   f u l-
g u r a   e i u s   o r b i   t e r r a e*.

358,4 C 872: *C o m m o t a   e s t*, magnae praedicationis nouitate perterrita
est;

358,6 A 1360: Qui sunt *m o n t e s* ? Superbi. Omnis altitudo extollens se
aduersus Deum, factis Christi et Christianorum contremuit, succubuit,
... [1361] ... Vbi est altitudo potestatum? ubi duritia infidelium? ...
Complanata est omnis altitudo; modo blasphemare Christum non audet.
HT 161: Mihi uidentur isti *m o n t e s* esse daemonum potestates. Siue
certe *m o n t e s*, superbi quique homines. (= Br 1185 A)
C 872: *a   f a c i e   D o m i n i   t r e m u i t   o m n i s   t e r r a*,
... Quod hodieque fieri comprobamus, cum potestates saeculi, uel pagani, uel haeretici uocati, damnantes superstitiosum uotum, diuinum magis eligunt subire seruitium.

358,10 A 1361: Qui sunt *c a e l i* ? Qui facti sunt *s e d e s* ipsius. Quomodo enim in *c a e l i s* sedet Deus, sic sedet in apostolis, sic
sedet in praedicatoribus euangelii.

358,12 C 873: Dixit *ignem*, dixit *fulgura*, dixit *montes*, dixit *caelos*; et per
haec omnia unum uotum est *annuntiare* Dominum Saluatorem.

358,14 A 1362: *S c u l p t i l i a* enim sunt manu facta idola. Quare iam
*c o n f u n d u n t u r   o m n e s   q u i   a d o r a n t   s c u l p t i-
l i a* ? Quia *uiderunt omnes populi gloriam eius*.

358,16 A 1362: Sed exstitit nescio quis disputator qui doctus sibi uidebatur
et ait: Non ego illum lapidem colo, nec illud *s i m u l a c r u m*
quod est sine sensu; non enim propheta uester potuit nosse quia oculos
habent et non uident, et ego nescio quia illud *s i m u l a c r u m*
nec animam habet, nec uidet oculis, nec audit auribus; non ego illud
colo, sed adoro quod uideo, et seruio ei quem non uideo. Quis est iste?
Numen quoddam, inquit, inuisibile quod praesidet illi *s i m u l a c r o*.

358,18 A 1363: Homines autem sanctos adtendite, qui sunt similes *a n g e-
l i s*. Cum inueneris hominem aliquem sanctum seruum Dei, si uolueris
illum colere et adorare pro Deo, prohibet te: non uult sibi arrogare
honorem Dei, non uult tibi esse pro Deo, sed tecum esse sub Deo. ...
[1364] ... Intendite. Quomodo ergo homines boni prohibent eos qui
illos uoluerant colere tamquam deos, et uolunt potius ut Deus unus
colatur, Deus unus adoretur, Deo uni sacrificium offeratur, non sibi:
sic et omnes sancti *a n g e l i* [1], illius gloriam quaerunt, quem
diligunt; ad eius cultum, ad eius adorationem, ad eius contemplationem
omnes quos diligunt rapere et inflammare student; ipsum illis annuntiant, non se, quoniam *a n g e l i* sunt; ... [1365] ... Discant pagani
adorare Deum. *A n g e l o s* uolunt adorare; *a n g e l o s* imitentur, et illum adorent qui ab *a n g e l i s* adoratur.

358,21 A 1365: Etenim Ecclesia necdum erat in gentibus; in Iudaea crediderant
ex Iudaeis, ... missi sunt apostoli ad gentes, ... baptizati sunt
omnes. Et habes ibi scriptum: *Audierunt autem apostoli, et qui erant
in Iudaea fratres, quoniam et gentes receperunt uerbum Dei, et bene-
dicebant Deum* (Act. 11, 1.18). ... Quid *a u d i u i t   e t   i o-
c u n d a t a   e s t   S i o n* ? *Quia receperunt gentes uerbum Dei* [2].

358,23 C 874: *F i l i a e   I u d a e* significant religiosas mentes proba-
tasque personas, quae ideo *f i l i a e   I u d a e* dicuntur, quoniam
Christo credere maluerunt, quae ex origine *I u d a e* descendisse
monstrantur, unde dicti sunt et Iudaei.
Br 1185 C: ... *f i l i a e   I u d a e*, animae confessorum [3].
A 1366: Quae *i u d i c i a* ? Quia non est personarum acceptor Deus.
Namque ipse Petrus ... ait: *In ueritate comprehendo quia non est personarum acceptor Deus*. ... Quid est: *p r o p t e r   i u d i c i a
t u a* ? Quia *in omni genti, et in omni populo, quicumque illi seruierit,
acceptus est illi* (Act. 10, 34-35).

359,2 C 874: *S u p r a   o m n e m   t e r r a m*, hic bene intellegimus peccatores; *s u p r a   o m n e s   d e o s*, iustos homines competenter
aduertimus, quos *d e o s* recte dici frequenti expositione probatum
est. Siue quoniam per haec duo significat eum et terrenis creaturis
et caelestibus imperare;

---

1 CSg: uel angeli
2 R 205rb: *S y o n* significat primitiuam Ecclesiam, quae cum audisset, quia
recepisset Samaria uerbum Dei, *l a e t a t a   e s t*.
3 HT 444: Ideo *f i l i a s   I u d a e a e* dicimus omnes credentium animas,
quae ad Dei *i u d i c i a   e x u l t a n t*. ... Beati Iob anima fuit
f i l i a   I u d a e, ...

359,4   C 874: Et ne quis diabolum timuisset offendere, sequitur *c u s t o-
        d i t ... e o s.*
        WS 117[a]: Sed metuis fortasse, ne si coeperis [117[b]] *o d i s s e
        m a l u m* patiaris persecutiones a *m a l i s.* Nolite timere;
359,4.7 A 1367: Sed cum coeperimus *odisse malignum*, subsequentur persecutio-
        nes. ... [1368] ... sed timeo ne occidat me. Hoc est totum. Audi ergo
        psalmum consolantem: *C u s t o d i t ... i u s t o r u m s u o-
        r u m.* Quia ergo dixerat superius: *Qui ... odite malignum*, ne ideo
        timeres *odisse malignum*, ne occideret te *malignus*, subiecit statim:
        C u s t o d i t ... s e r u o r u m s u o r u m. Audi illum *c u s-
        t o d i e n t e m a n i m a s s e r u o r u m s u o r u m*, et dicen-
        tem: *Nolite timere eos qui corpus occidunt, animam autem non possunt
        occidere* (Matth. 10, 28).
359,9   C 875: *I u s t o* dicit *o r t a m l u c e m*, id est, uerissimam
        fidem; ... Est quidem et sanctorum *l u x* ista communis, quam indis-
        crete uident et homines et iumenta. Sed illa *l u x* eorum propria
        dicitur, quae Christo Sole praestatur, ...
359,9.14 A 1369: Quam [*l u c e m*] times enim perdere, uidemus quibus
        donata est, cum quibus tibi communis est. Numquid soli boni uident
        istum solem, cum faciat oriri solem super bonos et malos, et pluat su-
        per iustos et iniustos (vgl. Matth. 5, 45)? Istam *l u c e m* uident
        tecum iniqui, ... Qualem *l u c e m i u s t o* seruat, qui et istis
        istam donat? Merito hanc *l u c e m* in fide martyres uiderunt. ...
        Quae[4] *l u x o r t a e s t i u s t o ?* Quae non *o r i t u r* iniusto;
        non ista *l u x* quam facit *o r i r i* super bonos et malos. ...
        [1370] ... Dominum habes iocunditatem, Dominus semper tecum est, non
        habet tempus; ... Esto rectus corde, et semper est tibi de illo iocun-
        ditas. Non enim iocunditas quae est secundum saeculum, uera iocunditas
        est. Audi prophetam Isaiam: *Non est gaudere impiis, dicit Dominus*
        (48, 22; 57, 21). ... Iam *i o c u n d a t i i n D o m i n o*, iam
        gaudentes *i n D o m i n o*, illi *c o n f i t e m i n i* ; quia nisi
        uellet, non in illo gauderemus. Ait enim ipse Dominus: *Haec locutus
        sum uobis, ut in me pacem habeatis, in mundo autem pressuram* (Ioh.
        16, 33). Si Christiani estis, pressuras in isto mundo sperate; tranquil-
        liora et meliora tempora nolite sperare. Fratres, fallitis uos; quod
        uobis euangelium non promittit, nolite uobis promittere.

---

4 CSg: Quare (re *auf Rasur*)

Psalm 97

359,22 C 876: Propheta fideles admonet Christianos, ut nouae regenerationis sacramenta sumentes, *nouum canticum* de Domini incarnatione concelebrent. *Nouus* enim homo *cantare* debet *canticum nouum*, non ille uetustus qui necdum Adae peccata deponens, in praeuaricatione ueteris hominis perseuerat.

359,25 A 1372: sed multo maiora *mirabilia* sunt, quod totum orbem terrarum a morte sempiterna erexit, ...

360,2 C 877: sed hoc uult intellegi, ut ipsum *saluasse* cognosceres, qui dixit: *Potestatem habeo ponendi animam meam et potestatem habeo iterum sumendi eam* (Ioh. 10, 18). ... *Dextera* pertinet ad operationes mirabiles; *brachium* ad fortitudinem singularem.

360,4 WS 118[b]: *Salutare* Dei et *iustitia* Dei, Dominus et Saluator est noster Iesus Christus, quem Deus Pater non parti, sed uniuerso orbi manifestauit.

A 1373: Ipsa *dextera*, ipsum *brachium*, ipsum *salutare* Dominus noster Iesus Christus, de quo dictum est: *Et uidebit omnis caro salutare Dei* (Luc. 3, 6);

360,7 A 1373: *Dextera* Dei, *brachium* Dei, *salutare* Dei, et *iustitia* Dei, Dominus est Saluator noster Iesus Christus. (∿ C 877)

360,9 A 1373: Quid est: *Memor fuit misericordiae et ueritatis*? Vt promitteret, misertus est; quia promisit et exhibuit *misericordiam*, *ueritas* consecuta est: *misericordia* praemisit promissionem, promissio reddidit ad *ueritatem*. ... Et quid? tantum *Iacob*, et tantum *domui Israel*? ... Si discutias quid sit *Israel*, *Israeli* promissus est Christus. *Israel* est uidens Deum. Videbimus per speciem, si nunc uideamus per fidem (vgl. II Cor. 5, 7). Habeat oculos fides nostra, et exhibebitur *ueritas* fidei; ... Ergo et modo *Israel* per fidem; tunc autem *Israel* per speciem, facie ad faciem (vgl. I Cor. 13, 12).

C 877: *Memor fuit* dictum est, quia promissa compleuit. ... [878] ... *Israel* enim significatur omnis fidelis qui Deum pura mente conspexerit. ... *ueritas* [quippe fuit], quando sancti facie ad faciem uidebunt, ...

360,14 C 878: perscrutemur quare additum sit *et ueritatis suae domui Israel*; ut non solum hoc datum intellegeremus populo qui post aduentum Domini dictus est christianus, sed etiam illi qui eum de Virgine nasciturum esse crediderunt. ... *Misericordia* quippe fuit, quando hominem liberaturus aduenit;

360,15 A 1374: Quia ergo *uiderunt, iubilate Deo, uniuersa terra*. Iam nostis quid sit *iubilare*. Gaudete et loquimini. Si[1] quod gaudetis loqui non potestis, *iubilate*; C 878: *Iubilate* dictum est, cum magna delectatione in uocis gaudium prosilite, ut quod non potest explicare sermo confusae uocis, declaret eruptio deuota gaudentis. *Omnis terra*, uniuersalem designat Ecclesiam, quae in aduentu Domini spem suam integra deuotione reposuit.

360,18 C 878: *psallere*, bonis operibus Domini mandata complere.

360,19 A 1374: *Psallite*, non uoce sola; adsumite opera, ut non tantum *cantetis*, sed et operemini.

360,20 A 1374: *Ductiles tubae* aereae sunt, tundendo producuntur. ... Eritis *tubae ductiles*, ad laudem Dei productae, si cum tribulamini proficiatis: tribulatio tunsio, profectus productio est. *Tuba ductilis* erat Iob, quando repente percussus tantis damnis et orbitate filiorum, tunsione illa tantae tribulationis factus *tuba ductilis*, sonuit: ... [1375] ... De ipso malleo in manu Dei posito, id est, in potestate Dei, tunduntur *ductiles tubae*, ut resonent laudes Dei.

360,24 A 1375: Cornu excedit carnem; ... Sed unde hoc? Quia carnem superauit. Qui uult esse *tuba cornea*, superet carnem. Quid est, superet carnem? Transcendat carnales affectus, uincat carnales libidines. ... [1376] ... Si es ergo ex carnali spiritalis, adhuc carne calcas terram, et spiritu erumpis[2] in caelum: ... Vult illos ergo erigi ab spe quam in homine posuerant, et contingere spiritalia Christi, ut possent esse *tubae corneae*, si superarent carnem.

361,1-2 C 879: scilicet *in conspectu Regis Domini*, quando in illa iudicatione iusti praemia promissa recipient.

361,2.4 C 879: Hic iam terror futuri iudicii et impiorum formido describitur, quando *mare* illud quod est in pectoribus impiorum, delictorum

---

1 CSg: Sed
2 CSg: erumpes

suorum recordationibus *c o m m o u e t u r*. *P l e n i t u d o* autem
e i u s [880] merito dicta est, scilicet quia multa peccata ingentes
excitant fluctus et tunc magis plenissime *c o m m o u e t u r*, quando
se reus nouit esse damnandum. ... Addidit *e t u n i u e r s i* ...
i n e a, ut reuera hoc intellegeres de hominibus dictum, de quibus
superius figuratim dixit: *c o m m o u e a t u r m a r e*.

361,7 C 880: nunc *f l u m i n a* sanctos uiros significat, qui bonas operas
caelesti ubertate manauerunt. *I n i d i p s u m*, id est, in Domino
Saluatore, cui praedictam operam³ exhibuisse monstrantur⁴. (∿ A 1377f.)

361,11 HT 166: *F l u m i n a p l a u d e n t m a n u s i m u l*, hoc est,
prophetae. *M o n t e s e x u l t a b u n t i n c o n s p e c t u
D o m i n i*, hoc est, apostoli. (= Br 1189 A)

361,12 C 880: Hic *t e r r a m*, omnem peccatorem competenter aduertimus, quia
terrena semper uitia concupiscunt.

361,13 C 880: Hic *o r b i s t e r r a r u m* impiis est nihilominus appli-
candus, ... *P o p u l o s* autem significat eos qui ex Hebraeis fideles probati sunt et qui deuoti ex gentibus aduenerunt, ...

P s a l m   98

361,15 A 1378: Coepit enim *r e g n a r e D o m i n u s* noster Iesus Christus, coepit praedicari, postquam resurrexit a mortuis et ascendit in
caelum, posteaquam impleuit discipulos suos fiducia Spiritus sancti, ...

361,18 A 1378: et *i r a t i s u n t p o p u l i* qui idola colebant. ...
Vtique ille annuntiabat per discipulos suos seipsum, qui illos uolebat
conuerti ad eum a quo facti [1379] erant, et auerti ab eis quae ipsi
fecerant. ... idola quae fregit Christus, numquam iterum faciet faber.
C 882: sed ut sibi potius *i r a s c a n t u r*, qui rem probati sunt
fecisse nefariam; ut cito ad conuersionis salutem ueniant, cum propria
uoluntate sua coeperint facta damnare.

361,20 A 1379: illi *i r a s c a n t u r*, et in ira ipsorum martyres coronen-
tur. ... Quid illis fecerunt qui *i r a s c e b a n t u r*, nisi ut
inter manus eorum caro affligeretur, et in manibus Christi spiritus
coronaretur? Nec ipsa caro quem persecutores occidere potuerunt, ita

---
3 CSg: praedicta opera
4 CSg: monstratur

mortua est ut in aeternum interiret; ... [1380] ... et dixerunt esse
C h e r u b i m plenitudinem scientiae. Ergo quia superat Deus omnem
scientiam, s u p e r plenitudinem scientiae s e d e r e dicitur.
... Sed forte dicturus es: Et quando in me erit plenitudo scientiae?
et quis potest ad tantum culmen peruenire, ut sit in illo plenitudo
scientiae? ... breuiter tibi dicitur quid habeas, si uis habere plenitudinem scientiae, et esse sedes Dei: ait enim apostolus: *Plenitudo
autem*[1] *legis caritas* (Rom. 13, 10).

C 882: Tu q u i s e d e s, indicatiuus modus est secundae personae;
ad ipsum enim Dominum uerba conuertens hanc sententiam finit. ... [883]
... Adiunxit, m o u e a t u r t e r r a. Siue illud significat quod
superius dixit, i r a s c a n t u r p o p u l i, siue magis ad conuersionem peccatores postulat commoueri, qui (sicut iam dictum est)
t e r r a merito nuncupantur, quia terrena uitia concupiscunt.

361,25 A 1381: S i o n nouimus ciuitatem Dei esse. S i o n dicta est
ciuitas quae est Ierusalem; dicta autem ex interpretatione quadam
nomen accipiens, quia S i o n speculatio dicitur, id est, uisio et
contemplatio. Speculari enim prospicere est, uel conspicere, uel intendere ut uideas. Est autem S i o n omnis anima, si intendit uidere
lucem quae uidenda est. Nam si ad suam adtenderit, tenebratur; si ad
lucem illius adtenderit, illuminatur. Quia tamen manifestum est S i o n
ciuitatem Dei esse; quae est ciuitas Dei, nisi Ecclesia? ... ergo
Ecclesia est S i o n. In illa est m a g n u s Deus. In illa esto,
et non erit praeter te Deus. Cum autem fuerit in te Deus, quia tu
factus es de S i o n, membrum de S i o n, ciuis de S i o n, perti-
nens ad societatem populi Dei; e x c e l s u s in te erit Deus super
omnes populos, super illos qui *irascuntur*, aut super illos qui *irascebantur*[2]. - Vgl. 361, 18.

362,5 A 1382: Paruum fuit n o m e n t u u m, quando *irasce*-[1383]*bantur*;
factum est m a g n u m ; iam c o n f i t e a n t u r. Quomodo dicimus paruum fuisse n o m e n Christi, antequam praeclare diffamare-
tur Christus? Quia n o m e n ipsius fama ipsius dicitur. ... Quae
gens est quae non audiuit n o m e n Christi? Iam ergo m a g n o
n o m i n i t u o c o n f i t e a n t u r populi qui ante paruo
n o m i n i t u o *irascebantur*: ... Quare c o n f i t e a n t u r ?

---

1 CSg: enim
2 CSg: irascebuntur

362,5.8 C 883: *M a g n u m* autem dictum est *n o m e n* eius, quia ubique dilatatum est; *t e r r i b i l e*, quia ipse uenturus est iudicare uiuos et mortuos; *s a n c t u m*, quia immaculata et caelesti conuersatione permansit; ... sicut et Mariae dictum est ab angelo: *propterea quod nascetur ex te sanctum uocabitur Filius Dei* (Luc. 1, 35).

362,10 A 1383: *d i l i g i t* enim misericordiam, sed *d i l i g i t* et *i u d i c i u m*. ... Ergo timeamus, ergo faciamus *i u s t i t i a m*, ergo faciamus *a e q u i t a t e m*. ... [1384] ... Sic ergo ut peccet homo, ipse sibi sufficit ad peccandum, ut iustificetur, non sibi sufficit, nisi ab illo iustificetur, qui solus est iustus.

362,13 C 884: *I u d i c i u m   f e c i t* in populo fideli, quando ei donauit bonum malumque discernere; ... *T u   f e c i s t i*, quia nemo est alius praeter ipsum qui instituit et firmauit Ecclesiam;
A 1384: Debemus enim et nos habere *i u d i c i u m*, debemus habere *i u s t i t i a m* ; sed ille in nobis *f a c i t   i u d i c i u m   e t   i u s t i t i a m*, qui nos *f e c i t* in quibus *f a c e r e t*. Quomodo et nos debemus habere *i u d i c i u m   e t   i u s t i t i a m?* *I u d i c i u m* habes, quando discernis malum a bono; *i u s t i t i a m* autem, quando sequeris bonum, et declinas a malo. Discernendo, *i u d i c i u m* habes; faciendo, *i u s t i t i a m* habes. *Declina a malo*, ait, *et fac bonum* (Ps 33, 15);

362,17 A 1384: Laudemus illum[3], *e x a l t e m u s* illum qui *fecit* ipsam *iustitiam* quam habemus; ipse in nobis *fecit*. Quis enim in[4] nobis *fecit iustitiam*, nisi qui nos iustificauit?

362,20 A 1385: Ergo terram nos iubet *a d o r a r e*, quia dixit alio loco quod sit *s c a b e l l u m   p e d u m* Dei? ... Suscepit enim de terra terram; quia caro de terra est, et de carne Mariae carnem accepit. Et quia in ipsa carne hic ambulauit, et ipsam carnem nobis manducandam ad salutem dedit; nemo autem illam carnem manducat, nisi prius *a d o r a u e r i t* ; inuentum est quemadmodum *a d o r e t u r* tale *s c a b e l l u m   p e d u m* Domini, ... [1386] ... Sacramentum aliquod uobis commendaui; spiritaliter intellectum uiuificabit uos.
C 884: nunc dicendum nobis est quid in isto uersu *p e d e s* eius significare uideantur, scilicet stabilitatem diuinitatis, ...

363,1 A 1386: Nostis quia *M o y s e s* eduxit in uirtute Dei populum Israel

---
3 CSg: et
4 CSg: *fehlt*.

ex Aegypto per rubrum mare, et duxit in eremo; ... *A a r o n* frater
ipsius fuit, quem ordinauit etiam *s a c e r d o t e m* (vgl. Exod. 28)
Et ibi quidem non uidetur *s a c e r d o s* esse, nisi *A a r o n*.
Aperte enim in illis litteris *A a r o n* nominatur *s a c e r d o s*
Dei; de *M o y s e* non ibi dicitur quod *s a c e r d o s* erat. Sed
si hoc non erat, quid erat! numquid maior *s a c e r d o t e* esse
poterat? Exprimit[5] psalmus iste quia et ipse *s a c e r d o s* erat: ...
S a m u e l postea iam in libro Regnorum legitur; ... *S a m u e l*
ab initio aetatis suae in templo creuit (vgl. I Reg. 16, 13). ... [1387]
... Natus̄ sanctus *S a m u e l* fuit apud matrem tempore lactis; mox
ut eum ablactauit, dedit in templum, ut ibi cresceret, ibi roborare-
tur in spiritu, ibi Deo seruiret; ... Commemorat istos, et per istos
omnes sanctos nos uult intellegere. Quare autem hic illos nominauit?
Quoniam diximus Christum hic nos debere intellegere. ... Qui primo
loquebatur *i n   c o l u m n a   n u b i s*, ipse nobis locutus est in
scabello pedum suorum; id est, in terra assumpta carne, unde *adoramus*
scabellum pedum eius, quoniam sanctus est.

C 885: Ideo priscae auctoritatis magnos uiros posuit, eisque gratiam
Domini asserit fuisse concessam, ut ad similem deuotionem fideles
populos incitaret. Et nota quia hic *M o y s e n   s a c e r d o t e m*
dicit, dum sic in Heptateucho non legatur; qui etsi hostias non offere-
bat, sicut *A a r o n* frater ipsius, uota tamen populorum coram Deo
semper exhibuit, quod *s a c e r d o t i s* officium esse monstratur.
Quapropter merito et hic *s a c e r d o s* dicitur, qui magnis preci-
bus, irascente Domino, pro populo supplicauit. *S a m u e l* autem
in templo Domini praedicabili sanctitate conuersatus est, ... addidit
de ipso, *i n t e r   e o s   q u i   i n u o c a n t   n o m e n   e i u s*,
quia nominatim[6] percurri non poterat, quos multitudo infinita dilatabat.

363,8 A 1387: Quid est: *i n   c o l u m n a   n u b i s* ? Loquebatur per figuras.

C 885: Non uacat quod dictum est *i n   c o l u m n a   n u b i s*, quia
semper ista in aedificio domus pro fortitudine[7] ponitur et decore[7]. In
hac igitur specie loquebatur illis Dominus, quae uenturam fabricam
Ecclesiae nuntiabat.

---

5 CSg: Expropriat
6 CSg: nomina tota (ta *auf Rasur*)
7 CSg: fortitudinis ponitur decore

363,12 A 1387: Quomodo? Quando *c u s t o d i e b a n t   p r a e c e p t a
e i u s ,   c u s t o d i e b a n t   t e s t i m o n i a   e i u s .* ...
Ecce *Moyses* et *Aaron* ... et *Samuel in his qui inuocant nomen eius
ad* quos de *columna nubis loquebatur*, tam aperte illos *exaudiebat*, qui
*c u s t o d i e b a n t   t e s t i m o n i a   e t   p r a e c e p t a
e i u s   q u a e   d e d i t   e i s .*
C 886: *T e s t i m o n i u m* est per signa aliqua praecedentis rei
posita significatio, ... *P r a e c e p t a* enim pertinent ad legem
quam per Moysen uisi sunt accepisse. Vnde ostenditur efficacissime
placere Deo[8], quando a nobis eius completur imperium.

363,18 A 1387: *P r o p i t i u s* non dicitur *D e u s*, nisi peccatis;
quando dat ueniam, tunc dicitur *p r o p i t i u s .* ... [1388] ...
P r o p i t i u s   e r a t donando peccata, *p r o p i t i u s
e r a t* et *u i n d i c a n d o .*

363,19 A 1388: Sed quid dicimus? quia *Moyses* habuit primam uitam fortasse
peccatricem? Nam et percusso homine, fugit de Aegypto. Habuit et *Aaron*
primam uitam quae displiceret Deo. Nam ipse insanienti populo et fu-
renti[9] idolum permisit ut fieret, ... Nihil umquam dictum est de *Sa-
muele*, nihil ab hominibus. Nouerat ibi forte Deus aliquid quod purga-
ret; ... Sic et illi sancti uersabantur ante oculos Dei, tamquam sine
culpa, tamquam perfecti, tamquam angeli; nouerat autem quid illis
deesset, qui *u i n d i c a b a t   i n   o m n e s   a f f e c t i o -
n e s   e o r u m .* ... [1389] ... Legite, et uidete uindictas, et qui
proficitis ferte uindictas. Quotidie patiebantur populos contradicentes, quotidie patiebantur inique uiuentes; et inter illos uiuere coge-
bantur, quorum uitam quotidie reprehendebant. Haec erat uindicta. ...
Tantum te enim torquet iniustitia aliena, quantum recesseris a tua.
... [1390] ... Ecce abundet in te caritas, plus dolebis peccantem.
Quanto in te maior caritas est, tanto amplius te torquebit quem toleras: ... Vide Paulum apostolum, quid patiebatur: ... Ecce quomodo
*p r o p i t i u s   e r a t   D e u s ,   u i n d i c a n s   i n   o m n e s
a f f e c t i o n e s* eius. Quae sunt *a f f e c t i o n e s   i n*
quas sic *u i n d i c a b a t* [10]? Ipse exposuit, ipse dixit: *In magnitudine*, inquit, *reuelationum ne extollar, datus est mihi stimulus carnis meae, angelus satanae, qui me colaphizet.* ... Et rogauit ut tolle-

---

8 CSg: placare Dominum
9 CSg: quaerenti
10 CSg: uindicat

retur; aeger ille rogauit ut auferretur medicamentum: *Propter quod ter Dominum rogaui*, inquit, *ut auferret eum a me*, ... *et dixit mihi: Sufficit tibi gratia mea; nam uirtus in infirmitate perficitur* (II Cor. 12, 7-9).

364,2 A 1391: Iterum e x a l t a m u s illum; qui bonus est et cum ferit, quomodo laudandus est, quomodo e x a l t a n d u s   e s t ? Tu potes hoc exhibere filio tuo, et Deus non potest? Non enim bonus es quando blandiris filio tuo, et malus cum caedis filium tuum. Et cum blandiris, pater es, et cum caedis[11], pater es: ideo blandiris, ne deficiat; ideo caedis[12], ne pereat.

364,5 C 887: Quod ad m o n t e m Sion (qui est Ecclesia) referri posse non dubium est, ... Sic utrumque in s a n c t a Ecclesia dicit esse faciendum.

A 1391: M o n s ipsius quis est? Legimus alibi de hoc m o n t e quia *lapis fuit praecisus de monte sine manibus, et confregit omnia regna terrae*, et creuit *lapis* iste. Danielis uisio est ista quam narro. Creuit *lapis* iste qui *praecisus est de monte sine manibus, et factus est*, inquit, *mons magnus, ita ut impleret uniuersam faciem terrae* (Dan. 2, 34-35). In ipso *monte magno* a d o r e m u s, si exaudiri uolumus. Haeretici non adorant in isto *monte*, quia *mons* iste *impleuit uniuersam faciem terrae*; haeserunt in parte, et totum amiserunt. S_ agnoscant Ecclesiam catholicam, a d o r a b u n t in isto *monte* nobiscum. ... Quid est mons unde praecisus est lapis sine manibus? Regnum Iudaeorum: primo quod colebant unum Deum. Inde *praecisus est lapis* Dominus noster Iesus Christus. Ipse dictus est: *Lapis quem reprobrauerunt aedificantes, hic factus est in caput anguli* (Ps 117, 22; Act. 4, 11). *Lapis iste praecisus de monte sine manibus, confregit omnia regna terrarum*: uidemus *confracta* ab illo *lapide omnia regna terrae*. Quae erant *regna terrae* ? *Regna* idolorum, *regna* daemoniorum fracta sunt. ... [1392] ... Quid est, *praecisus de monte sine manibus* ? Natus de gente Iudaeorum sine opere hominum. Omnes enim qui nascuntur, de opere maritali nascuntur; ille de uirgine natus, *sine manibus* natus est; ... Natus est ergo de *monte sine manibus lapis* ille; creuit et crescendo fregit *omnia regna terrarum*. *Factus est* autem *mons magnus*, et *impleuit uniuersam faciem terrae*. Haec est Ecclesia catholica, cui

---

11 CSg: cederis (!)
12 CSg: cedis (!)

uos communicare gaudete. - Notkers Danielzitat (2, 34-35) lautet nach
der Vulgata: *Videbas ita, donec abscissus est lapis de monte sine manibus: et percussit statuam in pedibus eius ferreis, et fictilibus, et comminuit eos. ... Lapis autem, qui percusserat statuam, factus est mons magnus, et impleuit uniuersam terram.*

Psalm 99

364,18 C 887: reuera, quia totus hic psalmus ad utrasque pertinet c o n -
f e s s i o n e s. ... C o n f e s s i o enim quasi confatio dicitur, siue paenitentia, siue laus multorum ore celebrata;

364,21 A 1393: Iam i u b i l a t D o m i n o u n i u e r s a t e r r a ;
et quae adhuc non i u b i l a t, i u b i l a b i t. Pertendens enim benedictio, incipiente Ecclesia ab Ierusalem per omnes gentes, impietatem ubique prosternit, pietatem ubique construit;
C 888: ut hanc t e r r a m ad homines, non ad tellurem aestimares esse referendam, ...[1]

364,23 A 1397: Libera seruitus est apud Dominum; libera seruitus, ubi non necessitas, sed caritas s e r u i t[2]. (∿ C 888)

364,24 A 1403: Facile est exultare foris; i n c o n s p e c t u Dei exulta. Non ualde lingua exultet; conscientia exultet.

365,1 A 1403: Quis nescit quia D o m i n u s i p s e e s t D e u s ? Sed de D o m i n o dicit, quem non putabant homines D e u m: S c i -
t o t e ... e s t D e u s, D o m i n u s ille non uobis uilescat: crucifixistis, flagellastis, ...
C889: In capite uersus huius contra perfidiam loquitur Iudaeorum, qui D o m i n u m Saluatorem non putando D e u m, in Creatorem suum manus inicere praesumpserunt. - Zum Bibelzitat vgl. I Cor. 2, 8.

365,4 A 1403: Dominus ille non uobis uilescat: ... Alius uos f e c i t, et qui uos f e c i t, ipse a uobis patitur. ... Non debemus superbire: totum bonum quod habemus, ab artifice nostro habemus;
C 889: S c i t o t e, dicit, intellegite, q u o d iste D o m i n u s quem Dei Filium minime credidistis, i p s e e s t D e u s qui cae-

---
[1] R 205[va]: Per t e r r a m habitatores t e r r a e accipe.
[2] R 205[va]: S e r u i t e ... l a e t i t i a, id est, cum hilaritate cordis et animae, non cum tristitia, quia coactum seruitium et triste non amat Deus.

lum fecit et terram, qui nos quoque ad suam imaginem similitudinemque
plasmauit. ... Nam quamuis natiuitati nostrae ministerium praebeat
carnalis operatio, tamen ille in hunc mundum nos probatur adducere,
qui cuncta facit ad existentiam peruenire.

365,7 C 889: *O u e s*, quia³ simplices sunt et ipse earum pastor est uerus.
P a s c u a   e i u s, id est, diuinarum scripturarum copiosa et dulcis
epulatio. Ipsa sunt *p a s c u a* quibus fidelis anima saginatur et
ad futurae beatitudinis amoena perducitur.

365,9 C 889: *P o r t a e* Domini sunt humilis paenitentia, baptismum sa-
crum, caritas sancta, eleemosynae, misericordia⁴, ceteraque mandata,
per quae ad eius possumus peruenire conspectum. Hortatur ergo propheta
ut per hanc humilitatis *c o n f e s s i o n e m*, primo ianuas misericordiae Domini *i n t r a r e* debeamus, ...

365,12 C 889: *A t r i a   e i u s* et hic subaudis, *i n t r a t e*.
A 1404: Ergo et cum *i n t r a u e r i s* in *a t r i a*, confitere.
Quando non erit *c o n f e s s i o* peccatorum? In illa requie, in
illa aequalitate angelorum. Sed uidete quod dixerim: Non erit *c o n -
f e s s i o* peccatorum. Non dixi: Non erit *c o n f e s s i o* ; erit
enim *c o n f e s s i o* laudis.

365,17 C 890: Et ne suauitatem, quam dixit, crederes esse temporalem, *i n
a e t e r n u m* dicit *e i u s   m i s e r i c o r d i a m* permanere,
quia cum semel praestiterit futura bona, ab ipso tamen perpetue seruantur illaesa.

365,19 A 1404: Aut omnem *g e n e r a t i o n e m* accipe quod dictum est,
i n   g e n e r a t i o n e m   e t   g e n e r a t i o n e m ; aut in
duabus *g e n e r a t i o n i b u s*, unam terrenam, alteram caelestem.
Hic est *g e n e r a t i o* una quae parit mortales; altera quae parit
aeternos. *V e r i t a s   e i u s* et hic est, et ibi.

P s a l m   100

365,21 C 891: *I p s i   D a u i d* ubi ponitur, totum Christi uirtutibus
applicatur, ut nihil de isto terreno rege intellegas, sed omnia de
illo caelesti dicta cognoscas fuisse. ... Congregatio illa sanctorum

---

3 CSg: quę (ę *auf Rasur von* i)
4 CSg: elemosinae misericordes

quam per uniuersum mundum catholica parit¹ et multiplicat semper Ecclesia. In prima parte psalmi *c a n t a r e* se dicit *D o m i n o   m i-
s e r i c o r d i a m   e t   i u d i c i u m* ...
A 1408: *C a n t a t* enim hoc Christus; ... si autem totus Christus,
id est, caput et corpus eius, esto in membris eius, adhaere illi per
fidem, et per spem, et per caritatem; ... Factus est ergo caput Ecclesiae, habet et corpus et membra. ... et quia membra eius et corpus
eius sumus, cum capite nostro unus homo sumus. *C a n t e m u s* ergo:
M i s e r i c o r d i a m ...   D o m i n e.

365,25; 366,6 C891: Potestas enim Domini semper aut miseretur, aut iudicat.
Sed neque *m i s e r i c o r d i a* ipsius sine *i u d i c i o*, neque
i u d i c i u m sine *m i s e r i c o r d i a* reperitur; utraque
enim se mutua societate coniungunt; nec factum eius aliquod prouenit,
quod non plenum cunctis esse uirtutibus sentiatur. Nam sicut hic dixit,
m i s e r i c o r d i a m   e t   i u d i c i u m, alibi dicit pro his
duobus nominibus, *iustitia et pax*; et iterum, *misericordia et ueritas*
(Ps 84, 11); uel, *iustitia et iudicium praeparatio sedis tuae* (Ps 88,
15); ut ubique Deum pium demonstret et iustum. ... [892] ... Adiecit:
t i b i,   D o m i n e,   p s a l l a m.   D o m i n o   p s a l l i t
qui bonis factis suis eum placare contendit. Ipsa est enim suauissima
uirtus harmoniae, quando uox cognoscitur operibus consonare.
A 1405: si ergo per tempora distinguamus haec duo, forte inuenimus
modo tempus esse *m i s e r i c o r d i a e*, futurum autem tempus
i u d i c i i.

366,5 A 1409: Nisi *i n   u i a   i m m a c u l a t a*, non potes *p s a l-
l e r e*, nec *i n t e l l e g e r e*. Si uis *i n t e l l e g e r e*,
i n   u i a   i m m a c u l a t a   p s a l l e, id est, operare in hilaritate Deo tuo. ... [1415, zu v. 6:] ... Haec est *u i a   i m m a-
c u l a t a*, ubi *intellegimus quando ad nos ueniat Dominus*. - Vgl. v. 6.

366,8 A 1409: Haec *uia immaculata* ab *i n n o c e n t i a* coepit, in ipsa
etiam peruenitur. ... Sed quid est esse innocentem? Duobus enim modis
nocet homo, quantum in ipso est: aut faciendo miserum, aut deserendo
miserum, ... Quis est qui facit miseros? Qui infert uiolentias uel
insidias, ... Quis est qui deserit miseros? Qui uidet inopem aliquo
auxilio egentem, et cum habeat quomodo praestet, contemnit, despicit,
alienat cor suum. ... Ait aliquis: Ecce non tuli alicui, nec pressi

---
1 CSg: patet (e *aus* i *verbessert*)

aliquem; de re mea, de iusto labore meo bene mihi faciam, conuiuium apparatum habere uolo, erogare uolo quantum me delectat, bibere cum quibus uolo quantum me delectat; ... Qui in seipsum crudelis est, esse in alium misericors potest? - Vgl. A zu 366, 5.

366,13 A 1409: *M e d i u m   d o m u s* suae, aut ipsam Ecclesiam dicit; ... aut *cor* suum; *d o m u s* enim nostra interior, *cor* nostrum est; ... Quae est *innocentia cordis* sui? *M e d i u m   d o m u s* suae.

366,14.16 C 893: Sed qui in mundo erat, *r e m   m a l a m   a n t e   o c u l o s* suos quomodo poterat non habere, nisi quia illi talia displicebant, nec eorum uitiosa delectatione capiebatur? Iuste ergo dixit sancta congregatio, *a n t e   o c u l o s* cordis sui se non posuisse nequitias, quas de penetralibus suae mentis excluserat. ... Exposuit quemadmodum mala ad eius non potuerint internos oculos peruenire, quia *p r a e u a r i c a t i o n e s* hominum iugiter habuit odiosas. ... nam quamuis ante faciem nostram ueniant, tamen in conspectu mentis nostrae non sunt, quae exsecrabili abominatione refugimus.

A 1410: non diligebam *r e m   m a l a m*. Et exponit ipsam *r e m   m a l a m*: *F a c i e n t e s   p r a e u a r i c a t i o n e m   o d i o   h a b u i*. ... Sed odisse debes praeuaricatores, non homines. Vnus homo praeuaricator, uidete quia duo nomina habet, homo, et praeuaricator: hominem Deus fecit, praeuaricatorem ipse se[2] fecit; ama in illo quod Deus fecit, persequere in illo quod ipse sibi fecit.

366,20 A 1410: Quod est *c o r   p r a u u m*? ... *C o r* non rectum. ... Rectum *c o r* dicitur hominis, [1411] qui omnia quae uult Deus, non[3] ipse non[3] uult. ... Si ergo rectum *c o r* sequitur Deum, *p r a u u m   c o r* restitit Deo. Aliquid illi contingat aduersum, clamat: Deus, quid tibi feci? quid commisi? quid peccaui? Se iustum uult uideri, Deum iniustum. Quid tam *p r a u u m*? ... Tales quando uideritis, fratres, corripite, arguite, corrigite, et si non potestis corripere aut corrigere, nolite con-[1412]sentire, ...

366,26 A 1412: Quid est: *n o n   c o g n o s c e b a m*? Non approbabam, non laudabam.

C 893: *D e c l i n a n t e s   a   m e   m a l i g n o s*, haereticos dicit, qui prauis dogmatibus a catholica praedicatione dissentiunt et *d e c l i n a n t e s* semitas rectas, per[4] uias pessimas se auditoresque deducunt.

---

2 CSg: homo (!)
3 CSg: *fehlen*.
4 CSg: *fehlt*; ad *vor* uias *übergeschr.* (!)

367,2 A 1412: Ecce persecutor bonus, non hominis, sed peccati.

C 894: Hos dicit *p e r s e q u e n d o s*, ut ad ueritatis studia concitentur, qui decepti uariis[5] quaestionibus eluduntur.

367,5 A 1414: *C o r   s u p e r b u m* unde pascitur? Si *s u p e r b u s* est, inuidus est; aliter esse non potest. ... Omnis ergo *s u p e r - b u s*, inuidus est; si inuidus est, malis alienis pascitur. ... Videtis ergo comedentes; nolite his *c o n u e s c i*, fugite tale conuiuium; neque enim se satiant gaudendo de malis alienis, quia *i n - s a t i a b i l i   c o r d e* sunt.

367,9 C 894: Sancta illa congregatio ... nunc recte credentium uirorum desiderat habere consortium.

A 1414: Quomodo *s e d e r e n t* ? *Sedebitis super duodecim thronos, iudicantes duodecim tribus Israel* (Matth. 19, 28). Iudicant fideles terrae, quibus dicitur: *Nescitis quia angelos iudicabimus?* (I Cor. 6,3)

367,13 A 1415: Multi enim *m i n i s t r a n t* euangelium, sed sibi[6] *m i - n i s t r a n t*, quia sua quaerunt, non quae Iesu Christi (vgl. Phil. 2, 21). Quid est, Christo *m i n i s t r a r e* ? Ea quae Christi sunt quaerere.

HT 177: Quoniam non ordinabam eos qui mihi propinqui erant, sed iustos et fideles. (= Br 1194 A)

367,16 A 1415: *N o n   h a b i t a b a t   i n* corde meo *f a c i e n s s u p e r b i a m* : nullus talis *h a b i t a b a t   i n* corde meo; resiliebat enim inde. Nemo *h a b i t a b a t   i n* corde meo, nisi mitis et quietus; superbus non illic *h a b i t a b a t*.

WS 127[b]: Refer te ad *d o m u m* illam, id est, ad cor. ... Nullus, inquit, superbus *h a b i t a t   i n* corde meo, nullus, nisi mitis et quietus. Simul enim *h a b i t a n t*, qui unum cor [128[a]] habent (vgl. Act. 4, 32), ...

367,19 C 895: *N o n   d i r e x i t*, significat, non profecit. Illos enim *d i r i g i* dicimus, qui accedendo proficiunt, aut aliqua prosperitate meliorantur; quod utique non solet eis contingere qui tortuosis student semitis ambulare. - Vgl. 366, 14f.

367,20 C 895: *I n   m a t u t i n i s*, in ipsis uidelicet initiis dicit, quando in nobis suggestiones diabolicae uelut dubia crepuscula coeperint apparere, tunc oratione debent eici, tunc abominabili exsecra-

---

5 CSg: uanis
6 CSg: sibi non

tione detrudi, ... *P e c c a t o r e s* autem *t e r r a e* sunt daemones, qui uniuersam carnem deducunt prauis immissionibus ad reatum. *P e c c a t o r e s* enim iuste dicuntur, quoniam *p e c c a t o r e s* faciunt. Ipsi ergo cum suis operibus *i n t e r f i c i u n t u r*, animae hominum sine dubitatione saluantur. ... [896] ... *C i u i t a t e m D o m i n i* animam piam patres esse dixerunt, unde diabolus *d i s p e r d i t u r*, quando a sua intentione remouetur. A 1415: Sunt ergo in *c i u i t a t e D o m i n i o p e r a n t e s i n i q u i t a t e m*, et quasi parcitur eis modo. Quare? Quia *misericordiae* tempus est; sed ueniet et *iudicii* (vgl. v. 1), ... Quid est, tempus *misericordiae* ? Adhuc nondum reuelatum est *iudicium*: nox est; apparebit dies, apparebit *iudicium*. Audi apostolum: *Itaque nolite ante tempus quidquam iudicare*. Quid est: *ante tempus* ? Ante diem. Audi quia ante diem dixit: *Donec ueniat Dominus, et illuminet abscondita tenebrarum, et manifestabit*[7] *cogitationes cordis* (I Cor. 4, 5); ... Nam modo, quamdiu non uides cor meum et non uideo cor tuum, nox est. ... [1416] ... Quare nemo uidet cor? Quia nox est. In ista nocte temptationes abundant. ... In nocte quaerunt escam catuli leonum (vgl. Ps 103, 21). Qui sunt catuli leonum? Principum et potestatum aeris huius, daemones et angeli diaboli. Quomodo sibi quaerunt escam? Quando temptant. ... [1417] ... Quid est: nox erat? Quia tempus erat parcendi: ... Vides aliquem male uiuere, toleras illum; nescis enim qualis erit, quia nos est; ... Nox est enim, et omnes tolerat Deus, quia longanimis est. ... Sed qui non se correxerint in isto tempore *misericordiae*, *i n t e r f i c i e n t u r*. Et quare *i n t e r f i c i e n t u r* ? Vt dispergantur *d e c i u i t a t e D o m i n i*, ... Fratres, nemo sibi blandiatur: *i n t e r f i c i e n t u r o m n e s o p e r a n t e s i n i q u i t a t e m*; *i n t e r f i c i e t* eos Christus *i n m a t u t i n i s*, et *d i s p e r d e t* eos *d e c i u i t a t e* sua.

---

7 CSg: *manifestet*